LOS FUNDAMENTOS DEL ESPIRITISMO

JON AIZPÚRUA

LOS FUNDAMENTOS DEL ESPIRITISMO

Portada: Carmen Milagros Reyes Fernández

Montado por: José E. Arroyo, director de la EEAK, en San Juan, Puerto Rico.

Esta versión autorizada está basada en la primera edición española de la obra original.

Nuestro espíritu se remonta hacia el recuerdo de quien brindase al mundo, la explicación sobre la comunicabilidad entre los espíritus, sentando en consecuencia, las bases de la más trascendental escuela de pensamiento que conozca la humanidad:el Espiritismo.

ALLAN KARDEC, cual nuevo COLÓN, descubrió y precisó un nuevo mundo, el del espíritu, y tal como otro ilustre explorador MARCO POLO, uniendo continentes que se habían ignorado mutuamente, puso en evidencia la relación entre el plano físico y la dimensión espiritual, que representa su continuación.

Ante la confusión espiritual que sacude nuestra época y las insuficiencias de las respuestas teológicas y materialistas, la humanidad ha de mirar hacia KARDEC, como fuente de segura iluminación, en su oferta de una profunda y liberadora concepción del Espíritu.

Por ti, oh Maestro, sentimos profunda admiración, veneración y gratitud.

Admiramos tu estatura de hombre prometeico, que se acrecienta con el tiempo.

Veneramos tu genio poliédrico, incursionando con magistral acento pedagógico, en los meandros de la ciencia, de la filosofía y de la moral.

Agradecemos el legado inmarcesible de tus enseñanzas, que abrieron nuevos surcos en los terrenos de la civilización.

¡Gracias, muchas gracias, KARDEC!

Jon Aizpúrua

Breve Prólogo sobre el autor y esta edición:

Jon Aizpúrua es un paladín del Espiritismo. Abrimos con esta oración sin pretender ensalzar o lisonjear al autor, sino estableciéndolo como un hecho. Quienes le conocen personalmente saben de su inquebrantable defensa, de su pública adherencia, de su constante aspiración a que más personas conozcan la propuesta espiritualista de Kardec, sin sincretismos, sin desviaciones y sin adulteraciones.

Por medio de un arduo, consistente y desinteresado trabajo, que se extiende a través de varias décadas, el autor se ha dedicado a presentar conferencias en diferentes foros: desde sencillos núcleos espíritas en los campos de su entrañable Venezuela, hasta en foros universitarios, anfiteatros y ateneos. No ha escatimado en compartir sus conocimientos y la vocación de educar a través de programas radiales, intervenciones en televisión y en la prensa, además de las más recientes oportunidades que se le han abierto con las redes sociales y conferencias virtuales.

También es un fecundo escritor, no solo de literatura espiritista, sino también de temas culturales y relacionados con su haber profesional.

Pero esta edición en particular encuentra a Jon mostrándonos otra faceta: la de filántropo, la de auspiciador y colaborador de nuestras actividades en la Escuela Espírita Allan Kardec (EEAK), de San Juan, Puerto Rico. Esta obra, **Los Fundamentos del Espiritismo**, es para nosotros en la EEAK un libro de texto. Constituye lectura obligatoria para todo aquel que se acerca a nuestra organización queriendo conocer más sobre sí, sobre el Espíritu y sobre su rol en la familia y la sociedad contemporánea. Al ceder los derechos de autor a nuestra organización, Jon está confirmando que afina con nuestros objetivos y apoya nuestros esfuerzos divulgativos como colectivo espiritista de vanguardia. Esto último lo escribimos sin vanidad, pero con satisfacción.

Hacía falta una edición de **Los Fundamentos del Espiritismo** que fuese fácilmente asequible y que no se viese limitada por difíciles requisitos de transporte físico o restricciones de aduanas. Este libro es una pieza clave en la biblioteca espiritista y hasta una obra altamente recomendada para quien tiene algún interés no específico en los temas espiritualistas o relacionados con los estudios psíquicos. Agradecemos al autor, a quienes la adquieren, a quienes la leen, a quienes la convierten en un obsequio y sobre todo a quienes se identifican con su filosofía y procuran ponerla en práctica.

José E. Arroyo – director, Escuela Espírita Allan Kardec. San Juan, Puerto Rico

1 de julio, 2022

I

POSTULADOS BÁSICOS DEL ESPIRITISMO

"El Espiritismo es a la vez, una ciencia de observación y una doctrina filosófica. Como ciencia práctica, consiste en las relaciones que pueden establecerse con los espíritus; como doctrina filosófica comprende todas las consecuencias morales que se desprenden de semejantes relaciones".

ALLAN KARDEC

Los principios esenciales que sustenta, estudia y divulga la Doctrina Espírita, han sido conocidos desde épocas muy remotas y se han expresado de muy diversas formas en todas las manifestaciones culturales, artísticas mitológicas, religiosas y filosóficas, que han acompañado el proceso evolutivo de la humanidad. Si bien no es una doctrina original en cuanto se refiere a ideas básicas, como la existencia de Dios, la inmortalidad del alma, la comunicación con los espíritus o la reencarnación, puesto que tales conceptos hacían parte de las creencias aceptadas en la mayoría de los pueblos, se distingue porque los encara a través de un prisma completamente diferente que deviene de la perspectiva racionalista Y naturalista con que aborda el conocimiento y la explicación de esos postulados.

En rigor histórico, el Espiritismo surge con el formidable trabajo teórico y experimental que realizó a mediados del siglo XIX el pedagogo francés HIPPOLYTE LÉON DENIZARD RIVAIL, ampliamente conocido como ALLAN KARDEC, quien elaboró sus definiciones, precisó su contextura doctrinaria y señaló sus consecuencias. El Espiritismo, fundado, sistematizado y codificado por KARDEC, es una verdadera cosmovisión científica filosófica y moral, plenamente capacitada para ofrecer a la humanidad una nueva comprensión de Dios, de las leyes que rigen la sustancia material y espiritual del Universo y sus procesos evolutivos, de la trascendencia eterna del Ser y de la Vida. Adoptando como obra fundamental *El Libro de los Espíritus*, que contiene los principios básicos, la Doctrina Espiritista forma un todo cuyas partes se integran a través de los libros que constituyen la Codificación: *El Libro de los Médiums*, *El Evangelio según e Espiritismo*, *El Cielo y el Infierno*,

La Génesis, *Qué es el Espiritismo*, *Obras Póstumas*, otros trabajos menores, y los 12 volúmenes de la *Revista Espírita*.

Con todo acierto, proclamaba LÉON DENIS, continuador filosófico de KARDEC, pluma de oro del Espiritismo, reflexionando acerca de las implicaciones enciclopédicas de la Doctrina Espírita, que ella reuniría y fundiría en una síntesis grandiosa todas las formas del pensamiento y de la ciencia.

El perfil doctrinario del Espiritismo se configura a partir de los siguientes conceptos básicos:

EXISTENCIA DE DIOS

"Se debe adorar a Dios amando y practicando el bien, y para ello no hay necesidad de templos ni de sacerdotes, siendo su mejor altar el corazón del virtuoso, y su mejor culto una moralidad intachable. Dios no exige que el hombre profese determinada religión sino que sea humilde y sobre todo que ame a su prójimo como a sí mismo".

AMALIA DOMINGO SOLER

La Doctrina Espírita coloca como premisa mayor la existencia de Dios, reconociéndolo como inteligencia suprema y causa primera de todas las cosas. Atendiendo a la intuición y en sintonía con una correcta deducción filosófica, que de los efectos se remonta a las fuerzas que los generan, presenta a Dios como la causa necesaria y eficiente que permite entender la majestuosidad del Universo y su armónico desenvolvimiento, desde las minúsculas partículas subatómicas hasta la inmensidad del espacio sideral.

Advirtiendo sobre las limitaciones del pensamiento y del lenguaje que se derivan de un modelo lógico-racional, el Espiritismo, sin embargo, ensaya una aproximación a una visión cósmica de la Divinidad, diciendo que por definición y naturaleza Dios es eterno, infinito, inmutable, inmaterial, único, omnipotente, soberanamente justo y bueno, ya que si alguno de esos atributos no estuviese presente dejaría de ser Dios.

Eminentes científicos contemporáneos se han pronunciado a favor de la existencia de Dios, en su plenitud cósmica, en tanto que fuerza inteligente y creadora de todo lo existente, como corolario natural de sus investigaciones en las intimidades de la materia y las complejidades de la vida. Así lo expresó el físico inglés JAMES JEAN en una elocuente frase que reúne poesía y física cuántica:

> *"A los científicos, el Universo cada día se nos parece menos a una máquina y más a un sistema de pensamiento".*

Por eso, la concepción espiritista de Dios se distancia radicalmente de las ideas antropomórficas, vale decir que atribuyen a Dios formas y atributos humanos, que han caracterizado a las doctrinas religiosas en las más diversas culturas y civilizaciones en todo el planeta. No lo concibe, por tanto, como un ser personal, como una entidad patriarcal o como un juez severo o caprichoso que aplica fuertes castigos o distribuye premios y recompensas

A la luz del Espiritismo, la ley de adoración se cumple elevando el pensamiento a Dios y conduciéndose en la vida de una manera digna, recta y amorosa, puesto que son del todo prescindibles los intermediarios, así como cualquier clase de cultos, ritos, o fórmulas sacramentales.

Nadie progresa moral y espiritualmente por el solo hecho de admitir alguna creencia religiosa o espiritualista o por participar en determinados cultos o en ceremonias místicas, puesto que el verdadero progreso deviene de un esfuerzo propio que se manifiesta en la transformación moral e integral que cada ser humano demuestra en sus pensamientos y en sus acciones conforme a las enseñanzas magistrales de JESÚS. La ley de adoración se resume en estos principios universales: amar a Dios en espíritu y en verdad, amar al prójimo como a sí mismo, no hacer a otros lo que no se quiere para sí mismo.

En síntesis, el Espiritismo haciéndose eco del mensaje, simple y al mismo tiempo profundo, del insigne Maestro de Nazaret, nos dice: Dios es Amor.

PREEXISTENCIA Y SOBREVIVENCIA DEL ESPÍRITU

"La cuna tiene un ayer y la tumba tiene un mañana".

VÍCTOR HUGO

El espíritu es el principio inteligente del Universo. Todo lo que tiene vida tiene espíritu. Existimos antes de nacer y continuamos viviendo después de la muerte. Apreciando la vida como un continuum y desde una mirada existencial, podemos afirmar que fuimos, somos y seremos, y desde una más amplia perspectiva espiritual podemos sostener que preexistimos existimos, coexistimos y subsistimos.

Todos los seres vivos se hallan dinamizados por un ente psíquico imperecedero. En el reino vegetal el principio vital se manifiesta por la sensibilidad ante los estímulos. En los animales, esa alma rudimentaria se expresa principalmente a través de los instintos y del raciocinio elemental; en los seres humanos es el asiento de la individualidad superior y se muestra en sus expresiones cognitivas, volitivas y conductuales, progresando en fases alternas de sucesivas encarnaciones y desencarnaciones. Son atributos fundamentales del espíritu la individualidad, la inteligencia, la conciencia, la voluntad y el libre albedrío.

Los espíritus son los seres inteligentes que pueblan el Universo, tanto en su faz encarnada como desencarnada. En la semántica kardeciana se dice que el alma es el espíritu encarnado, y los espíritus corresponden a las almas que han vivido en la Tierra.

No debemos decir que tenemos un espíritu, puesto que, en realidad, somos un espíritu y tenemos un cuerpo. El organismo físico no es el individuo sino su representación exterior. Somos espíritus con cuerpos, de los cuales nos valemos y a los cuales conducimos de conformidad con nuestro nivel de progreso moral e intelectual. Y entre ambos, media un cuerpo sutil, definido por KARDEC como una envoltura fluídica del espíritu y denominado periespíritu, el cual desempeña una serie de funciones de magna importancia y actúa como un campo de fuerzas que agrega las partículas de materia densa que van a constituir el organismo biológico. Así, la visión espírita del ser encarnado que engloba dentro de una individualidad ternaria al Espíritu con el Periespíritu y el Cuerpo Físico, se sintoniza perfectamente con el actual concepto holístico que presenta al Hombre Integral en una perspectiva tetradimensional como ente bio-psico-socio-espiritual.

Superando las ilusiones sensoriales y las apariencias, la mayor parte de los hombres y las mujeres, en todos los tiempos han sentido germinar la noción magnífica de la sobrevivencia, como íntimo y profundo reclamo del principio esencial que vibra en cada uno: su espíritu inmortal. Muchos de estos seres han encontrado el aliento de su ideal en la fe; otros, en la teorización especulativa, y ahora, gracias al Espiritismo, la humanidad puede llegar a esta certeza mediante la investigación y la comprobación experimental.

La existencia y continuidad del principio espiritual, como la situación que espera al ser humano después de la muerte, han dejado de ser, mediante las demostraciones ofrecidas por los hechos psíquicos y mediúmnicos estudiados

ALLAN KARDEC

por el Espiritismo, un problema de metafísica abstracta o un artículo de fe religiosa para convertirse en un hecho concreto y positivo. Los teólogos de todas las religiones hicieron del alma una noción tan intangible, que en verdad casi equivalía a negarla, y reaccionando contra esa absurda concepción, los pensadores materialistas creyeron cortar el nudo gordiano y decretaron la extinción del alma o espíritu, y transfirieron todas sus propiedades al cuerpo físico. Si bien DESCARTES expresó en su momento, con gran brillo y altura, la noción dualista que informa a todo espiritualismo en su esencia, llamando *res extensa* a la sustancia material y *res cogitans* al elemento espiritual, ha sido con el Espiritismo, en tanto que espiritualismo científico, que se ha establecido la existencia real, concreta y objetiva del espíritu. Y fue precisamente, el descubrimiento del periespíritu lo que pudo resolver el gran problema metafísico de la incompatibilidad entre ambas sustancias debido a sus diferencias esenciales, por su plasticidad y acción mediadora.

Apoyado en las tesis espíritas y con el respaldo de una vasta experimentación, el eminente médico francés GUSTAVE GELEY presentó un coherente sistema de filosofía, a la vez científico, idealista y dialéctico, respaldado sobre dos proposiciones capitales:

1) Lo que hay de esencial en el Universo y en el individuo, es un dinamopsiquismo único, primitivamente inconsciente, conteniendo en sí todas las potencialidades. Las apariencias diversas e innumerables de las cosas no son más que sus representaciones.

2) El dinamopsiquismo esencial y creador pasa, por la evolución, de lo inconsciente a lo consciente.[1]

[1] **GUSTAVE GELEY.** *Del Inconsciente al Consciente.* Ediciones CIMA. Caracas, Venezuela, 1995, p. 204.

Estas dos proposiciones reposan sobre los hechos, y pueden ser hoy objeto de una demostración precisa, en primer término en el individuo, luego, por una vasta inducción, en el Universo.

El Espiritismo libera al hombre de la angustia de la muerte al darle el sentido de la inmortalidad, haciendo resaltar con claridad meridiana la auténtica realidad de los destinos humanos, en estados posteriores a la disgregación física. Son situaciones completamente diferentes a los beatíficos cielos y tenebrosos infiernos de todas las mitologías religiosas, ya que se trata de estados de conciencia del alma, gratos o amargos, felices o escabrosos, que recogen las consecuencias de nuestros propios actos, enmarcados dentro de etapas transitorias que habrán de ser superadas mediante el esfuerzo de cada uno en nuevas oportunidades.

REENCARNACIÓN

> *"Con la reencarnación ya no podemos decir: ¡qué culpa tengo yo de haber nacido en esta época fatal! Esta tú ayudaste a prepararla en una existencia anterior. Procura que el mundo mañana sea mejor; más culto, más justo, porque tú has de volver por fuerza a él, y cosecharás lo que hayas sembrado. Dentro de algunos siglos quizá reposes a la sombra de la encina centenaria que hoy plantaste".*
>
> **AMADO NERVO**

Reencarnar es, literalmente, volver a la carne. Es el retorno del espíritu a la vida corporal, a un cuerpo diferente en cada existencia, formado y constituido de acuerdo con las características psíquicas y biológicas predominantes en esa etapa de su proceso evolutivo.

El espíritu se va sirviendo de diversos organismos biológicos a lo largo de su trayectoria milenaria, alcanzando nuevos conocimientos y experiencias en múltiples vidas sucesivas. De este modo, el pasado y el presente están enlazados en una relación causal, que va marcando el perfeccionamiento de cada ser y la construcción de su porvenir. La vida terrena no es más que un episodio de un extenso drama en el cual cada muerte es un entreacto, tal cual lo es el sueño de cada noche. Entre la cuna y la tumba, el Ser acumula nuevos materiales intelectuales y morales que incorpora a su espíritu y lleva al mundo invisible al trasponer las fronteras del más allá. La vida material es una escuela y como tal tiene sus grados, permitiendo al que se retrasa en el estudio, repetir el curso que ha perdido. La vida es corta, como es corto el año de estudio escolar para adquirir todos los conocimientos. Llega la muerte y el ser humano después de pasar un período de vida en el espacio, nace de nuevo en un organismo adecuado a sus condiciones, de acuerdo con su progreso y con la clase de vida que necesita para su perfeccionamiento.

No hay marcha atrás en la evolución. Los espíritus pueden permanecer estacionarios temporalmente, pero jamás retroceden. La reencarnación, comprendida y explicada con entera precisión por el Espiritismo, excluye el erróneo concepto de la metempsicosis que pretende la transmigración del alma de un ser humano a estados inferiores de animalidad, correspondientes a niveles ya superados dentro de la escala filogenética.

El progreso espiritual adquirido en las pasadas existencias no se pierde, aunque no se recuerden haciendo uso de la conciencia cerebral, los detalles de aquellas experiencias pretéritas. La memoria inconsciente, subliminal o extracerebral, guarda todas esas informaciones, las cuales emergen y se ponen de manifiesto en ciertos estados modificados y ampliados de conciencia, obtenidos por medio de procedimientos como la inducción hipnótica, la respiración holotrópica o la meditación profunda, los cuales demuestran que el ser humano posee reservas de facultades psíquicas superiores, que explícitamente no aparecen en la vida cotidiana, pero que sí se muestran implícitamente en el conocimiento intuitivo, en el talento precoz o en las manifestaciones del genio creador en el arte o en la ciencia.

La reencarnación asegura la continuidad del aprendizaje y es, por tanto, el mecanismo indispensable para garantizar la evolución física y moral del hombre. Ella explica de una forma plenamente racional y satisfactoria las diferencias materiales, sociales, intelectuales y morales entre los seres humanos y la reparación y superación de los errores cometidos, abriendo caminos de progreso para todos.

La doctrina de la reencarnación, también llamada palingenesia, se ha recomendado a sí misma, por su lógica y coherencia ante la intuición de los pueblos y la reflexión de los grandes pensadores del mundo desde la antigüedad hasta la era moderna, pudiéndose decir que es la concepción acerca de la existencia y del destino humano de mayor universalidad y aceptación en todos los tiempos y en todo el planeta.

La humanidad alcanzará un punto muy elevado en su evolución cuando comprenda cabalmente que nacer, morir y renacer, son los términos de una misma ecuación: la Vida.

EVOLUCIÓN UNIVERSAL

"La ley de desarrollo
es la ley de sucesión.
La ley de sucesión
es la ley de perfectibilidad.
La ley de perfectibilidad
es la ley del progreso.
Cada grado de desarrollo
implica un modo de manifestación.
Cada manifestación
implica una forma orgánica diferente.
Cada forma determina
un género de vida distinto de los demás.

El germen espiritual potencial, en la realización de su forzado progreso, ha tenido indispensablemente que pasar por todos los grados, por todas las manifestaciones, por todas las formas y por todos los géneros de vida conocidos, y tendrá que completar su realización en el infinito de su potencia, en el infinito de su posibilidad y en el infinito de su tiempo, pasando por el infinito de grados de formas, de manifestaciones y de géneros de vida desconocidos, cuya síntesis realiza la absoluta perfección".

MANUEL GONZÁLEZ SORIANO

La evolución es la ley fundamental que rige en el Universo, y de la cual, todas las demás son subsidiarias y complementarias. Desde las macropartículas hasta los inmensos sistemas estelares, desde las iniciales explosiones cósmicas hasta las configuraciones actuales, todo lo existente vibra, se modifica y avanza al compás de los impulsos dinámicos de la evolución. Energía, materia, vida, espíritu, conciencia, hombre, sociedad, todo se interrelaciona dentro de un infinito proceso de transformaciones evolutivas.

Paralela a la evolución material acontece la evolución espiritual. En los peldaños iniciales de la formación planetaria, el principio espiritual se ensaya en forma rudimentaria como una fuerza de cohesión que asocia las moléculas de los cuerpos. En etapas posteriores y superiores, presenta características de elemento vital que se dispone a recorrer sin detenerse un camino ascendente hacia la plena realización de sus potencialidades. En el curso superior de la evolución, atraviesa fases de progresiva complejidad en los reinos vegetal y animal, hasta alcanzar el estadio hominal, en el cual, el alma adquiere conciencia de su propia realidad. El hombre no solamente es, sino que sabe que es, convirtiéndose en sujeto histórico, a un mismo tiempo, protagonista, testigo y cronista de su existencia. La experiencia, el entrenamiento, el aprendizaje, dan fuertes alas al pensamiento, tornándolo progresivamente en la hermosa y poderosa herramienta que se manifiesta en el hombre actual. Las ideas, trasmitidas al inicio de forma oral y más tarde por medio de la escritura, relacionaron a los individuos y sentaron las bases para la conformación de organizaciones sociales, económicas y políticas, y la expresión de variadísimas formas que fue adquiriendo el conocimiento en sus facetas mágicas, míticas, prelógicas, religiosas, artísticas, filosóficas, científicas, jurídicas, éticas.

La doctrina espírita concilia perfectamente la noción de Dios, como inteligencia suprema y causa primera de todas las cosas, con la dinámica evolutiva general, cuando descubre la intencionalidad que guía el proceso que origina y transforma todo lo existente, y capta su sentido y su destino, abarcando las etapas siguientes: **Cosmogénesis** (origen y evolución de toda la realidad universal). **Espiritugénesis** (creación y progreso de los espíritus cumpliendo las leyes reencarnatorias). **Biogénesis** (emergencia de la vida y sucesivas transformaciones de las especies). **Antropogénesis** (aparición del hombre, desarrollo ontogenético y filogenético). **Psicogénesis** (inicio y progresiva complejización psíquica hasta la adquisición de la conciencia reflexiva). **Sociogénesis** (formación y ampliación de la vida colectiva de los hombres, dentro del proceso civilizatorio).

La visión evolucionista fue claramente asumida por ALLAN KARDEC en toda su obra, con el respaldo de los espíritus que le asesoraron en la magna obra de la codificación del Espiritismo. En *El Libro de los Espíritus*, texto capital de la Doctrina Espírita, cuya primera edición apareció el 18 de abril de 1857 en París, los orientadores espirituales responden con precisión a las preguntas que le son presentadas por el pedagogo francés:

> "Puesto que los animales poseen una inteligencia que les confiere cierta libertad de acción, ¿existe en ellos un principio independiente de la materia?" "Sí, y sobrevive al cuerpo" (cuestión 597)
>
> "La inteligencia del hombre y la de los animales, ¿emana pues, de un principio único?" "A no dudarlo, pero en el hombre ha recibido una elaboración que la eleva por encima de la del animal" (cuestión 606)

> "Se ha dicho que en su origen el alma del hombre se halla en un estado análogo al de la infancia de la vida corporal, que su inteligencia brota apenas y que se ensaya para la vida, ¿dónde cumple el espíritu esa primera etapa?" "En una serie de existencias que anteceden al período que llamáis de humanidad" (cuestión 607).[2]

Posteriormente, en su obra *La Génesis* publicada en 1868, KARDEC reitera y amplía, sustentado en sólidos argumentos científicos y a la luz de nuevas informaciones obtenidas en diálogos mediúmnicos, sus convicciones acerca de la evolución biológica y espiritual que enlaza a todas las formas vivientes:

> "Tras una rápida observación de la escala de los seres vivos, desde el punto de vista orgánico, se puede ver que, desde el liquen hasta el árbol y desde el zoófito hasta el hombre, hay una cadena que se va elevando en jerarquía sin interrupción y guardando una relación todos los eslabones entre sí. Siguiendo paso a paso la cadena de los seres, se diría que cada especie es un perfeccionamiento, una transformación de la especie que le precede. Puesto que el cuerpo del hombre se encuentra en las mismas condiciones que los demás cuerpos, química y constitucionalmente, ya que nace, vive y muere de la misma manera, debe haberse formado bajo idénticas condiciones.
>
> Aunque duela mucho al hombre, debe resignarse al hecho de que su cuerpo material sea la última pieza de la animalidad sobre la Tierra. El argumento a favor de tal concepción es inexorable y válido".[3]

A la luz del Espiritismo, la concepción evolucionista encuentra su respaldo fundamental en la tesis de la pluralidad de existencias, y logra resolver dudas y dificultades que, desde la perspectiva de una biología organicista y materialista no consigue superar. Plena razón le asiste a GELEY al decir que la ley de la reencarnación es el corolario lógico de la ley de evolución. Demuestra el insigne metapsiquista y espírita francés en su obra magistral *Del Inconsciente al Consciente*, que los llamados factores clásicos son impotentes para demostrar el origen de las especies, incapaces para explicar las bruscas transformaciones creadoras de especies nuevas, insuficientes para explicar y fundamentar la inmediata y definitiva cristalización de los caracteres de las nuevas especies, así como son impotentes para resolver la dificultad de orden

[2] ALLAN KARDEC. *El Libro de los Espíritus*. Ediciones CIMA. Caracas, Venezuela. 1992, Libro segundo. Capítulo XI. pp. 224/226.

[3] ALLAN KARDEC. *La Génesis*. Ediciones CIMA. Caracas, Venezuela, 1995, Los milagros y las profecías según el Espiritismo. Capítulo X, números 28 y 29.p. 165.

filosófico relacionada con la evolución, que de lo simple surja lo complejo, eso es, de lo menos a lo más, sin un factor de continuidad espiritual.

GUSTAVE GELEY

En definitiva, el Espiritismo nos hace comprender las dos vertientes del proceso evolutivo, energía y materia, espíritu y cuerpo, y que el fenómeno total sólo se capta cuando, además de la descripción de las cosas, se mira también su interior, es decir, el factor psicodinámico esencial, la fuerza espiritual que anida en todo ser viviente y que trasciende a la muerte del organismo físico, permaneciendo idéntico en su esencia, a pesar de experimentar continuas modificaciones y hallarse sometido a un continuo perfeccionamiento. El hombre no es un capricho accidental de la naturaleza, ni el resultado aleatorio de ensayos y errores, dado que hace parte de un vasto plan cósmico con sentido teleológico, que se muestra en la dinámica de su espíritu, emergiendo del abismo de la vida y avanzando, escalón por escalón, hasta convertirse en espíritu superior. Concepto que se sintetiza en esta frase magistral proveniente de la espiritualidad superior con la cual se cierra la cuestión 540 de *El Libro de los Espíritus*:

> "Así pues, todo se eslabona en la naturaleza, desde el átomo primitivo hasta el arcángel, pues él mismo comenzó en un átomo".

MEDIUMNIDAD

> *"La mediumnidad es una flor delicada que debe ser cultivada con esmero y amor".*
>
> **Léon Denis**

La facultad mediúmnica siempre ha existido. Los médiums siempre fueron capaces de actuar como intermediarios entre los encarnados y los desencarnados, o como algunos dicen, entre los vivos y los muertos, expresión absolutamente impropia, porque nadie está realmente muerto, y todos estamos definitivamente vivos. La historia registra la presencia de los hechos mediúmnicos en todas las épocas y entre todos los pueblos, acompañando al ser humano en su proceso evolutivo. Pero, la universalidad del fenómeno mediúmnico no se corresponde con la diversidad de interpretaciones que se han presentado, abarcando un amplio espectro que se extiende desde las ideas mágicas, mitológicas, demoníacas, celestiales, místicas, esotéricas, hasta los conceptos de orden psicológico o psiquiátrico que tratan de reducirlo a expresiones mentales inconscientes de tipo sugestivo o de índole patológica.

Felizmente, en tiempos modernos, surge el Espiritismo para conocer, entender y explicar los mecanismos del proceso mediúmnico por medio del cual se relacionan de un modo permanente y diverso los habitantes de ambos mundos, el visible y el invisible, los seres encarnados y desencarnados. Mediumnidad es una cosa, Espiritismo es otra. Mediumnidad es fenómeno, Espiritismo es Doctrina que estudia el fenómeno. A la luz de la Doctrina Espírita la mediumnidad es una facultad humana, natural, que poseemos todas las personas en algún grado, independientemente de razas, nacionalidades o creencias.

El Espiritismo reconoce y estudia dos órdenes de fenómenos psíquicos: mediúmnicos y anímicos. En los primeros, los espíritus provocan manifestaciones intelectuales o físicas valiéndose de los recursos psicofísicos ofrecidos por los médiums. En los hechos anímicos, el alma del sensitivo, habiendo adquirido un cierto grado de emancipación con relación a su organismo, puede producir efectos semejantes, pues, en realidad, ha recuperado provisionalmente su condición de espíritu libre. Se identifican con los fenómenos paranormales de percepción extrasensorial y de psicocinesia.

Por la mediumnidad se prueba experimentalmente la inmortalidad del alma; se rectifican las falsas ideas del cielo o el infierno, del demonio o de las penas eternas; entramos en contacto con seres queridos y recibimos valiosas informaciones provenientes de diversas fuentes espirituales. La mediumnidad bien empleada y aprovechada, ofrece una significativa contribución para el esclarecimiento de situaciones, conflictos o problemas de índole psicológica u orgánica, individual, familiar o social. Cuando se educa y practica dentro de los parámetros técnicos, culturales y morales, enseñados por la Doctrina Espírita, la mediumnidad es un efectivo instrumento que nos auxilia en nuestro particular proceso de crecimiento personal, de autoconocimiento, y de perfeccionamiento moral.

La actividad mediúmnica, según la óptica espírita, no debe ser considerada como una profesión y sí como una vocación de servicio a favor de la humanidad, y por eso no admite ninguna clase de remuneración o lucro, ni que sea empleada con propósitos frívolos o perversos. Y es ajena por completo a cualquier sincretismo o práctica ritualista, ceremonial o mística, así como a toda creencia supersticiosa.

La mediumnidad espírita se consagra exclusivamente al Bien, a la Verdad y al Amor.

PLURALIDAD DE MUNDOS HABITADOS

"El estudio del Cosmos engendra y afirma en el espíritu del hombre la idea de la pluralidad de mundos habitados".

CAMILLE FLAMMARION

Desde su etapa inicial, cuando KARDEC estableció las bases de la Doctrina Espírita, en ellas se incluyó como uno de sus principios básicos, la existencia de vida y de inteligencia, fuera de la Tierra. Los argumentos lógicos a favor de esa tesis y que se derivan de una coherente inferencia racional fueron ampliamente corroborados por las informaciones ofrecidas por los espíritus. Entre los estudiosos espíritas que colaboraron con el Codificador, se contó el célebre astrónomo CAMILLE FLAMMARION, quien publicó varias obras sobre el tema y entre ellas una que alcanzaría una amplia difusión: *La Pluralidad de los Mundos Habitados.*

CAMILLE FLAMMARION

La vida no es un accidente, una casualidad, o un evento que excepcionalmente se produjo en la Tierra, como resultado de una combinación fortuita de elementos orgánicos precedida de una secuencia infinita de ensayos y errores. No, la vida obedece a un plan cósmico y es una constante universal. No estamos solos en el Universo. Nuestro planeta no es el único lugar habitado por seres inteligentes.

Debe tenerse en cuenta que las dimensiones astronómicas, las cifras matemáticas y los cálculos estadísticos, muestran la improbabilidad de que sólo se haya producido vida en la Tierra. Nuestro planeta no posee ningún privilegio particular en el concierto universal. Es un planeta más, de un sistema solar cualquiera, que hace parte de una galaxia, la Vía Láctea, en la cual se ha confirmado la presencia de unos 200.000 millones de soles y se estima que un seis por ciento de ellos está rodeado de planetas, y eso implica que existen unos doce mil millones de sistemas planetarios, sólo en nuestra nebulosa. ¡Y sin embargo, para aturdir más nuestro pensamiento, se ha demostrado que apenas en la parte del cosmos que hemos observado hay más nebulosas de esta impresionante magnitud que estrellas en nuestra Vía Láctea! ¿Seríamos nosotros los únicos seres con vida en un cosmos de semejantes proporciones? Únicamente, el prejuicio antropocéntrico, similar al antiguo prejuicio geocéntrico, podría llevar a los seres humanos a creer que somos el centro geográfico, biológico y espiritual del Universo.

Enseña el Espiritismo que los diversos mundos que forman el espacio sideral son diferentes entre sí en lo que se refiere a su constitución física y también en cuanto al grado de progreso de sus habitantes. En relación con la Tierra unos son de mayor adelanto, en tanto que otros le son inferiores. Los espíritus, teniendo como punto inicial el estado de simplicidad e ignorancia, reencarnan en diferentes mundos, cumpliendo ciclos de su proceso evolutivo en cada uno de ellos. Los espíritus que han venido encarnando en nuestro planeta no están eternamente vinculados a él, y pasarán a otros mundos más adelantados, cuando hayan alcanzado el grado de progreso necesario. De igual modo, espíritus que habitan en mundos más avanzados en el orden moral, social e intelectual, pueden reencarnar en la Tierra para contribuir a su progreso, desempeñando elevadas misiones que se fundamentan en la Verdad y el Amor.

Pluralidad de existencias en pluralidad de los mundos habitados, es una tesis básica del Espiritismo que nos brinda la comprensión global del proceso cósmico y espiritual de la evolución.

EL ESPIRITISMO ES UNA CIENCIA EXPERIMENTAL

"El Espiritismo es una ciencia cuyo fin es la demostración experimental de la existencia del alma y su inmortalidad, por medio de la comunicación con aquellos a los cuales impropiamente se ha llamado muertos".

GABRIEL DELANNE

El Espiritismo es un Saber integral. Como ciencia, se apoya en hechos que investiga, verifica y explica. Como filosofía, establece las consecuencias que devienen de tales hechos para la comprensión de toda la realidad. Como doctrina moral se propone la transformación de los seres humanos mediante la educación de sus sentimientos y la práctica del amor. En su faz de ciencia experimental, el Espiritismo aporta demostraciones incontestables acerca de la existencia del espíritu animando la vida, su continuidad más allá de la muerte física del cuerpo, su permanencia en otra dimensión conservando sus atributos y características individuales, su capacidad para establecer relaciones con el mundo corpóreo y su retorno al plano físico en nuevas existencias. No se trata de quimeras o de teorías más o menos probables a las que se llega por intuición o por el razonamiento filosófico solamente, sino de afirmaciones sólidamente respaldadas en los hechos, y si bien la ciencia aún no las proclama oficialmente, cada día crece el número de los sabios que las reconocen como verdades positivas.

La ciencia es un conocimiento sistemático y organizado relativo a ciertas categorías de hechos, de objetos o de fenómenos. Toda disciplina, para ser reconocida como ciencia, debe cumplir con tres requisitos fundamentales: poseer un objeto propio de estudios, establecer métodos adecuados para demostrar su objeto, y enunciar leyes o principios generales en relación con los fenómenos estudiados. Sobre esta base conceptual el Espiritismo es una Ciencia, y todas las definiciones elaboradas por KARDEC apuntan al reconocimiento de esa condición:

> "El Espiritismo es la ciencia que estudia la naturaleza, el origen y el destino de los espíritus y sus relaciones con el mundo corporal".[4]
>
> "La ciencia propiamente dicha, tiene por objeto el estudio de las leyes del principio material, así como el objeto del Espiritismo es el conocimiento de las leyes del principio espiritual; pero como este último principio es una de las fuerzas de la Naturaleza y actúa sin cesar sobre el principio material, y éste sobre aquél, resulta que el conocimiento de uno no puede complementarse sin el del otro. Por consiguiente, el Espiritismo y la ciencia se complementan mutuamente".[5]

[4] ALLAN KARDEC. *Qué es el Espiritismo*. Ediciones CIMA. Caracas, Venezuela, 1994, p. 10.

[5] ALLAN KARDEC. *La Génesis*. Ediciones CIMA. Caracas, Venezuela, 1995, Cap. I. Nº 16. p 19.

En cuanto a la metodología empleada, el Espiritismo aplica los procedimientos y los diseños formalmente admitidos en el campo científico para investigar y experimentar:

> "Como método de elaboración, el Espiritismo utiliza exactamente el mismo que las ciencias positivas, es decir, aplica el método experimental. Se presentan hechos de un orden nuevo que no pueden explicarse mediante las leyes conocidas: el Espiritismo los observa, compara y analiza, y del efecto se remonta a la causa y de ésta a la ley que los gobierna, luego deduce las consecuencias y busca sus aplicaciones útiles. No establece ninguna teoría preconcebida, motivo por el cual no ha formulado hipótesis sobre la existencia e intervención de los espíritus, como tampoco sobre el periespíritu, la reencarnación ni cualquiera otro de los principios de la doctrina; ha terminado por aceptar la existencia de los espíritus cuando esa existencia se mostró evidente a través de la observación de los hechos, y de igual manera se ha manejado con los demás principios. No son los hechos los que han venido a confirmar a la teoría, sino que ésta es la que ha llegado posteriormente para explicar y resumir los hechos. Es rigurosamente exacto decir que el Espiritismo es una ciencia de observación y no un producto de la imaginación".[6]

A tono con ese carácter científico, KARDEC insistió en forma reiterativa que el Espiritismo debería estar siempre ajustado a los hechos, abierto a la crítica, y dispuesto a revisarse y actualizarse cuando nuevos descubrimientos así lo estén exigiendo. En varias oportunidades advirtió que "el Espiritismo so pena de suicidio, no debería cerrar la puerta a ningún progreso". El sentido evolutivo y progresivo de la doctrina espírita es un componente esencial de su condición científica:

> "Hay que tener en cuenta un último rasgo distintivo de la revelación espírita, el cual surge de las condiciones mismas en que fue realizándose, y es que, apoyándose sobre hechos, su carácter es esencialmente progresivo, como el de todas las ciencias de observación...
>
> El Espiritismo marchando al ritmo del progreso nunca quedará rezagado, porque si nuevos descubrimientos le demuestran que está equivocado en algo o si se revelase una nueva verdad, él habrá de rectificarse".[7]

[6] ALLAN KARDEC. ob. cit. Cap. I. Nº 14. p. 18.

[7] ALLAN KARDEC *La Génesis*. Ediciones CIMA. Caracas, Venezuela, 1995, Cap. I. Nº 55. pp. 36-37.

Al demostrar que era posible aplicar la investigación científica en el campo espiritual, el Espiritismo superó las antiguas concepciones teológicas que impedían el conocimiento objetivo del espíritu y sus manifestaciones; derrumbó conceptos mágicos, misteriosos y supersticiosos, y también abrió el camino para el surgimiento de otras disciplinas, que se propusieron estudiar las manifestaciones psíquicas, mediúmnicas o paranormales, desde perspectivas diferentes, con nomenclaturas y metodologías propias, como la investigación psíquica, la metapsíquica o la parapsicología, las cuales, por cierto, siempre acaban ratificando sus principios básicos y sus conclusiones. No es posible desconocer la decisiva contribución ofrecida por la ciencia espírita al desarrollo teórico y experimental de esos estudios, y bastaría mencionar los nombres de algunos investigadores espíritas para demostrarlo: GABRIEL DELANNE, GUSTAVE GELEY, ERNESTO BOZZANO, WILLIAM CROOKES, FREDERICK MYERS, WILLIAM JACKSON CRAWFORD, OLIVER LODGE, KARL DU PREL, JOHANN ZÖLLNER, ALEXANDER AKSAKOF, JOSÉ S. FERNÁNDEZ, ANDRE DUMAS, CARLOS IMBASSAHY, JORGE ANDREA, HENRIQUE RODRIGUES, HERNANI GUIMARÃES ANDRADE. El día en que la ciencia reconozca los principios expuestos por el Espiritismo, se producirá una verdadera revolución gnoseológica, y sus investigaciones, que hoy se limitan al conocimiento de lo material se extenderán hasta el espíritu, abriéndose una nueva era para la humanidad, en la cual habrá de concretarse el eterno anhelo de reunir el avance intelectual con la regeneración moral.

EL ESPIRITISMO ES UNA FILOSOFÍA LIBREPENSADORA

"La filosofía espírita sintetiza en su amplia y dinámica conceptualización todas las conquistas reales de la tradición filosófica, al mismo tiempo inicia el nuevo ciclo dialéctico de la moderna civilización en perspectiva".

JOSÉ HERCULANO PIRES

Considerado en su etimología, el vocablo "filosofía" significa "amor a la sabiduría", y en efecto, la finalidad esencial de la filosofía no es otra que la conquista de la verdad. La historia de la filosofía resume el intenso y permanente esfuerzo realizado por el ser humano para comprender el Universo y el lugar que ocupa dentro de él. En consecuencia, los temas fundamentales de la filosofía siempre han girado en torno de tres áreas: el estudio del Ser, o sea de todo lo que existe, que forma el planteamiento ontológico; el estudio del conocimiento que se denomina enfoque gnoseológico; y el estudio del hombre, tanto en su dimensión individual como social, que se conoce como el problema antropológico.

En su cosmovisión, el Espiritismo aborda el estudio del Universo en su doble constitución material y espiritual así como de su evolución integral, y presenta una teoría del conocimiento perfectamente coherente que conduce al entendimiento y aprehensión de esa realidad. Por sus particulares características, se puede establecer que el Espiritismo es:

Una filosofía deísta, porque reconoce la existencia de Dios como fuerza inteligente y causa primera de todas las cosas, como Logos Supremo, razón de todo lo existente.

Una filosofía espiritualista, porque afirma la existencia del espíritu como principio independiente de la materia así como su sobrevivencia después de la muerte.

Una filosofía evolucionista, porque admite que la evolución es la ley que rige en el Universo, presidiendo todas sus transformaciones, bien de orden físico como de orden espiritual. Evolución cósmica, evolución lógica, evolución espiritual, evolución social, todo se encuentra en permanente transformación hacia nuevos estadios.

Una filosofía científica porque parte de un hecho universal: las manifestaciones de los espíritus en todos los tiempos y en todos los lugares; y los cataloga como fenómenos naturales accesibles a la verificación experimental, y del estudio de tales fenómenos elabora toda una concepción acerca del ser, del sentido de su existencia y la razón de su destino.

Una filosofía racionalista, porque no impone ningún dogma o creencia sino que invita al estudio y al análisis racional de todos sus principios. El Espiritismo es un conocimiento no una creencia. Para conocer hay que dudar, investigar, verificar, muchas veces rectificar; la creencia implica un acto de fe ciega desde que se acepta la realidad de algo que no ha sido demostrado.

Una filosofía humanista, porque coloca al ser humano y sus necesidades en el centro de su atención. La doctrina espiritista es un instrumento para que el hombre se supere moral e intelectualmente a partir de la comprensión de sí mismo y de su proceso evolutivo. Y sólo se conocerá a sí mismo cuando se reconozca como un espíritu que transita, en medio de fases encarnadas y desencarnadas, errando, rectificando, aprendiendo, hacia la conquista de un destino superior.

En *El Libro de los Espíritus*, se encuentran expresadas con el más preciso sentido didáctico, las tesis fundamentales que integran la Filosofía Espírita, las cuales pueden ser agrupadas dentro de las categorías clásicas del saber filosófico: Metafísica: Razón y existencia de Dios. Origen, naturaleza y destino del espíritu. Cosmología: El Universo y sus leyes. Antropología: El hombre y el mundo. Cuestiones biológicas y psicológicas. Filosofía práctica: Cuestiones éticas y sociales. Leyes naturales o divinas.

En definitiva, la Doctrina Espírita, cuando trata de las primeras causas (el por qué de la existencia) y de las causas finales (el para qué de la existencia) es un auténtico saber filosófico, de corte racionalista y librepensador, respaldado sobre una sólida base científica y que se traduce en inmensas consecuencias para la transformación moral y social del mundo.

EL ESPIRITISMO NO GUARDA RELACIÓN CON SUPERSTICIONES

> *"Caracteriza al Espiritismo la ausencia total de ritualismo y que, teniendo como base de doctrina las leyes naturales, excluye racionalmente la idea de lo sobrenatural, del milagro y del poder del fetiche, talismán o amuleto".*
>
> **DEOLINDO AMORIM**

En el Espiritismo no se admiten prácticas de carácter africanista o indigenista o cualquier clase de ritualismos o de sincretismos religiosos o folclóricos. No se efectúan rezos, baños con plantas, ni se permiten ceremonias relacionadas con prácticas viciosas en las cuales se consume alcohol, tabaco o cualquier otra sustancia tóxica; ni se realizan prácticas de curanderismo, adivinación, maleficios o encantamientos. Todo eso corresponde a un submundo de superstición, ignorancia y fraude que en nada se vincula con la Doctrina Espírita.

A muchos que se llaman espiritistas no les corresponde este honorable título, porque con sus prácticas necias y torvas, en pugna abierta con la razón y el sentido común, perjudican la imagen del Espiritismo, lo ridiculizan ante las personas serias y ante sus adversarios ideológicos, que creen así haber encontrado su origen y razón de ser en la mala fe de ciertos individuos que presentándose como médiums, explotan sus pretendidas facultades con la intención de lucrar a expensas de ignorantes e incautos.

Quienes han leído sus obras fundamentales, comprenden que el Espiritismo es un estudio científico y filosófico que rechaza la brujería, hechicería, o los actos de curanderismo o adivinación, tanto por la ignorancia en ellos involucrada, por el afán de lucro que anima a sus promotores, cuanto porque están rodeados de espíritus inescrupulosos y mentirosos.

Hay seres que supersticiosamente achacan sus adversidades a causas mágicas o sobrenaturales. Creen que si les va mal en el trabajo, en su casa, en el amor, o que si se enferman, se debe a algún maleficio y por eso acuden al brujo o al curandero, tratando de encontrar remedio para contrarrestar el presunto hechizo. Casi siempre las dificultades que le angustian o la enfermedad que se está presentando, han sido estimuladas por la misma persona, como consecuencia del extravío de su imaginación, de su debilidad moral, o de un pensamiento fijo u obsesivo que provoca alteraciones de orden psicosomático.

El Espiritismo esclarece con sus elevadas enseñanzas, que el remedio para que los mal llamados "trabajos de brujería" no obren sobre las personas, consiste en llevar una vida digna, recta, honesta; en negarse a participar en esas oscuras reuniones que se efectúan con propósitos malsanos; y en adoptar una actitud mental positiva y optimista que le mantenga alejado de su esfera de influencia, que le haga perder el miedo y en reírse de toda clase de supuestos maleficios. Asumiendo esa postura, ninguna onda psíquica con intenciones perversas podrá alcanzarle, pues una mente limpia y despejada genera a su alrededor un campo de fuerzas que la repele. Quienes intentan lastimar o perjudicar a otros proyectando pensamientos ruines, sólo van a lograr en definitiva que esos mismos pensamientos reboten como un boomerang y que por su afinidad vibratoria penetren en sus propias estructuras psíquicas, sufriendo de este modo, el mismo tipo de daños que trataban de causar a los demás. A muchos de esos infelices personajes conocidos como brujos o hechiceros, les va muy mal, terminando sus días en la cárcel, en los hospicios o en los manicomios, sin contar, los efectos ulteriores que se habrán de reflejar en sus próximas existencias.

Es cierto que los estudios realizados por el Espiritismo, en el campo de la mediumnidad, del animismo, de las fuerzas del pensamiento, del magnetismo, indican que en algunas prácticas de brujería o de las que se desenvuelven dentro de los cultos sincréticos, se movilizan energías psíquicas diversas, por medio de invocaciones, mentalizaciones, trances, en los cuales cooperan entidades espirituales desencarnadas que vibran en el nivel primario de los participantes. Allí ocurre un fenomenismo complejo y desordenado que es utilizado con los más diversos propósitos, dentro de un escenario donde predominan toda clase de supersticiones y creencias atávicas. Pero lo que es más cierto aún, es que ninguno de esos personajes que allí actúan, cualesquiera sean los poderes de que presuman, o de que estén asociados con espíritus perversos, puede obrar sobre una persona de alma noble y amorosa, pues su misma bondad le coloca fuera del radio de acción de la maldad, le aísla de ese veneno psíquico, por así decirlo. En fin de cuentas, el odio y el mal siempre vienen de abajo, pero no llegan arriba. El mal nunca vencerá al bien. El odio, es, en toda instancia, inferior al amor, pues nada hace tanto bien como hacer el bien.

El que crea estar "embrujado" debe despejarse, llenarse de fuerza y de optimismo, superar sus hábitos mentales y sus comportamientos, hacerse una coraza psíquica con sus pensamientos de paz, y de bondad, y comprobará que se habrá inmunizado frente a esas infecciones psíquicas. Quien no desea ni causa males a nadie, quien afirma sus relaciones en el respeto a la dignidad de los demás y transita con su ejemplo personal, familiar y social, el camino que conduce a la convivencia fraterna y solidaria entre los seres humanos puede estar seguro y tranquilo de que ninguna clase de "trabajos" habrá de alcanzarle o de lastimarle. Naturalmente, siempre queda, en los casos extremos, el recurso de acudir al centro espírita, genuinamente orientado en los parámetros kardecistas, para recibir el socorro práctico que habrá de brindársele con abnegación y eficiencia.

Por eso, la doctrina espírita formula una constante invitación a la superación moral y a llevar adelante una vida honesta, productiva, creadora y feliz. De ella aprendemos como lección básica, que así como en geometría la distancia más corta es la línea recta, también en la geometría moral de la vida, la ruta más corta para la evolución del espíritu se consigue transitando por el camino recto.

EL ESPIRITISMO NO ES UNA RELIGIÓN O UNA SECTA SEUDORELIGIOSA

"Con decir que el Espiritismo es religión, nuestra ideología no adelanta ni gana absolutamente nada, antes bien, pierde en el concepto de la ciencia y de los hombres estudiosos, los que le han dado y le dan un valor positivo y los únicos que pueden elevarla con el aporte de sus investigaciones y de sus razonamientos a un nivel superior, mientras que el rótulo de religión le resta crédito y prestigio sin agregarle un ápice a su contenido".

MANUEL S. PORTEIRO

A la luz de todas las definiciones que ALLAN KARDEC dio al Espiritismo, se hace imperativo reconocer que se trata de una filosofía que se fundamenta en la ciencia y se proyecta en sus consecuencias morales. Por eso, la caracterización epistemológica de la Doctrina Espírita como Ciencia, Filosofía y Moral se corresponde plenamente con el pensamiento de su fundador y codificador, y es la que permite ubicarla con precisión sin ambigüedades en el mundo de la cultura contemporánea.

Recordemos algunas de esas definiciones:

> "El Espiritismo es a la vez una ciencia de observación y una doctrina filosófica. Como ciencia práctica consiste en las relaciones que pueden establecerse con los espíritus; como doctrina filosófica, comprende todas las consecuencias morales que se desprenden de semejantes relaciones.

Podemos definirlo así:

> El Espiritismo es la ciencia que trata de la naturaleza, origen y destino de los espíritus y de sus relaciones con el mundo corporal".[8]
>
> "Toda ciencia sólo se adquiere con el tiempo y el estudio: así es que el Espiritismo que toca las cuestiones más graves de la filosofía; todas las ramas del orden social, que abraza a la vez al hombre físico y al hombre moral, es por sí mismo toda una ciencia, toda una filosofía, que no puede ser aprendida en algunas horas, como ocurre con cualquier otra ciencia".[9]
>
> "El Espiritismo se presenta bajo tres aspectos diferentes: el hecho de las manifestaciones, los principios de filosofía y de moral que de ellas se desprenden, y la aplicación de esos mismos principios. De aquí tres clases, o mejor, tres grados entre los adeptos: Primero, los que creen en las manifestaciones y se limitan a comprobarlas. Para éstos, el Espiritismo es una ciencia experimental; segundo, los que comprenden sus consecuencias morales, y tercero, los que practican o se esfuerzan en practicar esa moral".[10]

[8] ALLAN KARDEC. *Qué es el Espiritismo.* Ediciones CIMA. Caracas, 1994, Prólogo. p. 10.

[9] ALLAN KARDEC. *El Libro de los Médiums.* Ediciones CIMA. Caracas, 1994, Primera parte, Cap. II, N° 13.p. 25.

[10] ALLAN KARDEC. *El Libro de los Espíritus.* Ediciones CIMA, Caracas, 1992, Libro Cuarto. Conclusión p. 368.

En tanto que doctrina espiritualista, el Espiritismo coincide con las religiones cuando coloca dentro de sus principios básicos las ideas de Dios, del alma, de la vida después de la muerte, pero se diferencia de todas ellas en cuanto a la manera de asumirlas, definirlas, entenderlas o interpretarlas. Las religiones hacen parte del espiritualismo dogmático, mientras que el Espiritismo es un espiritualismo científico. En la visión religiosa, y especialmente en la teología judeo-cristiana, el hombre vive una sola vez y está marcado por el pecado original, del cual sólo habrá de librarse o salvarse mediante la concesión de la gracia divina. El Espiritismo es una doctrina evolucionista que no admite ideas como las de "pecado", "salvación", "premios o castigos divinos", "penas eternas", "cielo", "infierno", y que presenta la ley de la reencarnación como el instrumento que viabiliza el progreso individual y colectivo, enseñando al hombre que es el responsable de su proceso evolutivo y el artífice de su propio destino en el decurso de las vidas sucesivas.

Toda religión se apoya en dogmas, es decir, en principios absolutos que se dan por verídicos e indiscutibles; en toda religión se admite el misterio y lo sobrenatural; la fe se privilegia como la vía suprema para la adquisición del conocimiento y en sus templos los sacerdotes practican los más diversos ritos, liturgias y cultos. Nada de eso existe en el Espiritismo: no hay dogmas, ni libros sagrados, todo su contenido doctrinario es sometido constantemente al análisis libre y crítico, se preconiza la razón como fuente del saber, cuando se habla de fe se aclara que se refiere a la fe racional es decir a la convicción que proporciona el conocimiento, no se practica ninguna clase de ceremonias como bautismos, comuniones, confirmaciones, matrimonios, ni existen altares, iglesias o estructuras eclesiásticas. Las instituciones espíritas son asociaciones culturales, de carácter civil, dedicadas al estudio y la divulgación doctrinaria, y a servir a la comunidad por medio de la orientación moral y espiritual, y las obras de asistencia social.

Previendo que se podrían presentar confusiones sobre esto, como en efecto ha ocurrido cuando se ha pretendido darle al Espiritismo rango de religión, KARDEC dejó bien establecido su criterio en numerosas oportunidades, bien por escrito en sus libros y en la *Revista Espírita*, como en los discursos que pronunció. Como hombre culto, estudioso de la filosofía y de la pedagogía, sabía perfectamente que la doctrina espírita constituía una síntesis superior convocada para superar en la dialéctica del conocimiento, la sempiterna contradicción entre la tesis religiosa y su antítesis materialista. No es posible declararlo de una manera más categórica:

en la honestidad, en la dignidad, en la solidaridad, en la fraternidad, y, en una sola palabra que todo lo abarca, en el amor.

Muy acertado estuvo KARDEC cuando identificó la propuesta espírita con las enseñanzas de JESÚS, puesto que ellas configuran un verdadero tesoro de espiritualidad, una guía segura para la transformación plena del hombre, para liberarle del odio, la venganza, la mentira, el egoísmo, el orgullo y las bajas pasiones, y conducirle por la senda del amor, del perdón, de la verdad, del altruismo, de la humildad, y para impulsarle hacia la conquista de nuevos estadios en el camino infinito de su evolución espiritual.

La renovación interior que promueve la moral espírita se traduce en una conducta práctica dirigida hacia la transformación de la sociedad y la consecución de un mundo más humano, más justo, libre, igualitario, solidario y fraterno, y es por eso que la reforma íntima, interna, es concomitante con la reforma social, externa. En tanto que humanista, la doctrina espírita ofrece una visión racional, libre, optimista y progresista, acerca del hombre, en sus fases alternas como ser encarnado y desencarnado, respondiendo a sus incógnitas y expectativas, y abriéndole un universo de esperanzas que le motiven en su proceso evolutivo hacia el destino superior que le está reservado.

En la tercera parte de *El Libro de los Espíritus* se encuentra la sustancia de la doctrina moral preconizada por el Espiritismo, traducida en diez leyes básicas, que KARDEC denominó Leyes Divinas o Leyes Naturales: Adoración, Trabajo, Reproducción, Conservación, Destrucción, Sociedad, Progreso, Igualdad, Libertad, y coronando todo ese monumental edificio ético, la Ley de Justicia, Amor y Caridad. Su conocimiento, comprensión y práctica, iluminan a la humanidad y la conducen por el sendero que lleva a la conquista de un nuevo tiempo y una nueva época, la Era del Espíritu.

II

ESPIRITISMO Y ESPIRITUALISMO

"El verdadero espiritualismo debe estar respaldado por el método kardecista, pues todo espiritualismo proveniente de tradiciones y leyendas mezcladas caóticamente entre sí, no llegará nunca al grado de veracidad necesario y no será más que un pensamiento espiritual híbrido y desvitalizado.

En el antiguo espiritualismo predominó siempre, por más avanzado que se presentara, el método eclesiástico y ritualístico por su absoluta adhesión al pasado. En cambio, el espiritualismo espírita es la resultante de una evolución mental y espiritual del hombre; por eso es que el método kardecista nos lleva del Espiritualismo al Espiritismo, revelándonos que este último es la concepción espiritual más adecuada para penetrar en el conocimiento del Espíritu".

HUMBERTO MARIOTTI

La historia del pensamiento está marcada por el esfuerzo perseverante del hombre para captar y entender la realidad que le rodea y darle algún tipo de explicación satisfactoria. La cuestión central de la existencia del alma en el ser humano ha sido y sigue siendo muy discutida, habiéndosela tratado bajo muy diversos puntos de vista, con mayor o menor profundidad, y la disparidad en los conceptos no se presenta solamente entre quienes niegan su existencia y quienes la reconocen, sino que, entre estos últimos, también es muy grande la variedad de opiniones con respecto a su naturaleza y sus atributos, y es en ese escenario donde han librado una dura batalla las tendencias opuestas del materialismo y del espiritualismo, esgrimiendo sus mejores argumentaciones para sustentar la validez de sus respectivas tesis.

Los diversos sistemas filosóficos que han sido concebidos en todos los tiempos como reflexiones generales acerca de Dios y del universo, de la materia y del espíritu, de la vida y de la muerte, del hombre y de la sociedad, pueden ser resumidos y colocados dentro de dos vertientes fundamentales, atendiendo a las definiciones que otorgan a cada una de esas categorías: la **filosofía materialista**, que considera a la materia como única realidad, rechaza la existencia de Dios o de alguna fuerza creadora del universo, asume que el pensamiento y toda manifestación psíquica son expresiones de naturaleza material y niega, por tanto, que los seres vivientes estén animados por algún principio espiritual o que tal principio pueda sobrevivir después de la muerte; y la **filosofía espiritualista**, que reconoce la participación de dos elementos diferentes en la constitución del universo: la materia y el espíritu, siendo éste el principio inteligente, activo y superior, y establece como premisas, la existencia de Dios y la inmortalidad espiritual. Espiritualismo, es, por lo tanto, lo contrario de materialismo.

Es evidente que el término espiritualismo, por su amplitud y generalidad, se hace bastante ambiguo y es susceptible de ser comprendido y empleado de muy diversas maneras, de acuerdo con las definiciones que cada una de las tendencias espiritualistas dan al predicado de "lo espiritual". Aquí estamos reconociendo como doctrinas espiritualistas, tanto de índole filosófica como religiosa, a todas las concepciones antiguas o contemporáneas, que poseen un enfoque dualista espíritu-materia en su explicación de la realidad universal; que son deístas en tanto que reconocen la existencia, omnipresencia y omnipotencia de Dios; que afirman el primado del espíritu en la explicación de los fenómenos psíquicos, y que aceptan la continuidad del principio espiritual después de la muerte física. Estas proposiciones son comunes a toda tendencia espiritualista, independientemente de las muy variadas definiciones e interpretaciones que cada una de ellas presenta.

Por ser una noción tan genérica, amplia y extensa, el espiritualismo no se circunscribe a una escuela definida, sino que es la denominación común de todas las creencias, religiones, filosofías o doctrinas que aceptan de algún modo la existencia de un factor espiritual, y por eso es que se pueden incluir dentro de su contexto, desde las tradiciones védicas hasta el hermetismo egipcio, desde las profundas elaboraciones filosóficas de la civilización grecorromana hasta la síntesis neoplatónica, desde el cabalismo hebraico, la especulación de la escolástica cristiana, el dualismo de la metafísica cartesiana, el panteísmo spinoziano, el idealismo absoluto berkeliano, el criticismo kantiano, la dialéctica idealista hegeliana, el intuicionismo bergsoniano, el evolucionismo cristiano teilhardiano, las modernas versiones vitalistas, finalistas y holistas, hasta las corrientes esotéricas, iniciáticas y ocultistas.

El espiritualismo, por lo tanto, engloba el conjunto de sistemas religiosos y filosóficos que admiten la existencia de una sustancia espiritual como fundamento de toda realidad, y se contrapone por consiguiente al materialismo.

En este sentido, todas las religiones son variantes del espiritualismo, como también lo son las corrientes filosóficas que le otorgan categoría ontológica al espíritu y le dan preeminencia sobre la materia. Así, se puede perfectamente hablar de un espiritualismo religioso o de un espiritualismo filosófico, de un espiritualismo dogmático o de un espiritualismo racionalista, de un espiritualismo místico o de un espiritualismo científico. Pertenecen al espiritualismo religioso o teológico, el brahmanismo, el budismo, el taoísmo, el islamismo, el judaísmo, el cristianismo en todas sus versiones y muchas otras religiones de menor extensión. Siendo todas ellas doctrinas espiritualistas, se diferencian sin embargo, por sus dogmas y por sus explicaciones acerca del origen, atribuciones y destino del alma. Forman parte del espiritualismo filosófico todas las tendencias que, a pesar de presentar diversos enfoques y variadas nomenclaturas, conservan como principios esenciales, el reconocimiento de Dios y la existencia de un alma inmortal independiente del cuerpo y sobreviviente después de la muerte, y se esfuerzan por explicarlos o demostrarlos por medio de argumentos lógicos y racionales.

Es bien sabido que todas las religiones actuales y las que han existido desde los más remotos tiempos, enseñan que el ser humano no está constituido apenas por su cuerpo físico, sino que posee algo inmaterial e inmortal, o sea, un alma, y tal universalidad es un factor histórico y cultural de gran importancia. Es más, aún antes de la constitución formal de las religiones, la noción del alma ya se hacía presente en las primitivas agrupaciones humanas, como se desprende de numerosos hallazgos antropológicos que informan acerca de las creencias y costumbres que caracterizaron a los antiguos pobladores del planeta y que se expresaban en sus mitos y leyendas, en sus ritos de adoración a las divinidades y en sus ceremonias funerarias.

Se encuentra en las primeras concepciones religiosas de la India el concepto de que todos los seres vivientes, vegetales, animales y humanos, están animados por un soplo emanado de Brahma, palabra ésta que identifica al Espíritu Universal. El *atma*, o principio espiritual humano, precisa reencarnar múltiples veces hasta que alcanza la perfección divina. En la doctrina de los *Upanishads*, tratados filosóficos de alta espiritualidad y que surgieron al final de la era védica, aparece bien definida la enseñanza del *karma*, según la cual todas las existencias terrestres están vinculadas por relaciones de causa y efecto, estableciéndose un nexo entre la íntima realidad espiritual y la realidad cósmica, de la cual brotan experiencias y conocimientos que colocan al hombre en contacto directo con las nociones básicas del ser, la conciencia, la vida universal y el destino personal y la trascendencia superior. Del vedismo se fueron configurando los principales sistemas filosóficos y religiosos que imperan en las culturas del Asia oriental, como el brahmanismo, el budismo, el lamaísmo, el tantrismo, el shintoísmo o el taoísmo.

Entre los egipcios también estaba difundida la creencia en un espíritu divino, universal, que llenaba todo lo existente, y del cual se derivaba la chispa espiritual que anima a cada ser y le sobrevive después de la muerte. Aceptaban que cada ser humano estaba constituido por tres entidades: el cuerpo físico, el alma (*ba*) y un doble fluídico similar al organismo pero de materia menos densa que llamaban *ka*. Esa idea de supervivencia se relaciona con sus ritos funerarios, la práctica de la momificación y justifica el grado de desarrollo que adquirieron la medicina y la arquitectura. El culto al sol (Ra) era la representación de su adoración a Dios en aquello que consideraban la fuente de la vida. El alma de cada persona al morir, era sometida a un juicio ante el tribunal de Osiris, y de acuerdo con los actos que realizó en su vida así serían las recompensas o castigos que habría de experimentar en futuras existencias. Al lado de los cultos populares, de las creencias religiosas para las grandes masas, se desenvolvió en Egipto un espiritualismo esotérico a través de las religiones mistéricas, que reservaban para grupos selectos de iniciados, la comprensión de grandes verdades como la existencia de un solo Dios, la inmortalidad del alma, las consecuencias de sus actos en las vidas futuras, y la participación en pruebas y ejercicios psíquicos que le permitían alcanzar superiores estados espirituales.

Desde los albores del pensamiento helénico hasta sus momentos de máximo esplendor, las ideas de corte espiritualista cautivaron a la gran mayoría de sus artistas, poetas, escritores, filósofos y hombres de ciencia. Ya en el tiempo de los poemas homéricos, y durante el período mitológico y prefilosófico, los griegos admitían que el hombre es de naturaleza dual, con un cuerpo perceptible y su imagen invisible o *psique* la cual aseguraba la continuidad espiritual después de la muerte, si bien tales creencias se confundían y se desnaturalizaban en el marco de una cultura politeísta, antropomórfica y supersticiosa.

En una obra notable por su erudición y precisión histórica, surgida del talento de EUGÈNE BONNEMÈRE, este sobresaliente escritor francés considera que la primera doctrina que, explícitamente presentó en la antigüedad griega un sistema de pensamiento espiritualista, surge en asociación con la figura legendaria del poeta y músico ORFEO, en cuyo nombre se establecerían después numerosos cultos:

"ORFEO fue quizás el primero que formó un cuerpo de doctrina de lo que no era anteriormente más que un cúmulo de supersticiones aisladas. Reconocía un principio activo, Dios: y el caos o la naturaleza informe, principio pasivo. Estaban unidos y habían existido siempre. Dios encerraba en sí cuanto fue, es y será: el cielo, la tierra, los astros, el sol, la luna, los dioses, las diosas, todos los seres eran obra suya, y el poeta enseñaba que se debía adorar en ellos al Dios creador, generador, incomprensible e infinito. En suma, del seno de aquel politeísmo desenfrenado, empezaba a elevarse la idea verdadera del Dios único, y los mismos Padres de la Iglesia confirman que ORFEO inició a los griegos en el dogma de la unidad de Dios".[13]

El nacimiento de la filosofía griega clásica puede ser ubicado en el siglo VI antes de la era cristiana, con aquel brillante grupo de pensadores que floreció en Jonia, en las costas del Asia Menor, liderizado por TALES (640-545 a.C.), ANAXIMANDRO (610-547 a.C.) y ANAXÍMENES (588-524 a.C.) y que se preocuparon por examinar la realidad desde una perspectiva racionalista y no mitológica, hasta encontrar una teoría que explicase las relaciones entre el macrocosmos universal y el microcosmos humano en sus principios constitutivos comunes, partiendo de la teoría de los cuatro elementos fundamentales: agua, aire, tierra y fuego. La filosofía que divulgaban se relacionaba estrechamente con la física y la cosmología, se centraba en la búsqueda de la causa inicial de todas las cosas y estaba impregnada de una visión hilozoísta, según la cual hay vida en todas las cosas y el mundo está animado y lleno de espíritus.

En general, los sucesores de la escuela jónica se mantuvieron dentro de una tendencia espiritualista. Solamente podrían contarse como representantes del pensamiento materialista a DEMÓCRITO (460-370 a.C.) y LEUCIPO (500-440 a.C.), fundadores del atomismo, y, posteriormente, al hedonista EPICURO (341-270 a.C.).

Eminentes pensadores como ANAXÁGORAS (499-428 a.C.) y EMPÉDOCLES (483-430 a.C.), argumentaban a favor de una posición nítidamente dualista que distingue entre espíritu y materia, o sea, entre lo animado y lo inanimado, y reconocen al *nous* (espíritu) como autor y director de la organización humana y primer principio de las potencias cósmicas

[13] EUGÈNE BONNEMÈRE. *El alma y sus manifestaciones a través de la historia.* Editorial Víctor Hugo, Buenos Aires, 1946, p. 80.

Para HERÁCLITO (530-470 a.C.) la realidad es esencialmente móvil y fluyente. "No podemos bañarnos dos veces en el mismo río" es la frase que mejor refleja su pensamiento, y a partir de la cual presenta un sistema dialéctico de raciocinio que pone la actividad en todas partes y el reposo en ninguna, dentro de un dinamismo universal. Concibe el origen de toda la realidad a partir de un fuego eterno del que todo viene y al que todo va. Ese fuego divino, que a veces llama fuego viviente y otras, fuego inteligente, es la actividad suprema del ser, cuya forma visible es el movimiento. Aplicó su razonamiento dialéctico para sostener su creencia en el espíritu, al decir que todo pasa de un estado a otro, de la muerte a la vida y de la vida a la muerte, lo cual implica que no hay extinción sino transformación.

El pensamiento espiritualista de PITÁGORAS (570-496 a.C.) tiene tanta importancia por la grandeza y elevación de sus ideas en el campo filosófico, como por su inmensa contribución al desarrollo de la ciencia y el arte. En la escuela que fundó y dirigió en Crotona, se enseñaba a los discípulos una doctrina global para la purificación del espíritu, mediante el desenvolvimiento de la razón pura, la comprensión de las ciencias (especialmente las matemáticas, la geometría, la astronomía y la física), el cultivo de la música y el ejercicio de una vida recta y austera conforme a las más elevadas normas éticas e higiénicas. Se adoptaba como premisa que la esencia de las cosas está en los números y en las relaciones matemáticas. Con toda razón afirma el reconocido estudioso y crítico la filosofía antigua EDOUARD SCHURÉ que "PITÁGORAS fue el Maestro de la Grecia laica como ORFEO lo fue de la sacerdotal".[14]

El pitagorismo absorbió y perfeccionó las tradiciones espirituales egipcias, babilónicas e indostánicas, y divulgó con singular maestría y belleza conocimientos acerca de Dios, del alma, su inmortalidad y su constante palingenesia.

De SÓCRATES (469-399 a.C.) ha llegado hasta nosotros el legado precioso de su doctrina, la cual reúne y resume un auténtico saber acerca del cosmos, de la vida y del Ser, y sienta las bases de la antropología filosófica, pues coloca en primer término la necesidad del conocimiento propio, íntimo, antes que el conocimiento de lo exterior, dando vigencia al *Nosce te ipsum* del templo de Delfos. Oponiéndose a la retórica de los sofistas, la cual generaba estados de incertidumbre, desesperanza y escepticismo, predicaba un eudemonismo no utilitario, que proclama a la felicidad como una meta superior pero que está

[14] EDOUARD SCHURÉ. *Los grandes iniciados*. Editorial Continental. Buenos Aires, 1943, p. 237.

indisolublemente unida a la virtud, a la práctica del bien. Para SÓCRATES, la existencia de Dios se confirmaba en el propio testimonio de la razón al examinar el orden y la finalidad del mundo. El alma humana es de naturaleza divina e inmortal, preexiste al nacimiento y sobrevive a la muerte y logra su perfeccionamiento en sucesivas encarnaciones. El mundo está poblado de espíritus que se manifiestan a los hombres de múltiples formas, en los sueños o mediante voces que orientan o advierten como a él mismo le ocurrió durante toda su vida con su *daimon* o espíritu familiar.

SÓCRATES

PLATÓN (427-347 a.C.), el más brillante y fiel entre los discípulos de SÓCRATES elevó la filosofía a la más alta cumbre conquistada por el pensamiento universal, puesto que su argumentación ha servido de inspiración y modelo para todo su desarrollo posterior. Su doctrina es tan amplia que abarca todos los temas básicos que interesan al saber filosófico: cosmología y antropología, ontología y gnoseología, ética y política, psicología y metafísica.

Siguiendo un criterio nítidamente dualista, hay para PLATÓN dos grandes regiones de lo real: el mundo inteligible de las ideas y el mundo sensible de las cosas. Partiendo de una separación radical entre el mundo espiritual y el plano material, considera que el Ser verdadero está en las Ideas, arquetipos preexistentes, de las cuales las cosas físicas son apenas su representación o imitación. Las Ideas son eternas e inmutables, poseen una existencia efectiva y real, mientras que las cosas sensibles son mutables, nacen y perecen, son ilusorias. El espíritu originario del mundo de las Ideas es inmortal y eterno, el cuerpo material perteneciente al plano físico es perecedero y transitorio.

El espiritualismo platónico presenta a Dios no sólo como Principio Inteligente, sino también como Amor. Estudia el alma en su condición de fuerza que gobierna al cuerpo, y distingue en ella dos funciones: un alma racional que origina la inteligencia y un alma irracional de donde se originan las emociones y los instintos. Enseña que las almas o espíritus existen independientemente de la vida física, preexisten al nacimiento, y que habiendo salido del cielo o morada espiritual para animar sucesivamente diversos organismos, vuelven a él y después retornan en ulteriores vidas siguiendo un camino de perfeccionamiento. En cada renacimiento el alma olvida su origen aun cuando guarda íntimamente ese recuerdo, y por eso, cada conquista intelectual sería más que un nuevo conocimiento, una reminiscencia de lo que ya sabía por haberlas contemplado en el mundo ideal. De allí, su conocida y muchas veces mal comprendida afirmación de que "aprender es recordar".

A semejanza de PLATÓN, ARISTÓTELES (384-322 a.C.) fue abiertamente deísta y espiritualista, si bien se apartó de su maestro en numerosos aspectos conceptuales y metodológicos, como ocurrió con su rechazo a las teorías sobre las ideas innatas y las reminiscencias. Explica la realidad distinguiendo cuatro causas fundamentales: material, formal, eficiente y final, esto es, la constitución de las cosas, su esencia íntima, la razón que las justifica y el propósito que persiguen. Dios es el primer motor inmóvil que mueve sin ser movido, es acto puro sin mezcla alguna de potencia, es forma sin materia, y todo lo existente emana de él y se somete a su dirección. Considera la existencia de un alma vegetativa que ya se encuentra en las plantas, un alma sensitiva que está presente en los animales y un alma intelectual, exclusiva del ser humano, que le otorga sus facultades racionales superiores, y que es independiente del cuerpo e inmortal.

Como los griegos, sus maestros, los grandes pensadores latinos adoptaron las referencias filosóficas básicas que tanto renombre dieron a aquel pueblo. En la cultura romana las ideas sobre Dios y la inmortalidad constituían los ejes fundamentales, y si bien no de manera unánime, la mayoría aceptaba la pluralidad de existencias y la comunicación de los espíritus, como se verifica en los escritos de CICERÓN (106-43 a.C.), VIRGILIO (70-19 a.C.), OVIDIO (43 a.C.-17 d.C.), SÉNECA (2-65 d.C.) y APULEYO (125-180 d.C.).

El neoplatonismo constituyó un vigoroso movimiento filosófico, contemporáneo del naciente cristianismo, que se propuso reunir y fundir las mejores tradiciones religiosas e iniciáticas del mundo antiguo. Adoptando una postura ecléctica, combinaron ideas del misticismo oriental con dogmas y preceptos de la cábala hebraica y del cristianismo y con las doctrinas griegas vinculadas al pensamiento pitagórico y platónico. Siguiendo esta orientación se fundaron escuelas en Asia, Europa, el norte de África, bordeando la cuenca mediterránea, en ciudades como Roma, Atenas, Antioquía y Pérgamo, siendo Alejandría el centro más floreciente. Entre sus representantes más sobresalientes se cuentan,

FILÓN (25 a.C.-50 d.C.), AMMONIUS SACCAS (175-242 d.C.), PORFIRIO (232-304 d.C.), PLOTINO (205-270 d.C.), JÁMBLICO (250-330 d.C.), HYPATIA (370-415 d.C.), PROCLO (410-485 d.C.)

Enseñaban que el alma humana, emanación del Alma Universal, es anterior y posterior al cuerpo físico, del cual es un principio superior e independiente. Predicaban y practicaban la evocación de los espíritus o almas de los difuntos, que pueden encontrarse en diversas condiciones y se pueden aparecer o manifestarse de muchas maneras. Creían en la reencarnación y en la pluralidad de mundos habitados.

El neoplatonismo ejerció una considerable influencia en el origen del pensamiento cristiano, especialmente en algunos de los Padres de la Iglesia, como ORÍGENES (185-250), CLEMENTE DE ALEJANDRÍA (130-217) y SAN JERÓNIMO (347-419), quienes argumentaban a favor de la preexistencia y supervivencia de las almas y creían en la sucesión de las vidas, señalando que sólo así existe correctivo para la desigualdad aparente de las condiciones humanas mediante la compensación en nuevas oportunidades y afirmaban que tal enseñanza provenía del mismo JESÚS DE NAZARETH quien la transmitía en sus sermones en forma alegórica o directa como se desprende del diálogo con NICODEMUS donde aparece su conocida sentencia: "Es necesario nacer de nuevo".[15]

Los pensadores cristianos de la primera hora, aceptaban con naturalidad la comunicación con los espíritus de los fallecidos, y habían redactado instrucciones precisas para evocarlos y dialogar con ellos, Como lo admite SAN AGUSTÍN (354-430) en diversos pasajes de sus *Confesiones* obra autobiográfica que abarca 13 libros. Con los escritos el Obispo de Hipona concluyen los cuatro siglos del período de la patrística y se da paso a la escolástica, en que la filosofía sucumbe a las presiones de la teología, reflejando en el plano de las ideas, lo que aconteció en el orden económico, social y político, cuando la doctrina cristiana se fue alejando de sus originales principios para transformarse en la religión oficial del imperio romano, a partir del Edicto de Milán firmado por CONSTANTINO en el año 313.

La escolástica comprendió toda la enseñanza teológica y filosófica que imperó durante la Edad Media, en la cual se conciliaban las narrativas y preceptos bíblicos con la tradición aristotélica, en el marco de dos corrientes interpretativas, una de carácter racionalista, que se alimentaba principalmen-

[15] Evangelio de Juan. 3:1-7.

te de los escritos lógicos de ARISTÓTELES, exaltaba la importancia de la razón en la consecución de la verdad y consideraba que el camino para llegar a Dios es la especulación y la dialéctica: y otra mística, apoyada en los escritos de SAN AGUSTÍN, que acentuaba la primacía de la revelación divina y recomendaba el ascetismo y la contemplación como las vías que conducen a Dios. Sobresalen, entre los agustinistas SAN ANSELMO (1033-1109) y SAN BUENAVENTURA, y entre los más destacados racionalistas y aristotélicos se cuentan PEDRO ABELARDO (1079-1149), ALBERTO MAGNO (1193-1280), JUAN DUNS ESCOTO (1266-1308), y TOMÁS DE AQUINO (1225– 1274).

Para mejor comprender el origen y desenvolvimiento del pensamiento teológico, debe tenerse en cuenta que el cristianismo antes que una filosofía, es una religión, que no se funda en la razón sino en el dogma, y en consecuencia no se demuestra, se predica; no se comprende, se cree. Independientemente de los matices que se desprenden de cada uno de sus pensadores, y de la diversidad de direcciones que surgen como consecuencia de las interpretaciones aportadas por sus corrientes internas, el espiritualismo cristiano se fundamenta en estas cinco tesis cardinales:

a) Existe un Dios personal, infinito en su esencia y en sus atributos, trascendente, anterior, superior e independiente del mundo, el cual está sujeto a su gobierno y providencia. Todos los seres, y especialmente el hombre, están sometidos a los designios de Dios.
b) El alma del hombre es inmortal, vive en el cuerpo una sola vez y posee vida eterna.
c) Dios ha establecido premios o castigos para el hombre, de acuerdo con el uso bueno o malo que haya hecho de su libertad para obrar.
d) El hombre resucitará, su alma ocupará el mismo cuerpo que animó en su vida, y será sometida a un juicio final que decidirá su destino definitivo.
e) La fe cristiana es condición indispensable para la salvación del alma.

Durante la Edad Media, la presión religiosa institucional sofocó a muchos grupos que disentían de los dogmas oficiales o que lucían un carácter místico, iniciático o esotérico, reprimiéndolos, persiguiéndolos y a veces exterminándolos. Sin embargo, florecieron otros que adoptaban diversas formas y denominaciones. Se constituyeron las *Guildas* o corporaciones de artesanos y comerciantes unidos por un juramento de ayuda y defensa mutua y que preservaban sus conocimientos mediante símbolos y ceremonias internas. De ellas surgió la corporación de los *Maçons* (del francés: albañil), que daría origen a uno de los movimientos filosóficos y fraternistas de mayor significación en las luchas por el progreso moral y social de la humanidad: la masonería universal.

Los cátaros italianos (puros) y los albigenses (de la región de Albí, en el sur de Francia) formaban grupos religiosos, austeros en sus costumbres, severos en su disciplina, que denunciaron la corrupción del clero y rechazaban ciertos dogmas y preceptos católicos. Admitían la reencarnación, no creían en la existencia del cielo o del infierno, negaban la validez del bautismo en los niños antes de que alcanzasen la mayoría de edad, consideraban innecesarios los templos, se oponían al culto de las imágenes y afirmaban que lo esencial era la práctica de la virtud en todas las circunstancias de la vida.

Los templarios o caballeros de la Orden del Temple, constituían una orden militar-religiosa, que se fundó con el propósito de resguardar los caminos que llevaban a los peregrinos a Jerusalén en tiempos de las cruzadas, pero después fueron perseguidos y exterminados por sus creencias gnósticas y esotéricas. Fue la Edad Media también la época de auge y esplendor de los cabalistas. *Kábala* es una palabra hebrea, cuya raíz QBL significa tradición oral y alude al conocimiento de carácter esotérico y místico que se trasmitía oralmente entre los estudiosos judíos para preservarlo de personas ajenas al judaísmo. Posteriormente, algunos rabinos y cabalistas lo llevaron a la escritura dando origen al *Zohar* y el *Sépher Yetzirah*, obras que abundan en simbolismos e interpretaciones numerológicas y que se bifurcan en dos vertientes: la *Kábala operativa* o práctica que enseña procedimientos de mentalismo y la *Kábala especulativa* o teórica, que presenta un sistema filosófico con una explicación acerca de la creación del mundo por Dios, la correspondencia entre el macrocosmos y el microcosmos, y sobre las relaciones entre el cuerpo y el alma inmortal.

El período medioeval conoció también el auge de los alquimistas. La palabra alquimia es de procedencia árabe y se refiere al limo o tierra negra que se forma a orillas del río Nilo.

Las artes alquímicas, inicialmente practicadas por los egipcios, se fundamentaban en la manipulación de los metales y su transmutación en oro. Los árabes introdujeron la alquimia en Europa donde fue evolucionando hacia formas filosóficas y científicas de mayor consistencia hasta sentar las bases de la química moderna. Para comprender la alquimia en su justa dimensión y contexto histórico y cultural, es necesario profundizar en el carácter simbólico de sus principios, escapando de las interpretaciones literales y simplistas. Buena parte de los pensadores espiritualistas de esa época fueron identificados como

PARACELSO

alquimistas: RAMÓN LLULL (1235-1315), ROGER BACON (1214-1294), ARNALDUS DE VILLANOVA (1235-1313), NICOLAS FLAMEL (1330-1418), y el célebre filósofo suizo TEOPHRASTUS BOMBASTUS VON HOHENHEIM (1493-1541), mejor conocido como PARACELSO, autor de 364 libros sobre las más diversas ramas del saber teórico y práctico. En tanto que médico, PARACELSO sostuvo ideas reformadoras acerca de la relación entre el ser humano, integrado por alma y cuerpo, y el contexto universal que le envuelve, estableciendo el concepto de salud como armonía entre todos los elementos: afirmaba la virtud medicinal de muchas plantas y curaba mediante la imposición de las manos.

La decadencia de la escolástica se define a partir de la obra del inglés GUILLERMO DE OCKHAM (1300-1349) en la cual se rechaza categóricamente el valor gnoseológico atribuido a la especulación metafísica, al razonamiento silogístico o al dogma, y se hace un pronunciamiento a favor de una filosofía unida a la ciencia, preocupada por escrutar la naturaleza y por el ansia de abismarse en el mundo cotidiano de la experiencia.

Finalizando el siglo XIV, después del largo y profundo paréntesis medioeval, resurgen las tendencias librepensadoras y críticas en el mundo intelectual y artístico, que dan cauce al Humanismo y al Renacimiento. Filósofos, científicos y artistas convergen en un gran entusiasmo por la vida y por la naturaleza, depositando su confianza en la capacidad del hombre para forjar su progreso material y espiritual, haciendo uso de la razón y de la libertad creadora.

El Renacimiento representó una época de transición de la escolástica a la filosofía moderna, para la cual recuperó el legado cultural del mundo antiguo y también señaló una renovación del espiritualismo, dentro de una variada gama de opiniones muchas veces contradictorias entre sí, bien sea adoptando la orientación neoplatónica: GEORGIOS GEMISTHOS (1389-1464), MARSILIO FICINO (1433-1499), GIROLAMO SAVONAROLA (1452-1498); neopitagórica: NICOLÁS DE CUSA (1401-1464); ecléctica: GIOVANNI PICCO DELLA MIRANDOLA (1463-1494), JUAN LUIS VIVES (1492-1540); estoica: JUSTUS LIPSIUS (1547-1606); escéptica: MICHEL DE MONTAIGNE (1533-1592); humanista: DESIDERIO ERASMO (1467-1536); en forma libre y naturalista: LEONARDO DA VINCI (1452-1519), BERNARDINO TELESIO (1508-1588), GIORDANO BRUNO (1548-1600); o en su faz mística y ocultista: PARACELSO, CORNELIUS AGRIPPA (1486-1535), GIROLAMO CARDANO (1501-1576), ROBERT FLUDD (1574-1637), JAKOB BOEHME (1575-1624), JEAN BAPTISTE VAN HELMONT (1577-1644).

Reconocido como el fundador de la filosofía moderna, RENÉ DESCARTES (1596-1650) presentó un amplio y revolucionario sistema de pensamiento capaz de abarcar lo físico y lo metafísico dentro de una visión radicalmente dualista, en la cual el espíritu, sustancia pensante que no ocupa lugar en el espacio y es indivisible (*res cogitans*) se encuentra absolutamente separado del cuerpo, sustancia física y divisible por naturaleza (*res extensa*).

Entre sus mayores preocupaciones estuvo la de dotar a la ciencia y a la filosofía de un método apropiado Para alcanzar la certeza en el conocimiento de la realidad, y tal método lo hizo descansar en la duda universal.

RENÉ DESCARTES

La verdad no proviene del testimonio de los sentidos o de las opiniones; la única verdad incontrovertible es la conciencia simultánea de pensar y existir: *Cogito, ergo sum*, pues en el hecho mismo de la duda se afirma la conciencia; el pensamiento antecede a la existencia, el espíritu a la materia, el alma al cuerpo. Aceptaba DESCARTES que en el conocimiento humano preexisten ideas innatas que son independientes de la experiencia.

La contraposición espiritualismo-materialismo se muestra en toda su intensidad durante el siglo XVII, en el fuerte debate protagonizado por las dos corrientes filosóficas que dominan la Edad Moderna: el racionalismo, que se encuentra representado en el dualismo metafísico propuesto por DESCARTES, en el monismo panteísta de BENEDICTUS DE SPI-

NOZA (1632-1677), en la doctrina de las mónadas espirituales que se hallan en armonía preestablecida enseñada por GOTTFRIED WILHELM LEIBNIZ (1646-1716) y, en el polo contrario, el empirismo sustentado por los filósofos ingleses THOMAS HOBBES (1588-1679), JOHN LOCKE (1632-1704) y DAVID HUME (1711-1776). Para los racionalistas, la filosofía debía ser concebida como una matemática universal, es decir, un sistema deductivo en el cual, de la misma forma que ocurre en cualquier modelo matemático, todo el conjunto de sus tesis y de sus conocimientos pueda ser inferido lógicamente a partir de algunos principios evidentes. Se esmeraron en ofrecer una prueba racional de la existencia de Dios y del alma, y por definir su esencia, sus atributos y sus relaciones. Para los empiristas, cualquiera de nuestras ideas, por muy elevada que nos pueda parecer, no es más que una combinación de sensaciones, ya que todo nuestro conocimiento tiene su origen en la experiencia sensorial. En su libro fundamental *Ensayo sobre el entendimiento humano*, considerado como la formulación clásica del empirismo, LOCKE se empeña en demostrar que en la mente humana no hay ideas innatas puesto que al nacer es una *tabula rasa* y que carecen de sentido las ideas de Dios o del alma. Resume su propuesta en el siguiente aforismo: "Nada hay en el intelecto que no haya estado antes en las sensaciones, en los sentidos", que fue hábilmente respondido por LEIBNIZ cuando agregó: "excepto el intelecto mismo".

Colocada dentro de una postura conciliadora surge la doctrina expuesta por EMMANUEL KANT (1724-1804), reconocido entre los más grandes filósofos en la historia del pensamiento humano, quien se propuso armonizar la visión racionalista con la postura empirista. En su teoría del conocimiento, idealista y crítica, reconoce que tanto la sensibilidad como el entendimiento racional son procesos que se complementan, y que permiten elevar la comprensión humana desde los fenómenos objetivos materiales hasta las categorías metafísicas de Dios y del alma. Propone un tipo de análisis al cual llama trascendental que describe el conocimiento universalmente válido como el resultado de dos procesos de síntesis, uno ofrecido por los datos que provienen de la percepción sensorial y que da lugar a los fenómenos, y otro en el cual la mente proyecta sobre ellos una determinada categoría que posee previamente. De este modo, las funciones *a priori* de la mente actuando sobre el material elaborado por las sensaciones, proporcionan el verdadero conocimiento. El trascendentalismo kantiano, con su búsqueda de los principios del conocimiento en la mente, en el sujeto, hizo posible ese momento de esplendor que alcanzó la filosofía europea, en la denominada escuela del idealismo alemán, representada por brillantes pensadores como JOHANN GOTTLIEB

FICHTE (1762-1814), FRIEDRICH WILHELM SCHELLING (1775-1854), KARL CHRISTIAN KRAUSE (1781-1832), FRIEDRICH ERNST DANIEL SCHLEIERMACHER (1768-1834) y muy especialmente por GEORG WILHELM FRIEDRICH HEGEL (1770-1831). Con su aporte, la síntesis *a priori* kantiana se transforma en síntesis absoluta, en síntesis creadora, donde el objeto conocido se identifica plenamente con el sujeto cognoscente, y toda realidad se resuelve en la actividad creadora del yo, del espíritu.

G. W. F. HEGEL

Entre ellos, el que más explícitamente presentó una visión emparentada con las tradiciones espiritualistas pitagóricas y platónicas fue KRAUSE quien denominó como *panenteísmo* a una concepción que se diferencia del deísmo y del panteísmo, pues no acepta ni una visión antropomórfica de Dios ni su identificación con la naturaleza, sino que afirma la realidad del mundo como mundo-en-Dios. El *krausismo* proclama que la individualidad humana sobrevivirá siempre y que el alma conservará todos los atributos que le pertenecen, acepta la preexistencia, la reencarnación y las existencias del alma en infinidad de mundos en el Universo.

El idealismo hegeliano denominado idealismo lógico o *panlogismo* lleva a su punto culminante el valor de la Idea como principio fundamental, y coloca toda la realidad en subordinación a ella. En este enfoque, la dialéctica es el método que orienta el razonamiento hacia la comprensión del desarrollo de la Idea, dentro de un proceso triádico que se verifica rítmicamente de tres en tres grados: posición afirmativa o **tesis**, contraposición o **antítesis**, y superación de los contrarios o **síntesis**.

La influencia de HEGEL en el mundo de la cultura fue y es inmensa. De su doctrina partieron numerosas interpretaciones y tendencias que llegaron hasta colocarse en posiciones irreconciliables. Es curioso que de un sistema de pensamiento que restaura y afirma los valores del espiritualismo en la tradición filosófica, hayan surgido direcciones tan opuestas, como aquella que se conoce con el nombre de izquierda hegeliana, abiertamente materialista y

HENRI BERGSON

atea en sus definiciones, y en la cual destacaron KARL MARX (1818-1883) y FRIEDRICH ENGELS (1825-1895), principales teóricos del socialismo científico.

En la filosofía contemporánea, el pensamiento de orientación espiritualista encontró su expresión más firme y mejor elaborada en la denominada escuela metafísica antiintelectualista francesa, con pensadores que han mostrado una exquisita sensibilidad y delicadeza para enfrentar los problemas del ser y del pensamiento, de la libertad y de la voluntad, de la conciencia y del espíritu, reconociendo en éste una facultad cognoscitiva superior a los sentidos y consciente de sí misma. Esta corriente, conocida también como "positivismo espiritualista" coloca en una posición adversa al mecanicismo materialista que reduce toda la realidad a los elementos físicos, y al mismo tiempo se distancia de un idealismo absoluto que reconoce exclusivamente el valor de las ideas y se aleja de la realidad concreta. Se inicia con FRANÇOIS MAINE DE BIRAN (1766-1824) y continúa con VICTOR COUSIN (1792-1867), FELIX RAVAISSON (1813-1900), JULES LACHELIER (1832-1918), ÉMILE BOUTROUX (1845-1921) hasta que alcanza la cima con HENRI BERGSON (1859-1941), en cuya obra magistral convergen y hallan expresión sistemática todos los motivos del espiritualismo filosófico. Autor de *Ensayo sobre los datos inmediatos de la conciencia*, *Materia y memoria*, *La energía espiritual*, *La evolución creadora*, *Pensamiento y movimiento*, *Las dos fuentes de la moral y de la religión*; BERGSON ha tenido una enorme repercusión en la cultura del siglo veinte y ha abierto un camino precioso para la indagación filosófica al colocar a la intuición como la más legítima de las vías para la aprehensión de las realidades íntimas del espíritu. La Academia sueca le concedió el premio Nobel de literatura del año 1927, "en reconocimiento a la riqueza y fecundidad de sus ideas y al notable arte con que las ha expresado".

En la visión bergsoniana del mundo, hay un principio, Dios, del que procede el impulso vital, distinto e inconfundible con él. Ese impulso o "élan vital", identificado como elemento espiritual, anima y conduce a la materia dentro del trazado evolutivo. La realidad no está en el ser, sino en un devenir, en una evolución, la cual descubrimos en nosotros mismos gracias a la intuición, que es la experiencia inmediata de la vida. La energía espiritual trasciende al intelecto y a la razón, sale de los límites del tiempo y se identifica con la duración, es decir, con la vida misma considerada en su flujo permanente y en su maduración.

Entre los más destacados pensadores espiritualistas del siglo veinte, deben registrarse el prelado belga DÉSIRÉ JOSEPH MERCIER (1851-1926) quien se propuso renovar el tomismo a la luz de la moderna investigación científica; el francés MAURICE BLONDEL (1861-1949) cuyas obras fueron censuradas por la ortodoxia católica; el historiador y filósofo italiano BENEDETTO CROCE (1866-1952) representante de una tendencia neohegeliana conocida como "Filosofía del espíritu"; el suizo KARL BARTH (1886-1968) y el francés GABRIEL MARCEL (1889-1973) quienes haciéndose eco de las tesis existencialistas cristianas del filósofo danés SOREN KIERKEGAARD (1813-1855), se lanzaron a la tarea de dar forma a una teología independiente de las estructuras eclesiásticas y más identificada con una perspectiva humanista; el notable antropólogo, filósofo y teólogo francés PIERRE TEILHARD DE CHARDIN (1881-1955) cuyo pensamiento, evolucionista y cristiano, expresado con singular belleza en sus numerosos libros, constituye un formidable intento científico, no exento de misticismo, para conseguir el acercamiento definitivo entre la razón y la fe, y construir una visión de síntesis de la evolución entera del universo.

El siglo diecinueve constituyó un momento particularmente especial en la historia del pensamiento humano, como consecuencia del vertiginoso avance de las ciencias naturales y sociales y del auge experimentado por los movimientos sociales y políticos de carácter revolucionario y de perfil materialista, que se derivaron de la Revolución Francesa, en la cual se consagraba el derecho de los hombres a pensar con libertad, a disentir de los dogmas y se les animaba a liberarse de la tutela religiosa. En este clima surgió la doctrina positivista que fue propuesta por AUGUSTE COMTE (1798-1857). De acuerdo con ella, los hechos que surgen de la experiencia son los únicos objetos científicos y toda noción de Dios o del alma es incognoscible, indemostrable y por lo tanto queda fuera de la filosofía y de la ciencia. La evolución de la humanidad se inscribe dentro de tres estadios sucesivos: teológico, metafísico

AUGUSTE COMTE

y positivo, respondiendo este último a las necesidades de un nuevo tiempo que hace innecesaria la metafísica, que subordina la filosofía a la ciencia, y que generaliza los métodos de las matemáticas y las ciencias experimentales a todos los fenómenos humanos y sociales. En sustitución de los tradicionales cultos religiosos, COMTE propuso una "Religión de la Humanidad" guiada por este emblema: "El amor como principio, el orden como base, el progreso como finalidad".

Más que una filosofía, el positivismo representó una tendencia global, una mentalidad, una actitud, ampliamente difundida en todos los sectores de la vida y de la cultura occidental durante la segunda mitad siglo diecinueve. Además de Francia, encontró un ambiente favorable en Inglaterra y en Alemania como una consecuencia natural del empirismo dominante, del cual puede considerarse como una prolongación. En estos países, el pensamiento positivista rápidamente encontró su afinidad en los representantes del liberalismo económico como JOHN STUART MILL (1806-1873) y en científicos de la talla de HERBERT SPENCER (1820-1903) y ERNST HAECKEL (1834-1919) quienes se propusieron sistematizar la concepción positivista en torno de la naciente doctrina evolucionista.

Frente al avasallante empuje del positivismo, del marxismo y, en general del pensamiento materialista, que dominaba el escenario filosófico, científico, cultural y social, las doctrinas idealistas y religiosas se hallaban sumergidas en una profunda crisis por su incapacidad para dar respuestas satisfactorias a las necesidades de progreso material de los pueblos y a las exigencias racionalistas y científicas de los centros de estudios. La euforia materialista declaraba que toda alusión al espíritu o a su inmortalidad sólo servía para adormecer la conciencia humana, y sentenciaba "la muerte de Dios". Sólo había cabida para lo material, lo corporal, lo físico, para aquello que objetivamente pudiera ser medido, registrado, comprobado. Y, al mismo tiempo, las doctrinas idealistas con sus apriorismos metafísicos, y las religiones aprisionadas en sus dogmas y repudiadas por su identificación con los viejos regímenes autocráticos, se batían en retirada, refugiándose en la fe de los creyentes, entregando al materialismo los dominios de la razón y de la ciencia. Parecía la derrota definitiva del espiritualismo.

En este ambiente complejo y difícil aparece el Espiritismo, específicamente, el 18 de abril de 1857, cuando circula por las librerías de París, *El Libro de los Espíritus* de ALLAN KARDEC. Una obra que, aun cuando se presenta, en su portada con el rótulo de Filosofía Espiritualista, se propone audazmente enfrentar el inmenso desafío de recuperar el valor fundamental del Espíritu en la tradición filosófica, pero no desde la perspectiva del dogmatismo religioso o de las abstracciones metafísicas, sino explicado en el propio lenguaje de la razón y demostrado con la metodología experimental de la ciencia. En consecuencia, el Espiritismo constituye una variante particular dentro del espiritualismo, que se hace original por su carácter racionalista y laico.

KARDEC estuvo precedido por algunos estudiosos en Europa y en Norteamérica, quienes se aproximaron en sus conclusiones a lo que después establecería la doctrina espiritista. Uno de ellos, fue el célebre clarividente sueco EMMANUEL SWEDENBORG (1688-1772) a quien se le reconocía como una autoridad científica en su época, pues se había destacado como ingeniero de minas y demostraba poseer extensos conocimientos en matemáticas, astronomía, geología, anatomía, zoología, historia y literatura. Desde su niñez se le habían presentado manifestaciones paranormales y mediúmnicas, las cuales se acentuaron en su vida adulta. Veía y escuchaba a seres espirituales que le daban a conocer informaciones diversas acerca de ese mundo ultraterreno en donde se encontraban después de la muerte, y le revelaban que cada espíritu pasaba a ubicarse de acuerdo con su grado evolutivo en cielos, lugares intermediarios e infiernos. Uno de los puntos fundamentales de su doctrina descansa sobre lo que llamó "ley de las correspondencias" según la cual, todo elemento u objeto que existe en el mundo material es la representación de un modelo que igualmente existe en el mundo espiritual. Dentro de un lenguaje extremadamente com-

EMMANUEL SWEDENBORG

plicado y abstracto, y cargado de una fuerte religiosidad, presentó su doctrina como una restauración del primitivo cristianismo, y por eso insistía en adecuar todas las revelaciones que le trasmitían los espíritus o "ángeles" a los textos bíblicos. Le envolvía la firme creencia de que CRISTO le dirigía en su misión de orientar a la humanidad en este conocimiento y ayudarla en su salvación. Escribió numerosos libros y cada título consta de varios volúmenes. Entre los más conocidos están: *La nueva Jerusalén*, *Arcana celeste*, *Cielo e infierno*, *El juicio final*, *La verdadera religión cristiana*, *Apocalipsis revelado*, etc. Estas obras fueron estudiadas por hombres famosos e intelectuales de renombre en quienes ejerció notable influencia como GOETHE, SCHILLER, COLERIDGE, BALZAC, BAUDELAIRE, WILLIAM JAMES.

En un breve y sustancioso ensayo biográfico, el escritor HERMINIO CORREIA MIRANDA analiza las tesis propuestas por SWEDENBORG y traza un perfil psicológico, religioso y mediúmnico de su vida y obra, reconociendo sus méritos, examinando críticamente sus ideas y colocándolo históricamente como un antecesor del Espiritismo:

> "Entiendo que EMMANUEL SWEDENBORG debe ser, con justicia, considerado un precursor en la divulgación de los **fenómenos** que constituyen el objeto del Espiritismo. Fue quien primero discurrió con autoridad sobre las condiciones de vida en el mundo póstumo, llevando a muchas personas a la consoladora convicción de la sobrevivencia del ser a la muerte corporal. También demostró con suficiente credibilidad, la viabilidad del intercambio con los seres encarnados, aun cuando él mismo no haya extraído de eso el provecho deseable. Sus observaciones acerca del limbo (equivalente al periespíritu en la terminología kardeciana) son pertinentes y pioneras.
>
> En cuanto a los aspectos **doctrinarios** del Espiritismo, sus especulaciones son inaceptables y nada tienen que ver con la lúcida Doctrina de los Espíritus, con la cual choca frontalmente en aspectos relevantes como la cuestión de las vidas sucesivas.
>
> Sobre las cuestiones teológicas que, en rigor, nada dicen con respecto al Espiritismo pero sí a las instituciones dogmáticas tradicionales, sus observaciones se presentan repletas de fantasías, suposiciones, dogmas y teorías que no resisten a un análisis crítico, incluso muy elemental".[16]

[16] HERMINIO C. MIRANDA. *Swedenborg. Un análisis crítico.* Editora Centro Espírita Léon Denis. Rio de Janeiro, 1991, p. 61.

Los estudios y experimentos efectuados por el médico austríaco FRANZ ANTON MESMER (1733-1815) acerca del magnetismo animal causaron furor en Europa en los siglos XVIII y XIX. Colocando como principio de sus enseñanzas la analogía entre el magnetismo físico universal y el fluido magnético humano, y retomando antiguas ideas acerca de las curaciones que se podrían alcanzar mediante la imposición de las manos y la transmisión de fluidos, MESMER llamó la atención de los medios sociales y científicos de su tiempo con sus espectaculares y poco ortodoxos procedimientos terapéuticos y contribuyó a fomentar el interés en el estudio de los fenómenos psíquicos. Partiendo de la experimentación con técnicas mesméricas, la mayor parte de los investigadores de la época avanzaron hacia el estudio de otras manifestaciones normales y supranormales, como el sonambulismo, la telepatía, la clarividencia, la sugestión, la hipnosis, y la mediumnidad, estableciéndose un puente con el Espiritismo que estaba por llegar, y sobre el cual ejercería una considerable influencia en algunos aspectos teóricos y prácticos.

Otro precursor del Espiritismo fue el sensitivo norteamericano ANDREW JACKSON DAVIS (1826-1910), quien desde muy joven comenzó a mostrar poderosas facultades mediúmnicas, que le permitían oír y ver a los espíritus y transmitir sus mensajes en forma oral y escrita. Desde 1844 comenzó a participar como médium en sesiones que se realizaban en Poughkeepsie población del estado de Nueva York donde residía. Allí se le presentaba habitualmente el espíritu SWEDENBORG quien le ofrecía orientaciones para el cumplimiento de la tarea que debía realizar.

ANDREW JACKSON DAVIS

DAVIS allanó el camino para la transición entre el swedenborgismo, el mesmerismo, y el moderno espiritualismo americano. Publicó varios libros cuyo contenido fue recibido en trance: *Los principios de la naturaleza*, *Filosofía armónica*, *Penetralia*, *Revelaciones de la naturaleza divina*, entre otros. Allí se pone de manifiesto la potencia y diversidad de sus facultades, cuando se relatan casos verificables de clarividencia, premonición, desdoblamiento, xenoglosia. Es digno de resaltarse, que siendo una persona de escasa instrucción, sus obras contienen elevados conceptos filosóficos, sociológicos y científicos y están redactadas con impecable corrección. En algunas aparecen informaciones que la ciencia aún no había alcanzado, como la referencia que hace a los nueve planetas de nuestro sistema solar que sólo se confirmaría con el descubrimiento de Plutón en 1930. También predijo la invención del automóvil, del avión, de la máquina de escribir y los describió mucho antes de que fuesen construidos, por eso se le conocía como "el vidente de Poughkeepsie".

Este "profeta de la nueva revelación" como le llamase ARTHUR CONAN DOYLE en su muy valiosa obra dedicada a relatar la historia del Espiritismo[17] preparó el terreno para el advenimiento de la doctrina, al llamar la atención con sus experiencias mediúmnicas verificadas con la mayor seriedad y los más nobles propósitos. Es muy importante registrar que aparece, entre sus anotaciones personales, una con la fecha del día 31 de marzo de 1848, donde escribió:

> "Esta mañana, al amanecer, un hálito fresco pasó por mi rostro y oí una voz, tierna y segura, que me decía: Hermano, ha comenzado la buena labor; contempla la demostración viviente que se inicia. Me quedé divagando acerca del significado de tal mensaje".

Precisamente, el 31 de marzo de 1848 ha pasado a la historia como un día de gran significación por cuanto se estableció de manera evidente el fenómeno de la comunicación mediúmnica entre el mundo espiritual y el mundo corporal. Ocurrió en el pequeño poblado de Hydesville, condado de Wayne, estado de Nueva York, en el hogar de la familia FOX.

Esta familia, de costumbres sencillas y practicante de la religión metodista, había alquilado en diciembre de 1847, una modesta vivienda en Hydesville de la cual se oían historias sobre unos misteriosos ruidos que allí se producían. Los últimos ocupantes habían sido los WEAKMAN, quienes posteriormente informaron que en la casa se escuchaban inexplicables golpes en las paredes.

El Sr. JOHN FOX, su esposa y sus hijas MARGARET y KATHERINE, de 14 y 11 años respectivamente, llevaban ya más de tres meses soportando los

[17] ARTHUR CONAN DOYLE. *El Espiritismo. Su historia, su doctrina, sus hechos.* Editorial Kier. Buenos Aires. 1952, p. 25.

ARTHUR CONAN DOYLE

extraños ruidos. Aquel 31 de marzo, cerca de las seis de la tarde, las niñas tuvieron la ocurrencia de interrogar a la causa invisible que presuntamente provocaba aquella situación: "Ea, señor, ¿es usted un hombre?" a lo cual no hubo respuesta. Preguntaron: "¿Es usted un espíritu?" y sonó un golpe atronador. Las niñas sorprendidas, chasquean los dedos tres veces, y se escuchan tres golpes. Llaman a sus padres, éstos a sus vecinos, y aquella noche se realiza allí una improvisada sesión mediúmnica. Se convino en adaptar el número de golpes o *raps*, a las letras del abecedario Y así se obtuvo la información de que se trataba del espíritu CHARLES BRYAN ROSMA, vendedor ambulante, quien se había alojado durante unos días en aquella casa cinco años atrás, y había sido asesinado por los inquilinos para robarle y su cuerpo había sido enterrado allí.

Vecinos del lugar confirmaron que un vendedor ambulante había estado allí en aquella época, que había desaparecido repentinamente y que los inquilinos, de apellido BELL, habían partido de allí poco tiempo después. Lo único que faltaba era encontrar el cuerpo, lo cual solamente aconteció en 1904, cuando, a consecuencia de un temblor que sacudió la zona, parte de la casa se desplomó y dejó al descubierto una pared interna que había sido levantada para ocultar el cadáver.[18]

Este episodio es señalado como el punto de partida del movimiento denominado "Moderno Espiritualismo" en los Estados Unidos de Norteamérica y en otros países anglosajones. La noticia de los acontecimientos de Hydesville se

[18] En 1916, los restos de esta vivienda que ya estaba bastante deteriorada, fueron adquiridos por BENJAMIN F. BARTLETT quien los trasladó al Lily Dale Spiritualist Camp donde fue reconstruida. Esta institución, ubicada en una isla en el lago Cassadaga, en el estado de Nueva York, se dedica a la realización de actividades mediúmnicas públicamente remuneradas, conforme al criterio que predomina en el Moderno Espiritualismo Americano.

HERMANAS FOX

expandió por todo el país, y se precipitó una verdadera explosión mediúmnica donde se mezclaban fenómenos auténticos con todo género de fraudes y charlatanería. Algunos médiums ejercían sus facultades con total desinterés mientras que otros decidían explotarlas comercialmente. Como era de esperarse, se produjo una agresiva reacción contraria a las manifestaciones por parte de los escépticos y de los sectores religiosos tradicionales. Las hermanas FOX, que habían participado en sesiones mediúmnicas en la ciudad de Nueva York fueron presionadas, chantajeadas y obligadas a denunciar como fraudulentos los fenómenos, que supuestamente producirían con los movimientos de sus pies. Tiempo después, avergonzadas de haber cedido a las manipulaciones, se retractaron públicamente y reafirmaron la veracidad de todo cuanto ocurrió en Hydesville.

Al naciente movimiento se adhirieron destacadas personalidades del mundo científico y cultural norteamericano que le dieron mayor credibilidad y contribuyeron con su organización. Entre los de mayor relevancia como hombres públicos pueden citarse: el profesor ROBERT HARE (1781-1858), químico e inventor, catedrático en la universidad de Pennsylvania, quien dejó constancia de sus estudios y de sus convicciones en la obra *Investigaciones experimentales sobre las manifestaciones de los espíritus que demuestran su existencia y su comunión con los mortales*, publicada en 1855. Su colega, profesor de química y agronomía, JAMES J. MAPES; el dirigente político NATHANIEL TALLMADGE (1795-1864), gobernador del estado de Wisconsin, quien encabezó una solicitud presentada al Congreso en abril de 1854, respaldada por quince mil firmas, para que se investigasen oficialmente los fenómenos mediúmnicos. El Dr. JOHN WORTH EDMONDS (1816-1874), presidente de sala en el Tribunal Supremo de Nueva York y presidente del Senado, en 1853 escribió varios artículos de prensa en los cuales se declaraba partidario del Espiritualismo como resultado de sus experiencias con diferentes médiums.

Posteriormente, él mismo desarrolló facultades y también su hija LAURA EDMONDS quien demostró poseer especial aptitud para trasmitir los mensajes de los espíritus en idiomas que desconocía como español, francés, griego, italiano, portugués, latín, húngaro y dialectos de la India, de lo cual ofreció su padre una detallada narración en los libros *Espiritualismo* y *Manifestaciones de los Espíritus*. El célebre médium inglés DANIEL DOUGLAS HOME (1833-1866) vivió en los Estados Unidos entre 1842 y 1855 y contribuyó en esa etapa inicial a despertar muchas inquietudes con sus portentosas facultades. En su presencia se verificaban movimientos y traslado de objetos en el aire, apariciones tangibles de espíritus, levitaciones, con la particularidad de que esos fenómenos insólitos eran observados a plena luz del día lo cual ayudó a que fuesen verificados por hombres de la cultura y de la ciencia de la época.[19]

El Espiritualismo Moderno se fue organizando y expandiendo por toda la nación norteamericana. Sus partidarios se agrupaban en (*circles*) o iglesias (*churches*) que se fueron integrando en asociaciones o federaciones naciona-

ROBERT HARE

JOHN WORTH EDMONDS

[19] La fuente histórica más confiable y completa acerca del episodio de Hydesville y sus consecuencias, es el libro Moderno Espiritualismo Americano, de la escritora EMMA HARDINGE (1823-1899), editado en Nueva York en 1870. La mayoría de los que han escrito sobre el tema se han guiado por las informaciones ofrecidas por esta autora, quien, además de haber vivido en la época, fue meticulosa y objetiva en sus descripciones.

DANIEL DOUGLAS HOME

les. Sólo en la ciudad de Nueva York se contabilizaban en 1853, unos 300 grupos espiritualistas y más de 40.000 adeptos, y para 1860 se estimaba que había unos dos millones de partidarios en todo el país. Comenzaron a circular en varias ciudades las primeras revistas espiritualistas que daban cuenta de la marcha creciente del movimiento, describían las sesiones que se realizaban para recibir mensajes de los espíritus y también explicaban las características ideológicas del movimiento, el cual ya mostraba una fuerte influencia de la cultura religiosa protestante.

Fue en 1852 cuando las informaciones sobre los fenómenos de Hydesville y las ideas espiritualistas llegaron a Inglaterra. La señora W.R. HAYDEN fue la primera médium americana en realizar sesiones en ese país, y a pesar de las fuertes críticas que contra ella levantaron los religiosos e incrédulos, consiguió difundirlas rápidamente. Ayudó que hombres socialmente bien reconocidos las aceptaran, como fue el caso del matemático y astrónomo AUGUSTUS DE MORGAN (1806-1871) autor de una excelente obra sobre mediumnidad experimental (*De la materia al espíritu*) y el muy conocido reformador socialista ROBERT OWEN (1771-1858) quien públicamente anunció que las sesiones con la Sra. HAYDEN le habían convencido plenamente de la existencia de los espíritus y que renunciaba a su anterior convicción materialista. En Inglaterra el Moderno Espiritualismo fue paulatinamente creciendo hasta convertirse en un poderoso movimiento filosófico-religioso, formalmente organizado en varias federaciones nacionales que gozan de personalidad jurídica y pleno reconocimiento oficial. Declara entre sus principios básicos, la existencia de Dios, la supervivencia del espíritu después de la muerte y la comunicación entre los espíritus desencarnados y los seres encarnados gracias a las facultades de los médiums. No acepta la tesis de la reencarnación. Sus reuniones están impregnadas de una intensa religiosidad cristiana, se realizan en templos (*spiritualist churches*) e incluyen lecturas bíblicas, sermones e himnos. Los ministros poseen grado oficial de Reverendo, y ofician matrimonios, bautismos y otras ceremonias eclesiásticas. Los médiums reciben remuneración por el ejercicio de sus facultades.

ALPHONSE CAHAGNET

A mediados del siglo diecinueve, en algunos países de Europa se había tornado una moda la costumbre de sentarse alrededor de una mesa y evocar a los espíritus. La fiebre de las "mesas parlantes" dominaba la época, especialmente en los más altos círculos sociales. El tono de esas reuniones era de completa frivolidad pues se efectuaban como una simple distracción ajena a cualquier propósito serio y sin ninguna preocupación por la naturaleza de las manifestaciones que en ellas se producían. Había algunos pocos estudiosos e investigadores que constituían la excepción como es el caso del francés ALPHONSE CAHAGNET (1809-1885) quien realizó importantes experiencias en el campo de la hipnosis, el magnetismo mesmeriano, el sonambulismo y la mediumnidad, contando con la participación de la médium ADÈLE MAGINOT. Esos trabajos prácticos los dio a conocer en varios libros, considerados de gran valor teórico y experimental.[20]

Igualmente, el Dr. JUSTINUS KERNER, (1786-1862), médico y poeta alemán que gozaba de excelente reputación, había publicado en Stuttgart entre 1824 y 1852, varios libros acerca de los fenómenos psíquicos y el intercambio con los espíritus. Fue él quien dio a conocer los notables fenómenos producidos por la médium FRIEDERIKE HAUFFE (1801-1829) quien veía a los espíritus cuando se encontraba en estado sonambúlico y facilitaba la producción de materializaciones, levitaciones, aportes y otros efectos físicos, de lo cual dejó constancia en su famosa obra *La vidente de Prevorst.*[21]

[20] Magnetisme. *Arcanes de la vie future dévoilé* (1848), Sanctuaire au Spiritualisme (1850), Encyclopédie magnétique spiritualiste (1861), Thérapeutique du magnétisme et du somnanbulisme appropriée aux maladies les plus communes (1883).

[21] Prevorst es un barrio de la población de Oberstenfeld, en Württemberg, Alemania.

Durante los nueve años que siguieron a los sucesos de Hydesville reinó una gran confusión acerca de esas extrañas manifestaciones que movían las mesas y trasmitían mensajes, ignorándose todo sobre su origen, su naturaleza y las condiciones en que se producían. Correspondería a un pedagogo francés, a un hombre culto y ponderado, abierto pero prudente, al Profesor HYPPOLYTE LÉON DENIZARD RIVAIL, el mérito de colocar las cosas en su sitio, mediante el estudio sistemático de los fenómenos, y, al explicar sus causas, derivar de allí todo un sistema filosófico de vastísimos horizontes y profundas consecuencias morales y sociales, del cual sería su fundador, sistematizador y codificador: el Espiritismo.

DENIZARD RIVAIL nació en Lyon, Francia, el tres de octubre de 1804 (día 11 del mes vendimiario del año XIII según el calendario republicano), hijo de JEAN-BAPTISTE ANTOINE RIVAIL, juez de profesión, y JEANNE LOUISE DUHAMEL, su esposa. Recibió en su hogar las bases de una educación recta y disciplinada, afirmada en los principios de la honestidad y la justicia. A la edad de diez años fue enviado por sus padres a Iverdun, ciudad suiza situada cerca del lago Neuchatel, con el propósito de realizar estudios en el Instituto Educativo allí establecido en 1805 por el profesor JOHANN HEINRICH PESTALOZZI (1746-1827), pedagogo de amplio prestigio internacional. Los alumnos de ese importante centro educacional concurrían de todas partes del mundo y de sus aulas egresaron jóvenes que posteriormente se destacarían en el campo docente, cultural, social, artístico y científico.

J. H. PESTALOZZI

Tomando como inspiración las ideas propuestas por el filósofo ginebrino JACQUES ROUSSEAU (1712-1778), y muy especialmente su pensamiento pedagógico expuesto en *Emilio o de la Educación*, PESTALOZZI desarrolló en su Instituto una educación científica, sustentada en la observación y en la experimentación, y orientada hacia el contacto directo con la naturaleza. Se combinaban las clases teóricas con los ejercicios prácticos, y se hacía énfasis en un aprendizaje respaldado en la comprensión inteligente antes que en la memorización o repetición mecánica. El principio metodológico esencial que imperaba en el modelo educativo, establecía un avance progresivo en la aprehensión del conocimiento, partiendo de las ideas más sencillas, avanzando gradualmente hacia las de mayor complejidad, y remontándose de lo conocido hacia lo desconocido. PESTALOZZI defendía ardorosamente la libertad de pensamiento y la tolerancia en materia religiosa, y por tal razón en Iverdun convivían estudiantes de todo el mundo sin diferenciaciones de nacionalidad, lengua o creencias.

Fue en ese ambiente educativo donde el joven RIVAIL consolidó su formación intelectual y moral, asimilando el saber científico y pedagógico de la época y fijando en lo más hondo de su alma aquellos elevados sentimientos de igualdad, libertad, tolerancia y fraternidad. En 1822 culminó sus estudios en Iverdun obteniendo el grado de Bachiller en Ciencias y en Letras, y retornó a Francia, estableciéndose en París, donde comenzaría su trabajo como docente y escritor. En 1825 fundó una escuela de educación primaria (*Ecole de premier degré*) y al siguiente año creó el Instituto Rivail, de carácter técnico, y donde él mismo dictaba cursos de química, física, biología, astronomía y otras materias. Ambos establecimientos seguían el modelo de Iverdun.

Su primer libro apareció en 1824 con el título de *Curso práctico y teórico de aritmética, de acuerdo con el método de Pestalozzi.* Constaba de dos tomos y 624 páginas. Presentaba las bases teóricas de la aritmética y sus aplicaciones, y se recomendaba a los profesores y a las madres de familia que quisieran ofrecer a sus hijos las nociones básicas de aritmética mediante un método simple y claro.

H. L. D. RIVAIL
con 25 años de edad

En 1828, y siempre firmando como "H.L.D. RIVAIL, discípulo de PESTALOZZI", da a conocer su segunda obra: *Plan propuesto para el mejoramiento de la educación pública*, en la cual argumenta a favor de la tesis pestalozziana que reconoce a la educación como una ciencia y presenta al gobierno francés un proyecto para la creación de una "Escuela teórica y práctica de Pedagogía" dirigida a formar educadores profesionales en carreras de tres años.

Demostrando un perfecto dominio del idioma alemán, RIVAIL tradujo para esta lengua una obra fundamental de la pedagogía francesa *Telémaco*, del escritor y prelado FRANÇOIS DE SALIGNAC DE LA MOTHE, universalmente conocido como FÉNELON (1651-1715). El libro se editó en 1830 y contenía notas del traductor explicando las raíces de las palabras. Además del alemán, conocía y se expresaba bien en inglés y en holandés y entendía sin dificultades el latín y el griego.

A fines de enero de 1831, publica su *Gramática francesa clásica bajo un nuevo plan*, en la cual expone las reglas básicas que imponen la ortografía y la sintaxis de la lengua francesa. Ese mismo año aparecen: *Memoria sobre esta cuestión:* ¿Cuál *es el sistema de estudios más en armonía con las necesidades de la* época?, trabajo que fue premiado por la Academia Real de Ciencias de Arrás; y *Memoria sobre la instrucción pública*, dirigida a la comisión encargada de revisar la legislación universitaria y de preparar un nuevo proyecto de ley sobre la enseñanza pública conforme a la nueva Constitución.

Entre otras obras de carácter pedagógico publicadas por RIVAIL, se cuentan: *Manual de los exámenes para los certificados de capacidad* (1846), *Soluciones de los ejercicios y problemas del Tratado completo de aritmética* (1847), Proyecto de reforma referente a los exámenes y a las instituciones educativas para niñas (1847), *Catecismo gramatical de la lengua francesa* (1848), *Gramática normal de los exámenes* (1849), *Curso de cálculo mental* (1849), *Dictados normales de los exámenes* (1849), *Dictados de la primera y la segunda edad* (1850), *Programa de los cursos usuales de física, química, astronomía y fisiología* (1850).

Como puede comprenderse, ante la gran cantidad de trabajos publicados y la tarea pedagógica cumplida, el ilustre profesor y escritor gozaba de un merecido respeto en la sociedad francesa de su tiempo, a la cual había beneficiado con sus libros, con sus progresistas enseñanzas y con su ejemplar actuación ciudadana. En esta primera etapa de su vida como educador y en la siguiente, como Codificador del Espiritismo, desempeñó un papel fundamental su esposa, la profesora AMÉLIE-GABRIELLE BOUDET (1795-1883), con quien había contraído nupcias en 1832. Ella se destacó también en el campo docente, escribió algunos cuentos y ensayos, y acompañó, amorosa y solidariamente a su esposo en sus ideales y esfuerzos.

AMÈLIE BOUDET

Fue en 1854 cuando RIVAIL entró en contacto con las manifestaciones de las llamadas "mesas giratorias". Su amigo, el magnetizador FORTIER le comenta sobre estos hechos insólitos estableciéndose el siguiente diálogo:

> FORTIER: "¿Sabéis la singular propiedad que acabo de descubrir en el magnetismo? Al parecer, no son solamente los individuos los que puedo magnetizar, sino también las mesas, a las que hago mover a mi deseo".
>
> RIVAIL: "Esto es muy singular, en efecto. Pero, en rigor, confieso que no me parece radicalmente imposible. El fluido magnético, que es una especie de electricidad, puede muy bien obrar sobre los cuerpos inertes y hacer que se muevan".[22]

Unos meses después se encuentra de nuevo con FORTIER, quien le dice:

> "Ved si es bien extraordinario: no solamente hago girar una mesa magnetizándola, sino que la hago hablar. Yo la interrogo y ella responde".

A eso responde RIVAIL:

> "Esta es otra cuestión. Creeré lo que me decís cuando lo vea y cuando me hayáis probado que una mesa posee un cerebro para pensar y nervios para sentir, y que pueda convertirse en sonámbula. Hasta entonces, permitidme que no vea en ello más que un cuento".[23]

Por lo que se deduce de sus propias palabras, el profesor RIVAIL recibía con escepticismo aquellas informaciones, si bien admitía la posibilidad de que se tratara de un fenómeno vinculado a las prácticas de magnetismo, área que él

[22] ALLAN KARDEC. *Obras Póstumas*. Ediciones CIMA. Caracas, 1995, Segunda parte: Mi primera iniciación en el Espiritismo. p. 179.
[23] Ob. cit. p. 179.

bien conocía en sus aspectos teóricos y experimentales, pues de ellos se había ocupado desde que contaba veinte años. En aquella época, primera mitad del siglo XIX, los estudios sobre el magnetismo animal y sus aplicaciones terapéuticas se habían difundido ampliamente en Europa y especialmente en Francia, con la adhesión de hombres cultos y serios como el Marqués ARMAND DE PUYSEGUR (1751-1825), el naturalista JOSEPH PHILLIPE DELEUZE (1753-1835) y el Barón JEAN DU POTET (1796-1881) quienes contribuyeron decisivamente a su popularización. Todos ellos estaban de acuerdo en el reconocimiento de la existencia del fluido magnético y sus diversas propiedades, aun cuando se presentaban divergencias en lo relacionado con las explicaciones sobre su naturaleza y modo de obrar. Y sobre las "mesas giratorias y parlantes" también había fuertes divergencias, pues unos lo consideraban como resultado de una acción magnética y otros admitían que podían deberse a la intervención de fuerzas espirituales. Ya se planteaba entonces un intenso debate entre magnetizadores de orientación materialista y magnetizadores espiritualistas.

De temperamento frío, dotado de un agudo sentido crítico, y de mentalidad racionalista, RIVAIL participaba de la escuela mesmeriana, puramente fluidista, apartada de cualquier tendencia espiritualista. Fue la observación directa de los fenómenos y un riguroso estudio de ellos lo que le llevó a modificar su primera opinión de que todo podría encuadrarse en los límites de una simple acción del fluido magnético y aceptar la presencia de los espíritus en los movimientos de las mesas y en las señales inteligentes que enviaban. Las pruebas que solicitaba comenzaron a llegar en 1855 cuando se encontró con su antiguo amigo el Sr. CARLOTTI, quien le habló con mucho entusiasmo de las sesiones donde se manifestaban los espíritus. En mayo de ese año asiste, invitado por FORTIER a una sesión en casa de la Sra. ROGER, conocida por sus facultades sonambúlicas. Días después presencia por primera vez, en casa de la Sra. PLAINEMAISON, el fenómeno de las mesas que se movían y, por medio de golpes, daban respuestas inteligentes a las preguntas que se formulaban.

En las siguientes reuniones y contando con la participación de varios médiums, observó también la recepción de mensajes por medio de la escritura automática. En el hogar de la familia BAUDIN, y contando con la participación de las niñas CAROLINE, de dieciséis años y JULIE de catorce, quienes poseían notables facultades y escribían los mensajes espirituales sobre una pizarra con la ayuda de una cesta que se ataba a su mano (*corbeille-toupie*), pudo RIVAIL finalmente despejar todas sus dudas y comprender que se hallaba frente a un hecho fundamental para la comprensión de la vida en todas sus dimensiones y del cual se desprenden consecuencias trascendentales. Un acontecimiento que, independientemente de sus características insólitas, no escapa a las leyes naturales y que decidió estudiar con el rigor científico al cual estaba acostumbrado:

> "Apliqué a esta nueva ciencia como había hecho siempre con toda otra, el método de la experimentación: no me he fiado nunca de teorías preconcebidas. Observé atentamente, comparé, deduje las consecuencias: de los efectos quise remontarme a las causas por la deducción y el encadenamiento lógico de los hechos, y no admití como verdadera ninguna explicación que no resolviera todo género de dificultades. Así era como había procedido en mis trabajos anteriores desde la edad de 25 o 26 años. Comprendí al momento la gravedad de la exploración que iba a acometer: entreví en esos fenómenos la clave del problema oscuro y controvertido del pasado y del porvenir de la humanidad la solución que yo había buscado vanamente toda mi vida; me di cuenta, en una palabra, de que iba a provocar toda una revolución en las ideas y en las creencias, y en vista de todo ello, me prometí obrar con circunspección y no ligeramente, ser positivista y no idealista, para no pegarme de bellas ilusiones".[24]

Queda de este modo en evidencia, que solamente por medio de una severa experimentación y examinando todo con sentido crítico, fue como llegó a reconocer y admitir que detrás de aquellas manifestaciones, aparentemente pueriles, se escondía una causa verdaderamente trascendente: el espíritu.

Con la participación de RIVAIL se transformaron radicalmente las sesiones y en lugar de las preguntas simples o frívolas que se hacían a los espíritus para satisfacer la curiosidad de los participantes, comenzaron a plantearse temas de gran seriedad, mediante preguntas previamente preparadas por el profesor, relacionadas con la filosofía, con la ciencia, con la naturaleza del mundo espiritual.

Observando pacientemente las manifestaciones y estudiando con detenimiento las informaciones que eran ofrecidas, llegó a una conclusión que sería fundamental para la definición de la nueva doctrina que estaba por aparecer: los espíritus comunicantes, no son otros que las almas de los hombres ya fallecidos, y no son por lo tanto seres infalibles; sus opiniones son de carácter personal y están proporcionadas a su progreso intelectual y moral.

En 1856 comenzó a participar en las reuniones que se celebraban en la casa del Sr. ROUSTAN, actuando la Srta. JAPHET como médium escribiente,

[24] Ob. cit. p. 182.

quien se valía de la cesta atada a su mano para recibir las comunicaciones.[25] La diversidad de médiums que consultaba le permitía comprobar que las informaciones provenían de los espíritus pues los mensajes conservaban una misma unidad de propósitos, y no dependían de las opiniones o de las tendencias particulares de cada médium.

Compilando los mensajes recibidos de los espíritus por diferentes médiums, ordenando las respuestas hasta agruparlas en unidades temáticas, colocando sus observaciones personales, y escribiendo la introducción y las conclusiones, fue como reunió un amplio material que daría origen a una obra llamada a revolucionar el pensamiento humano mediante una explicación racional y científica de la vida en sus dimensiones físicas y extrafísicas, ofreciendo una nueva imagen del hombre y una nueva visión del universo. Hablamos de *El Libro de los Espíritus*, texto capital de la naciente Doctrina Espiritista, cuya primera edición apareció el 18 de abril de 1857.

Aquí comienza la segunda etapa de su existencia. El pedagogo HIPPOLYTE LÉON DENIZARD RIVAIL se transforma ahora en ALLAN KARDEC, fundador y codificador del Espiritismo. Dos nombres que señalan momentos diferentes de un mismo ser que ha consagrado su vida a la educación de la humanidad. Esa continuidad ha sido bien resaltada por ANDRÉ MOREIL, uno de sus mejores biógrafos:

> "Entre RIVAIL, el educador, y ALLAN KARDEC no hay ninguna diferencia, ni de método, ni de rigor científico".[26]

Adoptó este seudónimo por sugerencia de su espíritu protector ZÉFIRO, quien le ha informado por vía mediúmnica que se habían conocido en una vida anterior en las Galias, en tiempo de los druidas cuando el nombre de RIVAIL era ALLAN KARDEC. Además de ser un hábito frecuente entre los escritores de la época, el empleo de aquel seudónimo le permitiría a RIVAIL proteger

[25] Los procedimientos para lograr el intercambio con los espíritus fueron evolucionando rápidamente. Al comienzo se obtenían los mensajes de manera muy lenta cuando se adaptaban los golpes de las mesas a un código alfabético para reunir palabras y formar oraciones. Luego se adaptó un lápiz a una cesta sostenida por la mano de una persona, posteriormente se descubrió que solamente quienes poseían facultades mediúmnicas podían lograr la producción del fenómeno y que, si esas personas tomasen el lápiz directamente con la mano, podían escribir por un impulso involuntario y recibir mensajes de manera rápida y cómoda y hasta escribir libros por este procedimiento. Finalmente, se fueron descubriendo una gran variedad de formas de comunicación con los espíritus.

[26] ANDRÉ MOREIL *Vida y obra de Allan Kardec*. Ediciones CIMA. Caracas. 1998, p. 38.

sus obras educativas de la intolerancia y la agresión que se desataría contra el Espiritismo por parte de los sectores clericales y académicos, como en efecto ocurrió cuando sus obras fueron colocadas en el *Índice* de libros prohibidos y hasta sometidas al fuego inquisitorial en público Auto de Fe.

El Libro de los Espíritus es una de esas obras esenciales en la cultura universal, que han de perdurar a través del tiempo como un tesoro inagotable de sabiduría y de belleza, al cual pueden acudir todas las personas necesitadas de una auténtica orientación científica, filosófica y moral, fundamentada en la verdad y el amor. Su elaboración constituye la demostración más acabada de la activa participación del mundo de los espíritus en los ideales de los hombres. Tomando como base las enseñanzas de los espíritus impartidas en numerosas sesiones, sirviéndose del concurso de unos diez médiums, KARDEC reunió ese material y lo ordenó con impecable criterio didáctico y ajustado a la rigurosa aplicación del método científico para entregarle al mundo este libro extraordinario que inaugura una nueva era en la historia del pensamiento: la era del espíritu. Así lo reafirma el ilustre filósofo espírita brasileño JOSÉ HERCULANO PIRES (1914-1979) conocedor profundo del pensamiento kardeciano:

> "El método de KARDEC pasó a ser el de la Doctrina misma, y en su propia sencillez lleva implícita la garantía de su eficiencia. Podemos compendiarlo así:
>
> 1 - Elección de colaboradores mediúmnicos insospechables, tanto en su aspecto moral cuanto en lo que se refiere a la pureza de sus facultades y de la asistencia, espiritual que recibían;
>
> 2 - Análisis riguroso de las comunicaciones, desde el punto de vista lógico, así como su cotejo con las verdades científicas demostradas, descartándose todo material que no pudiera ser justificado lógicamente;
>
> 3 - Control de las entidades espirituales comunicantes, por medio de la coherencia de sus comunicaciones y del tenor de su lenguaje;
>
> 4 - Consenso universal, vale decir, concordancia de varias comunicaciones, obtenidas por médiums diferentes, en forma simultánea y en lugares diversos, acerca de un mismo tema.
>
> Apoyado en tales principios, escudado con rigor en ese criterio, KARDEC pudo poner por obra la difícil tarea de reunir la serie informaciones que le permitieron organizar *El Libro de los Espíritus*".[27]

[27] JOSÉ HERCULANO PIRES. *El Libro de los Espíritus frente a la cultura de nuestro tiempo.* Editora 18 de Abril, Buenos Aires, 1989, p. 27.

VICTORIEN SARDOU

La primera edición de *El Libro de los Espíritus* constaba de 501 preguntas a los espíritus y sus respectivas respuestas y alcanzó un éxito impresionante en Francia, luego en toda Europa y en América y a los pocos meses se agotó. En varios diarios franceses se escribieron crónicas sobre su aparición e inmediata repercusión. El célebre dramaturgo francés VICTORIEN SARDOU (1831-1908), gran amigo de KARDEC y uno de los primeros intelectuales franceses que expuso públicamente sus convicciones espíritas, le escribió una carta con estas hermosas palabras:

> "Es el libro más interesante e instructivo que he leído. Es imposible que no alcance gran repercusión. Todas las grandes cuestiones de metafísica y de moral están allí elucidadas de la manera más satisfactoria; todos los grandes problemas han sido resueltos, incluso aquellos que los más ilustres filósofos no pudieron resolver. Es el libro de la vida, es el guía de la humanidad.
>
> Recibid, señor, mis felicitaciones por el modo como clasificasteis y coordinasteis los materiales ofrecidos por los propios espíritus. Todo es perfectamente metódico, todo se encadena bien y vuestra introducción es una obra-prima de lógica, de discusión y de exposición".

La segunda edición salió a la luz en marzo de 1860, revisada y considerablemente aumentada, compuesta de cuatro partes y con 1018 preguntas y respuestas, además de la introducción y la conclusión.

Esta sería la edición definitiva. En la portada ya se lee un excelente resumen que anticipa con precisión el desarrollo de la obra:

> "Contiene los principios de la doctrina espiritista, sobre la inmortalidad del alma, la naturaleza de los espíritus y sus relaciones con los hombres, las leyes morales, la vida presente, la vida futura y el porvenir de la humanidad, según la enseñanza impartida por los espíritus superiores, con ayuda de diversos médiums".

Y en la parte superior del frontispicio aparece la leyenda: "Filosofía Espiritualista", perfectamente aclarada por KARDEC en las primeras consideraciones que hizo en la Introducción:

> "*El Libro de los Espíritus* contiene, como especialidad, la doctrina espiritista y como generalidad, se asocia a la doctrina espiritualista, presentando una de sus fases. Por esta razón se ve en la cabecera de su título la frase Filosofía Espiritualista".[28]

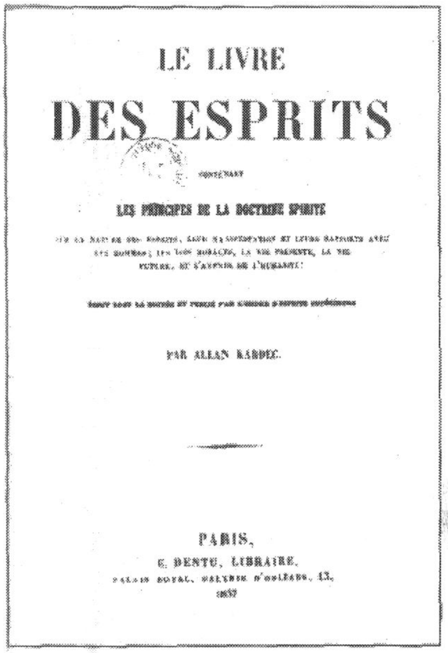

LE LIVRE

DES ESPRITS

PAR ALLAN KARDEC.

PARIS,

E. DENTU, LIBRAIRE,

Primera edición de
El Libro de los Eskpíritus

La rápida difusión del Espiritismo provocada por *El Libro de los Espíritus* llevó a KARDEC a tomar medidas para organizar el movimiento en torno de un punto central. El 1º de enero de 1858 comenzó la publicación de la Revista Espírita (*Revue Spirite*) presentada, con singular acierto, con el subtítulo de "Revista de estudios psicológicos" dándosele así al Espiritismo un rango académico, en tanto que estudio integral del alma humana en sus dimensiones como ser encarnado y desencarnado. En sus páginas se combinan artículos doctrinarios, debates y polémicas con los detractores del Espiritismo, noticias sobre el progreso de la nueva doctrina en el mundo, comentarios sobre libros, folletos o artículos de la prensa diaria que se refieran a los temas espíritas, comunicaciones recibidas de los espíritus, relatos sobre fenómenos mediúmnicos de efectos físicos o intelectuales en todo el mundo. Demostrando una impresionante capacidad de trabajo, KARDEC editó mensualmente y en forma ininterrumpida la *Revue Spirite* hasta el mismo instante de su desencarnación, ocurrida el 31 de marzo de 1869. Once años y cuatro meses de intenso trabajo que se traducen en una hermosa colección de 136 revistas, que muestran, paso a paso, los momentos iniciales y el desarrollo progresivo del Espiritismo.[29]

[28] ALLAN KARDEC. *El Libro de los Espíritus*. Ediciones CIMA. Caracas, 1992, Introducción al estudio de la doctrina espiritista, p. 11.

[29] La colección completa de la *Revue Spirite* constituye un indispensable complemento para el estudio doctrinario y felizmente ha quedado preservada para la historia y al alcance

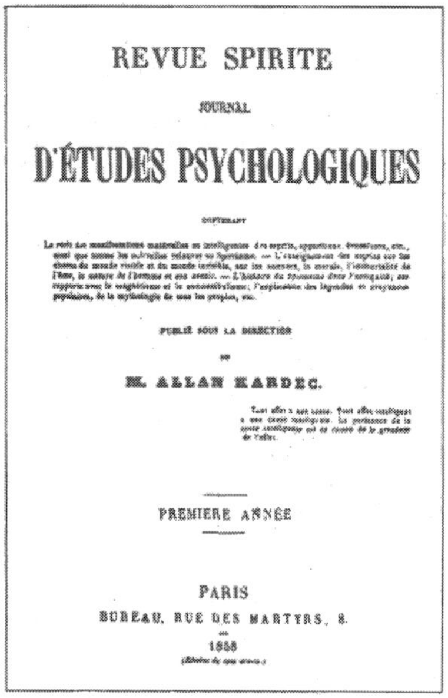
REVUE SPIRITE

JOURNAL

D'ÉTUDES PSYCHOLOGIQUES

PUBLIÉ SOUS LA DIRECTION

DE

M. ALLAN KARDEC.

PREMIÈRE ANNÉE

PARIS

BUREAU, RUE DES MARTYRS, 8.

1858

Primer número de *Revue Spirite*

En aquel mismo año de 1858, el 1º de abril, KARDEC fundó la primera sociedad espírita regularmente constituida, la Sociedad Parisiense de Estudios Espíritas, con el propósito de estudiar sistemáticamente la nueva doctrina, realizar de manera metódica las sesiones mediúmnicas y canalizar el proceso de expansión del movimiento espírita dentro de las normas racionales y éticas que le son consustanciales. El artículo 1 del Reglamento de la Sociedad Espírita de París, como también se le llamaba, establecía que su objeto es "el estudio de todos los fenómenos relativos a las manifestaciones espíritas y su aplicación a las ciencias morales, físicas, históricas y psicológicas", puntualizando que "tanto las cuestiones políticas como las de controversia religiosa y de economía social quedan en ella prohibidas".[30] Se realizaban dos tipos de reuniones, unas generales y otras particulares, y ambas eran de carácter privado.

Cualquier nuevo asistente debía ser invitado o recomendado por alguno de los socios. De este modo se preservaba a la institución de los curiosos y se garantizaba su seriedad. En las sesiones experimentales participaban diversos médiums parlantes y escribientes, siendo algunos de ellos personajes reconocidos en la sociedad francesa como el astrónomo CAMILLE FLAMMARION, el librero y editor de sus libros PIERRE PAUL DIDIER, y la joven ERMANCE DUFAUX, quien apenas con catorce años había recibido por vía mediúmnica obras de gran valor histórico dictadas por los espíritus JEANNE D'ARC, LOUIS XI, CHARLES VIII, LOUIS IX, que merecieron muchos elogios de KARDEC y de otros estudiosos de la época. Dos meses después, apareció *Instrucción práctica sobre las manifestaciones espíritas*, dedicada a

de las nuevas generaciones, con su publicación en doce tomos por la Editora Cultural Espírita (EDICEL) de São Paulo (1976), contando con la magnífica traducción al portugués realizada por el insigne escritor JULIO ABREU FILHO.

[30] El Reglamento de la Sociedad Parisiense de Estudios Espíritas fue colocado en *El Libro de los Médiums*, como el capítulo XXX de la segunda parte.

explicar las bases experimentales del Espiritismo. Era presentada como una "exposición completa de las condiciones necesarias para comunicarse con los espíritus y las formas de desarrollar la facultad mediadora en los médiums". Incluía un amplio capítulo titulado "Terminología Espírita" que anticipaba la intención del Codificador de escribir más adelante un Diccionario Espírita. En agosto de 1860, KARDEC informa a los lectores de la *Revue*, que "la obra se encuentra completamente agotada y no será reimpresa. Será sustituida por un nuevo trabajo, ya en preparación, que saldrá mucho más completo y obedecerá a un plan diferente". Obviamente, se está refiriendo a *El Libro de los Médiums*.

El siguiente libro que KARDEC dio a conocer fue *Qué es el Espiritismo* publicado en junio de 1859. Dice en la portada: "Introducción al conocimiento del mundo invisible o de los espíritus, con los principios fundamentales de la Doctrina Espírita y las respuestas a algunas objeciones desfavorables".

Por su calidad didáctica y facilidad de consulta, esta obra es una guía inmejorable para todos aquellos que desean iniciarse adecuadamente en el conocimiento del Espiritismo, apreciando su grandeza y su positiva influencia en el porvenir de la humanidad. Aunando sencillez y profundidad, dialoga y polemiza con tres personajes representativos de la sociedad: un materialista, un indiferente y un sacerdote, quienes encarnan respectivamente las posturas críticas, escépticas y dogmáticas que se suelen blandir contra el Espiritismo, y a las cuales refuta con admirable habilidad dialéctica.

En enero de 1861 aparece la primera edición de *El Libro de los Médiums*, si bien será la segunda edición, revisada y aumentada, de noviembre del mismo año, la versión definitiva. Como es su costumbre, KARDEC coloca en la portada una sucinta presentación del libro: "Espiritismo experimental. Guía de los médiums y de los evocadores. Contiene la enseñanza especial de los espíritus sobre la teoría de todos los géneros de manifestaciones, los medios de comunicación con el mundo invisible, el desarrollo de la mediumnidad, las dificultades y escollos que se pueden encontrar en la práctica del Espiritismo". Y agrega: "Continuación de *El Libro de los Espíritus*".

En esta obra cumbre del Espiritismo experimental se manifiesta el rigor científico que puso KARDEC en el estudio de los fenómenos psíquicos y de las diversas teorías, afirmativas y negativas, que han surgido para explicarlos, haciendo resaltar la tesis espírita como la más completa entre todas, pues ella devino de la aplicación de una rigurosa metodología científica así como del invaluable aporte del mundo espiritual que siempre le acompañó en su empresa misional. Es un formidable tratado de mediumnidad, indispensable para todos los que se interesan en una correcta ejecución de los trabajos experimentales y en la comprensión de los principios que los gobiernan, y es por ello el libro básico de la Ciencia Espírita.

Enseña KARDEC que los fenómenos mediúmnicos nada tienen de maravillosos ni de sobrenaturales, y si han sido considerados de tal modo es porque no se conocía su causa, por lo que ha correspondido al Espiritismo explicarlos y ubicarlos dentro del dominio de los hechos naturales. Partiendo de esa premisa enfrenta la ignorancia, la credulidad, la superstición y la charlatanería que han imperado en los ambientes donde se ha pretendido establecer relaciones con los espíritus.

El Libro de los Médiums es una obra de absoluta vigencia y actualidad, y hasta el presente, todas las investigaciones acerca de la paranormalidad, desde la Metapsíquica hasta la Parapsicología, han refrendado los conceptos en ella establecidos. Ninguna otra ha podido sustituirla como guía técnica y ética en el estudio teórico de las manifestaciones de los espíritus.

El progreso que había alcanzado el Espiritismo en tan corto tiempo, despertando en millares de personas un inmenso entusiasmo por sus ideales de renovación, no podía pasar inadvertido ante los representantes de los viejos y caducos sistemas dogmáticos. Se publican numerosos libros y artículos atacando sus principios.

Particularmente, los sectores más oscurantistas del catolicismo habían desatado desde los púlpitos una agresiva campaña contra las ideas espíritas, acusándolas de "perniciosas para la moral" o de "inspiración satánica". La *Bibliographie Catholique*, órgano de amplia divulgación, lanza un violento artículo contra el Espiritismo. La furia clerical alcanzó su punto culminante el día 9 de octubre de 1861, cuando en la ciudad de Barcelona, España, el obispo ejecutó públicamente un Auto de Fe donde se quemaron trescientos libros y revistas espíritas que KARDEC había enviado a la ciudad condal, a solicitud de JOSÉ MARÍA FERNÁNDEZ COLAVIDA, ilustre pionero del Espiritismo español.

Auto de Fe en Barcelona

Habiendo consultado con sus colaboradores espirituales acerca del insólito acontecimiento que revivía los superados tiempos de la Inquisición, KARDEC decidió no proceder con el reclamo legal y consideró, con acertada intuición, que serviría a la propagación del Espiritismo llamando la atención de muchas personas de mentalidad libre y abierta hacia sus ideales:

> "Examinamos el caso desde el punto de vista de sus consecuencias, y diremos, para comenzar, que no hay duda de que nada podría haber sido más útil para el Espiritismo. La persecución siempre fue provechosa para la idea que se quiere proscribir. Gracias a ese celo imprudente, todo el mundo en España va a oír hablar de Espiritismo y querrá saber lo que él es. Es todo cuanto deseamos. Pueden quemarse libros, pero no se queman ideas: las llamas de las hogueras las excitan en lugar de sofocarlas. Además, las ideas están en el aire, y no hay Pirineos bastante altos para detenerlas.
>
> Espíritas de todos los países: no olvidéis esta fecha del 9 de octubre de 1861. Quedará marcada en los fastos del Espiritismo. Que ella sea para nosotros un día de fiesta, y no de luto, porque constituye la prenda de nuestro próximo triunfo".[31]

Iniciándose 1862 aparece *El Espiritismo en su más simple expresión*, un opúsculo que lleva la intención de facilitar la divulgación de la Doctrina Espírita proporcionando una visión resumida de sus principios en un ejemplar de pocas páginas y de módico precio. Interrogados los espíritus acerca del alcance que podría tener esta pequeña obra, le anuncian que "tendrá un efecto inesperado y los adversarios se pondrán furiosos al encontrarse con una publicación que por su bajo precio podrá difundirse entre la masa y así penetrar en todas partes".

Con el título de *Viaje espiritista en 1862*, KARDEC publica en diciembre de ese año, un pequeño libro en el cual aborda asuntos de alta importancia para la marcha del movimiento espiritista. Se compone de cuatro partes: Impresiones generales de ese viaje realizado durante seis semanas por más de veinte ciudades en las que presidió cerca de cincuenta reuniones; los Discursos pronunciados ante los espíritas de Lyon y de Burdeos; Instrucciones particulares dadas a los grupos espíritas en respuesta a ciertas cuestiones doctrinarias e institucionales y un Proyecto de Reglamento que sirviese como modelo para la actuación de las sociedades espíritas.[32]

---

[31] *Revue Spirite*. Noviembre de 1861. Editora Cultural Espírita EDICEL, São Paulo, 1976, p. 339.

[32] Es conveniente resaltar que KARDEC efectuó, además de éste, otros cinco viajes de propaganda y defensa de las ideas espíritas: en 1860 estuvo en Sens, Mácon, Lyon y Saint

En abril de 1864 se publicó *Imitación del Evangelio según el Espiritismo*, obra de profundo contenido moral, cuyo título sería modificado en la segunda edición, al año siguiente, por su nombre definitivo de *El Evangelio según el Espiritismo*. En su presentación, KARDEC escribe:

> "Contiene la explicación de las máximas morales de CRISTO, su concordancia con el Espiritismo y su aplicación a las diversas situaciones de la vida".

y agrega esta sentencia:

> "Sólo es inquebrantable aquella fe que pueda mirar frente a frente a la razón en todas las edades de la humanidad".

En la Introducción, explicando el objetivo de la obra, el Codificador hace esta precisión, cuyo conocimiento es fundamental para entenderla:

> "Podemos dividir en cinco partes las materias que contienen los Evangelios: 1) los actos ordinarios de la vida de CRISTO; 2) los milagros; 3) las profecías; 4) las palabras que han servido para el establecimiento de los dogmas de la Iglesia; y 5) la enseñanza moral. Ahora bien, si las cuatro partes primeras han sido objeto de controversias, la última, en cambio sigue siendo inatacable... Y esa parte es el objeto exclusivo de esta obra".[33]

Etiénne; en 1861 visitó Lyon y Burdeos: en 1864 viajó a Bélgica y se reunió con las sociedades espíritas de Bruselas y de Amberes; en 1867 participó en el banquete ofrecido por la Sociedad Espírita de Burdeos, y visitó además las ciudades de Tours y Orlèans que se encontraban en su ruta. Fue en Tours donde le conoció el entonces joven LÉON DENIS, quien llegaría a ser su más fiel continuador. Ante los innobles ataques que lanzaban algunos adversarios del Espiritismo que acusaban a KARDEC de enriquecerse con el Espiritismo, él aclaraba:

"Varias personas, sobre todo de la provincia, habían pensado que los gastos de estos viajes eran cubiertos por la Sociedad de París. Nos vemos obligados a rebatir ese error, siempre que se ofrezca la ocasión... Los gastos de viaje, así como todos los que se necesitan para nuestras relaciones con el Espiritismo, se cubren con recursos personales y economías provenientes de nuestras obras, sin lo cual nos sería imposible enfrentar todas las obligaciones que se derivan de la tarea que hemos emprendido. Digo esto sin vanidad, únicamente para rendir homenaje a la verdad y para ilustración de aquellos que piensan que nos estamos enriqueciendo". (*Revue Spirite*, noviembre de 1862).

[33] ALLAN KARDEC. *El Evangelio según el Espiritismo.* Ediciones CIMA, Caracas. 1995.p. 11.

Como se ve, KARDEC no tuvo intención de escribir un libro de carácter religioso, como infelizmente se pregona con frecuencia, ni de proceder a un examen meticuloso de todos los versículos de los cuatro evangelios sinópticos, lo cual no tendría utilidad y sería ajeno a los intereses de la Doctrina Espírita. Tampoco se ocupó de discutir acerca de los aspectos que pudieran ser históricos o legendarios en relación con la vida y obra de JESÚS, si bien dejó clara su posición en cuanto a la condición humana del ilustre Nazareno y se esforzó en ubicar dentro del contexto de los hechos naturales explicables científicamente, los milagros y las profecías que se le atribuyen.

Su objeto **exclusivo** fue, como él insistió, el de resaltar la inmensa fuerza moral del mensaje transformador difundido por el gran Maestro del amor, muchas veces oscurecido por los dogmas y sepultado en las interpretaciones literales, acomodaticias y descontextualizadas de las religiones cristianas.

En este libro, tesoro de consuelos y esperanzas, tan vastamente difundido en el mundo, KARDEC ratifica este enunciado básico: La enseñanza moral de JESÚS es la misma enseñanza moral del Espiritismo.

Ante la publicación de una obra que derrumbaba toda suerte de mitologías y al mismo tiempo presentaba la visión ética del Espiritismo como un hermoso canto a la verdad y al amor, la ira del clero católico explotó violentamente, y a los pocos días de circular en su primera edición, fue anatematizada. En efecto, el 1º de mayo de 1864, Roma incluye ese y los demás libros de ALLAN KARDEC en el *Index librorum prohibitorum* (Índice de los libros prohibidos).[34]

[34] Fue por decisión del Concilio de Trento, que el Papa PÍO IV hizo publicar la primera versión del *Index* en 1564. Durante cuatro siglos, fue éste un poderoso instrumento de la Iglesia para condenar cualquier manifestación del pensamiento que no concordara con sus dogmas. La casi totalidad de las obras básicas de la cultura universal fueron allí incluidas. Bastaría recordar algunos nombres de literatos, artistas, filósofos o científicos cuyos libros fueron censurados, para tomar conciencia de la oposición que hizo la Iglesia a todas las manifestaciones del progreso y la modernidad: FRANCIS BACON, GIOVANNI BOCCACIO, GIORDANO BRUNO, DANTE ALIGHIERI, RENÉ DESCARTES, DENIS DIDEROT, DESIDERIO ERASMO, GALILEO GALILEI, THOMAS HOBBES, VICTOR HUGO, DAVID HUME, EMMANUEL KANT, ALPHONSE DE LAMARTINE, JOHN LOCKE, MARTIN LUTERO, MICHEL DE MONTAIGNE, CHARLES DE MONTESQUIEU, BLAISE PASCAL, JEAN JACQUES ROUSSEAU, BENEDICTUS SPINOZA. VOLTAIRE, etc.

No podría ALLAN KARDEC dejar de tener el honor de aparecer en esa lista, al lado de nombres tan selectos. La conquista de la libertad de pensamiento y de conciencia, la educación laica, la independencia de los estados, obligaron a la Iglesia, en 1966, a suspender la publicación del *Index* y dejarlo sin fuerza jurídica.

JESÚS DE NAZARETH

También, en abril de 1864, se publicó un breve ensayo de KARDEC titulado *Resumen de la ley de los fenómenos espiritistas*, con el siguiente subtítulo: *Primera iniciativa para empleo de las personas ajena al conocimiento del Espiritismo.* Se ratifica una vez más la vocación pedagógica del aventajado discípulo de PESTALOZZI, cuando insiste en facilitar el aprendizaje de la doctrina mediante obras introductorias, que sintetizan los principios fundamentales de la doctrina y se expenden a precios módicos.

Al año siguiente, el 1º de agosto de 1865, llega al público *El Cielo y el Infierno o la Justicia Divina según el Espiritismo.* Dice en su portada "Contiene el examen comparado de las doctrinas sobre el paso de la vida corporal a la vida espiritual, las penas y las recompensas futuras, los ángeles y los demonios, las penas eternas, etc.; seguido de numerosos ejemplos acerca de la situación real del alma durante y después de la muerte".

En rigor histórico, se trata del primer estudio científico sobre la situación de los espíritus después de la muerte, respaldado en los relatos de ellos mismos a través de comunicaciones mediúmnicas. El cielo, el infierno, el purgatorio, los ángeles y los demonios, premios y castigos, las penas eternas y otras nociones típicas de todas las doctrinas religiosas, son discutidas con argumentos incontestables, y son examinadas bajo un nuevo prisma a la luz de una filosofía evolucionista y reencarnacionista, más en sintonía con una visión lógica, racional y justa de la vida, que permite comprender la infinita presencia de Dios en el cumplimiento de las leyes universales.

Durante el año 1865, KARDEC publicó dos opúsculos, para los cuales seleccionó algunos extractos y capítulos de *El Evangelio según el Espiritismo.* Se trata de *Colección de composiciones y Compilación de oraciones espíritas.* A diferencia de quienes toman la oración como un acto ritualista o cargado de misticismo religioso, KARDEC deja bien en claro que se trata del concurso de una fuerza psíquica, de una manifestación amorosa del espíritu:

"La oración es una invocación; por ella nos ponemos en contacto mental con el ser a quien nos dirigimos. Podrá tener por finalidad formular un pedido, agradecer o ensalzar... El Espiritismo posibilita comprender la acción de la plegaria al explicar el modo en que se trasmite el pensamiento, ya sea que el ser a quien oramos acuda a nuestro llamado o que nuestro pensamiento llegue hasta él".[35]

"Siempre han dicho los espíritus: La forma no es nada, el pensamiento lo es todo. Ore cada cual conforme a sus convicciones y del modo que más le conmueva, pues un buen pensamiento tiene más valor que muchas palabras de las que el corazón está ausente".[36]

La Revue Spirite de febrero de 1867, informa que está a la disposición del público el libro *Ecos poéticos de ultratumba*, una amplia colección de poesías recibidas por LOUIS VAVASSEUR, médium escribiente de la Sociedad Espírita de París y que le han sido dictadas por célebres poetas desencarnados. A modo de introducción, KARDEC ha escrito un *Estudio sobre la poesía mediúmnica*, hermoso trabajo que es pionero en la materia.[37]

El último de los libros grandes que ALLAN KARDEC publicó en vida, apareció el 6 de enero de 1868. Se trata de *La Génesis, los Milagros y las Profecías según el Espiritismo*. El impacto que causó fue tan grande que en su año inicial debió reimprimirse tres veces. El primer capítulo, denominado *Caracteres de la revelación espírita*, fue editado también en un folleto aparte. En el frontispicio, ha colocado estos apotegmas:

"La doctrina espírita es el resultado de la enseñanza concordante y colectiva de los espíritus".

"La ciencia es la encargada de explicar la génesis según las leyes de la naturaleza".

"Dios prueba su grandeza y su poder por la inmutabilidad de sus leyes y no por la suspensión de ellas".

"Para Dios, el pasado y el futuro son el presente".

[35] ALLAN KARDEC. *El Evangelio según el Espiritismo*. Ediciones CIMA. Caracas, 1995, Acción de la plegaria y transmisión del pensamiento. p. 310.

[36] Ob. cit. Compilación de oraciones espíritas, p. 321.

[37] En nuestro libro *El Espiritismo y la creación poética* (Ediciones CIMA. Caracas, 1995.) ya destacamos que KARDEC se había percatado de la relación evidente entre el arte y la mediumnidad, así como de las inmensas posibilidades creadoras que se desprenden de una interpretación espírita del arte.

En tres partes se divide el libro. En la primera se presentan interesantes estudios acerca de Dios y la creación del Universo, la formación de la Tierra y el origen de la vida en ella, la evolución orgánica y la evolución espiritual. Demuestra KARDEC la extensión de sus conocimientos cuando aborda temas de astronomía, física, geología, biología y otras ciencias. En la segunda parte, examina los milagros a la luz del Espiritismo, demostrando que se trata de fenómenos psíquicos o mediúmnicos cuyas leyes no eran conocidas. Explica racional y científicamente muchos episodios en la vida de JESÚS, tenidos por sobrenaturales en las religiones cristianas, y refuta con sólidos argumentos las falsas teorías que niegan la condición fisiológica de su cuerpo y sólo admiten que poseía un cuerpo fluídico.[38]

El propósito esencial de KARDEC con este libro fue el de estimular la alianza que debe existir entre el Espiritismo y la ciencia, puesto que ambos se complementan recíprocamente:

> "La ciencia, propiamente dicha, tiene por objeto el estudio de las leyes del principio material, así como el objeto del Espiritismo es el conocimiento de las leyes del principio espiritual; pero como este último principio es una de las fuerzas de la Naturaleza y actúa sin cesar sobre el principio material, y éste sobre aquél, resulta que el conocimiento de uno no puede complementarse sin el del otro. Por consiguiente, el Espiritismo y la ciencia se complementan mutuamente. La ciencia sin el Espiritismo es impotente para explicar ciertos fenómenos, contando sólo con las leyes que rigen a la materia, así como el Espiritismo sin la ciencia carecerá de apoyo y control. El estudio de las leyes de la materia debería preceder al de las leyes espirituales ya que es la materia la que afecta antes a los sentidos. Si el Espiritismo hubiese llegado antes que los descubrimientos científicos hubiera sido una obra inútil, como todo aquello que llega antes de tiempo".[39]

---

[38] Aclara KARDEC que algunas sectas cristianas como los apolinaristas y los docetas sostenían que JESÚS sólo había nacido en apariencia, y nunca tuvo un cuerpo de naturaleza fisiológica o carnal. Esta absurda teoría fue insertada dentro del Espiritismo por el abogado francés, de la corte de Burdeos, JEAN BAPTISTE ROUSTAING (1806-1879) quien publicó en 1866 un libro en tres volúmenes titulado *Los cuatro Evangelios. Espiritismo cristiano o Revelación de la Revelación*, en el cual reunió las comunicaciones recibidas por la médium EMILIE COLLIGNON y que fueron atribuidas a los evangelistas y otros personajes bíblicos. Además de sostener la tesis del cuerpo fluídico de JESÚS, allí se hacen muchas otras afirmaciones extravagantes, donde se mezclan conceptos espíritas con dogmas católicos que fueron vivamente combatidas por KARDEC y luego por la casi totalidad de los pensadores espíritas.

[39] ALLAN KARDEC. La Génesis. Ediciones CIMA. Caracas, 1995. Cap. I, Nº 16.p. 19.

El término revelación, frecuentemente empleado en este libro, ha de entenderse en un sentido científico y no teológico, como un proceso de investigación que permite al hombre ampliar el radio de sus conocimientos sobre la realidad material y espiritual. Una revelación que se define, al mismo tiempo, como divina y científica, por cuanto proviene del mundo espiritual y ha sido elaborada por los hombres. Revelación que posee un carácter progresivo pues no ha sido establecida de modo definitivo y debe acompañar continuamente la marcha de las ideas:

> "Hay que tener en cuenta un último rasgo distintivo de la revelación espírita, el cual surge de las condiciones mismas en que fue realizándose, y es que, apoyándose sobre hechos, su carácter es esencialmente progresivo, como el de todas las ciencias de observación... El Espiritismo marcha al ritmo del progreso y nunca quedará rezagado, porque si nuevos descubrimientos le demuestran que está equivocado en algo o si se revelase una nueva verdad, él habrá de rectificarse".[40]

El último trabajo publicado en vida por KARDEC fue el *Catálogo razonado de obras que sirven para la fundación de una biblioteca espírita*. Apareció a fines de marzo de 1869 y se distribuyó entre los suscriptores de la *Revue Spirite* como un suplemento independiente. Relaciona los libros básicos de la doctrina espírita, luego presenta en orden alfabético de autor, una lista de obras espíritas complementarias, y también da conocer una serie de obras contrarias al Espiritismo, algunas de ellas con un breve comentario.[41]

En enero de 1890 se publica *Obras Póstumas*, un volumen donde se da a conocer una gran cantidad de manuscritos sobre diversos temas que se hallaban inéditos y que KARDEC había anunciado que formarían parte de una nueva obra que estaba preparando cuyo título sería: *Libro de las previsiones concerniente al Espiritismo*. Correspondió a PIERRE GAËTAN LEYMARIE (1827-1901), amigo y colaborador muy cercano de KARDEC, Director de la *Revue Spirite*, reunir y ordenar esos materiales y darles la forma de libro.

[40] Ob. cit. Cap. I. N° 55, p. 36.

[41] Este folleto (*brochure*) estaba prácticamente desaparecido de las bibliotecas espíritas, y se debe su recuperación a una edición facsimilar llevada a cabo por un ilustre estudioso argentino, especializado en el conocimiento de la historia del Espiritismo, el Sr. FLORENTINO BARRERA, director de la revista *Vida Infinita* (Caseros, provincia de Buenos Aires) y autor de varios libros de altísimo valor histórico y doctrinario, entre los cuales destaca un texto de consulta imprescindible: *Bibliografía espiritista del siglo XIX*, impreso en 1983.

Agrupados con sentido lógico y cronológico, la obra incluye en su parte primera, ensayos sobre temas trascendentales como lo son, las diversas formas físicas e intelectuales que asumen las manifestaciones de los espíritus; explicaciones sobre fenómenos psíquicos como la telepatía, la clarividencia, la premonición y el sonambulismo destacando las funciones que desempeña en ellos el periespíritu; estudios históricos en torno de la vida de JESÚS y su mensaje redentor; la música y el arte examinados bajo la óptica espírita; discusión acerca de las alternativas filosóficas y religiosas que se le presentan a la humanidad.

En la segunda parte se descubren escritos de corte autobiográfico que KARDEC, con la modestia y humildad que le caracterizaron, guardaba como información privada. Así ha sido posible conocer cómo ocurrió su iniciación en el Espiritismo; su relación con espíritus superiores que le asesoraron y le revelaron su misión en la Tierra; detalles sobre la publicación de sus libros y sus desvelos por la pureza doctrinaria; la marcha del movimiento espiritista en el mundo y su porvenir, y, en fin, sus preocupaciones y su disposición a enfrentar y superar toda suerte de adversidades.

ALLAN KARDEC desencarnó en su casa (rue Sainte-Anne, 59), entre las once y las doce de la mañana del 31 de marzo de 1869, víctima de la ruptura de un aneurisma. Con la conciencia tranquila que otorga el deber cumplido, retornaba al mundo de los espíritus, aquel que tan noble relación había establecido con ellos, para entregar una doctrina completa, filosófica, científica y moral, que ilumine a la humanidad el sendero por donde ha de transitar hacia la conquista de su destino superior.

El entierro de sus restos en el cementerio de Montmartre se cumplió en un acto estrictamente civil, ante la presencia de unas mil personas, miembros en su mayoría de grupos espíritas de toda Francia. Entre los discursos fúnebres que se ofrecieron destaca la pieza oratoria que pronunció el célebre astrónomo CAMILLE FLAMMARION, quien destacó las cualidades intelectuales y morales que adornaron al gran Maestro del Espiritismo y exaltó el inmenso valor de su obra:

> "Él era lo que yo llamaré simplemente: el buen sentido encarnado.
>
> De raciocinio recto y juicioso, aplicaba permanentemente a su obra, las indicaciones del sentido común, y no era esa una cualidad menor. Era, se podría afirmar, la primera de todas y la más preciosa, sin la cual la obra no podría tornarse popular ni sembrar en el mundo sus raíces inmensas...".

> "Porque, señores, el Espiritismo no es una religión, sino una ciencia, de la cual apenas conocemos el abc. El tiempo de los dogmas terminó".[42]

Al año siguiente sus restos físicos fueron trasladados al cementerio de Pére-Lachaise, y el día 31 de marzo se inauguró el conocido monumento levantado en su memoria, que consta de un busto de bronce colocado dentro de un imponente dolmen que simboliza perfectamente su remoto origen druídico, el cual continúa siendo hasta la actualidad el más florido y visitado en el histórico recinto de la Ciudad Luz.

En la parte delantera del dolmen se encuentra la siguiente inscripción:

FUNDADOR DE LA FILOSOFÍA ESPÍRITA

TODO EFECTO TIENE UNA CAUSA
TODO EFECTO INTELIGENTE TIENE UNA CAUSA INTELIGENTE

LA MAGNITUD DE LA CAUSA ESTÁ EN PROPORCIÓN
A LA GRANDEZA DEL EFECTO

NACER, MORIR, RENACER SIEMPRE Y PROGRESAR SIN CESAR
TAL ES LA LEY

Quince años habían transcurrido desde el momento en que se interesó por el fenómeno de las mesas giratorias, y en tan corto tiempo, este hombre laborioso y metódico, íntegro y honesto, sabio y prudente, derivó de aquellos hechos las bases que permitirían abrir una nueva etapa en la evolución de la humanidad, en la cual se conjugan los valores del sentimiento y del intelecto, de la fe con la razón, y se hace posible responder al mayor desafío de la historia del conocimiento: la comprobación científica del espíritu.

Para entender debidamente el Espiritismo, hay que colocar en su justa relación, a la doctrina con su fundador, la época en que le tocó vivir, las influencias culturales que dominaban en ella, y por supuesto, la cooperación brindada por los espíritus en todo el proceso de su elaboración.

[42] *Revue Spirite*. Mayo 1869.

Dolmen druídico que conserva los restos físicos de KARDEC

No es exacta la afirmación de que el Espiritismo es tan antiguo como el hombre, o como Dios mismo. Es una tesis que se suele repetir con mucha ligereza en el medio espírita, y que adolece de una grave confusión pues equivale a identificar al Espiritismo, que es una doctrina, con los fenómenos que ella estudia. Es obvio que las manifestaciones de los espíritus son tan antiguas como la aparición del hombre en la Tierra, pero también es evidente que el Espiritismo, doctrina que las estudia y explica, surge con la obra de KARDEC, en la cual participó activamente la espiritualidad superior. Cuando se insiste en aquel concepto se incurre, desde una perspectiva epistemológica, en un error de inversión, ya que se confunde al objeto estudiado con el sujeto que estudia, tal cual si se dijera que la astronomía es tan antigua como el Universo, dado que los astros que constituyen su materia de investigación, están allí desde la eternidad. Es tan claro que han existido los astros sin la astronomía, como que no tendría sentido una ciencia astronómica si no existieran los astros. Igualmente, los espíritus existen desde el inicio de la vida, ya que por definición, el espíritu es la vida misma, en tanto que el Espiritismo, ciencia que lo estudia, hace su aparición en un momento dado del desarrollo del pensamiento humano, específicamente con los trabajos de ALLAN KARDEC. Confundir la fenomenología mediúmnica con el Espiritismo, ha movido a ciertos escritores a señalar como punto de partida del movimiento espiritista el episodio de Hydesville protagonizado por las hermanas FOX, siendo otra la verdad histórica. Cuando se escribe sobre la historia del Espiritismo, es imperativo que se refiera como fecha inicial el 18 de abril de 1857, día en que circuló la primera edición de *El Libro de los Espíritus.*

En esa primera obra de la Codificación[43] KARDEC colocó en su frontispicio la expresión **Filosofía Espiritualista**, estableciendo con toda precisión semántica y conceptual las características de la nueva doctrina. Propuso el término "espiritismo" como un neologismo para diferenciarlo del vocablo "espiritualismo" evitando la anfibología que podría presentarse, empleando cada uno en su exacta acepción lexicográfica.

El Espiritismo debe ser ubicado y diferenciado como una variante específica dentro del espiritualismo. Como ya ha sido expuesto, toda persona que acepta dentro de sus creencias la existencia de un principio espiritual como entidad aparte del cuerpo físico al cual sobrevive después de la muerte, es espiritualista, con independencia de la manera cómo concibe a esa parte espiritual. Así, hay personas que aceptan la sobrevivencia del alma o incluso creen en la comunicación de los espíritus, pero que no comparten las explicaciones espíritas. Un cristiano es tan espiritualista como un budista o un musulmán, igual que un teósofo, un rosacruz o un espiritista, lo cual permite establecer taxativamente, que todo espiritista es espiritualista aun cuando no todo espiritualista sea espiritista.

Atendiendo a su estructura doctrinaria, el Espiritismo ha de ser catalogado como un espiritualismo filosófico, claramente diferenciado de otras alternativas del pensamiento espiritualista, bien sean filosóficas, teológicas o esotéricas. No hacen parte del Espiritismo los dogmas, libros sagrados, liturgias, ceremonias, cultos, jerarquías eclesiásticas, ni los simbolismos, misterios, o rituales de carácter iniciático. También se distingue de los demás espiritualismos por el empleo de un vocabulario que le es propio y que le permite exponer con precisión y en un lenguaje directo, simple y accesible, todo su contexto doctrinario.

El sentido racionalista y librepensador que hace tan singular al Espiritismo, proviene de la reunión de diversos factores históricos, culturales, sociales y espirituales. KARDEC, su fundador y codificador fue un hombre formado en la cultura del siglo XIX, siglo de profundos cambios científicos, de revoluciones y de agitadas discusiones políticas y filosóficas, los cuales ejercieron una profunda influencia en su visión del mundo. Quince años antes de su

[43] En algunos sectores espíritas, principalmente brasileños, se ha difundido la expresión "Pentateuco kardeciano", la cual es de una absoluta impropiedad, por cuanto los libros de KARDEC, como ya se ha visto, son más de cinco, y por otra parte, no guardan filiación histórica o ideológica con los primeros cinco libros del Antiguo Testamento, los cuales constituyen, exactamente, el *Pentateuco*.

nacimiento, en 1789, ocurre la toma de la Bastilla y más tarde se proclama la Declaración de los derechos del hombre, ensayándose la construcción de una nueva sociedad sobre la base del poder ciudadano frente a los regímenes autocráticos; se proclaman los principios universales de la libertad, la igualdad y la fraternidad, y se consagra a la razón como criterio de verdad frente a la fe o el dogma, disminuyendo el poder de la Iglesia.

El siglo de KARDEC vio el nacimiento y el auge del positivismo, doctrina fundada por AUGUSTE COMTE, y que se sintonizaba perfectamente con las corrientes racionalistas e intelectualistas que dominaban en la época. Para los positivistas, herederos del iluminismo racionalista que inspiró a los enciclopedistas franceses, toda referencia en relación con el espíritu o la idea de Dios no pasaba de una especulación inútil por la imposibilidad de ser demostrados objetivamente.

Fue una época en que surgieron diversas corrientes políticas revolucionarias, como el marxismo y el anarquismo, empeñadas en la transformación de las estructuras socio-económicas de la sociedad capitalista a favor de un modelo socialista. Su ideología era el materialismo y preconizaban la lucha de clases como instrumento para la conquista del poder.

Fue un tiempo de grandes inventos y descubrimientos en todos los campos de la ciencia: DARWIN y la evolución: MENDEL y la genética; PASTEUR, KOCH y las vacunas: GALVANI, VOLTA, FARADAY y la electricidad; FULTON, WATT, STEPHENSON y las máquinas a vapor; MORSE y el telégrafo, por citar sólo algunos casos relevantes.

Hombre culto y con gran curiosidad por las diversas ramas del saber, KARDEC examinó con cuidado lo que estaba aconteciendo, asimiló todo lo que su razón y buen juicio le aconsejaban, y la influencia de ese ambiente renovador se percibe en todos sus trabajos, antes y después del Espiritismo. Discípulo de PESTALOZZI, nunca se apartó de los criterios pedagógicos de su preceptor en cuanto a la observación y a la investigación, y asumió como propias las enseñanzas que recibió en Iverdun acerca del respeto y la tolerancia que se deben a las ideas ajenas. Adoptó del racionalismo sus líneas generales sin llegar a posiciones extremas, pues, además de la razón, reconoció que hay otras fuentes para el conocimiento como la intuición o la mediumnidad. Para él, la razón y la fe no constituyen una dicotomía insalvable, y procuró conciliarlas mediante una propuesta de "fe racional" que se resume en esta categórica sentencia:

"Sólo es inquebrantable aquella fe que puede mirar frente a frente a la razón en todas las edades de la humanidad".[44]

Hasta cierto punto KARDEC se identificó con la corriente positivista, la cual exigía a cualquier disciplina que aspirase a ser reconocida como ciencia, un sólido respaldo experimental y que fuese capaz de ofrecer una demostración irrefutable de sus postulados. Fue por eso que insistió tanto en la definición del Espiritismo como ciencia y en la aplicación del método científico a todos los hechos que estudia. Nunca aceptó el concepto de lo sobrenatural, pues todo en el Universo acontece de acuerdo con leyes naturales, y las manifestaciones de los espíritus obedecen también a leyes naturales que el Espiritismo ha venido a descubrir y explicar. Pero, al mismo tiempo que recogía algunos presupuestos teóricos y metodológicos del positivismo, rechazaba las inclinaciones materialistas, ateas o agnósticas que mostraba la mayoría de sus partidarios. Podría decirse, entonces, que la doctrina espírita estaría colocada dentro de la perspectiva de un positivismo espiritualista, conocidas sus tendencias racionalistas y experimentalistas.

La cuestión social también gravitaba en las preocupaciones del sabio lyonés. Herían su sensibilidad las duras condiciones de vida que sufrían los trabajadores y los sectores más humildes y en diversas ocasiones habló y escribió sobre el tema, reclamando una vida digna para ellos y aclarando, que a la luz del Espiritismo, los seres humanos somos iguales, que estamos llamados a cumplir con nuestros deberes para reclamar nuestros derechos, y que las injusticias sociales no ocurren por designios de Dios, pues son obra de los hombres y a todos nos compete luchar para superarlas. Pero, al mismo tiempo, explicaba que no es posible pensar en una revolución social si no se realiza previamente una transformación moral en cada individuo, que le lleve a erradicar el egoísmo, el orgullo, el odio y las bajas pasiones, y consiga que sus pensamientos y sus sentimientos vibren con las notas sublimes de la fraternidad, la solidaridad y el amor.

KARDEC tuvo la inteligencia de examinar todo ese mundo de nuevas ideas, y discernir sobre sus méritos, sus bondades, sus limitaciones o sus errores y aprovechar todo cuanto de positivo pudiera encontrar en cada una. Esa perspectiva ecléctica en que él se colocó, le dio al Espiritismo una dimensión humanista y universalista, laica y progresista, que no se encuentra en ninguna

[44] ALLAN KARDEC. *El Evangelio según el Espiritismo*. Ediciones CIMA, Caracas, 1995. Capítulo XIX. Nº 7, p. 249.

otra vertiente del pensamiento espiritualista. La fuerza del Espiritismo y la garantía de su perennidad, derivan de su unidad doctrinaria, de la consistencia de sus principios básicos y la coherencia con que han sido reunidos, y por supuesto, de las nobles consecuencias que se derivan de su grandeza moral. El resguardo de esa unidad doctrinaria es fundamental para el cumplimiento de su misión en la Tierra, y eso sólo es posible si se preserva al Espiritismo en las líneas básicas trazadas por KARDEC, y al mismo tiempo, se comprende el sentido evolutivo y progresivo de una doctrina que no fue elaborada en forma completa ni definitiva, que no tiene la pretensión de monopolizar toda la verdad, que acepta los nuevos descubrimientos que se revelen, y que está dispuesta a acompañar la evolución de las ideas en el mundo.

Unidad y progresividad son términos de una misma ecuación que muestra la naturaleza de la doctrina espírita y su compromiso irrenunciable con la verdad. Unidad que se centra en sus postulados esenciales, (Dios, espíritu, inmortalidad, evolución, reencarnación, pluralidad de mundos habitados) los cuales han venido cobrando cada día mayor vigencia. Progresividad para incorporar los avances científicos y mantenerse actualizada, para superar conceptos que responden a las ideas de otra época y que ya han sido superados, o para rectificar errores si fuese necesario.

Con su proverbial sensatez, KARDEC dejó abiertas las posibilidades para que el Espiritismo estuviese siempre actualizado mediante la incorporación de los avances que se produzcan en el plano cultural y científico, ya que no se trata de una secta o de una religión con dogmas o verdades definitivas, sino de una filosofía científica de consecuencias morales:

> "El tercer punto, en fin, es inherente al carácter esencialmente progresivo de la doctrina. Por el hecho de que no se rodee de sueños irrealizables, no se sigue que deba inmovilizarse en el presente. Exclusivamente apoyada en las leyes de la naturaleza, no puede variar en tanto no varíen esas leyes; pero si una nueva ley se descubre, debe ponerse de acuerdo con esa ley. So pena de suicidio, no puede cerrar la puerta a ningún progreso. Asimilando todas las ideas reconocidamente justas, de cualquier orden que sean, físicas, metafísicas, ella jamás será rebasada, constituyendo eso una de las garantías de su perpetuidad".[45]
>
> "El Espiritismo sólo erige como principio absoluto lo que se ha demostrado con evidencia o lo que surge de la observación lógica.

[45] ALLAN KARDEC. *Obras Póstumas*. Ediciones CIMA. Caracas, 1995. Constitución del Espiritismo. De los cismas. p. 240.

Está hermanado con todas las ramas de la economía social, a quienes presta el apoyo de sus propios descubrimientos, se amalgama a todas las doctrinas progresistas, no importa el orden al que pertenezcan, siempre que hayan salido del dominio de la utopía y se hayan convertido en verdades prácticas; si dejase de lado lo que es, negaría su origen y finalidad providencial y terminaría aniquilándose. El Espiritismo marcha al ritmo del progreso y nunca quedará rezagado, porque si nuevos descubrimientos le demuestran que está equivocado en algo o si se revelase una nueva verdad, él habrá de rectificarse".[46]

Declaraciones como estas, que se reiteran a lo largo de su obra, retratan de cuerpo entero a un hombre culto y humilde, a un librepensador que jamás pretendió poseer la verdad absoluta o haber dicho la palabra final, y que siempre actuó con admirable prudencia al no pronunciarse de manera definitiva en aquellos asuntos que exigen mayor comprobación, y anotar sólo como hipótesis sus opiniones particulares, dejando el campo preparado para sus continuadores y el progreso de las ideas en general.

ALLAN KARDEC estuvo y estará siempre presente en la conciencia moral de la humanidad, con su inmenso prestigio de sabio investigador de las realidades cósmicas, con su profundo sentido de humanidad, con su pureza moral, con su inagotable generosidad que le impulsó a ofrecer sus conocimientos a los hombres y pueblos, a los seres de todas las razas y condiciones sociales para ayudarlos y encaminarlos hacia los ideales del progreso intelectual y moral. Y el Espiritismo, la obra de su vida, está cumpliendo su compromiso histórico y espiritual, respondiendo exitosamente a los desafíos presentados por la cultura filosófica y científica de los nuevos tiempos, haciendo comprender al hombre su naturaleza espiritual mediante el ejercicio pleno y consciente de su racionalidad y de todas sus capacidades intelectuales. La doctrina espiritista, fundada y codificada por KARDEC tiene la suficiente solidez y consistencia para transformar al mundo, enfrentando triunfalmente los dogmatismos religiosos y materialistas que aún dominan en la sociedad actual unificando a los seres humanos en un abrazo de paz y de fraternidad.

[46] ALLAN KARDEC. *La Génesis*. Ediciones CIMA. Caracas, 1995, Caracteres de la revelación espírita. N° 55.p. 37.

III

CONSTITUCIÓN FÍSICA Y ESPIRITUAL DEL HOMBRE

"Gnothi Seauton".

INSCRIPCIÓN EN EL FRONTISPICIO DE DELFOS, TOMADA POR SÓCRATES COMO DIVISA

Hay en el ser humano tres partes esenciales, tres elementos que se correlacionan, formando una totalidad que lo identifica e individualiza como persona: el **cuerpo físico** u organismo carnal: el **alma**, denominación que damos, en sintonía con la nomenclatura kardeciana, al espíritu cuando se halla encarnado; y el **periespíritu**, principio intermediario que envuelve al espíritu y lo relaciona con el cuerpo físico. Cada uno de ellos posee sus particulares características pero se integran en el mismo proceso para el cumplimiento de objetivos comunes. Comprendido como un sistema, el ser encarnado funciona de este modo: el espíritu piensa y quiere, el periespíritu transmite, el cuerpo físico ejecuta.

Mientras el ser humano se encuentra en el plano físico de la vida encarnada, estos tres elementos permanecen unidos, y al sobrevenir la muerte se desligan, el alma recupera su libertad y retorna al mundo de los espíritus, conservando su periespíritu.

Concibiendo al ser humano en su unidad bio-psico-socio-espiritual, la doctrina espírita desarrolla un enfoque sistémico y holístico en perfecta sintonía con las tendencias modernas del pensamiento filosófico y científico. El hombre no es sólo un ser físico, biológico, psicológico o social, es mucho más que eso, es un ser espiritual. El mundo espiritual y el mundo físico constituyen las dos caras de una misma realidad: la vida. Son dimensiones que se entremezclan permanentemente dentro del proceso dinámico de la evolución.

Dado que el **cuerpo material** es la pantalla donde se proyecta la vida espiritual, el Espiritismo valoriza en alto grado el rol del organismo y hace suyo el viejo aforismo *mens sana in corpore sano*, resaltando que los intereses del espíritu y del cuerpo en que ha encarnado son concurrentes y solidarios, ya que para cumplir con sus propósitos en cada existencia, el hombre precisa de un organismo sano, lleno de energías y en las mejores condiciones.

El Espiritismo propone una educación integral del niño, del joven y del adulto, dirigida a la formación de organismos saludables y vigorosos, que tenga en cuenta a todos los factores involucrados en el desarrollo de la personalidad y de la vida social, como la alimentación, la higiene, el deporte, la recreación, el estudio, el trabajo, etc., a fin de que las nobles facultades del espíritu encuentren el complemento adecuado y coincidente para su manifestación.

Pretender la exaltación del espíritu mediante el descuido del cuerpo, juzgándose a éste como "fuente de todo pecado y todo mal" responde a un periclitado criterio teológico o a un misticismo arcaico, ya del todo superado.

Nada de martirizar el cuerpo o despreciar la vida física, nada de sombras, temores pueriles, flagelaciones o sufrimientos voluntarios. Nada de abdicar de los goces justos y naturales que nos brinda la vida sana, normal e inteligentemente desenvuelta. Las mortificaciones del cuerpo o del alma son el fruto enfermizo de un desequilibrio psicológico, dentro de concepción mística que hace apología del dolor y del sufrimiento, y que no pueden proclamarse como sistemas para la depuración del alma. La elevación moral no se conquista huyendo del contacto real y cotidiano con la vida, sino procurando vivir en armonía con las leyes de la naturaleza educando el intelecto, cultivando los sentimientos, practicando las virtudes, y forjando la voluntad en la jornada diaria, para ganar el sustento con dignidad y honradez.

El **espíritu**, causa de todos los fenómenos inteligentes, es aquello que piensa, que desea, que ama, es el centro de fuerzas donde residen todas nuestras potencialidades. Sustancia sutilísima por esencia, el alma constituye en el hombre su verdadera individualidad, su yo indestructible, su conciencia, manifestándose en inteligencia, sentimientos, emociones, memoria y voluntad. Estas cualidades provienen de las adquisiciones logradas en sus anteriores encarnaciones reunidas a lo que se va obteniendo en la vida actual. El cuerpo, expresión tangible de nuestra existencia, es aquello que muere y se extiende en el espacio, lo que se forma y se descompone por las combinaciones de la materia. La muerte separa y disuelve los elementos corporales, pero el espíritu no muere ni se aniquila. Igual que una larva se transforma en crisálida y de ella irrumpe la mariposa así el espíritu se depura y progresa en sucesivas existencias, revistiendo formas diversas en la escala ascendente de la vida.

Se hereda lo fisiológico, no lo espiritual. La progenie recibe de sus ascendientes las características fisiológicas que les distinguen, pero no sus peculiaridades psíquicas. Por la acción de los mecanismos hereditarios, a partir de la conjunción de las células reproductoras de los progenitores, los individuos tienden a parecerse a ellos, aunque se presenten variaciones y diferencias que tienen su explicación en las condiciones del espíritu y su pasado reencarnatorio. El Espiritismo, apoyado en su tesis central de la preexistencia y sobrevivencia del espíritu, acepta la herencia en el plano físico pero no en el campo espiritual, porque las tendencias, aptitudes y demás características intelectuales y morales de la personalidad son patrimonio exclusivo del alma, y se han forjado dentro del complejo y vasto proceso de las vidas sucesivas. Por analogía podría decirse que a la par de la hereditariedad física, determinada por los genes, estructuras bioquímicas organizadas en los cromosomas de las células, está la hereditariedad psíquica, producto de las experiencias, aprendizajes, adquisiciones, que el espíritu va acumulando y sintetizando en innumerables etapas encarnatorias.

Una particular modalidad de su existencia se verifica en el alma como consecuencia del fenómeno mal llamado muerte, nombre que sólo hemos de emplear convencionalmente para facilitar la comprensión de las ideas, pero que no se ajusta a lo que realmente acontece, pues no se trata de un proceso de aniquilación o extinción de la vida sino de transformación o metamorfosis y por tal motivo el término desencarnación, del léxico espírita, se hace mucho más apropiado cuando alude a la liberación del espíritu con respecto a su envoltura carnal.

Con la muerte, el ser fisiológico deja de mostrarse como entidad particular, pero el sentimiento, la inteligencia, las cualidades morales, la voluntad o la conciencia que caracterizaron a la persona cuyo cuerpo desapareció, continúan existiendo, integrando y definiendo la personalidad del espíritu ahora como entidad desencarnada. Esa mutación no modifica esencialmente a nadie, no convierte al ignorante en sabio, ni hace un ser elevado de un malhechor. Cada individuo conserva los rasgos de la mentalidad que le es propia, y lleva consigo sus creencias, sus tendencias, sus hábitos, sus aciertos o sus errores. Cada ser humano ocupa un lugar específico en la escala del progreso, con un grado particular de adelanto intelectual y moral, y por el hecho de morir, su espíritu no recibe súbitamente la luz de la verdad. Por abandonar su cuerpo nadie se torna automáticamente más elevado de lo que era como encarnado, aun cuando puede avanzar si comprende su nueva situación, reconoce sus equivocaciones y se dispone a transitar hacia la conquista de metas superiores.

Ocurrida la desencarnación se presenta un estado de turbación que obnubila y confunde al espíritu. La mayor o menor dificultad que experimenta el espíritu para separarse del cuerpo inerte, y la posibilidad de superar pronto el estado de ofuscación, guardan proporción con el grado evolutivo del ser, y particularmente, con el conocimiento que tenga con respecto a lo que está ocurriendo consigo mismo. Al despertar en la vida espiritual, la readaptación a una forma de existencia diferente, será más o menos fácil o incómoda, dependiendo de las causas que provocaron la desencarnación, del clima mental y moral que domina al espíritu de acuerdo con sus creencias y expectativas y el saldo que arroja el balance de su vida reciente.

En la muerte natural, la que ocurre por la extinción de las fuerzas vitales por la edad o la enfermedad, la separación se opera gradualmente, por el aflojamiento progresivo de los lazos que unen al espíritu con el cuerpo. En la persona que posee conocimientos sobre la realidad espiritual, y que ha superado el apego a las cosas terrestres, el desprendimiento no es traumático; es suave, paulatino, y casi automático. Sus convicciones filosóficas y éticas le infunden confianza en el porvenir y le hacen mirar a la muerte con una tranquilidad y resignación que le endulzan el pensamiento.

El individuo egoísta y materializado, que ha vivido para acumulación de riquezas o prisionero de los vicios y de placeres irresponsables, con descuido total de los valores morales, sufre con la separación e intenta aferrarse con desesperación a la vida corporal, por cuanto no ve nada más allá de ella, y quiere retenerla al sentir que se le escapa y lo único que consigue es prolongar dramáticamente su agonía.

En la muerte accidental, violenta, las condiciones son distintas. Mientras que la vida orgánica se detiene al instante y se rompe bruscamente el cordón fluídico, la separación del espíritu y su envoltura periespiritual va a producirse en forma lenta y gradual, sobre todo cuando no hay destrucción del cuerpo físico. El espíritu, sorprendido y aturdido, se cree aún encarnado, y esta ilusión permanece hasta que se da cuenta de su realidad. Este período de turbación es de corta duración para aquellos seres más evolucionados, quienes logran recuperarse con rapidez e ingresan con naturalidad en su nuevo hábitat. En otros seres, la confusión puede prolongarse durante días y en ocasiones hasta por años.

En los casos de suicidio, la posición del espíritu es aún más penosa. El suicidio es la mayor crueldad que puede practicar el hombre consigo mismo, y si pudiese comprender a tiempo las consecuencias que derivan de un acto semejante, preferiría sufrir las miserias y contrariedades que la vida le presenta antes de valerse de un recurso tan lesivo como inútil y que atenta severamente contra las leyes de la conservación y la evolución.

Muchos y variados son los móviles que pueden llevar a alguien al suicidio: unos creen conseguir un descanso total, eterno o la nada misma, otros actúan por desesperación al sentir herido su orgullo, o padecen una enfermedad incurable, o atraviesan crisis económicas o familiares, pensando en cualquier caso que la muerte es el fin de todo y la ven como una puerta de escape. Pero, el suicidio no borra ni extingue nada; es un acto completamente estéril, que en lugar de librarnos de los sufrimientos, los aumenta, puesto que la vida no desaparece con la muerte; el espíritu continúa siendo y existiendo, y al pasar al nuevo plano se enfrenta con sensaciones muy dolorosas, además de que la frustración originada en el descubrimiento de que sigue viviendo y el consiguiente arrepentimiento añaden traumas morales muy amargos.

El Espiritismo facilita la comprensión del proceso de la muerte y las condiciones en que se encuentra el espíritu después de ella, por los conocimientos que ofrece y los sentimientos que inspira. Sus enseñanzas ayudan a superar los temores enfermizos que nuestra sociedad genera con respecto a la muerte, al mismo tiempo que educan sobre la ley de conservación que todos debemos respetar. La confianza en nosotros mismos, asegurada por una esperanza plena de optimismo y alegría y sustentada en la certeza de nuestra inmortalidad, es la mejor garantía para alcanzar un adecuado equilibrio psico-físico y moral.

Con el Espiritismo, podemos exclamar: no existen muertos; los que se fueron antes continúan su vida espiritual y retornarán en nuevas existencias y desde el espacio donde se encuentran, se interesan por nosotros y nos influyen siguiendo un principio de afinidad. Nuestros seres queridos viven, y siempre que pueden están a nuestro lado, preocupados por nuestro progreso, aliviándonos mentalmente e inspirándonos con buenos pensamientos. La sociedad acostumbra dedicar un día en el calendario a las almas que partieron, y consagrarlo con ceremonias formales en los cementerios donde sólo se encuentran despojos físicos. Conforme a la enseñanza espírita, no debería ser apenas un día ni conmemorarse con ramos de flores en las tumbas, sino que en todos los momentos hemos de enviarles nuestras vibraciones amorosas y en su memoria realizar obras fraternas y solidarias para ayudar a los más necesitados. Esos buenos pensamientos y nobles acciones fortalecen a nuestros seres queridos en el espacio, y les permiten acercarse más a nosotros.

Asimilando las enseñanzas espíritas, el hombre contemporáneo dejará de encarar la muerte con aquella perplejidad, angustia y temor que caracterizó a sus antecesores como consecuencia de las falsas nociones religiosas o materialistas que les fueron inculcadas. Entenderá que en el armonioso conjunto de las leyes naturales que gobiernan el mundo y la vida, no es la casualidad sino la causalidad el principio directriz. Que en la vida espiritual rigen leyes de justicia inmanente, cuya función es la de equilibrar y compensar, dando a cada cual el fruto exacto de sus obras. Allí caen las máscaras y desaparece la pompa exterior que rodea a muchos seres en la Tierra, dejando al descubierto la realidad de sus pensamientos y de sus sentimientos. Causa y efecto, acción y reacción, cada persona, es decir, cada espíritu, es el resultado de su propio esfuerzo.

Seres amantes del progreso y que han superado muchas de sus imperfecciones morales, miran las cosas con buen criterio, comprenden los beneficios de cada existencia y continúan con el deseo vehemente de seguir adelante en su progreso; pero aquellos que han llevado en la Tierra una vida apegada a la materialidad, que sólo han vivido para la satisfacción de sus egoísmos, que no han tratado, en una palabra, de estimular sus facultades superiores, y que si han desarrollado su inteligencia, ha sido para servir a sus intereses personales, cuando llegan al plano extrafísico arrastran consigo sus pasiones, sus vicios, su apego a lo material, y en lugar de remontar el vuelo como los otros, ávidos de luz y de progreso, permanecen estancados, autocondicionados por la ignorancia aferrados a los elementos terrenos, sufriendo en consecuencia períodos más extensos de turbación.

Es como si operase un principio de atracción y repulsión, como si se tratase de una ley de densidad espiritual según la cual los individuos cuya mentalidad y comportamiento han girado exclusivamente en torno de lo material, quedan psíquicamente cargados de partículas densas de dificultan su elevación hacia los planos superiores, mientras que aquellas personas que se han caracterizado por su altruismo, logran despegarse con mayor facilidad del mundo físico y proyectarse hacia planos espirituales superiores. Claro que entre ambas situaciones extremas se presenta un amplio espectro de posiciones intermedias que responde a la escala de valores donde se refleja la diversidad humana, en el orden moral e intelectual.

Siendo los espíritus las almas de los que han fallecido y conservando sus características psicológicas, sus virtudes e imperfecciones, queda claro que en el espacio espiritual se reproduce el paisaje social y moral que domina en el mundo corpóreo. En esa otra dimensión cohabitan espíritus equilibrados que mantienen su inclinación al estudio o su vocación de servicio al prójimo, con seres extremadamente ignorantes o con tendencias perversas, si bien quedan separados y ubicados en franjas homogéneas donde son reunidos por vínculos de afinidad. *Similia similibus*, los iguales se atraen.

No se trata de premios o castigos divinos, sino del cumplimiento de leyes universales. Ni debe extraerse de ese principio de compensación una visión maniquea que divida a los seres de manera absoluta en buenos y malos, como si se tratara de categorías definitivas, porque en realidad la escala de la vida se presenta como un *continuum* dinámico donde cada quien ocupa una posición relativa y transitoria, y posee la tendencia intrínseca a progresar y alcanzar nuevos estados evolutivos. No se trata de hacer apología del sufrimiento sino de mostrar la realidad que está implícita en los mecanismos de la vida, en los procesos reencarnatorios, para contribuir a la formación de una más alta y positiva conciencia social en nuestra humanidad, y para que cada día se aprenda más por el amor que por el dolor. Y en este empeño educacional, actúan también desde el otro lado de la vida, entidades benefactoras, espíritus evolucionados, que brindan constantemente su apoyo a los encarnados, y que en el trance de la muerte acompañan al espíritu, incluso desde antes en el estado de agonía, y le ayudan a reencontrarse consigo mismos, calman sus angustias, les explican su nueva situación y les disponen a continuar su tránsito evolutivo en futuras existencias.

Por vía de hechos, el Espiritismo ha constatado que el alma, vale decir el espíritu encarnado, en tanto que factor constante de la personalidad humana que integra los factores psíquicos en una totalidad coherente no es un derivado de las funciones vitales del cerebro ni desaparece con la muerte corporal. A la inversa, el pensamiento es una función del espíritu, y el cerebro actúa como el instrumento orgánico que le permite manifestar todas sus facultades en la dimensión física.

El espiritualismo espírita difiere de las tradicionales especulaciones filosóficas o religiosas que se extravían en abstracciones propias de un idealismo absoluto de corte metafísico, porque no encuentran el *sustratum* que pueda servir de base concreta para la elaboración de las ideas y la emisión del pensamiento. Desde tiempos muy remotos, los filósofos, teólogos y estudiosos en general, se toparon con insuperables dificultades para encontrar el nexo que permitiese vincular dos agentes de tan disímil naturaleza como son, el alma imponderable, por una parte, y el organismo corpóreo, por la otra, de tal modo que esta inmensa laguna demoró durante siglos la comprensión acerca de la naturaleza y funcionamiento del psiquismo humano. Es un vacío que viene a salvar la doctrina espírita cuando propone la existencia del **periespíritu**, un cuerpo fluídico que envuelve al espíritu y que cumple la función de mediador entre el espíritu y el organismo físico, participando activamente en una amplia gama de fenómenos biológicos, psicológicos, paranormales y mediúmnicos.

El periespíritu es la envoltura fluídica del espíritu, de la cual no se separa ni antes ni después de la muerte, formando una sola estructura. Fue ALLAN KARDEC quien dio a este cuerpo fluídico el nombre de periespíritu, cuando consideró que se trataba de un envoltorio alrededor del espíritu, aludiendo al periesperma, membrana que rodea la semilla de un fruto. Ahora bien, ya antes de él, se tenía conocimiento sobre este cuerpo espiritual en numerosas tradiciones culturales y religiosas si bien se sabía muy poco acerca de su naturaleza y propiedades: es el *ka* de los egipcios, *linga sharira* de los hindúes, *nephesph* del esoterismo judío, *carro sutil del alma* en PITÁGORAS, *cuerpo espiritual* en PABLO DE TARSO, *cuerpo sidéreo* o *evestrum* en PARACELSO. Ya codificado el Espiritismo, han aparecido otras denominaciones: *cuerpo astral* y *doble etérico* en distintas escuelas esotéricas, *psicosoma* en las obras dictadas por el espíritu ANDRE LUIZ al médium FRANCISCO CÁNDIDO XAVIER, *modelo organizador biológico* en los trabajos científicos de HERNANI GUIMARÃES ANDRADE, o *cuerpo bioplásmico* propuesto por investigadores contemporáneos en la desaparecida Unión Soviética.

Apoyado en sus observaciones, en sus experiencias y en las informaciones de los espíritus, KARDEC llegó a la conclusión de que el periespíritu reviste una importancia fundamental en las actividades del espíritu, tanto encarnado como desencarnado y así lo refirió extensamente en todas sus obras:

> "El lazo o periespíritu que une al cuerpo con el espíritu es una especie de envoltura semimaterial. La muerte es la destrucción de la envoltura más grosera, pero el espíritu conserva la segunda, que constituye para él un cuerpo etéreo, invisible para nosotros en estado normal y que puede hacerse visible accidentalmente, y hasta tangible, como sucede en el fenómeno de las apariciones.
>
> Así pues, el espíritu no es un ser abstracto e indefinido, que sólo puede concebir el pensamiento, sino un ser real y circunscrito que es apreciable en ciertos casos por los sentidos de la vista, del oído y del tacto".[47]
>
> "Es el intermediario de todas las sensaciones que el espíritu percibe mediante el cual transmite el espíritu su voluntad al exterior y actúa sobre los órganos del cuerpo. Para valernos de una comparación material, es como el conductor eléctrico que sirve para transmitir y recibir el pensamiento".

[47] ALLAN KARDEC. *El Libro de los Espíritus*. Ediciones CIMA. Caracas, 1992, Introducción al estudio de la doctrina espiritista. p. 21.

> "El periespíritu es parte integrante del espíritu así como el cuerpo es parte integrante del hombre. Pero el periespíritu en sí no es el espíritu, de igual manera que el cuerpo en sí no es el hombre. Porque el periespíritu no posee la facultad de pensar, y es con relación al espíritu lo que el cuerpo respecto al hombre: el agente o instrumento de su acción".[48]

De acuerdo con la tesis kardeciana, el periespíritu es un producto del **Fluido Cósmico Universal**, sustancia primaria del Universo cuyas transformaciones dan origen a los diversos cuerpos de la naturaleza. Es una condensación de este fluido alrededor de un foco inteligente o espíritu. Formado con los fluidos espirituales de cada globo o planeta, sus características dependen del nivel evolutivo de sus habitantes, y es más o menos denso o sutil conforme al grado de depuración del espíritu.[49]

Siendo el lazo que relaciona al espíritu con el cuerpo durante la vida encarnada, recibe las órdenes e instrucciones del espíritu y las transmite al organismo ejerciendo su acción sobre el sistema nervioso central y de allí le corresponde al cerebro transformar esos impulsos energéticos en instrucciones que puedan ser discriminadas y atendidas por todos los sistemas somáticos; complementariamente, los receptores del cuerpo captan las impresiones externas y las envían al espíritu, modificadas y codificadas previamente por el campo periespiritual, cumpliendo así sus funciones como estructura mediadora que relaciona y sostiene en constante equilibrio los poderes inteligentes del espíritu con las funciones mecánicas del organismo.

En la condición encarnada, cada uno de los sentidos posee un órgano específico, por medio del cual percibe un determinado orden de sensaciones, en tanto que, en la vida desencarnada, cuando los órganos materiales han desaparecido, la sensibilidad se condensa en un sentido único distribuido por toda

[48] ALLAN KARDEC. *El Libro de los Médiums*. Ediciones CIMA. Caracas, 1994, Números 54 y 55. pp. 63 y 64.

[49] Seguimos empleando el término "fluido", aun cuando no se corresponde con el lenguaje de la física moderna, para mantenernos dentro de la nomenclatura kardeciana. En los inicios del Espiritismo, a mediados del siglo XIX, era la expresión científica de mayor uso para designar cualquier sustancia de naturaleza sutil en relación con los cuerpos sólidos y se aplicaba a las fuerzas invisibles e imponderables que emanan de los cuerpos, como el fluido magnético o el fluido vital. Actualmente la palabra apropiada y que sería su equivalente es energía por lo que, en este caso, se trata básicamente de una cuestión semántica. La vigencia de los conceptos fundamentales que sustentan la doctrina espírita se hace mayor con los avances científicos, si bien es necesario que se mantenga una postura abierta, dispuesta a las rectificaciones que impongan los hechos debidamente confirmados.

la estructura del periespíritu. Así como la vida física se descompone en facultades diversas, en la vida psíquica hay una facultad centralizada, operando como una conciencia general de todas las potencias del espíritu. Ocurre en el ser encarnado un proceso de análisis, en el cual toda la capacidad intelectual, emotiva y sensitiva del alma se distribuye en una amplia gama de actividades, mientras que en el ser desencarnado se produce una síntesis que condensa y unifica todos los atributos que identifican al espíritu.

A la luz de los estudios teóricos y de muy variadas experiencias, pueden enunciarse algunas características básicas que identifican la naturaleza del periespíritu, diciendo que es **semimaterial** (término que se emplea a falta de uno más preciso para indicar que está constituido por una materia muy sutil), **invisible** (aunque puede hacerse visible transitoriamente en situaciones especiales), **expansible** (puede proyectarse fuera de los limites corporales en los desdoblamientos), **hipersensible** (es impresionado intensamente por la energía mental del espíritu que lo controla, y también por la acción magnética e hipnótica que se ejerza sobre él), de gran **plasticidad** (va modificando su apariencia acompañando los cambios biológicos del ser encarnado, y cuando participa de experiencias psíquicas, paranormales o mediúmnicas), posee la propiedad de la **irradiación** (forma alrededor del cuerpo una atmósfera luminosa o aura que se dilata o se contrae atendiendo a los pensamientos del espíritu).

No se deben confundir las funciones del espíritu con las del periespíritu. El espíritu es el ser inteligente, pensante, que comanda los procesos vitales. El periespíritu es un envoltorio fluídico del espíritu, y sirve a sus propósitos. El periespíritu no posee atributos intelectuales, no piensa, no es la sede de la memoria, no dirige los procesos biológicos y psíquicos involucrados en la reencarnación Es una estructura de la que se vale el espíritu para cumplir con sus objetivos. Y todo esto lo dejó bien en claro KARDEC:

> "El periespíritu de por sí no es inteligente, ya que es materia, pero es el vehículo del pensamiento, de las sensaciones y de las percepciones del espíritu".[50]

El periespíritu no es el reflejo del cuerpo físico, sino que, al contrario, éste se construye sobre la base de aquél, como si se adaptara a un molde que conserva la forma humana y cuyos rasgos peculiares se identifican con la apariencia mostrada por cada persona en su última encarnación. En la dimensión

[50] ALLAN KARDEC. *La Génesis*. Ediciones CIMA. Caracas, 1995, Cap. II, N° 23.p. 51.

espiritual, a la que ingresa todo ser humano después de la desencarnación, el espíritu se descubre dotado de un cuerpo similar al que tuvo en su reciente experiencia terrena: es su cuerpo periespiritual, que al guardar su apariencia le identifica y lo hace un ser concreto, definido, reconocible.

Existe una relación directa entre la apariencia del espíritu y su grado de evolución moral, y eso ocurre por la sensibilidad y plasticidad del periespíritu que es altamente susceptible a la influencia de los pensamientos y de la voluntad. Un espíritu mentiroso, agresivo, envidioso, cruel, perverso, imprime automáticamente líneas torcidas e inarmónicas en su cuerpo fluídico, provenientes de sus vibraciones mentales cargadas de negatividad, mientras que ocurre todo lo contrario con los seres que se distinguen por la calidad ética de sus ideas y por su conducta de amor al semejante.

En cada encarnación, en el proceso que dará origen a una nueva criatura, la presencia del espíritu con su envoltura periespiritual se hace efectiva a partir de la unión de los gametos, desde el mismo instante en que el óvulo es fecundado por el espermatozoide, y se va perfeccionando en todas las etapas del desarrollo embrionario hasta completarse en el alumbramiento, cuando el nuevo ser adquiere su autonomía. El espíritu dirige la división celular que ocurre en el embrión y por medio del periespíritu le imprime sus características, dentro de un complejo mecanismo que le va uniendo célula a célula y órgano a órgano. Esta unión permanece durante la vida física del individuo y solamente se rompe cuando sobreviene la muerte o desencarnación. Entendido de este modo, es como se puede considerar que el periespíritu funge de matriz orientadora en la formación y desarrollo del cuerpo físico.

La organogénesis y todas las fases del desarrollo embrionario son procesos altamente especializados y numerosas observaciones y experiencias sugieren la intervención de un agente superior que impulsa y canaliza las transformaciones. Ningún mecanismo funcional de la célula o de sus estructuras internas puede explicar por sí mismo la perfecta orientación que sigue el proceso de la mitosis o cariocinesis, cumpliendo las etapas de profase, metafase, anafase y telofase, que consigue duplicar todos sus elementos hasta repartirlos por igual entre las dos células hijas. Así mismo, no es posible explicar el desarrollo embrionario y la perfecta diferenciación que siguen el endodermo, el ectodermo y el mesodermo para dar origen a tejidos y órganos especializados del cuerpo humano, sólo desde una perspectiva anatómica y fisiológica. Preciso es reconocer la presencia del espíritu como un campo de fuerzas biodinámicas que prefigura de antemano la función que cada órgano debe desempeñar y su relación armónica con los demás órganos dentro de la estructura general del sistema que configura el espíritu encarnado.

En las últimas décadas del siglo veinte, científicos de diferentes países, han llegado a la conclusión de que los seres vivos, se hallan rodeados de un campo energético, por medio del cual se transmiten las instrucciones que orientan la construcción de las formas orgánicas. Un hecho curioso y bien conocido por los embriólogos, revela que si se extrae una célula que durante las etapas iniciales de la formación del embrión había comenzado a diferenciarse para dar origen a una estructura particular del organismo, y se injerta en otro tejido relacionado con un órgano diferente, esa célula retrocede a su estado de indiferenciación y se reprograma para acompañar y apoyar la evolución de la nueva estructura. Diferentes nombres se han presentado para definir esta fuerza estructuradora de las formas biológicas: *Idea directriz* la llamó el célebre fisiólogo francés CLAUDE BERNARD (1813-1878); como *Entelequia* fue denominada por HANS DRIESCH (1867-1941), biólogo y filósofo alemán, muy reconocido por sus contribuciones a la parapsicología. En la antigua Unión Soviética, equipos integrados por biólogos, físicos, psicólogos y otros especialistas que se ocupaban del estudio de la fenomenología paranormal, presentaron la hipótesis de la existencia de un *Cuerpo bioplásmico*, que actuaría como un cuerpo energético rodeando al organismo físico. En la misma dirección van las propuestas de los profesores HAROLD SAXTON BURR y F.C.S. NORTHROP, de la Universidad de Yale, quienes llamaron *Campos de la vida* (fields of life) a ciertos campos electrodinámicos que moldean y controlan a los seres vivos, y que representan para los seres biológicos el equivalente de los campos conocidos en la física.

HERNANI GUIMARÃES ANDRADE, ingeniero brasileño, personalidad relevante del Espiritismo y de la parapsicología, ha dado a conocer en varios libros el fruto de sus investigaciones en áreas fundamentales de estas disciplinas, como son la supervivencia espiritual, la reencarnación, la paranormalidad, la mediumnidad, presentando modelos teóricos que representan una de las mayores contribuciones para el establecimiento de una teoría científica del espíritu.[51]

[51] Entre sus libros más conocidos se cuentan: *Teoría corpuscular del espíritu; Nuevos rumbos en la experimentación espirítica; Parapsicología experimental; Muerte, renacimiento y evolución; Espíritu, periespíritu y alma; La materia PSI; PSI cuántico; Reencarnación en Brasil; El Poltergeist de Guarulhos; El Poltergeist de Suzano; La transcomunicación a través del tiempo;* etc.

En sus obras se refiere ampliamente al periespíritu explicando su participación en los procesos reencarnatorios siguiendo las directrices del espíritu, el cual actuaría como un *Modelo organizador biológico*, dando forma a los organismos y determinando sus características. Aceptando este Modelo se pueden aclarar numerosos enigmas que se originan en una concepción organicista y materialista de la genética y de otras ramas de la biología. Reparemos en este caso interesante:

H. GUIMARÃES ANDRADE

> "Otro hecho inexplicable por las teorías reduccionistas es el resultado de ciertas experiencias genéticas hechas con la mosca *Drosophila melanogaster* (mosca de las frutas). Realizándose el cruzamiento entre sí de moscas poseedoras del gen mutante, recesivo, correspondiente al carácter "mosca sin ojos", podría ocurrir la aparición de moscas sin ojos pertenecientes a una estirpe pura. Este hecho ocurrirá cuando, eventualmente, los genes recesivos fuesen emparejados en el cruzamiento. De acuerdo con las reglas de la genética, si se prosigue de ahí en adelante el entrecruzamiento de las "moscas sin ojos" de linaje puro, sus descendientes deberán, en rigor, ser todas del tipo "moscas sin ojos". Pero no es eso lo que ocurre. Dentro de cierto número de generaciones por entrecruzamiento de las "moscas sin ojos" surgirán nuevamente moscas con ojos normales".[52]

Los mecanismos de la herencia reciben la influencia determinante de las instrucciones que emanan del espíritu, las cuales son procesadas por medio del periespíritu y penetran en la energía vital del núcleo celular alcanzando a los genes que se sitúan en los cromosomas. De este modo, las experiencias adquiridas por el espíritu en su milenario proceso palingenésico, y que se encuentran sintetizadas en programas de información, pasan a orientar el

[52] HERNANI GUIMARÃES ANDRADE. *Muerte, renacimiento, evolución*. Ediciones CIMA. Caracas 1993, p. 58.

genotipo (conjunto de factores hereditarios) y el fenotipo (caracteres que se manifiestan visiblemente en un individuo y que expresan la interacción de su genotipo con su medio ambiente) dando las pautas que distinguen específicamente a cada ser humano. Este enfoque permite comprender cómo se hace concreta y objetiva la relación que puede existir entre ciertas lesiones corporales o disturbios funcionales que afectan a la criatura desde su nacimiento o incluso desde su etapa fetal, con traumas psíquicos o físicos que provienen de existencias anteriores. Eso abre a la Medicina un campo inmenso que puede modificar completamente los conceptos tradicionales de la enfermedad, su etiología y su tratamiento.

Resumiendo sus ideas sobre los campos organizadores biológicos, GUIMARÃES ANDRADE presenta esta reflexión, que se muestra en perfecto acuerdo con los conceptos que hemos venido desarrollando:

> "Volvamos a aquella sencilla experiencia del imán sobre el cartón cubierto de limaduras de hierro.
>
> ¿Qué nos sugiere tal fenómeno?
>
> ¿Será que, en los procesos biológicos, no estaría también presente la acción ordenadora de *campos de fuerza organizadores*? Todavía más: ¿no serían, tales campos, producidos por un principio que se formó concomitantemente con la propia vida, desde sus primordios? En este caso ese principio podría, gracias a una constitución estructural espacio-tiempo, almacenar toda su experiencia previa, convirtiéndose en un dominio informacional histórico. Siendo así, en su interacción con las moléculas orgánicas, él podría conducir el embrión a reproducir resumidamente, durante la ontogénesis, las fases decisivas de su filogénesis. Tendríamos así justificado el fenómeno de la recapitulación.
>
> El principio al cual nos reportamos funcionaría como un modelo organizador biológico. Tal vez él pudiese identificarse con una parte de aquello que las doctrinas religiosas llaman *espíritu*".[53]

La visión espírita del hombre, de la vida y del Universo, se sintoniza plenamente con los nuevos paradigmas científicos que están dando la bienvenida al siglo XXI, replanteando las tradicionales enseñanzas de corte materialista, mecanicista y organicista, a la luz de los descubrimientos de la física cuántica y relativista, la astrofísica, la biología, la medicina psicosomática, la psicología transpersonal y la parapsicología, los cuales avanzan hacia la demostración

[53] Ob. cit. p. 59.

de que el mundo percibido por nuestros sentidos sólo representa un pequeño fragmento de la realidad.[54]

Los nuevos paradigmas que están emergiendo pueden ser calificados como holísticos, sistémicos, ecológicos y espiritualistas, ya que presentan al hombre como un sistema, como un todo físico-químico-biológico-social-cultural-espiritual, integrado a otros sistemas dentro de un universo pluridimensional y se apoyan en numerosas experiencias que han obligado a modificar los conceptos tradicionales de la realidad física y de la naturaleza humana.

En 1982, en la Universidad de París, se realizaron experimentos basados en la paradoja Einstein-Rosen-Podolsky (ERP) para demostrar que está bien fundamentada la tesis de que todo está relacionado entre sí y que existe una interdependencia entre todas las partículas del Universo que previamente han interactuado. Es la misma idea propuesta por el biólogo alemán LUDWIG VON BERTALANFFY en su obra *Teoría general de los sistemas*, acerca de la interconexión que existe entre todo cuanto existe en la naturaleza, incluyendo el comportamiento humano, y de ILYA PRIGOGINE, químico belga de origen ruso, a quien se concedió el Premio Nobel de química en 1977, por su estudio de la termodinámica de los procesos irreversibles, en relación con ciertos sistemas por él denominados estructuras disipativas, asomando la existencia de un principio ordenador que puede contrarrestar la entropía, es decir la degradación de la energía de un sistema.

Desde la perspectiva cuántica, la física presenta conceptos completamente alejados del antiguo modelo mecanicista. Ya se sabe que la información entre las partículas subatómicas no se procesa atendiendo a las ideas clásicas del principio de causalidad, y que, el cambio de posición de una partícula provoca simultáneamente modificaciones en otra sin que se registren señales físicas entre ellas, y que un observador afecta el fenómeno que estudia interactuando en un nivel que no es de naturaleza física.

En definitiva, para la física transcurren tiempos de cambios. Esa disciplina conocida como "la dictadora de las ciencias" que se abrazaba fervorosa-

[54] Paradigma es un término que empleó PLATÓN para referirse al mundo de las ideas como prototipo del mundo sensible, y que fue retomado en la actualidad por el físico norteamericano THOMAS KUHN, autor de *Estructura de las revoluciones científicas*, para indicar un modelo de la realidad, esto es, un sistema de hechos, teorías y conceptos filosóficos, que es ampliamente aceptado y que se convierte en el marco conceptual apropiado para reflexionar sobre un problema científico. Cuando descubrimientos nuevos ponen en tela de juicio un paradigma existente se produce una sustitución de paradigma.

mente con la visión materialista, ha mudado de tal modo que hoy se abre a la posibilidad de dar crédito a una interpretación espiritualista del cosmos. En las obras del físico francés JEAN CHARON como *El espíritu, ese desconocido*; o en *El Tao de la física* de FRITJOF CAPRA; revolucionarios trabajos publicados por los físicos conocidos como los "Gnósticos" de la Universidad de Princeton, se encuentran sustentadas de manera científica, las relaciones que existen en el Universo entre elementos esenciales: el espíritu y la materia.

Otro científico notable, DAVID BOHM, propone un modelo holográfico del Universo, en el cual nuestra percepción sensorial y consciente alcanza a captar parcialmente la realidad de las cosas, el "orden explícito" que se manifiesta en el ámbito físico y tridimensional, y que se halla determinado por un "orden implícito", energético, al cual sólo se accede mediante estados expandidos de la conciencia, que pueden alcanzarse por medio de la relajación, la meditación, o en los trances paranormales y mediúmnicos. Ideas similares han sido expuestas por el psiquiatra STANISLAV GROF, uno de los principales exponentes de la novedosa psicología transpersonal, y creador de técnicas como la "respiración holotrópica" para facilitar el acceso a ciertos estados modificados de conciencia que facilitan la aprehensión de niveles extrafísicos con recursos extrasensoriales.

En la medicina también se vienen operando cambios significativos. Si bien sigue vigente el modelo biomédico que considera al organismo como una máquina, a la enfermedad como un daño que sufre específicamente alguna de sus partes, y al acto terapéutico como una reparación de la avería, cada día aparecen propuestas alternativas, con nuevos enfoques que reconocen la intervención de los factores mentales, psíquicos o espirituales, en la dinámica físicoquímica del cuerpo y que tienen responsabilidad en la generación de cuadros patológicos o en su misma curación. La denominada medicina psicosomática ha venido ganando espacio en la visión médica actual, profundizando las relaciones entre los componentes biológicos y psicológicos de la salud y reclamando una práctica médica que se oriente más hacia la psicoterapia, hacia estrategias más naturales de curación y tienda a disminuir los tratamientos con base farmacoquímica.

En la misma dirección, se presenta la Psiconeuroinmunología (PNI) una especialidad médica que ha emergido a finales del siglo XX, para estudiar la interacción recíproca que acontece de modo permanente entre el comportamiento humano y las estructuras del sistema nervioso central, el sistema endocrino y el sistema inmunológico. Ella explica lo que se ha sabido siempre en cuanto a la influencia poderosa que ejerce la mente sobre el cuerpo y que lo que sucede en uno repercute en el otro, demostrando las bases anatomofisiológicas involucradas en esa interacción. Pensamientos positivos de optimismo, alegría, salud y paz se reflejan benéficamente en la personalidad de un individuo tornándolo saludable, simpático y facilitando su vida de relación por la buena impresión que causa a quienes le rodean. En el otro polo, pensamientos negativos de tristeza, pesimismo, angustia o egoísmo, deterioran el sistema inmunológico de defensa agudizando las enfermedades que ya están presentes y exponiéndose al riesgo de contraer nuevas patologías. Además crean una atmósfera psíquica generadora de impactos vibratorios torcidos que hieren la sensibilidad de quienes se encuentran en su órbita de acción. El Dr. CARL SIMONTON, médico norteamericano, pionero de la PNL, ha obtenido notables éxitos clínicos en pacientes con cáncer, combinando estrategias psicoterapéuticas para enfrentar el stress y modificar los pensamientos y actitudes que pudieran perturbar al paciente, con técnicas de relajación y visualización con las cuales se intenta eliminar las células enfermas.

Cuanto mejor se desentrañen la naturaleza humana y las leyes físicas y espirituales que rigen su evolución, en lo material y en lo espiritual, más segura y libremente se podrá marchar hacia el advenimiento de un estado moral superior. Desde el mundo de la ciencia, y el pensamiento en general, todo concurre hacia la configuración de un nuevo paradigma que habrá de establecer una nueva visión de la realidad, respaldada en la comprobación de la existencia de un doble aspecto de manifestación del universo, de la vida y del hombre: el material y el espiritual.

El Espiritismo, uniendo la ciencia con la filosofía y la moral, ha ofrecido una contribución decisiva para la emergencia de ese paradigma que deja atrás creencias supersticiosas, credos dogmáticos y esquemas materialistas que caracterizaron etapas anteriores, y abre un nuevo tramo del proceso evolutivo de la humanidad.

IV

LA COMUNICACIÓN CON LOS ESPÍRITUS EN LA HISTORIA

"Los fenómenos mediúmnicos son tan antiguos como el hombre. En Oriente se conocen desde los tiempos más remotos. La pitonisa griega, la sibila romana, el fakir oriental y el mago de las antiguas leyendas tienen hoy un símil en el médium, transmisor o receptor psíquico, telescopio humano por el cual la ciencia ve lo invisible y penetra lo impenetrable".

MANUEL S. PORTEIRO

No hay pueblo ni religión que no cuente en su haber con la creencia en el alma y su inmortalidad o en las manifestaciones de los espíritus, aun cuando se haya expresado en forma más o menos rústica o refinada, de acuerdo con la época, el lugar o las costumbres establecidas. En efecto, una recorrida bibliográfica a través de los múltiples estudios realizados por antropólogos y sociólogos sobre las formas de vida que caracterizaron a los pueblos primitivos o a las diversas civilizaciones anteriores a la nuestra, demuestra que en el fondo de todas las creencias se encuentran siempre los mismos principios fundamentales, y revelan también que en aquellas comunidades ya habían aparecido conceptos profundos y luminosos en su esencia, aunque se hallaban revestidos de formas groseras y se confundían con todo género de supersticiones.

Todas las creencias fundamentales de la humanidad tuvieron como origen común la aceptación de la sobrevivencia del alma después de la muerte y la comunicación entre los muertos y los vivos, o sea entre los espíritus desencarnados y los encarnados. Esas creencias se pierden en la más lejana antigüedad y se apoyan en hechos concretos, relacionados con visiones, apariciones, transmisión del pensamiento, trances, comunicaciones de los espíritus, profecías, curaciones, y otra gran cantidad de fenómenos insólitos, todos los cuales han seguido produciéndose a lo largo de la evolución humana y entre los pueblos y culturas del mundo entero. Esa admirable concordancia y universalidad llevó al eminente investigador ERNESTO BOZZANO a escribir una de sus magistrales monografías titulada *Pueblos primitivos y manifestaciones supranormales*, con el propósito de recopilar numerosos episodios de manifestaciones psíquicas y espirituales en culturas primitivas ya extinguidas y en otras que aún perduran, y demostrar que esos fenómenos son semejantes en su esencia a los que se pueden verificar modernamente en las sociedades actuales en el planeta:

> "Es verdaderamente interesante resaltar cómo las manifestaciones supranormales entre los salvajes no sólo concuerdan con la modalidad de manifestación con las correspondientes que se realizan entre los pueblos civilizados, sino que entre los salvajes y los civilizados se encuentra también perfecta concordancia en los procedimientos que se usan para escoger los sujetos más indicados que van a convertirse en "hechiceros" por una parte y "médiums" por la otra; como también en los sistemas empíricos de "entrenamiento" adoptados para favorecer la emergencia de facultades supranormales subconscientes en los nuevos adeptos".[55]

En este trabajo, BOZZANO pasa revista a las opiniones expuestas por destacados historiadores y científicos sociales que se ocuparon del tema en las primeras décadas del siglo veinte, para demostrar que habían llegado a idénticas conclusiones: la creencia en la sobrevivencia del alma después de la muerte y en la influencia de los muertos sobre los vivos, es la idea universal que dio origen a los cultos y a las religiones; que han existido pueblos primitivos que no desarrollaron un concepto de Dios en el sentido exacto de la palabra pero que en ningún caso se encuentra uno sin espíritus; que las manifestaciones psíquicas supranormales entre los pueblos llamados salvajes deben ser consideradas tan reales e indiscutibles como las análogas que se verifican en las sociedades actuales; que las ceremonias y ritos que fueron practicados por esos pueblos antiguos se han perpetuado de generación en generación y se ponen de manifiesto en las culturas arcaicas que aún subsisten en nuestro planeta, habiendo prolongado estas poblaciones durante milenios, las costumbres y creencias de sus ancestros.

Bastaría una cita para resumir y reafirmar estos conceptos. Dice el ilustre científico y filósofo positivista británico HERBERT SPENCER (1820-1903) a quien BOZZANO admiraba con entusiasmo:

[55] ERNESTO BOZZANO. *Poppoli primitivi e manifestazioni supernormali. Luce e Ombra*, Génova. 1926, p. 9.

ERNESTO BOZZANO

"Nos encontramos, por todas partes la idea de la sobrevivencia del espíritu después de la muerte del cuerpo, con todas las múltiples y complicadas concepciones que de ella derivan. Las encontramos idénticas, tanto en las regiones árticas como en las tropicales; tanto en las florestas de América del Norte como en los desiertos de Arabia; tanto en los valles del Himalaya como en las islas de Polinesia. Esa idea es expresada con la mayor claridad por parte de razas tan diferentes, que los especialistas consideran que su transformación ocurrió antes de la actual distribución de las tierras y de las aguas; tanto entre las personas de cabellos lisos como entre las de cabellos crespos o de cabellos lanosos; entre las razas blancas como amarillas, rojas o negras; entre los salvajes, semicivilizados y los que se encuentran en la vanguardia de la civilización".[56]

En los santuarios antiguos, desde las criptas del Himalaya a los hipogeos egipcios, de los oráculos griegos a las catacumbas romanas, siempre la comunicación con los llamados muertos fue la base de las creencias, de los mitos y de las liturgias. En todas las religiones, las obras literarias que fueron adoptadas como libros sagrados muestran características que permiten considerarlas como obras de factura mediúmnica, formadas sobre la base de comunicaciones de los espíritus, en gran parte verbales, y que se fueron trasmitiendo por generaciones hasta que la escritura permitió fijarlas. Esos mensajes resultaron seriamente adulterados por una larguísima tradición oral, ya que media mucho tiempo entre la época en que fueron recibidos y aquella en que fueron escritos, así como por la participación de numerosos intérpretes e intermediarios que los deforman y los adaptan a su conveniencia.

Los mismos profetas que son reverenciados en diversas religiones, declararon que los mensajes les habían sido revelados por espíritus, pero las clases

[56] HERBERT SPENCER. *Principios de sociología.* Volumen II.

sacerdotales los atribuyeron al propio Dios, para darles un carácter absoluto a las doctrinas que propagan y revestirlas de una autoridad indiscutible".[57]

Es así que los brahmanes consideran a los *Vedas*[58] como revelados por la Inteligencia Suprema a espíritus que fueron sus intermediarios ante los hombres. El *Manava-Dharma-Sastra* o *Libro de las leyes de Manú*, código en que se basa la moral brahmánica, se tiene como revelado al primer Manú por el propio Brahma. Enseña que "los espíritus de los antepasados, en estado invisible acompañan a los brahmanes invitados para las ceremonias en conmemoración de los muertos" y que los *pitris*, o espíritus pueden manifestarse por medio de los *rishis* o sabios ascetas dotados de especiales facultades psíquicas. Los pueblos chinos consideran sus Kings[59] como libros revelados de lo Alto, y fueron recibidos por FO-HI en estado de trance, cuando se encontraba en el cañaveral que escogió para su refugio ascético. En China se daba el nombre de *Wu* a los médiums, a quienes se les reconocía la facultad de establecer contacto con los espíritus. Entre los japoneses las evocaciones para recibir mensajes espirituales estaban muy arraigadas. Había dos categorías de médiums: los *kan-nagi*, que servían a las autoridades imperiales, y los *kuchiyose*, vinculados a los sectores populares. También, como en los otros pueblos aceptaban que sus libros sagrados como el *Ni-Hon-Sio-Ki*, el principal de ellos, venían revelados por la espiritualidad superior.

En Egipto, los libros atribuidos a HERMES TRIMEGISTO fueron dictados por una voz misteriosa, que los sacerdotes hacían provenir de la divinidad.

[57] De allí que cada religión se proclama como la auténtica representante de Dios en la Tierra, única depositaria de la verdad divina, y considera falsas o heréticas a las demás. Cuando se llegue a comprender que esos mensajes provienen de los espíritus, con mayor o menor grado de adelanto según el caso, y no de Dios, se inaugurará una era de tolerancia, de respeto y de feliz convivencia entre los pueblos del mundo, porque se aceptará tranquilamente que cada uno ha recibido la enseñanza adaptada a su idiosincrasia y para la cual estaba preparado según la época y su grado de evolución.

[58] Libros sagrados de los hindúes escritos en sánscrito. La literatura védica se compone de cuatro *Samhitá* o colecciones: el *Rigveda*, el *Yajurveda*, el *Samaveda*, y el *Atharvaveda*, además de los *Brahmana*, los *Aranyaka* y las *Upanisad*, cuyo origen se remonta a épocas muy antiguas. Fueron compilados por VYASA, unos catorce siglos antes de nuestra era y redactados definitivamente entre los siglos VIII y IX a.n.e. cuando la escritura fue introducida en la India.

[59] Los *Kings*, que la tradición oral trasmitió por muchas generaciones, se supone que tuvieron su inicio cerca de veinte siglos antes de la era cristiana, y fueron revisados y ordenados más tarde por CONFUCIO (551-479 a.C.), eminente filósofo y moralista, cuyas enseñanzas se basan en el culto de los antepasados y tienen en su patria fuerza de ley. Los principales son *Shu-King*, de carácter histórico; *Shi-King*, canto poético; *I-King*, canon adivinatorio; *Li-King* y *Hsiao-King*, libros de carácter moral.

El *Zend-Avesta* (La palabra viva)[60] libro sagrado del mazdeísmo, religión de los persas, fue revelado a ZOROASTRO o ZARATHUSTRA, profeta del antiguo Irán (siglo VI a.C.), por el *amschaspand*, espíritu de una elevada jerarquía que se le apareció en las márgenes del río Daitía, adonde se había retirado, preparándose para su misión espiritual. Los magos caldeos llevaban una vida de pureza y meditación que les permitía entrar en contacto con espíritus de una jerarquía elevada. En Babilonia y Asiria estaban permitidas las evocaciones a los espíritus de los muertos quienes eran consultados para asuntos particulares o para tomar decisiones de Estado. Los druidas evocaban a los espíritus en las florestas de las Galias, y en la vida de los pueblos célticos las manifestaciones espirituales eran siempre bienvenidas. Los *bardos* eran poetas y médiums que componían en trance los himnos que glorificaban a la nación. Cuentan los historiadores que VERCINGETORIX, héroe de las luchas por la independencia de los galos, se internaba en las selvas para establecer comunicación con las almas de quienes habían muerto por la patria, y que antes de la sublevación contra la ocupación romana dirigida por JULIO CÉSAR, un espíritu se le apareció y le predijo su derrota y el martirio al cual sería sometido.

En la comunicación con los espíritus y su universalidad geográfica y cultural, radica un factor clave para conseguir una interpretación objetiva y auténtica de la historia de la humanidad. Los más conocidos investigadores de los procesos que llevaron a cada pueblo del mundo a elaborar sus sistemas de creencias y de valores, ofrecen amplios testimonios sobre esa relación constante con los espíritus, practicada en todos los tiempos y entre todos los pueblos. LUCIANO DE SAMOSATA en *Diálogos con los muertos*; FLAVIO FILÓSTRATO (*Vida de APOLONIO DE TIANA*), FLAVIO JOSEFO (*Antigüedades judaicas*); DIÓGENES LAERCIO (*Vidas de filósofos ilustres*), PLUTARCO (*Vidas paralelas*), ESTRABÓN en su *Historia antigua de los pueblos de Oriente*, y HERODOTO en sus *Historias*, dan buena cuenta de ello. Los mismos padres de la Iglesia[61] también se refieren a las actividades mediúmnicas que se realizaban con mucha frecuencia en las primeras etapas del cristianismo y que contribuyeron poderosamente a su triunfo y consolidación.

[60] El *Zend-Avesta*, tal como hoy existe, está constituido por fragmentos del *Gran Avesta* primitivo, escrito originalmente en doce mil pergaminos de los cuales se conserva sólo una parte.

[61] TERTULIANO, *Apologética*, XIII, XXII; LACTANCIO, *Instituciones divinas*, Libro IV, 27 EUSEBIO, *Historia eclesiástica*. VIII, 10, etc.

El pensamiento espiritualista que marcó la civilización grecorromana, se sostenía sobre las más variadas experiencias mediúmnicas, las cuales se encuentran bellamente expresadas en su mitología, en su literatura y en su filosofía. ORFEO evoca al espíritu de su amada EURÍDICE y se propone infructuosamente traerla de vuelta al mundo de los vivos. En la Odisea, ULISES interroga a varios espíritus por intermedio de CIRCE.[62] En la Ilíada encontramos a los moribundos profetizando acontecimientos y AQUILES, el más destacado de los héroes del cerco de Troya es visitado en su tienda por el alma de PATROCLO que acababa de morir en el campo de batalla. ENEAS desciende a los infiernos para consultar a su padre ANQUISES[63] y PERIANDRO, uno de los siete sabios de Grecia habla con el espíritu de MELISA, su mujer ya fallecida.[64] SÓCRATES recibe por su mediumnidad auditiva los consejos y advertencias de su *daimon* o espíritu guía y que son de importancia decisiva en su pensamiento y en los actos de mayor relevancia en su vida. PLATÓN hace descansar su teoría del conocimiento sobre las reminiscencias de vidas anteriores y la inspiración que proviene del mundo espiritual. El alma de ESCIPIÓN EL AFRICANO, quien había sido cónsul de Roma, se presenta a su nieto adoptivo ESCIPIÓN EMILIANO, quien también fue nombrado cónsul romano, y le predice que habrá de triunfar sobre Cartago y Numancia, y además le ilustra con una interesante descripción acerca de la inmortalidad del alma y su continuidad en el mundo espiritual.[65]

Los pitagóricos, platónicos, estoicos, tanto como los romanos y neoplatónicos, estimulaban la práctica de la comunicación con los espíritus y visitaban asiduamente los lugares donde estaban los oráculos. En la época de mayor auge de la cultura griega, el oráculo era reconocido como el medio oficial de comunicación entre los habitantes de los dos mundos. Era consultado especialmente por los gobernantes y los filósofos, y se le respetaba como una institución implantada por los dioses o espíritus, para la instrucción y orientación de la humanidad, y por eso desempeñaron un papel de primer orden en la vida de los pueblos euroasiáticos. Los oráculos fueron realmente centros de mediumnidad, y sólo diferían unos de otros en sus métodos particulares de practicarla. La pitonisa griega o la sibila romana eran médiums que se predisponían al trance ayunando y aspirando vapores espesos, sulfurosos o perfumados que manaban entre las rocas, y luego se subían a una trípode

[62] HOMERO. *Odisea*. Rapsodia XI: Evocación de los muertos.
[63] VIRGILIO. *Eneida*. Libro VI.
[64] HERODOTO. Los nueve libros de la historia. Libro V, Nº 92.
[65] CICERÓN. *De republica*. Libro VI.

o mesa de tres patas para trasmitir el mensaje. Los espíritus aconsejaban y profetizaban empleando un lenguaje de gran belleza, manejando diestramente la oración sencilla o el verso hexámetro. Cuando MENOSARCO y PARTENIA, futuros padres de PITÁGORAS, consultaron a la pitonisa en Delfos, acerca de la criatura que estaba por nacer, recibieron esta respuesta: "Tendréis un hijo que será útil a toda la humanidad en todas las edades". La exactitud de la contestación haría honor a quien sería posteriormente un gigante de la sabiduría. Respecto de SÓCRATES, el oráculo vaticinó con sorprendente acierto: "Será el hombre más sabio de Grecia".

ORÁCULO DE DELFOS

Los oráculos mantuvieron su influencia aún durante los primeros siglos de la cronología histórica actual, hasta que comenzaron a ser perseguidos sus integrantes por los sacerdotes cristianos. El oráculo de Delfos, el de reputación superior entre todos, fue clausurado por el emperador TEODOSIO I a fines del siglo IV.

Los libros sagrados de los hebreos también se presentan con el respaldo de una autoridad que proviene de la revelación. Habrían sido dictados a sus profetas por Jehová, su Dios. Así, MOISÉS (siglo XIII a.C.), libertador y legislador de Israel, recibió el *Decálogo* cuando se encontraba en un retiro espiritual entre las zarzas del Sinaí.

La *Biblia* está llena de fenómenos mediúmnicos como todos los otros libros religiosos en el mundo, y pretender que solamente los demonios (en la acepción deformada de espíritus malignos que dio la Iglesia cristiana) pueden manifestarse a los hombres, equivale a destruir los propios fundamentos de las religiones al negar el valor de la revelación e ignorar la evidencia del testimonio histórico. Las mismas prohibiciones de MOISÉS a las evocaciones de los muertos, constituyen una prueba implícita de la posibilidad real de evocarlos. Tales prohibiciones estuvieron perfectamente justificadas en aquel momento, ya que las prácticas mediúmnicas exigen ciertas condiciones que el pueblo hebreo de entonces, dominado por la ignorancia, la superstición y la idolatría, no estaba en condiciones de respetar. De otra forma no se comprendería la importancia que el profetismo alcanzó entre los hebreos: "Venid y vamos al vidente, porque aquel al que hoy se llama profeta, se llamaba entonces vidente".[66]

En el *Antiguo Testamento* se describe una escena impresionante que demuestra de una manera contundente el conocimiento que tenían los hebreos sobre la posibilidad de consultar a los espíritus de los fallecidos. Es el relato de una sesión mediúmnica promovida por el rey SAÚL (siglo XI a.C.) quien decide consultar a una pitonisa o médium en la víspera de la batalla de Gilboa, en la cual habrían de enfrentarse israelitas y filisteos. Se manifiesta el espíritu SAMUEL, último de los jueces de Israel que había desencarnado unos años antes, reprende al rey y le vaticina su muerte inminente:

> "Entonces SAÚL dijo a sus criados: Buscadme una mujer que tenga espíritu de adivinación, para que yo vaya a ella y por medio de ella le pregunte. Y sus criados le respondieron: He aquí que hay una mujer en Endor que tiene espíritu de adivinación.
>
> Y se disfrazó SAÚL, y se puso otros vestidos, y se fue con dos hombres, y visitaron a aquella mujer de noche, y él le dijo: yo te ruego que hagas venir a quien yo te dijere.
>
> Y la mujer le dijo: Tú sabes lo que SAÚL ha hecho con los evocadores y los adivinos que los ha echado de nuestra tierra. ¿Por qué quieres hacerme eso? Entonces SAÚL le juró por Jehová que ningún mal le vendría por eso.
>
> La mujer entonces dijo: ¿A quién te haré venir? Y él respondió: Hazme venir a SAMUEL.
>
> Y viendo la mujer a SAMUEL, clamó en voz alta, y habló aquella mujer a SAÚL diciendo: ¿Por qué me has engañado? Pues tú eres SAÚL. Y el rey le dijo: ¿Qué has visto? ¿Cuál es su forma? Y ella respondió: Un hombre anciano viene, cubierto de un manto. SAÚL entonces entendió que era SAMUEL, y humillando el rostro a tierra, hizo gran reverencia.
>
> Y SAMUEL dijo a SAÚL: ¿por qué me has inquietado haciéndome venir? y SAÚL respondió: Estoy muy angustiado pues los filisteos pelean contra mí, y Dios se ha apartado de mí, y no me responde más, ni por medio de profetas ni por sueños; por esto te he llamado, para que me digas lo que tengo que hacer.
>
> Entonces SAMUEL dijo: Y para qué me preguntas a mí, si Jehová se ha apartado de ti y es tu enemigo. Jehová te ha hecho como dijo por medio de mí, y ha quitado el reino de tu mando y lo ha dado a DAVID, tu compañero.

[66] I, *Samuel*, 9-9.

> Y Jehová entregará a Israel también contigo en manos de los filisteos; y mañana estaréis conmigo, tú y tus hijos; y Jehová entregará también al ejército de Israel en manos de los filisteos.
>
> Entonces SAÚL cayó en tierra cuán grande era y tuvo gran temor por las palabras de SAMUEL".[67]

Al día siguiente los israelitas fueron completamente derrotados por los filisteos y SAÚL perdió la vida con sus tres hijos y buena parte de su ejército.

Quienes consideran que la *Biblia* es un libro sagrado y que contiene la palabra de Dios mismo, no tienen otra alternativa que aceptar como una verdad incuestionable que los espíritus desencarnados pueden manifestarse por los médiums cuando son propicias las condiciones. Negarlo, equivale, irremediablemente, a negar la autenticidad de la *Biblia.*

Para entender los libros religiosos en su verdadera significación, debe tomarse en cuenta, además de su contexto histórico y cultural, que sus enseñanzas contienen una parte exotérica, pública, escrita en forma simple y adaptada a la mentalidad del pueblo, y otra parte esotérica, reservada a personas de mayor nivel intelectual y moral, en la cual se dan a conocer las verdades más profundas. En los *Evangelios,*[68] por ejemplo, se encuentran numerosos textos de aparente ambigüedad, cuya verdadera lectura sólo podía ser efectuada por discípulos aventajados. Y a eso se refería JESÚS cuando decía a sus discípulos:

> "Yo os hablo en parábolas porque vosotros podéis conocerlos misterios del reino de los cielos, mas a ellos no les es dado conocerlos".[69]

[67] I, *Samuel* 28, 7-20.

[68] Los *Evangelios* sólo fueron escritos después de la muerte de JESÚS. La palabra evangelio, de profunda raigambre en la literatura griega, significaba el pago que se daba al mensajero por haber llevado una buena noticia, y paulatinamente pasó a designar la noticia misma. La narración de MARCOS, que es la más antigua, apareció cerca del año 60 y después vinieron las de MATEO y LUCAS al final del siglo I, y la de JUAN, al principio del siglo II. A la par de estos Evangelios que la Iglesia llama sinópticos o canónicos, existieron muchos otros que arbitrariamente fueron declarados apócrifos. En el año 384 el Papa DÁMASO I encargó al escritor eclesiástico JERÓNIMO hacer la traducción latina del *Antiguo* y del *Nuevo Testamento,* conocida como la *Vulgata,* la cual sería considerada desde entonces como la única de carácter oficial en el seno de la Iglesia. A fin de poner de acuerdo textos que presentaban fuertes divergencias y contradicciones. JERÓNIMO escogió los que más armonizaban con los intereses de la Iglesia e introdujo alteraciones para que concordasen. Esa traducción que se suponía definitiva fue posteriormente modificada en 1588 por orden de SIXTO V y más tarde por CLEMENTE VIII.

[69] *Mateo,* 13-10,11.

El *Corán* o *Kitab-Allah* (Libro de Allah) presenta también notables características de revelación mediúmnica. MAHOMA, que a sí mismo se presenta como "el profeta iletrado" afirma que el *Corán* no es obra suya sino que le fue dictado por un ángel por medio de sueños, voces y visiones: "El Corán es una revelación que le fue hecha" (*Corán*, LIII-4). MAHOMA se refiere a la acción permanente de los espíritus sobre los hombres (Id. XIII-12). Esos espíritus pueden ser buenos o malos (Id. LXXII-11). Y él mismo ofrece su testimonio para reconocer a los profetas anteriores: "Nosotros te hemos dado la revelación que dimos a NOÉ y a los profetas que vinieron después de él. Nosotros la dimos a ABRAHAM, a ISMAEL, a ISAAC, a JACOB, a las doce tribus, a JESÚS, a JOB, a JONÁS, a AARÓN, a SALOMÓN y dimos los salmos a DAVID" (Id. IV-16).

No es razonable suponer que los mensajes originados en las revelaciones de todas las religiones se deban a la intervención directa de Dios, porque se le estaría atribuyendo también a Dios la responsabilidad de los conceptos absurdos o de las futilidades que se encuentran en los libros sagrados a la par de enseñanzas sublimes y verdades trascendentales. Basta un conocimiento general de esos libros para entender y reconocer que la fuente de tales revelaciones se encuentra en las comunicaciones trasmitidas por los espíritus. Nos parece, por tanto, fuera de duda, que MAHOMA fue inspirado por los espíritus, como también MOISÉS, BUDDHA, ZOROASTRO, JESÚS y todos los profetas y reformadores morales de la humanidad en todos los tiempos, que han ofrendado sus vidas a fin de que la Verdad y el Amor resplandeciesen en la conciencia humana.

Los primeros cristianos estaban plenamente convencidos de que eran los espíritus quienes hablaban por la boca de sus profetas, siguiendo la tradición griega que designaba a todo intermediario con el nombre de *pneumaton* literalmente, "el que está dirigido por los espíritus". Y precisamente, por esa convicción de que los mensajes provenían de los espíritus y no de Dios, es que también estaban alertas ante cualquier engaño y recomendaban que se examinara cuidadosamente su procedencia, como se desprende de este consejo de JUAN el evangelista enfatizando el empleo del discernimiento cuando se recibe información del otro plano:

> "Amados míos, no creáis a todo espíritu, sino probad si los espíritus son de Dios".[70]

[70] *Epístola 1* de Juan. 4-1.

En un libro que se destaca por su rigor histórico y su amplia documentación, el talentoso escritor brasileño, PEDRO GRANJA (1909-1969), presenta una relación minuciosa sobre los fenómenos mediúmnicos que se pueden encontrar en la Biblia, citando casos de apariciones, materializaciones, aportes, levitaciones, desdoblamientos, curaciones, efectos luminosos, transfiguraciones, videncias, mensajes trasmitidos por vía oral o escrita, entre otros.[71]

La conversión del cristianismo en religión oficial del Imperio romano conforme a la resolución del Edicto de Milán adoptada por el emperador CONSTANTINO EL GRANDE en el año 313, marcó el punto de partida de un proceso degenerativo, en el cual los dogmas van progresivamente oscureciendo la verdad del mensaje amoroso y tolerante de JESÚS, las ceremonias litúrgicas se fusionan con las pompas del paganismo, las llamas consumen bibliotecas que encerraban tesoros de la sabiduría antigua, los anatemas fulminan las conciencias, el fanatismo y las supersticiones campean y se manejan hábilmente para eliminar disidentes, resolver rivalidades y satisfacer ambiciones. Tristemente, la Iglesia considera lícitas la tortura y la hoguera para imponer sus dogmas y erradicar verdades espirituales que parecían contradecirlos. Precisamente por esto, se persiguió con saña la comunicación con los espíritus (aquellos que practicaban la mediumnidad fueron acusados de hechicería y lanzados a la hoguera en calidad de herejes o de poseídos por los demonios. Fue lo que pasó con millares de personas dotadas de facultades psíquicas, sólo porque en su presencia se producían fenómenos cuyo estudio encendía luces filosóficas y morales allí donde la Iglesia decidió mantener la oscuridad con sus dogmas y su fanatismo.

Sin embargo, las atrocidades no consiguieron detener el torrente impetuoso del progreso ni destruir las ansias de libertad, y, a pesar de todas las persecuciones, los fenómenos mediúmnicos nunca dejaron de producirse. Los endemoniados o posesos, no eran sino médiums, aun sin saberlo, y los mismos sacerdotes que rechazaban por impías las manifestaciones del mundo espiritual practicaban en secreto la evocación y el contacto con los espíritus. Doctores y santos de la Iglesia estaban dotados de poderosas facultades psíquicas y mediúmnicas, las cuales se expresaban en los más diversos fenómenos. Santa HILDEGARDA DE BINGEN (1098-1179), monja benedictina alemana llegó a ser ampliamente conocida por sus visiones de los espíritus y por haber recibido mediúmnicamente mensajes proféticos, algunos de ellos en otros idiomas.

[71] PEDRO GRANJA. *Afinal, quem somos?* Editora Cultural Espírita EDICEL. São Paulo, 1981, p. 102.

JUANA DE ARCO

La vida de San BERNARDO DE CLAIRVAUX (1090-1153), teólogo y místico francés, fundador de la orden de los cistercienses, estuvo continuamente acompañada de apariciones de espíritus, curaciones y de otros fenómenos paranormales.

La Edad Media está poblada de espíritus que se aparecen y se hacen visibles. Numerosos casos de obsesión espiritual o de disturbios mentales eran declarados como posesiones demoníacas y enfrentados con técnicas violentas como los exorcismos. ROGER BACON (1220-1292), monje franciscano, filósofo y científico inglés conocido como el Doctor Admirable, es acusado de evocar a los espíritus mediante artes mágicas y fue encarcelado hasta su muerte. El célebre DANTE ALIGHIERI (1265-1321), presenta en su *Divina Comedia*, obra clásica de la literatura universal, una descripción alegórica de la vida post-mortem, mostrando cómo las almas desencarnadas responden a las evocaciones de los vivos. JUANA DE ARCO (1412-1431), fue condenada a la hoguera por escuchar voces espirituales que le incitaban a luchar por la libertad de Francia. Paradójicamente, la misma Iglesia cuyo tribunal de la Inquisición la llevó al suplicio, la canonizó cinco siglos después.

A partir del siglo XVI, con la alborada renacentista descendió la noche medieval con su cortejo de sombras, y el hálito de la grande Grecia, en donde surgieron el Arte, la Ciencia y la Filosofía, vuelve a sentirse, despuntando en gracia y libertad las manifestaciones espirituales, promoviéndose la transición de la teología a la ciencia, de los monasterios a las universidades, del dogma a la razón. PARACELSO y BRUNO enseñan la infinidad de los mundos habitados, la vuelta reencarnatoria del espíritu y la comunicación entre vivos y muertos. TORQUATO TASSO (1544-1595), el célebre autor del poema épico *La Jerusalén libertada*, confiesa tener un genio o espíritu familiar que le acompaña. El más grande entre los autores dramáticos ingleses, WILLIAM SHAKESPEARE (1564-1616), hace desfilar por toda la trama de su obra grandiosa, espíritus que aconsejan, fantasmas o espectros que se manifiestan por diversidad de medios psíquicos, revelando la constante comunicación entre lo inmaterial y el mundo visible. Una de sus creaciones más conocidas, *Hamlet*, se basa en la aparición del padre al principal protagonista, para denunciar su propio asesinato y exigir venganza. El propio MARTÍN LUTERO (1483-1546), figura central de la reforma protestante, escucha las voces directas de los espíritus que le orientan y presencia apariciones tangibles de ellos. Muchas veces, en el seno de las Iglesias protestantes se producían las manifestaciones de los espíritus y fueron surgiendo nuevos movimientos religiosos, como el de los Cuáqueros (del inglés, *to quake*, temblar) fundado en 1652 por el predicador GEORGE FOX (1624-1691) quien recibió instrucciones espirituales para que estableciese una sociedad religiosa caracterizada por la fraternidad y la tolerancia.

El nombre Cuáquero alude a los trances agitados que son frecuentes entre sus adeptos.[72]

SWEDENBORG comienza a tener visiones y a oír voces del más allá, protagoniza fenómenos mediúmnicos impresionantes y obtiene minuciosas revelaciones sobre las condiciones en que se encuentran los espíritus después de la muerte.

Los primeros cánticos del romanticismo entonados a fines del siglo XVIII, englobando diversos movimientos intelectuales y artísticos, quebraron la rigidez de las normas clásicas e hicieron prevalecer la libre expresión de la sensibilidad interior, preparando el camino al espiritualismo filosófico y científico. De este modo, puede considerarse al romanticismo, por sus características dominantes como el precursor del Espiritismo.

El *Fausto* de GOETHE es un poema profundamente esotérico, inspirado en los prodigios de un afamado taumaturgo del siglo XVI. La poesía y la pin-

[72] Se conocen en todo el mundo muchas agrupaciones religiosas que se han originado a partir de manifestaciones mediúmnicas que adoptan formas muy diversas. Se trata de espíritus desencarnados que se presentan como ángeles o mensajeros de Dios o como la divinidad misma. En esa línea se incluyen los Convulsionarios de los Cevennes en Francia; la Iglesia fundada por EDWARD IRVING en Escocia (1830); las comunidades de los Shakers en Estados Unidos (1835) que facilitaban la comunicación mediúmnica con los indios pieles rojas ya desencarnados; la Iglesia Mormona fundada en 1830 por JOSEPH SMITH quien recibió las instrucciones del espíritu Moroni; la secta shintoísta Tenri Kyo organizada alrededor de las comunicaciones recibidas por la médium MIKI NAKAYAMA (1798-1887); el movimiento espiritualista Oomoto (en japonés, gran causa) iniciado por la médium escribiente NAO DEGUCHI (1835-1918); la religión Caodaísta creada en la antigua Cochinchina francesa (hoy Viet Nam) tomando como base las comunicaciones del espíritu Cao-Dai. etc.

tura de WILLIAM BLAKE (1757-1827), pletórica de exuberante misticismo, representan una patética demostración de lo que es dable al arte mediante la comunión entre las almas corporizadas y las desencarnadas, cuando se presentan las circunstancias que posibilitan su interacción. Los artistas, bien sea, poetas, músicos o literatos, transfunden en la forma abstracta de su creación, sus percepciones sutiles del plano espiritual. PERCY BYSSHE SHELLEY (1792-1822), célebre poeta lírico inglés, dijo: "el artista es un instrumento conducido por una serie de impresiones internas y externas, como las fluctuaciones de un viento siempre cambiante sobre la lírica eólica".

Los trascendentalistas americanos y europeos experimentan el influjo de variadas corrientes espiritualistas, de procedencia oriental y occidental, e incluyen el tema de lo oculto en el verso y en el ensayo con belleza y maestría: EMERSON, TENNYSON, MILTON, SCHILLER, THOREAU, WORDSWORTH, COLERIDGE, LONGFELLOW, WHITMAN, POE, proclamaron abiertamente la realidad del mundo invisible y su acción constante sobre el plano físico.

El novelista británico ROBERT LOUIS STEVENSON (1850-1894) estaba persuadido de que era auxiliado en su trabajo por un colaborador invisible, y que el argumento de la más conocida de sus novelas, *El extraño caso del Dr. Jekyll y Mr. Hyde*, le había sido presentado en sueños. El francés GUY DE MAUPASSANT (1850-1893) evocaba en sus cuentos, novelas y narraciones breves, la influencia de los espíritus en la vida cotidiana y admitía que sus obras las escribía bajo estados psíquicos especiales, que él llamaba de "sonambulismo".

VICTOR HUGO

VICTOR HUGO (1802-1885), igual que HONORÉ DE BALZAC (1799-1850), JAMES FENIMORE COOPER (1789-1851), CHARLES DICKENS (1812-1870), JACK LONDON (1876-1916), RAINER MARIA RILKE (1875-1926) o GABRIELE D'ANNUNZIO (1863-1938), hace intervenir a los espíritus en la vida humana, con mensajes de honda preocupación ética y social. Durante su exilio en Jersey, el poeta nacional de Francia, polemiza en verso con los habitantes invisibles del espacio y de allí van surgiendo, en ágil combinación de su propio genio con mensajes psicografiados, libros impresionantes como *Las contemplaciones*, *Rayos y sombras*, *La leyenda de los siglos*, *Los trabajadores del mar*, *Al borde del infinito.* Esta es su Convicción: "Los muertos son seres vivos mezclados en nuestros combates, que unas veces tienen por blanco el bien, otras el mal. En ocasiones, oímos silbar sus invisibles flechas". DICKENS ha confesado que cada frase expresada por sus personajes en *Las aventuras de Oliver Twist* o en *David Copperfield,* las oía pronunciar exteriormente, no haciendo él otra cosa que transcribirlas. Esto mismo lo sugiere GUSTAVO ADOLFO BECQUER (1836-1870) el más genuino representante del romanticismo español, cuando escribe al final de la *Rima V*:

"Yo soy el invisible
anillo que sujeta,
el mundo de la forma
al mundo de la idea.

Yo, en fin, soy ese espíritu
desconocida esencia,
perfume misterioso
de que es vaso el poeta".

En 1929 el talentoso escritor alemán THOMAS MANN (1875-1955) recibe el Premio Nobel de literatura. Dentro de su vasta obra destaca *La montaña mágica*, su novela más conocida y una de las más importantes dentro del panorama literario europeo del siglo XX. En ella dedica el penúltimo capítulo denominado "Dudas supremas" a describir una sesión mediúmnica que culmina con la materialización de un espíritu. MANN aceptaba el Espiritismo y su convicción había nacido a raíz de su participación en numerosas reuniones experimentales con el muy conocido médium austríaco RUDI SCHNEIDER (1908-1957) cuya especialidad era la producción de fenómenos ectoplásmicos.

Bajo la influencia de grandes potencias de lo invisible, la señora HARRIET BEECHER-STOWE (1811-1896) escribió *La cabaña del tío Tom*, de tanta gravitación en la lucha por la abolición de la esclavitud en los Estados Unidos de América. En varias entrevistas, la Sra. STOWE reconocía que oía una voz que le iba dictando el libro con absoluta independencia de sus concep-

ABRAHAM LINCOLN

tos o de sus gustos literarios. Decía ella en su propio idioma: "inner ear by a spirit voice". Bien conocido es que el ilustre presidente ABRAHAM LINCOLN (1809-1865) participaba en sesiones con la joven NETTIE COLBURN MAYNARD quien actuaba como médium parlante y escribiente, y que por su mediación los espíritus instaron a LINCOLN a que acelerase la proclama emancipadora, la cual fue firmada el 10 de enero de 1863.[73]

No es éste un caso aislado, pues, siendo los espíritus las almas de quienes ya estuvieron en el plano físico, aquellos que se preocuparon y lucharon por la redención social y moral de la humanidad, continúan con sus mismos ideales e inspiran a quienes vibran en la misma sintonía. Los espíritus han influido siempre en los procesos emancipadores de los pueblos, como puede verificarse expurgando en la vida de los héroes de cada gesta o examinando atentamente el conjunto de los hechos.

Y si seguimos repasando encontraremos también que los mayores nombres de la literatura universal recibieron, abierta o sutilmente, la influencia de los espíritus en su obra creadora, e introdujeron en ella como una realidad innegable, la posibilidad de las comunicaciones entre este mundo y el otro, que son en definitiva, las dos caras de una misma realidad.[74]

[73] En 1967 la Casa Editora O Clarim de Matão, São Paulo, Brasil, publicó un volumen con el título *Sessões espíritas na Casa Branca* (Sesiones espíritas en la Casa Blanca), el cual reúne varios trabajos relacionados con LINCOLN y su participación en numerosas experiencias mediúmnicas. Debidamente traducido al portugués por el brillante escritor espírita WALLACE LEAL V. RODRIGUES, se incluye el libro de NETTIE COLBURN MAYNARD titulado *Was Abraham Lincoln a spiritualist?* (¿Era Abraham Lincoln espiritualista?) en cuyas páginas se encuentran relatos de primera mano acerca de las instrucciones que partieron del mundo espiritual para el gran presidente americano.

[74] Remitimos al lector, interesado en profundizar el conocimiento acerca de la presencia y la influencia de los espíritus en la creación literaria, artística y científica, consultar obras especializadas en el tema como las siguientes: *Literatura del más allá* por ERNESTO BOZ-

No se puede comprender adecuadamente la evolución histórica de la humanidad prescindiendo del factor mediúmnico. Bien sea que nos ocupemos de las creencias primitivas en los pueblos aborígenes, del surgimiento y consolidación de las religiones, o del fenomenismo empírico y desordenado de orden supranormal que se presenta con los matices más diversos en todas partes del globo y en todos los tiempos o de las manifestaciones mediúmnicas controladas y canalizadas con sentido útil y positivo, siempre se pondrá en evidencia la influencia determinante de los espíritus de los llamados "muertos" que tan vivos están como todos nosotros los encarnados, en todas las fases del inmenso proceso evolutivo que nos impulsa sin cesar a la conquista de nuevos y superiores horizontes.

Fueron los fenómenos mediúmnicos los que llamaron la atención de las sociedades contemporáneas para que se fortaleciesen las bases del pensamiento espiritualista que se había distraído con dogmas y abstracciones y se hallaba impotente ante el impetuoso avance del materialismo. Desde mediados del siglo XIX se produjo un poderoso renacimiento espiritual que tuvo su punto de inflexión en Hydesville con las manifestaciones protagonizadas por las hermanas FOX y se expandió rápida y vigorosamente por América y Europa, hasta encontrar su dirección adecuada con la codificación espiritista realizada por ALLAN KARDEC, quien tuvo la lucidez y la inteligencia para ordenar y recopilar los hechos mediúmnicos, estudiarlos e interpretarlos adecuadamente, despojarlos de cualquier aspecto supersticioso o sobrenatural y englobarlos en un todo armónico emparentados con el conjunto de las leyes naturales que gobiernan el Universo.

¡La mediumnidad nos ayuda a comprender la historia, y el Espiritismo nos permite comprender la mediumnidad!

ZANO, *Investigaciones sobre la mediumnidad* por GABRIEL DELANNE, *Escritores y fantasmas* por JORGE RIZZINI, *Muertos-vivos/vivos-muertos* por WALTER JOSÉ FAÉ, *Victor Hugo el poeta del más allá* por HUMBERTO MARIOTTI, y nuestro libro *El Espiritismo y la Creación poética*.

V

MEDIUMNIDAD

"El fenómeno de la mediumnidad llena todas las edades, y ora brillando con vivísima luz, ora sombríamente velado, según el estado de alma de los pueblos, no ha cesado un solo instante de guiar a la humanidad en la terrestre peregrinación. Todas las grandes obras son hijas del más allá. Todo lo que ha revolucionado el mundo del pensamiento todo lo que ha determinado un progreso intelectual, ha nacido de un hálito inspirador".

LÉON DENIS

DEFINICIONES

La palabra médium, significa, de acuerdo con su etimología latina, intermediario. Un médium es la persona que, dotada de una particular constitución psicofísica, puede actuar como intermediario entre el mundo espiritual y el mundo corporal. Mediumnidad es la facultad que distingue a esa persona y que le sirve como puente para establecer relaciones entre dos lados, visible e invisible, de la misma vida.

Mediumnidad es la capacidad de las personas encarnadas para servir como intermediarios a fin de que los espíritus se manifiesten, y es por eso, que sin la intervención de los espíritus desencarnados no se puede hablar, con toda propiedad, de mediumnidad.

Es conveniente diferenciar los términos mediumnidad y mediumnismo. Sabido es que las manifestaciones de los espíritus se han producido en todas partes y en todos los tiempos, de manera espontánea, y es al conjunto de formas primitivas de intercambio espiritual que llamamos mediumnismo designando con la palabra mediumnidad la facultad que permite la comunicación con el mundo espiritual cuando es ejercida dentro de ciertos parámetros de racionalidad y ética. En este sentido, consideramos adecuado identificar como mediumnismo al vasto repertorio de fenómenos que se presentan con frecuencia en los sincretismos y cultos religiosos populares, y reservar el término mediumnidad para el intercambio espiritual que se realiza en el contexto de la sesión espírita por lo tanto, el mediumnismo sería la práctica empírica de la mediumnidad, mientras que ésta sería la práctica espírita de esa facultad.

EUSAPIA PALADINO

de prestidigitación, arreglan ciertos efectos visuales y engañan a quienes de este modo quedan bajo su control y dominio.

En las manifestaciones de orden físico se han detectado numerosos fraudes que han de atribuirse a varias razones: intereses pecuniarios, las tentaciones que provocan el orgullo y la vanidad, el empeño a toda costa de producir fenómenos para atender las exigencias de los asistentes a las reuniones o de los mismos experimentadores. Son situaciones que se concretan, en todo caso, debido a la ausencia de valores morales en el supuesto médium y en sus cómplices.

Es necesario aclarar, tomando en cuenta ciertos casos muy conocidos como el de EUSAPIA PALADINO (1854-1918), que algunos médiums fueron sorprendidos *in fraganti* en determinada sesión cuando intentaban engañar a los investigadores debido a que en ese preciso momento no aparecían las manifestaciones, pero que esos casos particulares no pueden invalidar todo un conjunto de experiencias notables, en muchas otras sesiones debidamente controladas, registradas y fotografiadas, en las cuales se produjeron impactantes fenómenos tiptológicos, psicocinéticos o ectoplásmicos.

Es digno de resaltar el comportamiento ético del médium cuando sigue las orientaciones doctrinarias, cuando atiende a las recomendaciones de los buenos espíritus, y cuando ajusta su vida y sus facultades a los más elevados principios de la moral. Allí están, por ejemplo, el escocés DANIEL DOUGLAS HOME (1833-1886), uno de los médiums de mayor prestigio en el mundo, que jamás fue sorprendido en alguna trampa o comportamiento sospechoso y que aceptaba todos las pruebas y controles para verificar sus facultades; o la inglesa ELIZABETH D'ESPERANCE (1855-1919) y la estadounidense ELEANORE PIPER (1859– 1950), poseedoras de notables aptitudes psíquicas y que fueron exhaustivamente investigadas en Europa y en Norteamérica. Cuando se percataron de que sus facultades eclipsaban, a consecuencia de su edad y de un largo e intenso ejercicio mediúmnico, dejaron de realizar sesiones, pues temían que su meritoria obra fuese descalificada y prefirieron retirarse a su vida privada, sin que nadie tuviese el derecho de hacerles el más mínimo reproche.

En la bibliografía espiritista se encuentran muchos libros donde se advierte sobre las posibilidades de que los asistentes a una reunión mediúmnica puedan ser engañados por personas inescrupulosas y se orienta acerca de las medidas de control y precauciones que deben establecerse siempre. En uno de ellos, un estudioso de primera línea de los hechos mediúmnicos y riguroso experimentador, el médico portugués ANTONIO J. FREIRE (1877-1958), deja bien en claro la posición espírita:

> "Por la decisiva importancia que reviste el estudio experimental del Espiritismo, es de fácil comprensión reconocer cuánto todos los espíritas, individual y colectivamente, están interesados en combatir los fraudes, y desenmascarar los trapaceros y mistificadores, que se rotulan como médiums y pretenden explotar esta nueva ciencia por interés monetario o por vanidad.
>
> Hay pruebas, incluso, de que algunas sectas religiosas han intentando sobornar médiums y a sus cómplices, para provocar fraudes escandalosos, a fin de lanzar el descrédito sobre el Espiritismo y así obstaculizar su expansión.
>
> Felizmente, muchos falsos médiums denunciados en las revistas espíritas mundiales, han sido desenmascarados al ser descubiertos en flagrante delito de fraude".[76]

Queda claro pues, que una teoría que intente reducir la mediumnidad a la simple producción de fraudes es inconsistente, no explica absolutamente nada, y peca por generalización cuando confunde algunas situaciones particulares con el conjunto de los hechos. Y también, ha de quedar muy claro, que el Espiritismo, lejos de ser responsabilizado por situaciones engañosas, se ha hecho acreedor del más alto reconocimiento, por su actitud científica para ejercer mecanismos de control en las sesiones experimentales, así como por su indeclinable posición ética en favor de una práctica mediúmnica limpia y honesta, y de reproche a todo intento de producir cualquier tipo de fraude.

[76] ANTONIO J. FREIRE. *Del fraude en el Espiritismo experimental*. Ediciones Fiat Lux. El Palomar, Argentina. 1952, p. 33.

Sugestión. Hay quienes intentan explicar el fenómeno mediúmnico como un proceso de autosugestión inconsciente que envuelve tanto a los médiums como a los participantes en las sesiones, quienes serían víctimas de sus propios engaños.

Los partidarios de esta teoría concentran sus argumentos en la simplicidad o mediocridad de los mensajes trasmitidos por los "presuntos" espíritus, señalando que en el contenido de esas comunicaciones no se halla ninguna información que supere los conocimientos de los supuestos médiums o de los asistentes, y que simplemente en ellas se reflejan las opiniones o creencias de los integrantes del grupo, y así en cada sesión se va reforzando un ambiente de sugestión individual y colectiva.

Esta teoría puede refutarse con argumentos convincentes apoyados en un frío examen de los hechos. En primer término, sólo podría aplicarse a las manifestaciones de mediumnidad inteligente, ya que carece de sentido ante los fenómenos de carácter físico, que no son susceptibles de ser explicados mediante ilusiones del pensamiento. Obviamente, los equipos que registran objetivamente dichos fenómenos mediante grabaciones fotografías o filmaciones no pueden ser sugestionados.

Por otra parte la calidad intelectual o moral de un mensaje no excluye que pueda provenir de una entidad espiritual externa al grupo. Es verdad que en muchas oportunidades, comunicaciones atribuidas a los espíritus, y que son groseras, pueriles, ramplonas o mediocres solamente reflejan las condiciones culturales del médium o de quienes le rodean, y comprueban que se trata evidentemente de casos explicables por la sugestión. Pero, también es cierto, que el bajo nivel de una comunicación no impide que sea de origen espiritual, porque en este caso lo que se pone en evidencia es la inferioridad del espíritu. En fin de cuentas, los espíritus no son potencias sobrenaturales; son seres humanos sin cuerpo material, que se encuentran en otra dimensión, pero que conservan sus peculiares condiciones culturales y morales.

La teoría de la sugestión es insuficiente para explicar las múltiples manifestaciones mediúmnicas donde se pone en evidencia que tanto los conceptos como los sentimientos expresados en los mensajes, son totalmente extraños, inesperados o contrarios a las ideas que dominan a los médiums y a todos los que participan en la reunión. Bastaría para demostrarlo citar algunos casos, seleccionados dentro de la extensa literatura espiritista y parapsicológica:

Informa FLAMMARION, el célebre astrónomo, autor de *Lo Desconocido y los Problemas Psíquicos*, que en una de las habituales sesiones mediúmnicas que celebraba regularmente en el Observatorio de Juvisy, a las cuales solía invitar a notables personalidades de la ciencia y la cultura europea, fue sorprendido por una respuesta que nadie se esperaba, ante la pregunta que formuló al espíritu:

> "Erdnerpmoc ed simrep erocne sap tse suov en li'uq snoitseuq sed ridnoforppa ruop tirpse'l sap zetnemrot suov en".

Preguntó que significaba ese enigma y obtuvo esta respuesta: "lee al revés". Esta era la respuesta que la entidad había dado empleando un procedimiento insólito:

> "Ne vous tormentez pas l'esprit pour approfondir des questions qu'il ne vous est pas encore permis de compendre".[77]

Las facultades de la médium irlandesa EILEEN GARRETT (1893-1970) fueron ampliamente investigadas por los principales especialistas de Europa y de Estados Unidos durante varias décadas del siglo veinte. A sus excepcionales condiciones psíquicas unía su amor por la investigación científica y por ello creó en Nueva York (1951) The Parapsychology Foundation, una de las instituciones dedicadas al estudio de la paranormalidad que goza de mayor prestigio internacional.

EILEEN GARRETT

En 1930, cuando ella vivía en Inglaterra, sucedió el famoso episodio del dirigible R101 que después se va a relacionar con uno de los más espectaculares acontecimientos en la historia de la mediumnidad. El 4 de octubre de 1930 partió de Inglaterra con destino

[77] (No atormentes más al espíritu, profundizando en cuestiones que a él todavía no le está permitido comprender).

a la India, el vuelo inaugural del gran dirigible R101 con cuarenta y ocho pasajeros a bordo. Después de haber atravesado el canal de la Mancha, fue sorprendido en horas de la mañana del día 5 por una violenta tempestad que averió sus motores y provocó su caída y explosión cerca de la ciudad francesa de Beauvais.

Tres días después, la Sra. GARRETT participaba en una sesión dirigida por HARRY PRICE (1881-1948) en el National Laboratory of Psychical Research, institución por él fundada en la capital inglesa. En medio de la reunión, UVANI, el espíritu guía de la médium, anunció la presencia de un visitante inesperado, el difunto comandante del dirigible, capitán CARMICHAEL IRWIN, quien a través de la médium en trance describió con detalles las causas del accidente, y empleó un lenguaje tan lleno de términos especializados que sólo un experto en ingeniería aeronáutica podía comprenderlo. IRWIN parecía estar todavía muy perturbado y, entre otras cosas, habló de unos experimentos secretos que llevaba adelante el gobierno para producir un nuevo combustible formado por hidrógeno y ciertas variedades de aceites. Es importante destacar que para el momento de la sesión no se conocían aún los detalles de la tragedia. PRICE comunicó la información recibida por vía mediúmnica al Ministerio del Aire, el cual confirmó posteriormente todo lo que dijo el espíritu, tal como consta en el Informe oficial que se daría a conocer meses después.

El caso del dirigible R101 ha sido reconocido como uno de los hechos más contundentes a favor de la sobrevivencia espiritual y de la comunicación de los espíritus de las personas fallecidas. Evidentemente no es posible explicar episodios de esta naturaleza por la sugestión ni se puede suponer que la médium obtuvo la información telepáticamente, puesto que todos los que conocían lo que había ocurrido en el interior de la nave habían perecido en el accidente.

Intervención diabólica. Es una de las creencias más antiguas acerca de los fenómenos mediúmnicos, los cuales atribuye a la acción perversa de Satanás y su corte de demonios. Las diversas denominaciones cristianas, tanto católicas como protestantes, han esgrimido esta teoría para censurar y combatir la práctica de la mediumnidad, si bien no todos sus integrantes piensan de la misma forma al respecto.

En su verdadera acepción, de acuerdo con la etimología griega, *demonio* se refiere a un espíritu protector o guardián, que asiste a cada persona con sus consejos, como le ocurría a SÓCRATES con su *daimon* familiar. Fueron las religiones cristianas las que tergiversaron ese concepto para aplicarlo a un espíritu maligno, entregado eternamente a la funesta misión de apartar a las criaturas humanas de la senda del bien y alejarlas de Dios, para luego atormentarlas después de muertas, en un terrorífico infierno, del cual es dueño absoluto. En verdad, juzgamos innecesario abundar en razonamientos acerca de la inexistencia de tan inefable personaje, puesto que el progreso cultural se ha encargado de ello, y además, ya muchos teólogos progresistas han solicitado que se omita mencionarlo en los catecismos, por ser una idea anacrónica e incompatible con la justicia y el amor de Dios.

Los dignatarios de la Iglesia católica saben que la comunicación mediúmnica es una realidad incontestable, y que está confirmada en el propio texto bíblico y en millares de experiencias vividas por sacerdotes y monjas, por teólogos y pontífices así como por sus propios santos. Hay libros católicos, que recibieron el *imprimatur* correspondiente y que fueron dictados por espíritus desencarnados, como *Le manuscrit du purgatoire*, editado en 1922 con autorización de Monseñor PALICA, vicegerente de la Diócesis de Roma, en cuyas páginas se narran las conversaciones que una monja había sostenido entre 1874 y 1890 con otra religiosa que había fallecido en 1871. Igual ocurrió con el libro *Lettera dal mondo di la*, publicado en Roma en 1952, con la aprobación expresa de Monseñor TRAGLIA, el cual contiene mensajes de una joven italiana desencarnada.

El Dr. JOSÉ LAPPONI, médico primero de los pontífices LEÓN XIII y PÍO X, se vio obligado a reconocer la autenticidad de los hechos mediúmnicos en su obra *Hipnotismo y Espiritismo*, confirmando que ellos acompañan a la humanidad en todo su proceso histórico.

El "Museo de las almas del purgatorio" que se encuentra adyacente a la iglesia del Sagrado Corazón del Sufragio en Roma, conserva varios centenares de objetos, que muestran señales desconcertantes provocadas por espíritus desencarnados, presentados en este caso como "almas del purgatorio". El Museo fue constituido por el sacerdote francés VICTOR JOUET, quien realizaba su tarea religiosa en la capital italiana donde falleció en 1912. Se trata de biblias, crucifijos, túnicas y otros objetos de culto, sobre los cuales hay quemaduras con marcas de manos sobre ellos, que corresponden a personas fallecidas. De cada caso se posee una detallada documentación que garantiza su autenticidad. Obviamente, la Iglesia reconoce que no son demonios sino almas humanas desencarnadas.

Ante la evidencia de los hechos, podemos afirmar que, no obstante las negaciones teológicas y sobrepasando las prohibiciones y persecuciones, la mediumnidad seguirá triunfante su curso, consolidándose como el más eficiente recurso con que se cuenta para comprobar la inmortalidad del espíritu.

Patológica. Según los que sostienen esta teoría, los médiums presentan, en diversos grados, estados de perturbación mental, que se extienden desde las neurosis hasta los cuadros más agudos de histeria o esquizofrenia.

En algunas ocasiones se ha pretendido identificar al fenómeno mediúmnico con alteraciones de carácter alucinatorio, señalando que lo que acontece en las sesiones, es una falsa percepción de la realidad por cuanto se cree ver, oír o sentir espíritus, que no poseen existencia objetiva. Es fácil demostrar las diferencias nítidas que separan los hechos mediúmnicos de los cuadros patológicos ubicados dentro de la nosología psiquiátrica, tanto por las características que los acompañan como por sus resultados. Quienes le atribuyen a los médiums la condición de paranoicos o de alucinados no logran explicar por qué, una vez concluido el trance, ellos retornan a su estado psicológico normal y se comportan como personas absolutamente sanas y equilibradas.

No han faltado partidarios de esta teoría que hayan proclamado que el Espiritismo conduce a la locura, debido precisamente a que impulsa la práctica de la mediumnidad. Semejante afirmación constituye, además de ignorancia, una terrible injusticia, pues, precisamente han sido las instituciones espíritas las que han promovido el estudio científico del fenómeno mediúmnico y han insistido en que sea ejercitado con prudencia y apego a los más altos principios morales y racionales y gracias a esa orientación se ha rescatado a millones de personas con tendencias mediúmnicas que se encontraban afectadas psíquica y somáticamente por el desconocimiento de sus propias facultades y porque no sabían cómo canalizarlas adecuadamente. A muchas de ellas se les declaró alienadas mentales o dementes y deambularon por instituciones psiquiátricas privadas o públicas, sometidas a tratamientos convulsivos o farmacológicos, sin que obtuvieran una adecuada solución a su problema, la cual consiguieron cuando fueron orientados acerca de su mediumnidad y se les brindaron posibilidades para que la practicaran en el sano ambiente de un centro espírita, debidamente entrenado en esa tarea.

De igual manera, la propia doctrina espírita advierte continuamente ante la ligereza en que incurren algunos directores de sesiones que tienden a catalogar como médiums a personas que simplemente están mostrando algún tipo de comportamiento anómalo, y que en muchas oportunidades se trata de alteraciones emocionales, autosugestiones o perturbaciones de carácter neurótico. La auténtica mediumnidad no guarda relación con ninguna clase de disturbios mentales, y eso siempre ha sido comprobado cada vez que se ha realizado algún estudio psicológico o psiquiátrico a un médium. Y cuando se han presentado casos de auténticos médiums en quienes se ha verificado algún tipo de enfermedad mental, ello ha ocurrido precisamente como consecuencia del empleo indebido de su facultad lo cual ha desembocado en una obsesión espiritual.

Esotéricas. En el amplio mundo del espiritualismo esotérico han surgido las más diversas teorías sobre la mediumnidad. Unas sostienen que la práctica mediúmnica no es útil porque solamente se hace contacto con espíritus de baja evolución, y promueven, en cambio, ejercicios de meditación para entrar en relación telepática con entidades superiores; otras, llegan a considerarla perniciosa para la salud del médium y de los participantes en las sesiones y la desechan completamente.

Dicen ciertos autores que el contacto mediúmnico no se realiza en verdad con los espíritus desencarnados, sino con fragmentos o restos periespirituales, de los cuales se va despojando el espíritu de cada persona al morir y se van desintegrando progresivamente. Estos residuos, denominados larvas o cascarones astrales, conservarían parcialmente algunos contenidos psíquicos del ser que ha desencarnado, y sería esa la información que captan los médiums. Esta es la explicación predilecta de los teósofos.

Todas las demostraciones experimentales que se realizan en torno de la mediumnidad tienden a confirmar que el espíritu y su envoltura periespiritual permanecen unidos después de la desencarnación, y por otra parte, no es posible atribuir la información que reciben los médiums a unos supuestos fragmentos de personalidad como serían las pretendidas larvas astrales, cuando estamos en presencia de obras literarias, de corte filosófico y científico, o de magníficas producciones poéticas, cuyos autores espirituales se identifican plenamente y ratifican que permanecen en la otra dimensión como seres completos, gozando de la plenitud de sus capacidades psíquicas.

Cuando se examina la amplia y variada literatura proveniente del más allá, en la cual han participado millares de espíritus de diferentes niveles intelectuales y morales, no es razonable imaginar que eso se deba a que los médiums han entrado en contacto con cascarones astrales en proceso de disolución, con "elementales" o entidades inferiores. Léanse, por ejemplo, las sorprendentes obras recibidas por la mediumnidad escribiente de VERA KRIJANOWSKY, FERNANDO DE LACERDA (1865-1918), PEARL CURRAN (1883-1938), GERALDINE CUMMINS (1890-1969), YVONNE PEREIRA (1906-1984), FRANCISCO CÁNDIDO XAVIER (1910-2002), entren tantos otros instrumentos de la espiritualidad, para comprender claramente las inmensas posibilidades que brinda el intercambio mediúmnico cuando es realizado con propósitos elevados.

Anímica. De acuerdo con esta teoría, los fenómenos mediúmnicos se originan en el inconsciente de los propios sujetos tenidos como médiums. Los trances son estados alterados de conciencia que propician el desdoblamiento de la personalidad del sensitivo, la agudización de sus recursos sensoriales y la exteriorización de fuerzas dinámicas, de modo que, no se trataría de la comunicación de espíritus diferentes al médium o sensitivo, sino de la manifestación de su propio espíritu en condiciones especiales de emancipación. Así, entonces, tanto los fenómenos mediúmnicos como los que son conocidos como paranormales, son expresiones de una inmensa y poderosa fuerza psíquica que emerge desde el inconsciente humano.

Dentro de la explicación anímica, han de ubicarse diversas teorías que han sido expuestas por estudiosos de la metapsíquica y de la parapsicología. Si bien difieren en los detalles, todas coinciden en la idea central de que los fenómenos parten del inconsciente humano, y niegan toda posibilidad de participación de los seres ya fallecidos. Algunas se presentan con nombres muy pintorescos: "Prosopopesis" llamó RENÉ SUDRE (1880-1968) a "toda modificación brusca, espontánea o provocada, de la personalidad psicológica, producida por sugestión, por causas de orden patológico o por las supuestas manifestaciones de espíritus". Las manifestaciones de la mediumnidad física fueron atribuidas a movimientos musculares inconscientes provocados involuntariamente por los médiums y los asistentes, por el físico inglés MICHAEL FARADAY (1791-1867) y por el químico francés EUGÈNE CHEVREUL (1786-1889). La mediumnidad intelectual, se ha tratado, de explicar como "criptestesia", término creado por CHARLES RICHET (1850-1935) para denominar una amplia facultad inconsciente que permite adquirir conocimientos sin emplear recursos sensoriales y que se corresponde con la "percepción extrasensorial" de tan amplio uso en la parapsicología moderna. EMILE BOIRAC (1851-1917), conocido metapsiquista francés, propuso llamar a la mediumnidad como "psicodinamia", en la cual estaría incluido

> "el conjunto de fenómenos donde un ser animado parece actuar sobre otros seres animados (psicodinamia vital) o sobre la materia bruta (psicodinamia material), por intermedio de una fuerza sui generis distinta de todas las fuerzas conocidas, aunque análoga a las fuerzas radiantes o circulantes, tales como el calor, la luz, la electricidad y el magnetismo".[78]

La hipótesis anímica es útil, sin duda, para explicar muchos episodios que ocurren dentro de la vasta fenomenología psíquica, pero no es suficiente como para eliminar la autenticidad de los hechos mediúmnicos, y el Espiritismo así lo ha comprendido siempre. En *El Libro de los Espíritus*, KARDEC incluyó un capítulo[79] con el nombre de "Emancipación del alma" en el cual examina las amplias posibilidades psíquicas del espíritu en su condición encarnada, cuando momentáneamente se libera de los vínculos corporales. Allí ofrece explicaciones sobre los sueños, sobre las visitas que puede hacer espiritualmente una persona mientras duerme, sobre las experiencias de transmisión del pensamiento (telepatía), letargia, catalepsia, muerte aparente, sonambulismo, éxtasis, y la doble vista. Para él estaba muy claro que el espíritu encarnado, cuando se encuentra emancipado de su cuerpo, puede producir las mismas manifestaciones que un espíritu desencarnado, incluyendo la comunicación a través de un médium.

En las obras de autores espíritas clásicos como GABRIEL DELANNE (1857-1926), ERNESTO BOZZANO (1862-1943), ALEXANDER AKSAKOF (1832-1903) y KARL DU PREL (1839-1899), se presentan numerosos estudios acerca de las relaciones entre los hechos anímicos y mediúmnicos, los cuales en lugar de ser contradictorios se complementan, puesto que, si el alma humana posee la capacidad para provocar fenómenos paranormales, con mayor razón puede hacerlo cuando se encuentra desencarnada.

Entre las pruebas que ofrecen evidencias más sólidas a favor de la explicación mediúmnica y que muestran la insuficiencia de la hipótesis anímica están los casos de las llamadas "correspondencias cruzadas". Se trata de ciertos experimentos donde un espíritu envía fragmentos diferentes de un mismo mensaje a través de dos o más médiums que no tienen conocimiento o relación entre sí. Cada médium recibe un trozo del mensaje, el cual en sí mismo carece de significación, y sólo cuando se unen los mensajes parciales que se han obtenido, es cuando adquieren la estructura de una idea coherente y completa.

[78] EMILE BOIRAC. *La Psychologie inconnue*, Félix Alcan, Editeur. París, 1908, p. 86.
[79] Libro segundo, capítulo VIII.

Para que la demostración sea todavía más contundente, suele ocurrir que tanto el método como las características de la prueba no son decididos por el experimentador sino por el espíritu, que desea dar así una demostración inequívoca de su existencia. Ilustres investigadores ingleses como FREDERICK MYERS (1843-1901) y OLIVER LODGE (1851-1940) experimentaron con este sistema y también de él se valieron cuando habían desencarnado para testimoniar que continuaban vivos.

Espiritista. La concepción espiritista de la mediumnidad, es la única que explica con claridad, sencillez, lógica y rigor científico, el conjunto de los hechos y todas las situaciones que se presentan dentro del vasto mundo de las relaciones entre los seres desencarnados y los habitantes del plano físico.

No debe confundirse a la mediumnidad con el Espiritismo. La mediumnidad es la facultad que permite establecer relaciones entre el mundo espiritual y el mundo corporal. Es un proceso de comunicación, dentro del cual el complejo psíquico y orgánico del médium funciona como intermediario, recibiendo ondas psíquicas emitidas por un agente externo y retransmitiéndolas de diversas maneras. Enseña el Espiritismo que la mediumidad no es anormal ni sobrenatural, puesto que no tiene carácter patológico ni se trata de una violación de las leyes naturales. Ella simplemente constituye el camino natural y normal para que los espíritus desencarnados se manifiesten a los encarnados, poniendo en relación ambos lados de la vida.

Mediumnidad es fenómeno; Espiritismo es doctrina que estudia y explica el fenómeno. El fenómeno mediúmnico ha existido siempre, el Espiritismo tiene su inicio en la doctrina codificada por ALLAN KARDEC. Puede existir, y de hecho es así, mediumnidad sin Espiritismo, aunque no tendría sentido el Espiritismo sin la mediumnidad. Desconocer o confundir esto, ha causado daño al Espiritismo, porque muchas veces, prácticas mediúmnicas, supuestas o verdaderas, que se realizan en ambientes supersticiosos o ritualistas, se presentan con el rótulo de espiritistas, a pesar de que están completamente divorciadas de las normas técnicas, culturales y morales que distinguen a la doctrina espírita.

ANIMISMO Y MEDIUMNIDAD

El término animismo es de una variada polisemia y adquiere diversos sentidos de acuerdo con la disciplina que lo esté empleando. En las ciencias sociales se aplica a la creencia de que todos los objetos del Universo son seres animados, o que atribuye a todos los fenómenos naturales la presencia de un alma o espíritu, al cual se debe adorar, para aplacarlo o dominarlo, y, en ese contexto, se le identifica con el fetichismo y el totemismo de los pueblos primitivos. En algunas escuelas filosóficas, se usa para designar a toda doctrina de índole espiritualista. En la parapsicología se adopta el animismo como la hipótesis fundamental que explica los fenómenos paranormales, en tanto que producidos por las fuerzas psíquicas conscientes o inconscientes, de los seres vivos. En el Espiritismo, el animismo designa cierto estado de trance en el cual, quien está originando y produciendo el fenómeno de efectos psíquicos o físicos, es el espíritu del propio ser encarnado, y no un espíritu desencarnado, pues en este caso se hablaría de un hecho mediúmnico. Fue el investigador ruso ALEXANDER AKSAKOF quien introdujo esa palabra cuando llegó a la conclusión de que los mismos fenómenos pueden ser producidos tanto por los espíritus desencarnados (mediumnismo) como por los encarnados (animismo):

ALEXANDER AKSAKOF

> "La luz, para mí, no empezó a despuntar hasta el día que mi índice me forzó a introducir el título de animismo, es decir, desde que el atento estudio de los hechos me obligó a admitir que todos los fenómenos mediúmnicos, en cuanto a su tipo, pueden ser producidos por una acción inconsciente del hombre viviente, conclusión que no reposa sobre una simple hipótesis o sobre una afirmación gratuita, sino sobre el testimonio irrecusable de los hechos mismos, de donde viene esta consecuencia: que la actividad psíquica inconsciente de nuestro ser no está limitada a la periferia de nuestro cuerpo y que ella no presenta un carácter exclusivamente psíquico, sino que puede traspasar los límites del cuerpo y producir efectos tanto psíquicos como plásticos, y que esta actividad puede ser intracorporal y extracorporal".[80]

[80] ALEXANDER AKSAKOF. *Animismo y Espiritismo*. Casa Editorial Maucci. Barcelona. 1906, Tomo I, p. 28.

AKSAKOF también creó otro neologismo con el término "personismo" para facilitar el estudio y la comprensión de los muy variados fenómenos que se presentan en este campo, clasificándolos de acuerdo con características y peculiaridades. En su concepto, el animismo incluye aquellos fenómenos psíquicos inconscientes que se producen "fuera de los límites" de la acción corporal del sensitivo, como la transmisión del pensamiento o el movimiento de objetos sin contacto, mientras que el personismo abarca el conjunto de fenómenos psíquicos inconscientes que se producen "dentro de los límites" de la esfera corporal del sujeto y cuyo rasgo distintivo es la personificación, o sea, la adopción de una personalidad diferente, como podría ocurrir con algunas supuestas comunicaciones espirituales.

En su trabajo experimental, ya KARDEC había observado que en algunos trances quien se manifestaba era el propio espíritu del médium, y al estudio de ese hecho, que en su tiempo era totalmente novedoso y sorprendente, dedicó un capítulo completo de *El Libro de los Médiums*. Cuando preguntó si las comunicaciones podrían proceder también del espíritu del médium, obtuvo esta significativa respuesta:

> "El alma del médium puede comunicarse, como cualquier otro espíritu lo hace. Si disfruta de cierto grado de libertad, recobra sus cualidades de espíritu. Tenéis la prueba de ello en el alma de los encarnados, que vienen a visitaros y se comunican con vosotros por la escritura, muchas veces sin un llamado de vuestra parte. Porque, sabedlo bien, entre los espíritus a quienes evocáis los hay que están encarnados en la Tierra. En tales circunstancias hablan en su condición de espíritus, no de seres humanos. ¿Qué impedimento podría hallar el médium para no proceder de igual manera?".[81]

A la luz de la doctrina espírita, no existe contradicción entre los episodios de carácter anímico y los mediúmnicos. El error aparece entre los partidarios del animismo, cuando niegan la posibilidad de que, en ciertos casos se esté manifestando una entidad espiritual ajena al médium, y así también entre los defensores de la explicación mediúmnica, cuando atribuyen todos los fenómenos a la acción de los espíritus, desconociendo que en algunas oportunidades, lo que está ocurriendo es la exteriorización de fuerzas inconscientes del propio médium.

[81] Segunda parte. Capítulo XIX: Rol del médium en las comunicaciones espíritas.

En el amplio espectro que abarcan los fenómenos psíquicos, el animismo y la mediumnidad, lejos de excluirse, representan grados diversos de una misma escala, que se extiende desde las formas más elementales de la sensibilidad hasta las expresiones más complejas de la paranormalidad y la mediumnidad. El análisis comparado de los hechos que forman el vasto repertorio de las manifestaciones psíquicas, sugiere que algunas de ellas han podido tener su origen en actos involuntarios de carácter inconsciente como expresión de los propios recursos psíquicos del sujeto, en tanto que en otros casos se trata de la auténtica mediación entre ambos planos de la vida. Un mismo tipo de fenómeno, sea físico o intelectual, puede ser anímico o mediúmnico, y es por eso que se recomienda como pauta para determinar su génesis, no hacer generalizaciones ni dogmatizar con posiciones preestablecidas, y analizar cuidadosamente cada situación. El buen criterio hará comprender al estudioso que si hay casos donde no está presente la intervención espiritual, otros en cambio, no admiten otra explicación fuera de la espiritista.

Si bien es cierto que en algunas ocasiones se atribuye falsamente a los espíritus lo que no son otra cosa que fabulaciones inconscientes, no se debe suponer que siempre ocurre de la misma forma. El animismo no invalida la mediumnidad, porque, en última instancia, al producirse un trance de carácter anímico, el sujeto está actuando como intermediario de su propio espíritu, como médium de sí mismo. Este concepto que armoniza las dos alternativas fue adoptado por los investigadores y escritores espíritas como la explicación más convincente acerca de las causas y de la naturaleza de los fenómenos psíquicos. Así lo expresa BOZZANO en el Prefacio de *Animismo o Espiritismo. ¿Cuál de los dos explica el conjunto de los hechos?*, una obra de obligatoria consulta sobre este tema:

> "Ni el animismo ni el Espiritismo logran, separadamente, explicar el conjunto de los fenómenos supranormales. Ambos son indispensables para tal fin, y no pueden separarse, puesto que son efectos de una causa única y esta causa es el espíritu humano, que, cuando se manifiesta, en momentos fugaces, durante la encarnación, determina los fenómenos anímicos, y, cuando se manifiesta mediúmnicamente, durante la existencia desencarnada, determina los fenómenos espiríticos".

Siguiendo estas ideas, es conveniente precisar que los fenómenos llamados paranormales son de carácter anímico y no mediúmnico, por cuanto son producidos por fuerzas inconscientes del ser humano encarnado. Entre ellos, hay que destacar la telepatía (transmisión del pensamiento), la clarividencia (captación extrasensorial de un acontecimiento objetivo), la precognición (conocimiento de un evento futuro que no pueda inferirse racionalmente), y la psicocinesia (acción ejercida por la mente para modificar un sistema físico). A la persona que manifiesta aptitudes paranormales, puede llamársele sensitivo, sujeto, dotado, psíquico, y debe reservarse la palabra médium, para quien posee la facultad de servir como vehículo de los espíritus desencarnados.

Un adecuado conocimiento acerca de la teoría y la práctica de la mediumnidad exige que se diferencie el fraude del animismo y éste de la mistificación. No se debe catalogar al animismo como un fraude. El animismo es una acción inconsciente, mientras que el fraude es un acto deliberado del falso médium y de sus cómplices con el propósito de engañar y obtener provecho material a expensas de los incautos. Hay que tomar en cuenta, además, que en muchos casos, excelentes médiums comenzaron con manifestaciones anímicas, las cuales sirvieron como una fase de adaptación antes de la eclosión de sus auténticas facultades, y que, aún tratándose de médiums altamente educados y con experiencia, siempre se infiltran en los mensajes de los espíritus y se mezclan en su contenido, algunos elementos que provienen de las estructuras mentales del médium. De igual modo, es conveniente precisar lo que realmente significa la mistificación, o sea, el engaño producido por un espíritu que proporciona informaciones falsas y miente sobre su verdadera identidad haciéndose pasar por quien no es. Entonces, la mistificación ocurre dentro de un acto mediúmnico real, y el engaño es responsabilidad del espíritu comunicante.

Superando el empirismo en las actividades mediúmnicas, colocando su dirección en manos competentes y educando a los participantes en las sesiones para que todos contribuyan a la creación de una atmósfera psíquica adecuada, habrán de superarse todos los escollos, se impedirán los fraudes, y se conseguirá la evolución de las manifestaciones anímicas y emergerá la mediumnidad auténtica en toda su gloria y esplendor.

CLASIFICACIÓN DE LA MEDIUMNIDAD

Aunque la mediumnidad es de esencia única, posee un extraordinario polimorfismo y se presenta en muy variadas situaciones y categorías. Se pueden establecer diferentes clasificaciones dependiendo del criterio que se adopte.

Tomando en cuenta las reacciones psicofisiológicas del médium, así como el grado de profundidad que alcanza el trance, la facultad puede ser:

Consciente. Se presenta cuando el trance es superficial, de poca profundidad, el médium sabe lo que está ocurriendo y una vez que ha concluido la manifestación recuerda todos los detalles.

En la mediumnidad consciente, las ideas básicas provienen del espíritu, pero las formas verbales son elaboradas y moldeadas por el médium, a tono con su nivel cultural y sus propios conceptos, de modo que siempre habrá un cierto grado de filtración e interferencia. La intuición y la inspiración son variedades típicas de la mediumnidad consciente.

Muchas veces el médium sufre un drama íntimo porque se siente confundido y duda sobre el origen de los mensajes, y se pregunta si provienen de un espíritu o de su propio mundo mental, y la duda también se apodera de quienes le acompañan.

Una dosis razonable de preocupación ante la eventualidad del animismo forma parte de una actitud prudente de vigilancia y control, pero no debe convertirse en un comportamiento obsesivo impulsado por la desconfianza, pues se crea en el médium un estado psicológico de inhibición que bloquea la sintonía con los espíritus.

La educación del médium, la experiencia que vaya adquiriendo y su elevación moral, constituyen la mejor garantía de éxito cuando la facultad es consciente.

Semiconsciente. El médium se da cuenta parcialmente de lo que está aconteciendo con la manifestación del espíritu y de sus propias reacciones mentales y físicas y concluido el trance conserva recuerdos fragmentarios de lo que ha ocurrido. La mente del médium interfiere poco en las comunicaciones, causando leves distorsiones en el lenguaje y en las tonalidades emocionales.

Es la variedad mediúmnica que se presenta con mayor frecuencia.

Inconsciente. El trance es pleno y ha alcanzado la profundidad máxima. El espíritu que se manifiesta domina los centros nerviosos del médium, el cual se encuentra adormecido y con su conciencia obnubilada. Cuando concluye la experiencia el médium no recuerda lo que ha sucedido y se manifiesta sorprendido al saberlo.

Corrientemente, a la mediumnidad inconsciente se le llama "mediumnidad de incorporación" lo cual es bastante impropio, ya que sugiere la "salida" del espíritu del médium y una "ocupación" de su organismo por parte del espíritu comunicante, cuando en verdad, de lo que se trata es del control magnético que éste ejerce sobre el sistema nervioso del médium, aletargando momentáneamente su conciencia y su raciocinio crítico, dentro de un proceso donde también se superpone el periespíritu del espíritu sobre el periespíritu del médium, dando la apariencia de que uno se introduce o se incorpora en el otro.

Como son mínimas las interferencias, la mediumnidad inconsciente es la que preserva con mayor fidelidad el sentido y la forma original de las comunicaciones, y de esta manera, permite que se pueda identificar al espíritu. Eso ocurre así en las experiencias de xenoglosia o xenografía, en las cuales los mensajes son transmitidos en idiomas desconocidos para el médium, bien sea en forma oral o escrita. Son términos acuñados por el Dr. CHARLES RICHET, fundador de la Metapsíquica.

De acuerdo con las particularidades que adoptan los fenómenos, la mediumnidad se clasifica en dos grandes categorías: mediumnidad de efectos intelectuales y mediumnidad de efectos físicos. Sin embargo, debe quedar claro que no hay una frontera absoluta que las separe como si fuesen compartimientos estancos, porque casi siempre se encuentran entremezcladas. Bien decía GELEY que la mediumnidad, a pesar de sus múltiples y distintas manifestaciones, es de esencia única.

La MEDIUMNIDAD DE EFECTOS INTELECTUALES comprende aquellos fenómenos donde predominan los aspectos psicológicos, inteligentes, y por eso algunos estudiosos la han denominado mediumnidad subjetiva. Estas son sus principales categorías:

Mediumnidad parlante. También llamada psicofonía. El espíritu comunicante proyecta su acción psico-magnética sobre determinadas áreas sensitivas y motoras del cortex cerebral del médium, y se vale de sus órganos vocales.

Por lo general, el mensaje se trasmite en el mismo idioma del médium, pero en algunos casos en que el trance es profundo puede ser expresado en el idioma que identifica al espíritu y que es desconocido para el médium, dando lugar a un hecho de xenoglosia. En la literatura espírita se pueden encontrar hechos impresionantes de esta categoría. Bastaría mencionar algunos como el de la médium LAURA EDMONDS, hija del juez JOHN EDMONDS, quien fuese presidente del Senado de los Estados Unidos. Ella hablaba solamente inglés y había aprendido algo de francés en el colegio, y sin embargo, por ella se manifestaban los espíritus hablando en diversos idiomas. En una reunión social, en 1859, en el momento en que le presentaban a un diplomático griego entró en trance y se manifestó un espíritu que dialogó con el diplomático durante una hora en perfecto griego moderno, y que con tristeza le informó que acababa de fallecer un hijo suyo, lo cual fue comprobado horas después.

Es conveniente diferenciar la xenoglosia, que es una forma mediúmnica donde un espíritu bien identificado se expresa en un idioma coherente y claramente articulado, de la glosolalia, que es una expresión anímica en la cual emergen del inconsciente del sujeto algunos contenidos psíquicos, que se presentan como "idiomas desconocidos, arcaicos o extraterrestres" y son apenas lenguajes falsos o fantasiosos. La palabra glosolalia fue creada por el psicólogo ginebrino y notable investigador psíquico THEODOR FLOURNOY (1854-1920). Durante el trance, cuando el médium está hablando, suele adoptar posturas, mover los brazos y las manos, o producir inflexiones en la voz, de un modo involuntario, y que son rasgos típicos del espíritu que se está manifestando.

Mediumnidad escribiente. También llamada psicografía. El espíritu controla el brazo del médium e impulsa su mano para que vaya escribiendo el mensaje.

Cuando el médium es totalmente inconsciente se le llama médium mecánico, puesto que el espíritu mueve la mano del médium como si se tratase de una herramienta, en una acción que es independiente de la voluntad o del control del intermediario. Cuando el grado de profundidad del trance es menor, se habla de médiums semimecánicos.

Hay casos muy interesantes y demostrativos, en los cuales el médium escribe simultáneamente con las dos manos, dando curso a dos mensajes que provienen de dos espíritus diferentes.

Se usa el término xenografía cuando el médium escribe el mensaje en un idioma que le es desconocido. La médium canadiense MINA STINSON CRANDON (fallecida en 1941) muy conocida como "MARGERY", escribió en varias sesiones celebradas en la ciudad de Boston, en 1928, mensajes firmados por el espíritu CONFUCIO, en caracteres correspondientes al idioma chino. Eran mensajes de carácter filosófico que fueron traducidos por expertos en esa lengua.

En una de las sesiones que realizaba VICTOR HUGO (1802-1885) durante su exilio en la isla de Jersey, en las que actuaba como médium escribiente su hijo CARLOS HUGO, se recibió el siguiente verso firmado Por Lord BYRON (1788-1824):

"Vex not the bard
his lyre is broken,
his last song sung
his last word spoken"[82]

GABRIEL DELANNE

Aclara VICTOR HUGO, que un amigo de Inglaterra que le visitaba y participaba de la reunión, había pedido que se evocara al célebre poeta británico, y que su hijo no hablaba ni escribía en inglés.

En *Investigaciones sobre la mediumnidad*, una de las obras más completas, por su variada documentación y rigor científico en el análisis de los hechos, GABRIEL DELANNE dedica un capítulo al examen de numerosos casos de xenografía.[83]

En esta misma obra, el ilustre investigador y escritor espírita francés, otorga un inmenso valor para la comprobación de las manifestaciones de los espíritus, a la similitud entre los trazos escritos por el médium y la caligrafía que era típica del espíritu cuando se hallaba encarnado:

"Llegamos ahora a un orden de fenómenos que bastarían para imponer una convicción completa a quienes no hubieran persuadido los hechos precedentes. Cuando un médium reproduce la escritura y el estilo de una persona que no ha conocido en vida, no sólo hay intervención de una inteligencia extraña, sino que estamos en presencia de una especie de fotografía de la personalidad del difunto que es inimitable. Poseemos un documento permanente que permite hacer las compara-

[82] "No molestéis al poeta, su lira está rota, ya cantó su última canción y pronunció su última palabra".

[83] GABRIEL DELANNE. *Investigaciones sobre la mediumnidad.* Tercera parte, cap. III: Escritura en lenguas extranjeras desconocidas del médium. Traducción al español de FÉLIX RÍO. Editorial Constancia. Buenos Aires, 1948, p. 407.

ciones más precisas y permanece como testigo irrecusable de la acción del ser desencarnado.

Si uno de nuestros parientes o amigos ha partido para el extranjero, y recibimos una carta de él, reconocemos sin esfuerzo su letra y su forma de expresarse, y no nos viene al pensamiento la idea de imaginar que un mistificador haya podido ocupar su lugar para reírse de nosotros. Las comunicaciones que nos llegan del mundo invisible, de ese país separado de nosotros por la barrera de los sentidos físicos, son mensajes en todo parecidos a las cartas terrestres y cuando descubrimos los mismos caracteres, tenemos la misma convicción de que son los signatarios de esas misivas quienes nos las dirigen".[84]

Mediumnidad vidente. Con esta facultad, el médium percibe visualmente espíritus e imágenes de la vida espiritual, que pueden ser del presente, del pasado (retrocognición) o del futuro (precognición). La captación del vidente no depende de la visión física, ya que puede hacerlo con los ojos abiertos o cerrados, a plena luz o en completa oscuridad. Casi siempre es una facultad en la cual el médium permanece consciente.

Cuando se analiza la información ofrecida por los médiums videntes, debe tomarse en cuenta que hay diversas variables que intervienen en la situación. A veces, el médium incorpora de manera involuntaria, elementos de su propia psiquis que podrían modificar las imágenes o escenas percibidas. Hay que considerar también, que en numerosas ocasiones las videncias responden a procesos de ideoplastía, o sea, proyecciones mentales emitidas por los espíritus que adoptan formas muy diversas, las cuales deben ser interpretadas o descifradas ya que son de carácter simbólico. Figuras tales como paisajes, flores, animales, rostros, o los colores en sí mismos, son recursos de que se valen con frecuencia los espíritus para acompañar sus enseñanzas o para invitar a la reflexión.

La videncia, en tanto que facultad mediúmnica, no debe confundirse con la clarividencia, que es una facultad anímica. En la videncia se perciben escenas del mundo espiritual; en la clarividencia se perciben extrasensorialmente acontecimientos objetivos, del mundo físico, que están ocurriendo a gran distancia del percipiente. El vidente es un médium mientras que el clarividente es un sensitivo paranormal.

[84] Ob. cit. Tercera parte, cap. IV: Autógrafos de personas fallecidas obtenidos por los médiums p. 426.

Mediumnidad auditiva. El médium escucha la voz de los espíritus o los sonidos producidos por ellos. Igual que ocurre con la videncia, es una forma que se presenta típicamente en los médiums que conservan plenamente la conciencia de los acontecimientos. Por eso, con frecuencia, muchos médiums videntes son también auditivos.

En diversos grados, muchas personas poseen esta facultad que les permite oír ruidos, palabras, y hasta comunicaciones enteras trasmitidas por los espíritus, al punto de poder seguir una conversación con el ser invisible como si se tratara de un encarnado. Algunos médiums auditivos dicen que oyen las voces espirituales de una manera muy peculiar, diferente de las voces de los encarnados que captan con su aparato auditivo. Aclaran que la voz del espíritu la sienten en su interior, si bien es totalmente ajena a su mundo psíquico. Otros oyen esas voces y las identifican como externas, y pueden reconocer a un espíritu determinado por su timbre particular.

La experiencia auditiva puede ser agradable para el médium cuando se coloca en sintonía con espíritus amigos o elevados, pero en algunas ocasiones, cuando las voces provienen de espíritus inferiores, se torna muy incómoda y desagradable. Uno de los acontecimientos de mayor relevancia histórica vinculado a la mediumnidad auditiva fue protagonizado por JUANA DE ARCO, quien fue impulsada por las voces de los espíritus a comandar la lucha por la libertad de Francia.

En la visión materialista del hombre, todas las manifestaciones vitales provienen exclusivamente de la unidad funcional del cuerpo y de cada órgano en particular, de tal modo que, para lograr, por ejemplo, el funcionamiento del aparato auditivo, es imprescindible que un estímulo físico lo excite. Sin embargo, los hechos mediúmnicos y paranormales revelan la existencia de otros mecanismos de interacción entre el ser humano y su entorno psíquico, físico y social. En el caso de la mediumnidad auditiva, el médium oye voces o sonidos, sin que intervengan los órganos fisiológicos correspondientes, y además puede preguntar o responder al espíritu sólo con su pensamiento.

La mediumnidad auditiva no debe ser confundida con la clariaudiencia, que es la forma auditiva de la percepción extrasensorial. En un caso se trata de una captación de voces o sonidos de origen espiritual, en el otro tales sonidos son de carácter físico o material, localizados a una distancia que los coloca fuera de la percepción sensorial. Una es facultad mediúmnica, la otra es paranormal o anímica.

Mediumnidad intuitiva. El médium capta en estado consciente las informaciones o reflexiones que un espíritu le trasmite, sirviéndole como traductor o intérprete, valiéndose de sus propias palabras. Tiene como variedad, la mediumnidad de inspiración, en la cual es más difícil deslindar las ideas propias del médium de las que le son sugeridas por el espíritu. Entre los conferencistas, artistas, escritores y personas sensibles habituadas a la práctica de la meditación es muy frecuente la inspiración, manifestada como sintonía con los pensamientos ofrecidos por los espíritus, como captaciones de corrientes nóuricas que fluyen en otras dimensiones, más allá de nuestro espacio y de nuestro tiempo. Se pueden asimilar la genialidad y la mediumnidad, pues ambas son de una misma esencia.

Si bien se trata de una capacidad paranormal, la telepatía tiene mucha similitud con la mediumnidad intuitiva. En ésta, la fuente emisora es un espíritu desencarnado, en aquella lo es un encarnado, pero en ambas se trata de una sintonización de corrientes de energía y de pensamientos que a todos nos rodean.

La MEDIUMNIDAD DE EFECTOS FÍSICOS, o mediumnidad objetiva, comprende todos aquellos fenómenos que se traducen en manifestaciones materiales visibles y tangibles, como son los ruidos y sonidos sin causa física que los provoque, la aparición repentina de objetos, su modificación estructural o traslado de lugar, hasta la misma formación temporal de organismos biológicos. Hechos que se producen con el concurso de una fuerza exteriorizada por el médium y que obra sobre la materia y la modifica, obedeciendo a la influencia psicodinámica ejercida por los espíritus.

De igual modo que los fenómenos de efectos intelectuales, los de efectos físicos, pueden ocurrir de manera natural o provocada, es decir, en forma espontánea e inesperada o pueden presentarse en las reuniones de carácter experimental. Las manifestaciones físicas espontáneas pueden tener varios propósitos: llamar la atención de las personas acerca de la existencia de los espíritus, dar a conocer alguna solicitud particular, o causar molestias a ciertas personas con las cuales hay situaciones conflictivas. Habiendo motivos diferentes en la provocación de esos efectos físicos, hay que saber enfrentarlos adecuadamente, bien sea, brindando orientación y ayuda cuando se trata de espíritus perturbados o desorientados, atendiendo solicitudes cuando son procedentes, y no prestando atención cuando el fenómeno es producido por espíritus ligeros o burlones.

Estas son las principales variedades que adopta la mediumnidad física:

Tiptología. Aprovechando energía prestada por el médium, el espíritu provoca golpes, raps o sonidos en el interior de un objeto, los cuales se adaptan a un código alfabético previamente convenido, para organizar palabras, frases o mensajes de mayor extensión. Es uno de los más antiguos sistemas de comunicación con los espíritus, y está relacionado con las prácticas de la "ouija" o de las "mesas giratorias" o "mesas parlantes" que llamaron la atención y despertaron el interés público en América y en Europa a mediados del siglo diecinueve, y que abrirían paso al advenimiento del Espiritismo.

Es un sistema mediúmnico empírico y rudimentario, y por su lentitud no permite establecer una comunicación fluida con los espíritus, como la que se puede conseguir con la mediumnidad parlante o escribiente, y por eso, no se practica habitualmente dentro de los centros espíritas.

Cuando los golpes y demás efectos físicos tienen la intención de turbar o de agredir, se les cataloga como manifestaciones de poltergeist, el cual puede ser anímico o mediúmnico. El poltergeist de tipo anímico, es un fenómeno psicocinético en el cual la energía es proporcionada involuntariamente por el sujeto o epicentro, mientras que en el poltergeist de carácter mediúmnico, esa energía es movilizada y manipulada por uno o más espíritus.

Aporte. Incluye toda clase de movimientos de objetos materiales, que son provocados por los espíritus, sirviéndose de las energías de los médiums. Se acostumbra llamar transporte al traslado de esos objetos de un lugar a otro, y aporte a la súbita aparición de los objetos en lugares que están herméticamente cerrados.

Los aportes pueden ocurrir en la oscuridad o a plena luz. Algunos han sido bien observados y examinados en sesiones experimentales realizadas bajo condiciones rigurosas de control. Ante la vista de los presentes, aparece de pronto un cuerpo físico que con anterioridad no se hallaba el ambiente, sin que importe la distancia desde la cual ha sido traído ni la naturaleza o el tamaño del objeto. A veces el objeto estaba en la misma residencia donde se efectuaba la sesión, pero en otra habitación. También se han reportado casos excepcionales en que los objetos son aportados desde distancias inmensas, hasta de miles de kilómetros y de uno a otro continente.

La naturaleza de los objetos aportados varía hasta el infinito, desde cuerpos inertes (piedras, monedas, metales, etc.) hasta flores, plantas y también animales vivos. Con la médium inglesa ELIZABETH D'ESPERANCE se obtuvieron aportes impresionantes de flores, plantas y objetos, en sesiones bien controladas. En un libro autobiográfico, la médium cuenta la aparición repentina de una *Ixora crocata*, una planta originaria de la India, que tenía veintidós pulgadas de alto, y que se conservó con vida durante tres meses hasta que se marchitó.[85]

ELIZABETH D'ESPERANCE

No hay, hasta el momento, una explicación satisfactoria acerca del *modus operandi* de tan portentoso fenómeno, que plantea cuestiones tan desconcertantes como la "disgregación" de la materia o su "reintegración" posterior, obedeciendo los impulsos de una fuerza o agente especial que puede superar las limitaciones de un espacio tridimensional. El físico alemán JOHANN KARL FRIEDRICH ZÖLLNER (1834-1882), fundador de la astrofísica, profesor de la Universidad de Leipzig, realizó diversas experiencias con el médium norteamericano HENRY SLADE (1836-1905) a lo largo de cuarenta sesiones, para comprobar la posibilidad de "la penetración de la materia a través de la materia", las cuales dio a conocer en su libro *Física Trascendental.* ZÖLLNER diseñó una interesante hipótesis sobre la existencia de un espacio de cuatro dimensiones (hiperespacio tetradimensional), contiguo al espacio físico tridimensional, desde el cual un agente espiritual o espíritu desencarnado podría manipular los cuerpos materiales, moviéndolos, trasladándolos o provocando modificaciones en su estructura, sin encontrar obstáculos.

Materialización. Los espíritus se hacen temporalmente visibles y tangibles, en forma parcial (dedos, manos, rostros) o total (cuerpo entero), adquiriendo la apariencia que tuvieron en su vida encarnada. Para lograrlo hacen valer su fuerza ideoplástica y se recubren de una sustancia especial, un agente dinámi-

[85] ELIZABETH D'ESPERANCE. *Al País de las Sombras.* Carbonell y Esteva Editores, Barcelona. s/f.p. 209.

co exteriorizado por el médium, al cual RICHET llamó ectoplasma. Aunque el médium es la fuente principal de ectoplasma, otras personas que se encuentran en la reunión, liberan, aun sin percatarse, material ectoplásmico suplementario. Según la autorizada opinión de HERNANI GUIMARÃES ANDRADE, expuesta en su obra *La teoría corpuscular del espíritu* también los espíritus pueden aprovechar recursos de la naturaleza, provenientes de los animales, de los vegetales y de los minerales, formando lo que él ha denominado ectozooplasma, ectofitoplasma y ectomineroplasma.

KARDEC presenció algunos fenómenos de este tipo y los catalogó como "apariciones tangibles", creando el neologismo *agénere* para denominar a un espíritu momentáneamente materializado:

> "Nos restaría hablar del singular fenómeno de los agéneres que, por extraordinario que pueda parecer a primera vista, no es más sobrenatural que los otros de que nos ocupamos. Pero, como ya lo hemos explicado en la *Revista Espírita*, en febrero de 1859, conceptuamos inútil repetir aquí sus pormenores. Diremos tan sólo que es esta una variedad de las apariciones tangibles. Se trata del estado de ciertos espíritus que pueden tomar momentáneamente la forma de una persona viva, hasta el punto de crear en los testigos del fenómeno una ilusión completa. El vocablo agénere, deriva del griego: *a*, privativo, y *geine*, *geinomai*, engendrar, o sea, que no ha sido engendrado".[86]

Eminentes investigadores, como RICHET y GELEY en Francia, el alemán ALBERT VON SCHRENCK-NOTZING y el inglés W.J. CRAWFORD, estudiaron detenidamente las características y propiedades del ectoplasma y la describieron como una sustancia orgánica grisácea o blanquecina, amorfa, proteica, capaz de exteriorizarse del cuerpo del médium, de organizarse y desaparecer con gran rapidez, y que, examinada al microscopio, muestra en su composición, residuos de tejido epitelial, leucocitos y materia grasa.

Estas son sus propiedades básicas: **Plasticidad.** Se adapta a las directrices mentales del médium y de los espíritus. **Sensibilidad.** Reacciona favorable o desfavorablemente a los estímulos externos como la luz o al toque físico. **Penetrabilidad.** Es capaz de atravesar barreras físicas y de provocar alteraciones en la composición atómica y molecular de los cuerpos. **Conductibilidad.** Puede conducir cualquier tipo de energías físicas o espirituales.

[86] ALLAN KARDEC. *El Libro de los Médiums*. Segunda parte, capítulo VII: Bicorporeidad y transfiguración. Nº 125. Ob. cit. p. 144.

Variabilidad. Puede presentarse en forma tenue, casi transparente, más denso o totalmente tangible.

Los fenómenos de materialización son raros y difíciles de obtener; son fugaces y se presentan muy esporádicamente, aun cuando han ocurrido en número suficiente como para atraer la atención de muchos investigadores de primera línea en América y en Europa. Lamentablemente pareciera que su frecuencia ha venido progresivamente declinando, si se toma como referencia la gran cantidad de médiums físicos que fueron estudiados en el Instituto Metapsíquico Internacional de París, y en otras asociaciones similares en Europa y en América, durante las cuatro primeras décadas del siglo veinte. Los nombres de EUSAPIA PALADINO, JEAN GUZIC, FRANEK KLUSKI, STANISLAWA TOMCZYK, EVA CARRIÈRE, RUDI SCHNEIDER, son ampliamente conocidos por sus poderosas facultades ectoplásmicas durante esa época áurea de la mediumnidad física.

Con ellos se experimentó con gran rigor científico. Se diseñaron técnicas especiales para comprobar la autenticidad de las materializaciones, como fueron los moldeados de miembros humanos en parafina. Un molde en parafina constituye la prueba más objetiva e irrecusable de este tipo de fenómenos, no solamente para los asistentes sino también para los extraños. Una materialización suele desvanecerse sin dejar huellas de su presencia y cabe pensar a los incrédulos en un posible fraude o en una alucinación colectiva. Pero el moldeado queda, se palpa, se analiza, y se puede someter a toda clase de estudios. He aquí cómo se obtuvieron en el Instituto de París: sobre la mesa de experimentación se tenía preparado un recipiente con agua caliente en la que se había vertido cierta cantidad de parafina hasta formar una capa de 10 centímetros de espesor. Se conserva el calor del agua colocando el recipiente sobre un calentador eléctrico, en el que se va graduando la temperatura. En el momento oportuno, que es cuando se percibe un principio de materialización ectoplásmica, se provoca la ebullición del agua y la licuefacción completa de la parafina. Se solicita, a la entidad espiritual, que materialice, por caso, una mano, y al esto ocurrir, se le pide que sumerja esa parte materializada en la parafina, con la intención de formar un molde. Se observa entonces, el borboteo del agua por la inmersión del miembro materializado y al cabo de uno o dos minutos la operación está terminada. Cuando esa parte materializada sale al aire, la parafina que se le ha adherido se va enfriando y solidificando, y la mano, al desmaterializarse, deja un guante vacío modelado por una fina capa de parafina. Se rellena el guante con yeso, se quita la parafina y el vaciado reproduce a la perfección la mano materializada, la cual, en algunos

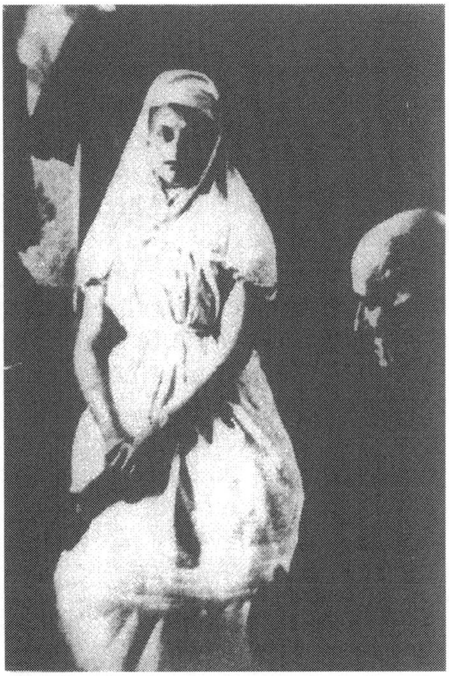

KATIE KING

experimentos, se presenta con dedos entrelazados, o son las dos manos que se encuentran apretadas entre sí.

El ectoplasma se exterioriza del cuerpo del médium en estado sólido o semisólido, y brota especialmente por orificios como la boca, los oídos o la nariz. Luego es reabsorbido en gran parte, o en su totalidad. Se ha constatado en reuniones experimentales que durante el proceso de exudación ectoplásmica, el médium pierde peso y que posteriormente lo recupera.

Al comienzo de las manifestaciones, el ectoplasma se presenta como una neblina que flota alrededor del médium, de la cual van surgiendo pequeñas luces que a veces se hacen verdaderos focos luminosos. En algunas sesiones, los fenómenos se limitan a estos efectos luminosos, pero en otras de mayor calidad, van apareciendo progresivamente formas de manos, brazos, rostros o cabezas humanas. En muy contadas ocasiones se han materializado cuerpos enteros con todos sus órganos y a los cuales se les ha verificado sus ritmos y funciones fisiológicas. Así ocurrió con el célebre caso del espíritu KATIE KING con la médium FLORENCE COOK (1856-1904), registrado, fotografiado y plenamente verificado por CROOKES; con las materializaciones del espíritu BIEN BOA en la Villa Carmen de Argel obtenidas con la médium MARTHE BERAUD (conocida como EVA CARRIÈRE) y dirigidas por RICHET; o con las materializaciones completas producidas con la intervención de los médiums brasileños CARLOS MIRABELLI (1889-1951) ampliamente estudiado en casi cuatrocientas sesiones celebradas por la Academia de Ciencias Psiquicas "Cesare Lombroso" de São Paulo, con FRANCISCO LINS PEIXOTO, conocido como "PEIXOTINHO", o con ANA PRADO (1884-1923).[87]

[87] Hay numerosos libros que informan detalladamente acerca de las experiencias de materializaciones de espíritus realizadas con estos y con otros médiums. Entre ellos recomendamos

Voz directa. Los espíritus hacen oír su voz sin servirse de los órganos de fonación del médium. Fue denominada Neumatofonía por KARDEC. La objetividad del hecho queda establecida porque varias personas afirman escuchar las mismas palabras o frases.

El fenómeno presenta algunas variantes. En unos casos se coloca una corneta dentro de la sala en donde se realiza la sesión, la cual es levitada y movilizada por la acción de los espíritus quienes logran hacerse oír mediante ella. En otras experiencias, se forma una especie de garganta ectoplásmica y el espíritu se vale de ella para emitir su voz.

Algunas veces se manifiestan varias voces al mismo tiempo, y se trata de un tipo particular de fenómeno mediúmnico que se relaciona con las conocidas "voces electrónicas paranormales" (impropiamente llamadas psicofonías por algunos parapsicólogos) que son voces que los espíritus graban en equipos electrónicos, bien sea, grabadores, teléfonos, computadoras o televisores. Se ha venido divulgando el estudio de estas experiencias con el nombre de Transcomunicación Instrumental.

Escritura directa. Los espíritus escriben palabras o mensajes en hojas de papel en blanco o en pizarras, sin la ayuda de las manos del médium. KARDEC le dio el nombre de Neumatografía. Por lo general, para obtener los mensajes, se coloca sobre la mesa de las experiencias, debajo de ella o guardada en un recipiente, una hoja de papel en blanco y un lápiz. Al cabo de un tiempo, que puede variar según las circunstancias, aparecen escritos sobre la hoja, caracteres diversos, dibujos, palabras y hasta frases completas, que a veces se encuentran en idiomas no conocidos por los asistentes, lo que constituye una prueba adicional de la intervención de una inteligencia ajena al médium y a los participantes.

En las diferentes tradiciones religiosas de oriente y de occidente, aparecen fenómenos que parecen ser provocados por este medio. El Decálogo escrito por MOISÉS, o las palabras que aparecieron escritas en una pared en el festín de BALTASAR (*Manel*, *Thecel*, *Phares*) son ejemplos de neumatografía.

---

la lectura de los siguientes: *Las apariciones materializadas de los vivos y de los muertos* de GABRIEL DELANNE; *Ectoplasmia y clarividencia* de GUSTAVE GELEY; *Los fenómenos físicos de la mediumnidad* de ALBERT VON SCHRENCK-NOTZING; *El mediumnismo en La Sorbona* de JULIETTE ALEXANDRE BISSON; *Maravillosos fenómenos del más allá* de MADELEINE FRONDONI LACOMBE; *El trabajo de los muertos* de NOGUEIRA DE FARÍA; *Katie King* de WALLACE LEAL V. RODRIGUES; *Materializaciones luminosas* de R.A. RANIERI, *Mirabelli, un médium extraordinario* de LAMARTINE PALHANO JUNIOR; etc.

Las primeras experiencias de escritura directa que fueron observadas de una manera rigurosa, se dieron en Francia en 1856, bajo la supervisión del Barón LUDWIG VON GULDENSTUBBÉ (1820-1873) en las cuales actuaba como médium su hermana, y se recibieron decenas de mensajes en latín, griego, francés, ruso, inglés, italiano, y otros idiomas que no eran dominados por ellos. El Barón publicó un detallado relato de estos trabajos experimentales que se extendieron hasta 1872 en su libro *La realidad de los espíritus y el fenómeno maravilloso de la escritura directa*. Con el médium norteamericano HENRY SLADE (fallecido en 1905) se celebraron centenares de sesiones experimentales en diversos países, y en las cuales se obtuvieron escrituras directas en pizarras que eran previamente examinadas por los investigadores y atadas con tanta firmeza que se hacía imposible cualquier fraude. En tiempos más recientes, se han obtenido resultados satisfactorios con el médium británico MATTHEW MANNING (n. 1956) en cuya presencia se producen voces y escrituras directas, así como dibujos y pinturas mediúmnicas, y otros efectos psicocinéticos. Lo que permite que ocurran fenómenos tan complejos como la voz directa y la escritura directa es la combinación de fuerzas psíquicas que provienen tanto de las entidades espirituales como de los médiums y de los propios asistentes a los trabajos experimentales.

Levitación. Por la acción de los espíritus y mediante la energía aportada por los médiums, se produce el alzamiento y suspensión en el aire de personas, animales u objetos, venciendo momentáneamente la fuerza de gravedad.

Cuando ocurre la levitación del médium, éste se encuentra sumergido en un trance muy profundo. En algunas oportunidades, se observan formaciones ectoplásmicas luminosas que elevan y sostienen los objetos o seres vivientes, las cuales fueron denominadas "palancas psíquicas" por el Dr. WILLIAM JACKSON CRAWFORD (1881-1930), ingeniero de Belfast, Irlanda del Norte, quien publicó tres libros, con abundante material fotográfico, sobre los fenómenos de materialización, levitación y otros efectos físicos obtenidos en el célebre Círculo Goligher entre 1915 y 1920,

El fenómeno de la levitación ha sido observado en los más diversos contextos religiosos y culturales del mundo, desde el chamanismo, las danzas derviches, las ceremonias rituales en tribus africanas o polinesias, hasta los ejercicios psíquicos del lamaísmo tibetano. La Iglesia católica admite oficialmente que algunos santos o místicos cristianos como FRANCISCO DE ASÍS, JOSÉ DE CUPERTINO o SANTA TERESA, levitaban en presencia de numerosas personas y a plena luz del día. Entre los médiums espiritistas han recibido el mayor crédito las experiencias de levitación protagonizadas por DANIEL DUNGLAS HOME.

HARRY EDWARDS

Mediumnidad curativa. Los espíritus intervienen para producir curaciones de naturaleza física o psíquica, sirviéndose de médiums especialmente dotados para esta delicada actividad. Dentro de las amplias posibilidades de esta facultad se incluyen desde la elaboración de diagnósticos, la expedición de recetas, las aplicaciones magnéticas, el alivio de diversas dolencias, hasta las espectaculares intervenciones quirúrgicas, que pueden ejercerse en el nivel periespiritual o en el propio cuerpo físico.

Cada médium curador presenta características propias que hacen muy particular y específico su modo de actuar. Por ejemplo, HARRY EDWARDS (1893-1976) atendió exitosamente a millones de personas en Inglaterra por más de cinco décadas, mediante aplicaciones magnéticas. Decía que de él brotaba una fuerza curativa que era canalizada por los espíritus desencarnados que le asistían, dentro de un estado de trance semiconsciente. El brasileño JOSÉ ARIGÓ (1922-1971) se sumía en un trance profundo para dar paso al espíritu ADOLPH FRITZ, un médico alemán desencarnado. Así se realizaron millares de intervenciones quirúrgicas, superficiales o profundas, fuera de los procedimientos oficiales de la medicina.

JOSÉ ARIGÓ

A los efectos de su clasificación, la mediumnidad curativa puede considerarse como una forma mixta, que combina efectos físicos e intelectuales. Se debe tener en cuenta también, que existen muchas aplicaciones curativas de carácter psíquico o anímico que no deben ser catalogadas como mediúmnicas, dado que los recursos curativos provienen de las energías ofrecidas por las personas, sin que necesariamente haya alguna intervención espiritual, como acontece en las aplicaciones del magnetismo, en las vibraciones mentales, o en la elaboración de diagnósticos por vía paranormal. La posibilidad de considerar la curación psíquica como un fenómeno mediúmnico en unos casos o como un hecho anímico en otros, fue claramente definida por KARDEC en numerosos escritos. En la *Revue Spirite*, de septiembre de 1865, puntualizando conceptos básicos sobre el tema en el artículo titulado "Acerca de la mediumnidad curativa", expresó:

> "Quien dice médium, dice intermediario. La diferencia entre el magnetizador, propiamente dicho, y el médium curador, es que el primero magnetiza con su fluido personal, y el segundo, con el fluido de los espíritus, al cual sirve de conductor. El magnetismo producido por el fluido del hombre es el magnetismo humano; el que proviene del fluido de los espíritus es el magnetismo espiritual".

Allí mismo, y en relación con el provecho económico que pretenden obtener algunas personas que se dedican a la mediumnidad curativa convirtiéndola indebidamente en una profesión, advierte KARDEC con su proverbial inteligencia y sentido ético:

> "La mediumnidad curativa es una aptitud, como todos los géneros de mediumnidad, inherente al individuo, pero el resultado efectivo de esa aptitud es independiente de su voluntad. Indiscutiblemente, ella se desarrolla con el ejercicio, y sobre todo, por la práctica del bien y de la caridad; pero, como no podría tener la estabilidad ni la puntualidad de un talento adquirido por el estudio, del cual se es siempre dueño, no debería convertirse en una profesión. Sería pues, un abuso que alguien se presente al público como médium curador".

EDUCACIÓN MEDIÚMNICA

La mediumnidad nace, no se hace. Surge espontáneamente en las personas, y no se adquiere con ningún procedimiento ni se aprende en escuelas o institutos. Conforme a las enseñanzas del Espiritismo, no se debe forzar la eclosión de la facultad mediúmnica, pero cuando ella se muestra y hace evidente, debe ser educada, orientada y disciplinada en tres vertientes fundamentales: el área moral, el área cultural y el área técnica, todas las cuales propenden, en conjunto, hacia el verdadero conocimiento de lo que es la mediumnidad y su empleo adecuado, hacia un auténtico crecimiento espiritual del médium y de todos los participantes en las actividades mediúmnicas.

Educación moral del médium

La enseñanza kardeciana de que la mediumnidad es independiente de la moral, debe ser correctamente entendida. La mediumnidad es un mecanismo de comunicación entre dos dimensiones de la vida, el mundo espiritual desencarnado y el mundo corporal encarnado. En tanto que fenómeno, la comunicación con los espíritus es un instrumento neutro desde el punto de vista moral, y lo que le otorga jerarquía ética son las condiciones de su empleo y los propósitos que se persiguen. A la luz del Espiritismo, debe ser siempre practicada en dirección al bien, aprovechándola como un extraordinario recurso que estimula la educación espiritual, el autoconocimiento, la vivencia y práctica de la solidaridad y de la fraternidad. Pero, infelizmente, es utilizada con fines perversos, para causar daño, para engañar o explotar o para estimular creencias o prácticas supersticiosas.

CHICO XAVIER

No puede ser culpabilizada la mediumnidad por el mal uso que algunos hacen de ella, de igual modo que no se puede responsabilizar a los medios de comunicación social, por ciertos programas que degradan en lugar de enaltecer los valores morales. Por eso, la doctrina espírita pone tanto énfasis en la educación moral del médium y de todos los que participan en las sesiones mediúmnicas.

La Doctrina Espírita no admite, bajo ninguna circunstancia, que se perciba cualquier remuneración, por el ejercicio mediúmnico. La mediumnidad no es oficio ni profesión y su práctica debe ajustarse siempre a normas que exigen el más absoluto desinterés pecuniario. Todos los autores espíritas se han pronunciado con insistencia sobre este concepto, el cual ha sido considerado como un principio fundamental de la ética espírita. Grabemos estas sabias palabras de LÉON DENIS:

> "La mejor garantía de sinceridad que puede presentar un médium, es el desinterés, como es también el medio más seguro para obtener la protección de lo Alto.
>
> Para conservar todo su prestigio moral, para producir frutos de verdad, la mediumnidad ha de ser ejercida con elevación y sin paga material alguna; de otro modo, conviértese en fuente de abusos, en instrumento de confusión del cual podrán servirse las fuentes maléficas".[88]

La mediumnidad remunerada es una vía rápida hacia la mistificación, por la sintonía con entidades inferiores; y también, hacia el animismo o el fraude consciente, porque los espíritus buenos se alejan del médium y este se ve tentado a satisfacer las exigencias de quienes están pagando por ver fenómenos, bien sea forzando la eclosión de sus propios contenidos psíquicos inconscientes o bien sea fingiendo una supuesta comunicación espiritual. Queda entonces el médium como si se tratase de un teléfono con la comunicación cortada, aparentando un diálogo con un mundo externo que no pasa de ser un monólogo con su propio mundo interior. Cumpliendo con una tarea noble al servir como puentes de comunicación entre el plano espiritual y el piano físico, no deben esperar los médiums otra retribución que la satisfacción de haber prestado un servicio, como un gran apostolado en favor de la verdad y del progreso intelectual y moral.

La actividad mediúmnica no debe realizarse como si se tratara de una diversión o una distracción frívola, tal cual ocurre con el llamado "juego de la ouija", donde se pretende evocar espíritus para consultarles toda suerte de banalidades. Semejantes prácticas, además de rudimentarias y empíricas, frecuentemente ocasionan trastornos psicológicos y abren posibilidades a relacionamientos obsesivos, ya que son entidades inferiores las que acuden a esas convocatorias frívolas. Se engañan quienes creen que están jugando con los espíritus al evocarlos mediante esos procedimientos, pues en verdad, son los espíritus burlones quienes juegan con ellos.

[88] LÉON DENIS. *En lo invisible.* Ediciones CIMA. Caracas, 1995, Capítulo XXIV. Abusos de la mediumnidad pp. 303-304.

El empleo de la mediumnidad ha de canalizarse exclusivamente en **dirección al bien**, con una intención sana, noble, digna, amorosa. Nunca debe convertirse en instrumento para causar daño a un semejante ni un subterfugio para conseguir beneficios personales de cualquier índole. Se equivocan quienes creen que la facultad mediúmnica permanecerá con ellos eternamente y con independencia del uso que le den, puesto que, si no llevan una vida recta, o se tornan mercenarios que mercantilizan con los fenómenos o prevarican con los fraudes y la charlatanería, la perderán o se hundirán en el abismo de la obsesión, pasto de espíritus atrasados, ya que la mediumnidad es un proceso que sólo puede alcanzar la plenitud de sus posibilidades cuando se desenvuelve en un contexto moral, y por eso, los buenos espíritus se alejan de quien pretenda utilizarla indebidamente.

A este tema dedicó KARDEC un amplio espacio, examinando las diversas causas que conspiran contra el ejercicio transparente y enaltecedor de la mediumnidad, colocando en el centro de sus preocupaciones el aspecto ético:

> "Médiums interesados no son únicamente aquellos que pueden exigir retribución. El interés no se traduce siempre en la esperanza de obtener un lucro material, sino también en toda clase de miras ambiciosas, sobre las cuales se pueden fundar esperanzas personales. Y es ésta, asimismo, una falla que saben captar muy bien los espíritus burlones, aprovechándola con una habilidad y picardía realmente notables: para lo cual fomentan engañosas ilusiones en aquellos que de este modo se colocan bajo su dependencia.

En síntesis, la mediumnidad es una facultad que se concede para el bien, y los buenos espíritus se alejan de quienquiera pretenda convertirla en un escalón para alcanzar cualquier cosa que no responda a los designios de la Providencia. El egoísmo es la plaga de la sociedad humana y los espíritus buenos lo combaten. Por tanto, no es posible suponer que se pongan a su servicio. Esto es tan razonable que huelga seguir insistiendo al respecto".[89]

Son características del médium espírita, debidamente moralizado:

* Mantiene un comportamiento recto, digno, altruista, tanto en su vida privada, como en el ámbito familiar y social.

[89] ALLAN KARDEC. *El Libro de los Médiums*. Ediciones CIMA. Caracas, 1994, Segunda Parte Capítulo XXVIII, N° 306. pp. 392-393.

* Manifiesta pureza en sus sentimientos, en sus pensamientos y en sus palabras. Mediante el cultivo de las virtudes el médium vibra con pensamientos positivos y eso produce un doble efecto: atrae y sintoniza energías armónicas y edificantes, al mismo tiempo que repele fuerzas viciosas y dañinas.

* Se mantiene alejado de cualquier actitud de ostentación, orgullo o vanidad. El médium espírita comprende que su facultad no es, en sí misma, una prueba de progreso moral o espiritual, puesto que, en primer término, es una condición inherente al organismo y por otra parte, a veces es la consecuencia de conductas desordenadas que se arrastran desde la vida precedente.

* Vive dignamente de su trabajo, en la profesión u oficio que ha elegido, y no se vale de sus facultades para obtener cualquier beneficio o lucro.

* No siente celos ni envidia por las facultades mediúmnicas de otros compañeros, y está bien dispuesto para compartir y colaborar con todos ellos, dentro de un trabajo de equipo.

* Procura rodearse de personas serenas, afables, equilibradas, amorosas, que fortalezcan el clima de armonía, paz y buena voluntad que debe reinar en el grupo espírita donde participa.

* Nunca se presta a cualquier engaño, mentira o fraude, ni finge presuntas manifestaciones de los espíritus.

* Aleja de su esfera mental, situaciones que pudieran favorecer las mistificaciones o las obsesiones, solicitando con amor la asistencia y protección de la espiritualidad superior.

* No se involucra con prácticas ritualistas, fetichistas o supersticiosas, típicas de los sincretismos religiosos de índole afro-católico-indigenista, en las cuales participan, predominantemente, entidades desequilibradas o de muy bajo nivel evolutivo, y se explota comercialmente la ignorancia e ingenuidad de los incautos.

* Y lo más importante: debe disponer de la humildad necesaria para comprender, aceptar y asumir, que es un ser humano, con virtudes y defectos, que no es infalible, que puede ser víctima de mistificaciones, que puede dar

paso, sin saberlo, a manifestaciones de carácter anímico, y que, por lo tanto, no debe permitir ni estimular cualquier expresión de idolatría o culto a la personalidad. Muy categórica fue la respuesta de los espíritus a KARDEC cuando afirmaron que NINGÚN MÉDIUM ES PERFECTO:

ALLAN KARDEC
dibujo de 1867

> "¿Perfecto? Bien sabéis que en la Tierra no existe la perfección. Si no fuese así, no estaríais vosotros aquí. Decid mejor "un buen médium", que ya es mucho, porque los buenos médiums no abundan. El médium perfecto sería aquel con el cual los malos espíritus no se hubieran atrevido jamás a hacer la tentativa de engañarlo. Y el mejor médium es el que, simpatizando sólo con los buenos espíritus, ha sido engañado con menos frecuencia".[90]

Educación cultural del médium

Es muy importante no confundir al Espiritismo con la mediumnidad. Ésta es un fenómeno natural que es inherente a la condición humana, mientras que el Espiritismo es una doctrina que estudia ese fenómeno para desentrañar las leyes que lo rigen y explicarlo en su naturaleza y sus consecuencias. Se puede ser médium sin ser espiritista, y, obviamente, ser espiritista sin ser médium. Lo deseable es que todo médium sea espírita, pues así conoce apropiadamente lo que está ocurriendo consigo mismo, domina su facultad y no está sometido a los vaivenes de fuerzas incontrolables.

El médium espírita asume con plena conciencia el ejercicio de su facultad y estudia con amor y dedicación, la doctrina que habrá de brindarle orientación en su vida ciudadana y protección en su labor como médium, y en la cual

[90] ALLAN KARDEC. *El Libro de los Médiums*. Segunda parte, capítulo XX. Nº 226.p. 266.

obtiene una visión panorámica, homogénea, coherente y completa en torno de la realidad física y espiritual.

Los médiums sin formación espírita, causan dificultades graves a los espíritus que intentan trasmitir sus pensamientos, debido a una defectuosa recepción o al choque producido por las interferencias mentales de esos médiums como consecuencia de sus opiniones prejuiciadas. Por las deficiencias de su formación no son instrumentos fieles que garanticen la nitidez en los mensajes dictados por los comunicadores invisibles.

Es un error de cualquier médium suponer que poseer la facultad es suficiente y que no necesita culturizarse. No se debe olvidar que las experiencias mediúmnicas pueden causar daños cuando tienen al frente a personas ignorantes de las leyes que las gobiernan y de las condiciones requeridas para su manifestación, desenvolvimiento y control.

El estudio doctrinario, así como la preparación cultural en general, harán de él un médium más completo, un instrumento más fino y de mayores recursos. Al ampliar el espectro de su acervo cultural, irá sintonizando con espíritus de mayor evolución y retransmitiendo con mayor fidelidad sus mensajes, y estableciendo una fructífera relación con ellos sin entorpecimientos anímicos o emocionales. Pudiera ocurrir que un médium semiletrado trasmitiese mensajes de alto contenido intelectual y con un lenguaje refinado, pero eso, además de ser excepcional, indica que el médium conserva elementos culturales asociados a esos temas, que fueron adquiridos en vidas anteriores.

Aun cuando el estudio de la mediumnidad no hace al médium, ha de tenerse presente que éste, al conocer las bases teóricas y enriquecerse culturalmente, de algún modo se inmuniza frente a las mistificaciones y las obsesiones, no es presa fácil de la credulidad o del fanatismo, adquiere plena conciencia del valor de su facultad, y asume responsablemente la hermosa misión que ha de cumplir y se dispone, por lo tanto, a servir a la humanidad.

Educación técnica de la mediumnidad

Las actividades mediúmnicas no deben desenvolverse bajo condiciones de empirismo, desconocimiento o irresponsabilidad. Todos los que participan en ellas, desde los médiums y directores de sesiones hasta los asistentes, han de poseer suficientes conocimientos previos, antes de entregarse a la experimentación, dependiendo de este requisito la eficiencia en los resultados.

La práctica de la mediumnidad presenta sus dificultades y quienes se relacionan con ella deben estudiarla a fondo y armarse de paciencia para comprender sus peculiaridades. Se caracterizan las sesiones mediúmnicas por su inconstancia y variabilidad, pues, en idénticas condiciones, un día se obtienen hechos extraordinarios y en otro los resultados son casi nulos. Es natural que así sea, porque el hecho mediúmnico es un hecho humano, y nada más variable e impredecible en la naturaleza que el ser humano.

No es posible identificar a un médium por cualquier señal física o un rasgo fisonómico particular. No hay ninguna evidencia que permita relacionar una facultad mediúmnica con algún aspecto anatómico o fisiológico, y las observaciones de tipo comparativo entre diferentes médiums confirman que la mediumnidad no se puede correlacionar con características de tipo constitucional. Sin embargo, se puede hablar de **señales identificatorias de mediumnidad**, cuando se presentan en una persona ciertas expresiones psicológicas, fisiológicas y conductuales, que permiten suponer la presencia de algún tipo de facultad en particular. Entre las señales que con mayor frecuencia se asocian con la mediumnidad, están las siguientes:

- Manifestaciones explícitas de mediumnidad que surgen de un modo inesperado y espontáneo. Las personas dicen sentir la presencia de los espíritus, o pueden verlos u oírlos, o pueden entrar en diversos estados de trance. O cuando ocurren hechos insólitos en su presencia, como ruidos, movimientos, desaparición de objetos, luces inexplicables, apariciones, etc.

- Desdoblamientos espirituales. La persona tiene la sensación de salir de su cuerpo físico y experimentar un viaje astral, pudiendo ver su propio cuerpo físico desde una perspectiva externa a él. Si bien, no toda experiencia de proyección espiritual extracorporal implica necesariamente la mediumnidad, en muchos médiums se ha presentado como la primera señal que indica la facultad.

- Sueños recurrentes, donde las mismas imágenes se repiten durante semanas, meses o años. En muchas oportunidades, los contenidos oníricos se corresponden con situaciones de la vida real o tienen un auténtico carácter premonitorio pues son verificadas posteriormente.

- Estados modificados de conciencia acompañados de sensaciones extrañas, como somnolencia, vértigo, ahogo, presión estomacal, percepción de fluidos, invasión de ideas extrañas, etc.

Quienes muestran signos o señales de esta naturaleza y acuden al centro espírita, deben ser entrevistados por dirigentes con experiencia, a fin de que sean correctamente orientados. Hay que ser cuidadoso y prudente, antes de emitir alguna opinión, porque en algunos casos no son señales mediúmnicas sino más bien síntomas de algún trastorno neurótico o psicótico y la persona debe ser referida a una institución especializada para recibir atención médica o psicológica.

Sería por lo tanto, sumamente grave para la salud de esa persona que se le tenga por médium, a la par que altamente pernicioso y comprometedor para el centro espírita. Y a la inversa, es erróneo y muy lamentable, que un médium sea diagnosticado como un enfermo mental, debido a la ignorancia familiar y al enfoque unilateral y prejuiciado del modelo biomédico imperante en nuestra sociedad.

Una cuestión delicada y que debe ser atendida con la máxima precaución, se refiere a las manifestaciones mediúmnicas en los niños. Por regla general, no se debe propiciar el desarrollo de facultades mediúmnicas en los niños, por respeto a la fragilidad de su organismo aún en proceso de formación, y para protegerlos de la sobreexcitación psíquica que puede sobrevenirles en un trance. Ahora bien, en los casos en que la mediumnidad se ha expresado de manera espontánea e inesperada, se deben extremar los cuidados, brindarle al niño la mayor afectividad, orientarle en las pautas morales y filosóficas espíritas, y canalizar sus manifestaciones mediúmnicas dentro de un grupo previamente seleccionado en el centro espírita, solicitando fervorosamente el amparo y la orientación de la espiritualidad superior. En ocasiones, con el apoyo de los espíritus protectores del niño, la facultad queda suspendida hasta que se haga adulto y se haya completado su proceso evolutivo.[91]

La educación técnica de la mediumnidad, que algunos han denominado desarrollo de facultades, abarca numerosos aspectos, teóricos y relacionados con todos los factores que concurren a la correcta realización de la sesión mediúmnica: los médiums, los directores y su equipo de apoyo, los asistentes, y por supuesto, los espíritus. Presentamos a continuación, en forma esque-

[91] En *El Libro de los Médiums*, KARDEC recibió de los espíritus una orientación precisa respecto de los peligros que podría ocasionar el ejercicio mediúmnico en los niños, en la cual se sugiere a los padres evitar esa práctica con ellos y que la canalicen por la vía de sus consecuencias morales, confirmándose una vez más la actitud científica y ética que distingue al Espiritismo. Léase el capítulo XVIII, en la segunda parte: Inconvenientes y peligros de la mediumnidad.

mática y resumida, algunas ideas que deben tenerse presentes en la praxis mediúmnica:

Sobre el médium

- El médium espírita participa exclusivamente con sus facultades, en el Centro Espírita. No realiza sesiones particulares en su domicilio o en otras residencias particulares.

- Debe aprender a aceptar o a rechazar el contacto mediúmnico, atendiendo a que las circunstancias sean favorables o siguiendo las instrucciones del director. No debe ser "tomado" por el espíritu sin que medie una predisposición favorable o su explícito consentimiento.

- Debe saber distinguir la calidad del espíritu que se acerca, es decir, su nivel evolutivo, por la discriminación de los fluidos que irradia. Previamente, el médium ha identificado al espíritu guía o "control" que le asiste en las sesiones y mantiene una relación cooperativa con él.

- Debe aprender a controlar sus reacciones psicofisiológicas, dominando y evitando la respiración jadeante, los gemidos, contorsiones, golpes lanzados con los brazos o los pies, y otros ademanes que indiquen afectación o artificialidad.

- Debe aprender a mantenerse dentro de un clima de armonía, serenidad y vibración positiva durante el trance, de modo que al finalizar el contacto espiritual, se encuentre en perfecta condición anímica y con la normalidad de sus ritmos fisiológicos.

- Debe aprender a concluir el trance, al momento en que reciba instrucciones del director, especialmente cuando se producen manifestaciones vinculadas a espíritus perturbados o perturbadores, que se muestran renuentes a marcharse. Al ser llamado por el director debe proceder a desligarse del espíritu y recuperar su estado consciente. Cada espíritu posee un patrón vibratorio específico y el médium debe diferenciarlo para acoplarse con él, para protegerse y concluir el trance con perfecta normalidad y disfrutando de una sensación de bienestar.

Sobre el director de sesiones

- Debe ser una persona con amplios conocimientos acerca de los fundamentos históricos, científicos, filosóficos y morales del Espiritismo, y por supuesto poseer una firme y definida convicción espírita.

- Ha de tener una amplia cultura general, que le capacite para trasmitir apropiadamente sus ideas, sostener diálogos con los espíritus que se manifiestan acerca de los más diversos temas, y poder discernir sobre la veracidad de sus opiniones, afirmaciones o comentarios.

- Debe poseer experiencia en la práctica mediúmnica, la cual sólo puede adquirirse asistiendo a las sesiones, observando su desarrollo y aprendiendo de los que saben. Para ejercer como director de sesiones hay que estar capacitado para identificar el hecho mediúmnico, saber diferenciarlo de las formas anímicas, conducir atinadamente el diálogo con las entidades comunicantes, y saber evaluar y analizar con buen juicio y sentido crítico los mensajes que se reciben.

- El director de la sesión, si es médium, no debe actuar como tal. La experiencia y el sentido común aconsejan evitar el ejercicio simultáneo de ambas tareas por las dificultades que se presentan en la conducción de las reuniones.

- Debe conocer y dominar los procedimientos que se emplean en el desarrollo de las facultades de los médiums, incluyendo las técnicas que facilitan la correcta aplicación del magnetismo y todo lo relacionado con el amplio y complejo campo de la obsesión y desobsesión. Entre otros conocimientos prácticos que pueden formar parte del repertorio teórico y práctico del director de sesiones se cuentan las técnicas hipnóticas, las cuales tienen una gran utilidad dentro de ciertas áreas específicas, pero que no es recomendable aplicarlas a los médiums en trance, ya que pueden obstruir la participación de los espíritus y también pueden inducir manifestaciones de animismo, debido a las interferencias mentales del hipnólogo.

- Debe enseñar a los médiums todos los aspectos relevantes, teóricos y prácticos, relacionados con las diversas fases de la experiencia mediúmnica. Debe adiestrarles para que se coloquen en un adecuado estado psíquico y físico que facilite la correcta predisposición espiritual para el trance, vibrando mentalmente en forma positiva y armónica.

- Debe guiar las sesiones con firmeza, pero sin autoritarismo. Corregir las manifestaciones bruscas o groseras de espíritus perturbados, burlones o alborotadores, hasta que sean plenamente superadas. El director ha de recordar en todo momento que la técnica espírita no se basa en la violencia, como en las erróneas prácticas de los exorcismos, sino de esclarecimiento y persuasión; que la ayuda al médium se basa en la fuerza psíquica y no en la fuerza física.

- Es su obligación garantizar que las sesiones transcurran en paz, con orden, equilibrio y tranquilidad. Debe corregir la situación de anarquía que se produce cuando se presentan comunicaciones de varios espíritus al mismo tiempo. De igual modo que, en cualquier reunión o asamblea, no se lograrían resultados positivos si varias personas hablan a la vez, tampoco se pueden obtener beneficios si varias entidades pugnan por expresarse o atropellarse. Solamente en algunas ocasiones, el director puede permitir que dos espíritus se manifiesten en forma simultánea por dos médiums, cuando hay la necesidad de que dialoguen entre sí con el propósito de limar asperezas o conciliar antagonismos. En casos así, el director solicita a sus asistentes que brinden atención a cada médium y le ayuden a canalizar las conversaciones.

- En resumen, la conducción de una sesión mediúminica exige a su director un permanente esfuerzo en pro de su crecimiento personal, educando con igual disposición, su intelecto y sus sentimientos. Inteligencia, conocimientos doctrinarios, paz interior, cultura general, honestidad, iniciativa, buen juicio, espíritu crítico, salud física y emocional, habilidad comunicativa, autoconfianza, son rasgos fundamentales que definen el perfil del director mediúmnico y que garantizan el éxito de las reuniones.

Sobre la reunión mediúmnica

- Es recomendable que, salvo circunstancias excepcionales, la actividad mediúmnica se realice en el Centro Espírita y no en casas de familias o en lugares improvisados. Esta norma se hace imperativa si se trata, además, de reuniones vinculadas a trabajos de desobsesión.

- El Centro Espírita debe funcionar en un lugar limpio y bien iluminado. Allí no tienen cabida imágenes, figuras religiosas o elementos de cualquier clase de culto o ritual. Son completamente extraños al estudio doctrinario espírita y al ejercicio mediúmnico: vestimentas especiales, bebidas alcohólicas,

LÉON DENIS

tabaco, altares, velas, himnos, danzas, talismanes, amuletos, escapularios, bautismos, iniciaciones o cualquier tipo de ceremonias o prácticas que contraríen la pureza y simplicidad del Espiritismo.

- Las reuniones mediúmnicas no son de entrada libre o indiscriminada. Los asistentes son seleccionados entre aquellos que participan en las actividades del Centro Espírita y conocen a cabalidad las bases fundamentales de la doctrina espírita. Por lo tanto, nadie debe comenzar a participar de las actividades espíritas en sesiones mediúmnicas, sin haber pasado por un período de formación teórica.

- Aun cuando el número de los asistentes a una sesión mediúmnica no tiene una referencia específica o un límite riguroso, lo aconsejable es que los grupos sean pequeños y no mayores de doce participantes, incluyendo el director, su equipo de apoyo y los médiums. De este modo, es mucho más fácil conseguir la homogeneidad del grupo mediante la integración mental y afectiva entre sus integrantes.

- Todos los participantes deben vibrar al unísono, manteniendo una actitud mental, moral y espiritual positiva, ajena a otras preocupaciones y libre de una curiosidad intrascendente. Es tan pernicioso un escepticismo que todo lo niega como un fanatismo que todo lo acepta crédulamente. Todo el que está dentro de la reunión participa en ella y debe cuidar sus pensamientos, evitando presionar al médium o a los espíritus con sus expectativas o solicitudes. Ocurre con cierta frecuencia que en ciertas reuniones mediúmnicas no se producen manifestaciones de los espíritus y eso debe ser tomado con naturalidad, sin ejercer presiones mentales contra los médiums ni sospechar de su integridad o maltratarlos con una crítica acerba e injusta. La afinidad entre los participantes es un factor decisivo para el éxito en la actividad mediúmnica, pues gracias a ella se genera un campo psíquico homogéneo que facilita el contacto con los espíritus y brinda a los médiums comodidad y seguridad.

- La distribución de los asistentes en una reunión mediúmnica obedece a criterios de racionalidad, sentido común y eficiencia. Tomando en cuenta las funciones que cumplen, tanto el director como sus asistentes y cada uno de los médiums de acuerdo con el tipo de facultad que le caracteriza, deben ser ubicados en ciertos lugares donde se faciliten las tareas de cada uno. Obviamente, el director debe ocupar un lugar central en la sala. Los médiums videntes deben estar cerca de él para brindarle informaciones sobre el ambiente espiritual. Los médiums escribientes necesariamente deben estar sentados frente a una mesa para poder trazar sobre el papel los mensajes. Los integrantes del equipo directivo pueden repartirse para estar cerca de los médiums y asistirles de acuerdo con las instrucciones que reciban.

- Conforme a las necesidades del Centro Espírita y a las conveniencias de los integrantes de cada grupo mediúmnico, deben establecerse días específicos para las sesiones, que deben ser rigurosamente acatados por todos. Igualmente, la puntualidad en los horarios es un requisito indispensable para el buen desempeño de las actividades, y una vez que éstas se inician, ninguna persona puede ser posteriormente admitida en la sala. Todo esto, es por razones de orden y disciplina y no por ideas de tipo místico. Nada tiene que ver con creencias ingenuas como la de acatar "mandatos de los espíritus" o por creencias supersticiosas que pudieran considerar más apropiados ciertos días u horas para entrar en contacto con el mundo espiritual. La regularidad en las sesiones y su periodicidad, ayuda a establecer afinidades con los espíritus y en muchas ocasiones, sirve de base para establecer un compromiso para su comparecencia.

- La duración de una sesión mediúmnica varía, en promedio, entre una y dos horas. Cada grupo mediúmnico establece con libertad y de acuerdo con sus objetivos, el tiempo de sus reuniones, procurando no alargarse innecesariamente a fin de evitar el cansancio, la fatiga o el aburrimiento.

- Los participantes deben llegar algunos minutos antes de la hora fijada para comenzar la reunión, sentarse en el lugar que les corresponde y adoptar una actitud de concentración, alejando de sus pensamientos las ideas o preocupaciones que sean extrañas a los propósitos de la reunión.

- El ambiente que rodea al médium ejerce una influencia decisiva en el resultado de las reuniones, ya que se trata de una persona sensible, altamente susceptible a las irradiaciones mentales de los asistentes, a sus pensamientos y actitudes, a sus solicitudes o a sus presiones, de modo que, todo cuanto pueda causarle desconfianza o incomodidad influye tan poderosamente en su estructura psíquica que puede provocar retardos, dificultades o imposibilitar el trance. El médium necesita de un clima mental armónico, tranquilo, edificante, amistoso, fraterno, para que sus facultades emerjan vigorosamente. Y es por eso que se recomienda a los médiums que se abstengan de concurrir a las sesiones cuando se encuentren indispuestos o alterados en su estado anímico.

- La reunión debe iniciarse con una exhortación moral, que invite a todos los participantes a elevar su pensamiento a Dios. Se trata de una oración espontánea que expresa un estado de recogimiento y de positiva vibración espiritual, sin que ello implique ningún rezo religioso o fórmula sacramental. A continuación, el director solicita al mundo espiritual su asistencia y protección para el buen desenvolvimiento de los trabajos. Como un factor unificador de los pensamientos, además de su excelente potencialidad educativa, leerá un párrafo de alguna obra espírita, que sea la más adecuada para el momento, como *El Libro de los Médiums* de ALLAN KARDEC, verdadero código de Espiritismo experimental, *En lo Invisible* de LÉON DENIS o alguna otra de reconocido valor doctrinario. La práctica de la mediumnidad sin un objetivo elevado y sin la debida protección espiritual está llena de incertidumbre y de peligros, pues así se abre una puerta a influencias que pueden resultar muy perniciosas. En cambio, la mediumnidad cuando se sintoniza con lo Alto, es una fuente de luz y de amor.

- Con la intención de favorecer un estado de mayor concentración entre los asistentes, y de facilitar todo el proceso mediúmnico, se puede disminuir la intensidad de la iluminación, sin llegar a la oscuridad total, y también, si se desea, puede hacerse oír alguna pieza musical grata, relajante, armónica, sensibilizadora.

- Es conveniente recordar que, en un sentido general, todos somos médiums, por cuanto podemos en alguna circunstancia especial sentir la presencia de un espíritu. Los seres humanos emitimos y recibimos ondas mentales, y la interrelación entre unos y otros varía de acuerdo con la frecuencia de las respectivas ondas mentales. La mediumnidad es un intercambio de ondas mentales donde participan encarnados y desencarnados, y donde juega un rol fundamental el cuerpo periespiritual.

- En el trance mediúnmico pueden diferenciarse tres fases fundamentales:

Inicialmente, el médium percibe los fluidos que irradia el espíritu que se va a manifestar, y discrimina sus cualidades.

Se produce la conexión psíquica entre la entidad espiritual y el médium, mediante la interrelación de sus respectivos periespíritus. El espíritu proyecta una acción magnética sobre los centros de fuerza periespiritual del médium, y por medio de ellos ejerce su influencia sobre sus centros nerviosos, desencadenando cambios psíquicos y físicos. Dependiendo de la intensidad con que se produce el contacto periespiritual, el médium puede permanecer consciente, o adoptar gradualmente un estado de semi-consciencia o inconsciencia total. El periespíritu del médium actúa como un aparato receptor de las vibraciones emanadas del periespíritu desencarnado, y como conductor de las corrientes espirituales hacia la estructuras cerebrales.

Un destacado estudioso del Espiritismo y de la mediumnidad, el brasileño JORGE ANDREA (n. 1916), ha ofrecido una valiosa contribución al conocimiento de los mecanismos del fenómeno mediúmnico que se muestra en una amplia producción bibliográfica. De una de sus obras extraemos este concepto esclarecedor:

> "Pensamos y tenemos como lógico, que el periespíritu (emanaciones vibratorias de las zonas del inconsciente), por intermedio de los discos energéticos o chacras, del sistema neurovegetativo (sistema del equilibrio y emergencias del cuerpo físico) y la glándula pineal (glándula de las grandes expresiones del psiquismo humano), constituyen la triada, por excelencia, de la más alta expresión en el mecanismo mediúmnico, seleccionando, analizando, transformando y adaptando las energías para que la zona consciencial, tela final de esas manifestaciones, esté en condiciones de traducir la comunicación. Las unidades nerviosas del cerebelo, con su característica carga energética, serían elementos de alta importancia en el proceso de ajuste y acomodación del acoplamiento mediúmnico".[92]

En su tercera fase, la mediumnidad eclosiona y el espíritu se hace presente, bien sea mediante un efecto de carácter intelectual o físico, de acuerdo con la modalidad que determina el tipo de facultad predominante en el médium.

[92] JORGE ANDREA. *Nos alicerces do inconsciente* (En las bases del inconsciente), 2ª edición, Rio de Janeiro. 1980. Cap. V. Consideraciones sobre el trance. p. 122.

FINALIDADES DE LA MEDIUMNIDAD

Nada se adelanta con fenomenismo si no hay estudio. Lo fundamental es la Doctrina Espírita. La mediumnidad al servicio de la doctrina, y no la doctrina subordinada a la mediumnidad. Es conveniente recordar siempre esta sabia observación del Codificador:

> "Muy equivocada idea se tendría del Espiritismo, si se creyera que toma su fuerza en la práctica de las manifestaciones materiales, y que dificultando éstas, puede minársele por su base. La fuerza del Espiritismo reside en su filosofía, en el llamamiento que hace a la razón y al sentido común".[93]

La verdadera finalidad del Espiritismo es orientar a la humanidad hacia su progreso intelectual y moral, demostrando la realidad e inmortalidad del espíritu y señalando las consecuencias profundas que se desprenden de esta verdad. De modo que la comunicación con los espíritus es un medio que concurre a tan elevado propósito y no un fin en sí misma.

Siguiendo esta premisa, se puede considerar como principales finalidades de la mediumnidad, las siguientes:

Demostración experimental de la inmortalidad

La más resaltante limitación que ha marcado al espiritualismo clásico a través de los siglos, viene dada por su incapacidad para ofrecer una comprobación determinante acerca de la existencia de un principio espiritual que pueda sobrevivir a la muerte física, lo cual es, por cierto, su postulado inicial y esencial. La mediumnidad es el instrumento que permite cubrir esa deficiencia y gracias a ella, el Espiritismo alcanzó la certeza de la inmortalidad del alma y de la supervivencia espiritual, sirviéndose de los mismos recursos metodológicos que emplean las ciencias naturales. La mediumnidad es al Espiritismo, lo que el microscopio a la microbiología o el telescopio a la astronomía: su herramienta primordial para la observación y comprobación de los hechos que se estudian.

Las manifestaciones de los espíritus constituyen la prueba más contundente de la existencia y continuidad de la vida más allá de la sepultura. De

[93] ALLAN KARDEC. *El Libro de los Espíritus*. Ob. cit. Conclusión, parte VI. p. 366.

cierto que nadie mejor que los espíritus pueden comprobar la existencia del espíritu, puesto que ellos mismos constituyen la mejor confirmación de su propia realidad.

La comunicación mediúmnica sienta las bases para rectificar la falsa creencia religiosa que lleva a confundir a los espíritus con "fantasmas", "almas en pena" o "ánimas del purgatorio" y que ha generado tantos mitos y supersticiones, y ha desencadenado en la mayoría de las personas, estados de ansiedad, miedo o pánico, y les ha llevado a rehuir las relaciones con familiares o amigos que han partido al mundo espiritual.

El estudio espírita de los mensajes obtenidos en el intercambio mediúmnico, ha permitido superar la antigua idea de que bastaba al hombre traspasar el dintel de la muerte para verse libre de sus imperfecciones y transformarse automáticamente en ángeles celestiales o espíritus puros. La realidad es que el mundo espiritual es un fiel trasunto del material, habitado por espíritus, es decir, por los mismos seres humanos pero sin cuerpo físico, con los mismos rasgos y características que les distinguieron e identificaron en su vida encarnada. Entre la dimensión espiritual y la dimensión física existe una relación perenne de interacción, de continuidad, de progreso indefinido. Así se verifica plenamente en toda su sabiduría el aforismo científico que fundamenta la concepción evolucionista de la vida: *natura non facit saltus*. Y así como no hay saltos en la naturaleza, tampoco hay saltos en la evolución personal y espiritual.

Es, en las informaciones que se han obtenido directamente de los seres que pueblan el plano espiritual, donde se fundamenta la filosofía racional, la ciencia experimental y la elevada moral que se conjugan integralmente en la doctrina espiritista. Es, del mundo de los espíritus de donde proviene esa maravillosa revelación que se dirige a iluminar la conciencia de todos los espíritus del mundo.

Canalización de facultades naturales

Los fenómenos mediúmnicos se han producido en todos los tiempos. No fueron descubiertos o inventados por el Espiritismo. El estudio espírita ha permitido comprenderlos, encuadrarlos dentro de los hechos naturales, y desentrañar las leyes que los rigen.

La mediumnidad es una de las manifestaciones del complejo mecanismo psíquico del hombre. No es una tara física o un desarreglo psicológico. Es uno de los recursos que se derivan de la constitución vital de las personas, y requiere atención, entendimiento, disciplina, o sea, educación cultural, técnica y moral. Lo que puede causar perturbaciones o alteraciones al equilibrio psicofísico, es su represión, su obstrucción, su empleo indebido, o su tratamiento equivocado por parte de personas ignorantes, supersticiosas o mal intencionadas.

Las personas que, en forma espontánea y sin ningún conocimiento al respecto, poseen facultades mediúmnicas, suelen atravesar un verdadero calvario, como consecuencia de la ignorancia, la incomprensión o el rechazo, que sufren en su medio familiar o social. Cuando son llevadas al médico, generalmente son etiquetadas como neuróticas o psicóticas, y condenadas a largos tratamientos con fármacos que en este caso no son apropiados. Otras veces son atendidas por sacerdotes o pastores religiosos que intentan ahogar las facultades mediúmnicas mediante rezos, letanías, ceremonias o exorcismos, convencidos de que cualquier contacto con los espíritus es de naturaleza demoníaca. En el peor de los casos, estas personas con mediumnidad incipiente, caen en las manos inescrupulosas de brujos o hechiceros que les pueden causar graves daños, no sólo a sus facultades, sino a su salud física y mental. Ciertamente, un auténtico viacrucis. He allí donde se muestra plenamente el rol educativo que cumple el Espiritismo y la función social, profiláctica y amorosa, que desempeña el Centro Espírita, cuando se recibe a las personas que insinúan o muestran abiertamente su mediumnidad, y se les orienta y se les abren posibilidades para que esas facultades sean debidamente canalizadas y no se constituyan en un factor que pueda alterar su salud, su estabilidad emocional o su normal desenvolvimiento en la vida.

El desarrollo de la mediumnidad, guiado por las normas que enseña el Espiritismo, es parte de un proceso natural y normal de crecimiento personal, de ajuste físico, mental y espiritual, y el ejercicio metódico, ordenado, prudente, saludable, de las facultades mediúmnicas, es perfectamente compatible con el cumplimiento de las actividades cotidianas que corresponden a cada uno en el marco de su vida particular, familiar y social.

Instrumento de auxilio y protección espiritual

La mediumnidad brinda consuelo eficaz y oportuno a quienes se encuentran afligidos por la pérdida física de sus seres queridos. Calma penas y dolores, ofreciéndonos la certeza de que nuestros muertos viven y se mantienen próximos a nuestra esfera mental, inspirándonos e impulsándonos amorosamente a continuar adelante en la vida, a superarnos y conquistar metas superiores.

En el contacto mediúmnico podemos encontrarnos también con espíritus infelices, atormentados, que sufren las consecuencias de sus comportamientos erróneos. Son seres a quienes debemos atender con indulgencia y ayudarles a tomar conciencia de su situación, a rectificar, y a transitar el camino de su recuperación moral, anímica, espiritual.

El buen empleo y aprovechamiento de la mediumnidad constituye la vía más apropiada para obtener éxito en las tareas de la desobsesión, reeducando a los seres que se han envuelto en el mundo oscuro de los odios, las venganzas y toda clase de conflictos interpersonales, hasta liberarles de las cadenas que les vinculan y les atormentan. Sin práctica mediúmnica no se puede actuar eficazmente en el difícil y complejo campo de la desobsesión. Por eso, los trabajos mediúmnicos, imponen a todos los que en ellos participan, espíritu de sacrificio, vocación de servicio al prójimo, alta dosis de paciencia y sobre todo, mucho amor.

Estímulo a la reforma moral del ser humano

A la luz del Espiritismo, la mediumnidad tiene un objetivo superior y trascendente: incentivar la transformación moral de cada persona y, por extensión, de la sociedad misma, como consecuencia natural y directa de la convicción firme en la existencia del espíritu y su continuidad evolutiva por medio de múltiples existencias.

Deseamos cerrar este punto, relativo a las finalidades de la mediumnidad, con las palabras, siempre hermosas y edificantes, que LÉON DENIS colocó para finalizar el último capítulo de su libro *En lo invisible*, denominado, "La mediumnidad gloriosa":

> "El estudio constante y profundo del mundo invisible, que es también el mundo de las causas, ha de ser el grandioso mar y la fuente inagotable de que se alimenten el pensamiento y la vida del hombre sobre la tierra, y la mediumnidad será su llave. Por el camino que tal estudio señala, llegará el hombre a la ciencia verdadera y a la verdadera creencia, que no se excluyen la una a la otra, sino que se unen para mutuamente fecundarse; así también se establecerá una más íntima comunión entre los vivos y los muertos y más abundantes auxilios

descenderán de los espacios sobre nosotros. El hombre de mañana sabrá mejor comprender y bendecir la vida; ya no temerá a la muerte... Entonces, realizará, por su propio esfuerzo, el reinado de Dios sobre la Tierra, esto es, de la paz y de la justicia, y, llegado finalmente al término del camino, su día postrero será luminoso y tranquilo, como el ocaso de las constelaciones celestes en el momento en que el alba matutina apunta en el horizonte".

EVALUACIÓN DE LA MEDIUMNIDAD

Necesidad de la evaluación

> "Al someter toda comunicación a un examen escrupuloso, escrutando y analizando el pensamiento y las expresiones, como se hace cuando se trata de juzgar una obra literaria, y rechazando sin vacilar cuanto vaya contra la lógica y el buen sentido, todo lo que desmienta la personalidad del espíritu que se piensa está manifestándose; al proceder así, repetimos, se desanima a los espíritus engañadores, que terminan marchándose, una vez que se han persuadido por completo de que no pueden mover a engaño. Insistimos en que es este el único procedimiento valedero, y resulta infalible, pues no existe ninguna mala comunicación que pueda resistir a una crítica rigurosa. Los espíritus buenos no se ofenden jamás por esto, ya que ellos mismos aconsejan hacerlo y porque no tienen nada que temer del examen a que sean sometidos sus mensajes. Únicamente los malos se resienten y tratan de disuadirnos de que obremos así, pues podrían perderlo todo. Y con esta conducta prueban lo que son".[94]

Esta categórica declaración del fundador y codificador del Espiritismo nos exime de tener que presentar otros argumentos para justificar la obligación que contraen todos aquellos que realizan reuniones mediúmnicas, de examinar el contenido de los mensajes que se reciben, pasarlos por la criba de la razón y evaluarlos con sentido crítico, tanto en lo que se refiere a su origen como en las ideas expuestas.

Tan sólo agregaremos que, con una permanente, seria y honesta evaluación de la actividad mediúmnica, en todos los aspectos involucrados en ella, es como puede conseguirse:

[94] ALLAN KARDEC. *El Libro de los Médiums*. Segunda parte, cap. XXIV, Nº 266. Ob. cit. p. 311.

- Evitar los fraudes y las mistificaciones.

- Distinguir el animismo de la mediumnidad.

- Atraer a los buenos espíritus y alejar a los malos.

- Elevar el nivel intelectual y moral de las comunicaciones.

- Estimular la participación de personas serias, cultas, honestas y sensatas en los grupos espíritas.

–Dignificar el Espiritismo, conquistando espacios sociales y respetabilidad, por la seriedad y altura de su práctica mediúmnica y de todas sus actividades.

Dos premisas fundamentales

La evaluación de la mediumnidad tropieza con diversas dificultades, todas originadas en el desconocimiento de las enseñanzas espíritas, las cuales advierten acerca de las condiciones que se requieren para obtener buenos resultados en el campo de la experimentación mediúmnica. Tal desconocimiento se traduce en actitudes y comportamientos que se identifican con la credulidad, el fanatismo y la superstición. La ignorancia acerca de quiénes son, realmente, los espíritus, acerca de su procedencia y su condición humana y, acerca del valor relativo de sus opiniones de acuerdo con su nivel evolutivo, tiene mucho que ver con ese modo de proceder.

Si se quiere participar en un grupo mediúmnico y obtener resultados positivos, dentro de un ambiente dominado por la seriedad, racionalidad y sentido crítico, es conveniente tener cabal comprensión de estos dos conceptos básicos:

La escala espírita

Los espíritus son las almas de los seres fallecidos. Son seres humanos sin cuerpo físico. Forman, provisionalmente, la población invisible de la Tierra, como los seres encarnados, formamos, temporalmente, su lado visible. Dentro de las leyes evolutivas de la reencarnación, ellos, los desencarnados, retornarán al plano físico, y nosotros, pasaremos al mundo espiritual, en sucesivos intercambios. Por lo tanto, los espíritus no son, ángeles o demonios, o seres especiales que todo lo saben o que todo lo pueden. Su sabiduría o moralidad es proporcional a su grado evolutivo.

La muerte no cambia, sustancialmente, al espíritu. Cada uno es, como desencarnado, lo que ha sido como encarnado, con sus virtudes y defectos con sus creencias, hábitos, tendencias o inclinaciones. No se debe creer que el alma humana puede adquirir instantáneamente, conocimientos excepcionales por el solo hecho del pasaje de la vida encarnada a la desencarnada. Por lo general, los espíritus no saben más en el otro mundo que en este, ya que solo por el esfuerzo propio, por el estudio y por el trabajo, por la vivencia y experiencia del amor, es que se realiza el progreso, tanto en uno como en otro.

Los espíritus con quienes entramos en relación, pueden estar ocupando diferentes grados de conocimiento y moralidad, pueden ser veraces o mentirosos, o bien, sin ser deliberadamente engañosos, pueden hacer afirmaciones a la ligera sobre temas que creen dominar y que en realidad ignoran o del cual saben poco y mal.

Los espíritus, aun los más adelantados, no lo saben todo; nos enseñan mucho, pero dentro de sus propios límites. Es fundamental saber y asumir que el valor de la opinión de un espíritu proviene de su contenido y no de su procedencia. Si esto se asimila bien, y se pone en práctica, queda erradicada la credulidad, que es fuente de muchos engaños y posteriores decepciones.

Sabiéndose, entonces, que los espíritus desencarnados difieren entre sí, en sus valores intelectuales y éticos, al igual que los encarnados, resulta imperativo para todo estudioso del Espiritismo, y específicamente, para toda persona que incursiona en la práctica de la mediumnidad, conocer y sustentar como referencia obligada, aquel sistema de clasificación de los espíritus que KARDEC presentó con el nombre de ESCALA ESPÍRITA y que consideró como "la clave de la ciencia espírita, por cuanto sólo ella puede explicar las anomalías que presentan las comunicaciones, ilustrándonos respecto de las desigualdades intelectivas y morales de los espíritus".[95]

Se trata de una clasificación, que de acuerdo con KARDEC, "nada tiene de absoluto" y que ofrece, en una visión panorámica, las diversas categorías donde se puede ubicar a cada espíritu de acuerdo con su adelanto, con las cualidades que ha adquirido y las imperfecciones que todavía debe superar. Están señaladas tres órdenes y dentro de ellas, diez clases. Los espíritus im-

[95] ALLAN KARDEC. *El Libro de los Espíritus.* Libro segundo, capítulo I. De los espíritus. Nº 100. Ob. cit.p. 77.

perfectos, cuya característica esencial es la del predominio de los intereses materiales sobre los espirituales, y que incluye cinco clases: impuros, frívolos, seudosabios, neutros y perturbadores. Los espíritus buenos, que ya muestran niveles importantes de progreso espiritual, y procuran practicar el bien. Se distribuyen en cuatro clases: benévolos, sabios, prudentes y superiores. Y la orden de los espíritus puros, que han alcanzado el máximo nivel de superioridad intelectual y moral.

La escala espírita es un magnífico instrumento de apoyo en función de una correcta evaluación de la mediumnidad, ya que facilita la identificación de los espíritus, y su ubicación de acuerdo con el contenido de los mensajes trasmitidos y el lenguaje utilizado. Todos los integrantes del grupo mediúmnico deben conocerla y aplicarla.

El principio de la concordancia

Las bases doctrinarias del Espiritismo se hallan reunidas en la Codificación Kardeciana. Son bases sólidas que no solamente han permanecido vigentes con el paso del tiempo, sino que han sido reafirmadas con los desarrollos de la ciencia y de la cultura en general. Eso, por supuesto, debe ser bien comprendido, a la luz del carácter progresivo y evolutivo de la doctrina espírita, que debe estar abierta y dispuesta siempre a su revisión, rectificación y actualización, conforme a que tales avances así lo exijan.

La progresividad del Espiritismo, entonces, ha de estar referida al aprovechamiento e incorporación de todas aquellas ideas nuevas que hayan recibido la sanción confirmatoria de la ciencia, y también, de todos los conocimientos que sean aportados desde el mundo espiritual por vía mediúmnica.

Ha de quedar muy claro que la doctrina espírita no puede admitir como verdaderas, ni mucho menos incorporarlas entre sus postulados básicos, ciertas ideas que se presentan como innovaciones o superiores revelaciones, frecuentemente vinculadas a determinados espíritus, médiums o a líderes presuntuosos que desean ser reconocidos como nuevos mesías o maestros. Por lo general, tales ideas resultan inverificables, constituyen auténticos galimatías en sus conceptos y terminologías, y, francamente, atentan contra el más elemental sentido común.

Hay situaciones deplorables, en que ciertas personas, muchas veces actuando de buena fe pero con poca cordura, se proclaman como la reencarnación de figuras célebres de la historia, apoyándose en las "revelaciones" que les han ofrecido determinados espíritus a través de ciertos médiums. Son comportamientos lamentables, huérfanos de sindéresis, que atentan contra principios elementales de prudencia, lógica y buen sentido. Comportamientos que, también, muestran el hundimiento de esos individuos en los abismos del orgullo, la vanidad, o la egolatría. No sólo han incurrido en tales desviaciones personas que carecen de la más elemental instrucción, sino que también han sucumbido a ellas, directores de grupos, escritores, oradores y hasta fundadores de instituciones espiritistas o espiritualistas.

Por lo tanto, sólo debe reconocerse como legítima aquella información que mostrando características de seriedad y verosimilitud, sea trasmitida por diferentes espíritus, que empleen diversos médiums sin relación entre sí, que proceda de distintos lugares independientes, y que coincida significativamente en sus enseñanzas. Esta es la sanción de la concordancia, objetividad y universalidad que exige el Espiritismo frente a las elucubraciones fantásticas o las supercherías, con las cuales, estas personas extraviadas, pretenden "salvar" al mundo, cuando se encuentran ellas mismas extraviadas en sus desajustes psicológicos, o sumergidas en la oscura trama de una obsesión o de su propia autoobsesión.

Por esto es que KARDEC insistió tanto en la necesidad de que los mensajes fueran evaluados y verificados, y en que se sometiesen al contralor del principio de la concordancia, como garantía de que la fuente de las comunicaciones es buena y segura, y de que las enseñanzas trasmitidas son concordantes en calidad científica, cultural, doctrinaria y moral.

Identificación de los espíritus

La identificación de los espíritus es conveniente, aun cuando no es absolutamente imprescindible. Como norma general, ha de establecerse que se trabaja sobre bases más firmes en la actividad mediúmnica, cuando se conoce quien es el espíritu que se manifiesta.

Es recomendable que se invite a la entidad a dar su nombre, pero sin ejercer presiones ni obligarle a ello. Si el espíritu, voluntariamente se identifica, se puede y se debe solicitar, con el debido respeto, que aporte los datos y detalles que confirman esa información. Ahora bien, si el espíritu prefiere permanecer en el anonimato o valerse de un seudónimo, sólo queda evaluar el contenido, tomando en cuenta la orientación del mensaje y el lenguaje utilizado.

Partiendo de la base de que lo primordial es el contenido, se pueden hacer inferencias racionales y objetivas con respecto a la identidad del espíritu, determinando el grado de correspondencia que existe entre la calidad científica, filosófica o moral del mensaje y el de la personalidad que lo está trasmitiendo. Francamente, no es aceptable que un espíritu que se identifique como ARISTÓTELES ignore los principios de la lógica formal, que DARWIN haya olvidado las bases del evolucionismo, o que LÉON DENIS no pueda desarrollar las tesis espíritas con la prosa elegante y culta que le distinguió en su vida encarnada. Precisamente, por esto, se ha de estar prevenido ante los nombres extravagantes o de figuras resaltantes de la historia, con que algunos espíritus frívolos o seudosabios se disfrazan para engañar o imponer sus opiniones.

En algunos casos en que se está evaluando un mensaje trasmitido psicográficamente, y que el trance es muy profundo, se puede identificar al espíritu por la escritura y por la firma, mediante un estudio grafoscópico que permita comparar esos trazos con los que utilizaba en su vida encarnada. Este es un campo de enormes posibilidades para la investigación y experimentación en torno de la identificación de los espíritus y en consecuencia constituye un formidable recurso científico para la comprobación de la supervivencia espiritual. Un experto en el área grafoscópica, CARLOS AUGUSTO PERANDREA, profesor en la disciplina de Identificación dactiloscópica y grafotécnica, en la Universidad de Londrina, Brasil, ha dado a conocer en un original y bien documentado libro,[96] las bases de una metodología científica que permite verificar la autenticidad de los mensajes psicográficos a partir del análisis comparativo que se puede hacer entre ellos y los escritos originales que se pueden encontrar del autor espiritual en su vida encarnada, y también con la escritura del propio médium. En el libro se examinan varios mensajes psicografiados por FRANCISCO CÁNDIDO XAVIER, trasmitidos unos en portugués y otros en italiano, y se concluye que los elementos gráficos comunes que se han encontrado entre la caligrafía del espíritu, en la fase encarnada anterior y su actual fase desencarnada, son suficientes para confirmar su autenticidad.

En los fenómenos mediúmnicos de transfiguración, en donde las facciones del rostro del médium se modifican y se asemejan a las del espíritu, hay también elementos que permiten hacer identificaciones precisas, igual que en los casos de materialización, en que el espíritu se hace visible y tangible, revis-

[96] CARLOS AUGUSTO PERANDREA. *A psicografia á luz da grafoscopia*. (La psicografía a la luz de la grafoscopia). Editora Folha Espírita. São Paulo, 1991.

tiéndose de sustancia ectoplásmica. Lamentablemente, se trata de fenómenos aislados que se presentan esporádicamente.

Algún tipo de reconocimiento a los espíritus se puede realizar mediante el estudio de las reacciones que se observan en el rostro y en todo el cuerpo del médium, durante el trance. En forma general, se puede señalar que las vibraciones emitidas por espíritus buenos, sencillos, elevados moral e intelectualmente, son recibidas con agrado por el médium y hacen que se sienta tranquilo, reconfortado, protegido. Los espíritus inferiores trasmiten desarmonía, intranquilidad, y alteran al médium desencadenando movimientos bruscos o espasmódicos.

El auxilio de buenos médiums videntes es también un factor de primer orden para la identificación de los espíritus. Según su desarrollo, los videntes pueden percibir la presencia de los espíritus aún antes de manifestarse por los médiums, pueden verificar si están informando correctamente acerca de su identidad o si hay algún intento de mistificación, pueden discriminar las verdaderas intenciones de los espíritus y pueden confirmar la conclusión de los trances y la efectiva desconexión de los espíritus con respecto a los médiums. Son, por lo tanto, una pieza clave de toda actividad mediúmnica que se practique con orden, método, seriedad y elevación de propósitos.

El contenido de las comunicaciones mediúmnicas

Los dos elementos esenciales que se deben analizar en toda comunicación que proviene de los espíritus son: el lenguaje y la calidad.

Lenguaje utilizado

En varias oportunidades dijo KARDEC que el lenguaje de los espíritus está siempre de acuerdo con su grado de elevación, y si bien pueden presentarse casos en que un espíritu disfraza su lenguaje y pretende aparentar un nivel evolutivo que realmente no le corresponde, también es cierto que las apariencias no perduran mucho y más temprano que tarde se desenmascara al impostor.

Atendiendo a la importancia que tiene el modo de expresarse de cada espíritu, presentamos algunas pautas que pueden auxiliar a los conductores de sesiones mediúmnicas en el reconocimiento de su condición moral e intelectual. Nos servimos de las denominaciones de "espíritus superiores" y de "espíritus inferiores", apenas por la comodidad de las expresiones, y en ningún caso, como categorías absolutas o definitivas. Bien sabemos, que cada espíritu ocupa un lugar provisional dentro de la escala evolutiva, que es proporcional a su mayor o menor vocación por el bien y por la verdad, y que varía constantemente, en el decurso de las vidas sucesivas. Creados simples e ignorantes, todos los espíritus marchan ineluctablemente hacia un destino eternamente superior.

- Los espíritus superiores siempre se expresan en términos de bondad, cordialidad, simplicidad y modestia. No predican odios, resentimientos o venganzas. No se vanaglorian ni hacen ostentación de su sabiduría o de su poder. Enseñan la humildad y el perdón. Exhortan a la práctica de las virtudes. Los espíritus inferiores trasmiten mensajes cargados de violencia, agresividad. Son vanidosos y alardean con supuestos poderes. Estimulan los vicios y el desenfreno de las pasiones.

- Los espíritus superiores sólo hablan de lo que saben. Reconocen sus limitaciones y prefieren guardar silencio ante lo que no saben. Los espíritus inferiores hablan de todo. Creen que saben de todo y que son dueños absolutos de la verdad.

- Los mensajes de los espíritus superiores revelan una excelente capacidad de síntesis, pues dicen mucho en pocas palabras. Los espíritus inferiores se alargan demasiado y se pierden en redundancias e incoherencias

- Los espíritus superiores nunca dan órdenes ni hacen exigencias impertinentes. Sólo aconsejan, advierten y educan. Los espíritus inferiores son autoritarios y déspotas.

- Los espíritus superiores apelan siempre al raciocinio y al buen sentido. Aceptan los desacuerdos y las disidencias. No pretenden convencer ni imponer sus opiniones. Los espíritus inferiores exigen que se les crea y que se les obedezca.

- Los espíritus superiores no adulan ni fomentan el servilismo. Reconocen los méritos de todos, en términos serenos y comedidos. Los espíritus inferiores elogian desmedidamente a quienes pretenden manipular, alentando el orgullo y la vanidad.

- Los espíritus superiores se muestran prudentes y reservados en relación con cuestiones íntimas que pertenecen al ámbito privado de cada persona. Pueden dar una orientación general de carácter moral, para que de allí cada uno extraiga la lección que considere adecuada. Los espíritus inferiores gustan de la frivolidad, se entrometen en asuntos domésticos y disfrutan perturbando las relaciones personales, familiares y sociales.

- En el lenguaje de los espíritus superiores predominan, la expresión idiomática correcta, y las palabras nobles que estimulan los buenos sentimientos, y hacen crecer a las personas. El vocabulario de los espíritus inferiores está recargado de expresiones soeces, vulgares, indecentes, turbias.

- En su fondo, el lenguaje de los espíritus superiores es siempre coincidente. Hay una misma orientación básica, independientemente de las épocas, los lugares y las circunstancias. Los espíritus superiores se expresan en términos muy parecidos cuando se refieren a Dios, la vida espiritual o la superioridad moral. Lo mismo ocurre entre los espíritus inferiores, por cuanto coinciden totalmente en sus negativas tendencias.

Calidad de los mensajes

En su excelente obra *Investigaciones sobre la mediumnidad*, GABRIEL DELANNE, dedica extensos capítulos a examinar numerosas comunicaciones recibidas en todas partes del mundo por los más diversos médiums, con la intención de mostrar que los espíritas son los primeros interesados en determinar tanto el valor que realmente poseen los mensajes como su origen espiritual verdadero. Dice el ilustre investigador francés:

> "No debemos temer el empeñar nuestro esfuerzo en la crítica metódica de las comunicaciones, porque únicamente por ese camino edificaremos la verdadera ciencia de las relaciones entre los vivos y los muertos".[97]

Recomendación que se hace común en todos los pensadores y estudiosos del Espiritismo, y que constituye un dique de contención ante la ignorancia, el engaño, la credulidad o el fanatismo.

[97] GABRIEL DELANNE. *Investigaciones sobre la mediumnidad.* Introducción. Editorial Constancia. Buenos Aires, 1948, p. 15.

Tomando en cuenta que cada espíritu posee niveles morales e intelectuales propios que le distinguen de los demás, y que sus condiciones psicológicas y anímicas en el plano espiritual son también diferentes como reflejo directo de su proceso reencarnatorio, podemos establecer que los mensajes provienen de:

Espíritus que comparecen por su propia voluntad:

Se hallan errantes. Entran en sintonía con un médium, sin proponérselo ni saber de qué se trata, puesto que deambulan en el espacio espiritual, desconociendo desde cuando, por qué y para qué se encuentran allí. Muchas veces se trata de almas extraviadas, confundidas o asustadas, debido a que esta situación que ahora experimentan, contradice las expectativas sembradas en sus mentes por las creencias religiosas o materialistas. No aparecen cielos ni infiernos ni tampoco ellos han dejado de ser o de existir con la muerte, pues continúan tan vivos como antes, aunque les falte el cuerpo físico. Por eso, se manifiestan por los médiums sin tener clara conciencia de su situación, y están necesitados de mucha orientación, para reencontrarse consigo mismos y seguir su camino evolutivo.

Son familiares o amigos. En las sesiones mediúmnicas suelen presentarse de manera espontánea algunos espíritus que estuvieron unidos por lazos familiares o amistosos con algunos de los participantes, sorprendiéndoles gratamente y reiterando la continuación de esos nexos. El intercambio mediúmnico es la mejor confirmación de que "los muertos viven", de que nuestros seres queridos desencarnados se entusiasman con nuestras alegrías y también se preocupan con los problemas que nos afectan.

No se deben forzar esos contactos con espíritus familiares, ejerciendo presiones mentales o haciendo exigencias a los médiums. Ellos ocurren cuando las condiciones son favorables, y precisamente, esas visitas inesperadas agregan un toque muy especial de autenticidad. Así lo confirma, por ejemplo, la aparición materializada de la madre del eminente criminólogo italiano CÉSAR LOMBROSO, con el concurso de la médium EUSAPIA PALADINO que él describió en su libro *Los fenómenos hipnóticos y espíritas*. LOMBROSO pudo conversar con su madre en el dialecto que les era común y le fue posible observar su rostro, su cuerpo, y estrechar sus manos. Fue una experiencia decisiva en su vida que le hizo abandonar su visión materialista y abrazar el Espiritismo.

Necesitan trasmitir un mensaje o una solicitud. Un deseo muy intenso de cumplir una promesa, informar sobre la existencia de algún documento, reparar alguna injusticia, o llamar la atención para que se lleve a cabo alguna actividad o se deje de hacer algo que les molesta, impulsa a ciertos espíritus a manifestarse por los médiums que encuentran disponibles, llegando a veces, a provocar, ruidos, golpes, y otros efectos físicos, con el propósito de llamar la atención y de que se cumplan sus peticiones.

La historia registra muchos casos de este tipo ocurridos en diferentes épocas, en que un espíritu causa ruidos hasta que es atendido. Se cita con frecuencia un episodio contado por PLINIO, conocido como el Joven, para distinguirlo de su tío PLINIO el Viejo, en una de sus *Epístolas*, que son textos de gran valor histórico porque describen minuciosamente las costumbres en aquellos tiempos. Se trata de una casa en Atenas que nadie quería habitar porque era frecuentada por un fantasma desde la desaparición inexplicable del anterior inquilino. El filósofo ATENODORO adquirió la casa pensando que todo lo que se decía era una patraña. La misma noche en que se instaló allí, oyó ruidos de cadenas en su habitación y al acercarse vio a un anciano haciéndole señas para que le siguiera, fue tras él hasta cierto sitio del patio interior, donde desapareció súbitamente. El filósofo señaló el lugar y al día siguiente avisó a los magistrados, se hicieron excavaciones y encontraron, precisamente en el lugar indicado por la aparición, un esqueleto cargado de cadenas: era el cuerpo del anterior ocupante de la casa, que había sido asesinado. Una vez que se dio sepultura decorosa a sus restos, la aparición no se repitió más.

Son orientadores. Espíritus amorosos, benefactores, superiores en sabiduría y en moralidad, se sintonizan con los médiums para trasmitir hermosos mensajes, que crean conciencia sobre las realidades espirituales, y que invitan a la práctica del bien y a la transformación moral.

Espíritus que son conducidos a las reuniones por otros espíritus

Se encuentran en estado de turbación. Por lo general, después de la muerte física, en la transición hacia el mundo espiritual, todo ser entra en una fase de confusión que obnubila su conciencia, y que puede durar desde algunas horas hasta un período de varios años. Cuando se trata de muertes violentas en accidentes, homicidios, suicidios y otras situaciones trágicas, el grado de perturbación que sufre el espíritu es muy grave. Trastornados por un cambio tan repentino, necesitan que se les aclare que no están ya en el plano físico; que deben comprender y asumir su nuevo status que no deben aferrarse desesperadamente a las personas con las que mantuvieron relaciones de afinidad o de consanguinidad; ni a los objetos o bienes materiales que les pertenecieron; que pueden atenuar sus molestias y dolores concentrando su pensamiento en esa dirección. Son traídos a las sesiones para ser instruidos y auxiliados. Necesitan de energías equilibradas que calmen sus dolores físicos y morales, disciplinen sus reacciones y les orienten en su nueva realidad. Dirigentes de sesiones, médiums y entidades espirituales benefactoras han de unir sus esfuerzos para ofrecer ese apoyo efectivo que permita calmar el sufrimiento de esos seres y prepararlos para continuar su tránsito evolutivo en nuevas encarnaciones.

Son obsesores. Están ligados viciosamente a otros espíritus, tanto encarnados como desencarnados, por afán de venganza o por sus pensamientos bajos, oscurecidos por el odio, la envidia o las bajas pasiones. Requieren de una enseñanza moralizadora que les lleve a perdonar las ofensas o los daños que pudieran haber recibido de sus víctimas de ahora y les haga desistir de esa conducta. Está claro que los dirigentes, médiums y orientadores que integran el equipo para la desobsesión, no es un tribunal a donde comparecen los espíritus en calidad de reos para ser impelidos a desnudar su intimidad psíquica o para ser sentenciados y condenados. La desobsesión es una tarea de caridad, vale decir, de solidaridad, dirigida a socorrer tanto a las víctimas como a los mismos obsesores, haciéndoles comprender y superar la enfermiza situación que les afecta.

Criterios básicos para evaluar la calidad de los mensajes:

- El apego a la racionalidad, a la lógica y el sentido común.

- La coherencia en las ideas y la ausencia de contradicciones.

- La corrección en el estilo y el adecuado empleo del lenguaje.

- La calidad moral.

- El valor literario artístico, histórico, filosófico o científico.

- La originalidad y la contribución que brindan con nuevas ideas y reflexiones.

Tomando estos criterios como referencias centrales, cualquier grupo mediúmnico está en condiciones de realizar una exhaustiva y honesta evaluación de los mensajes que está recibiendo, reafirmando así su seriedad y objetividad y protegiéndose de cualquier tentativa de engaño o de manipulación.

Trabajando con buenos médiums, con directores y equipos de trabajo idóneos, fomentando el intercambio mediúmnico con propósitos nobles y elevados, disponiendo de una sólida formación doctrinaria, y contando en todo momento con la asistencia, amparo y orientación de buenos espíritus, los grupos espíritas pueden disponerse a las actividades de intercambio espiritual, tranquilos y confiados en los éxitos que obtendrán. Reuniendo esas condiciones, disfrutarán de los inmensos beneficios que proporciona a quienes saben buscarla y merecerla, una mediumnidad dirigida hacia lo bueno, lo bello y lo verdadero.

VI

REENCARNACIÓN

"Cuando me acueste en la tumba, podré decir como tantos otros: ¡he terminado mi jornada! Pero no diré que he terminado mi vida. Mi jornada comenzará al otro día, a la mañana. La tumba no es un callejón sin salida, es una avenida que se cierra en el crepúsculo y se vuelve a abrir en la aurora".

VICTOR HUGO

CONSIDERACIONES HISTÓRICAS Y GENERALES

La palabra reencarnación significa, literalmente, volver a la carne. Es el retorno del espíritu a una nueva existencia corporal. Reencarnar es nacer de nuevo, en un nuevo organismo, desde el mismo instante de la concepción.

La reencarnación es una ley natural de la vida, por medio de la cual el espíritu progresa moral e intelectualmente, alcanzando con su propio esfuerzo, estados superiores en su evolución.

El espíritu reencarna innumerables veces, sin perder su individualidad. En cada existencia, se expresan los rasgos básicos de su personalidad, los cuales son definidos por el factor espiritual, aunque son matizados por las características biológicas de su nuevo cuerpo y por las condiciones sociales y culturales del medio ambiente, donde cuenta con una nueva familia, con otros amigos y se inserta en un proceso general de socialización. En el plano encarnado, el hombre se configura globalmente como una compleja y dinámica entidad bio-psico-socio-espiritual en permanente evolución.

La reencarnación no debe ser confundida con la resurrección, dogma de algunas religiones como el cristianismo y el judaísmo, según el cual el alma sólo vive corporalmente una vez, y después de la muerte, transcurrido un tiempo indeterminado, ocupará de nuevo su mismo cuerpo para recibir la sanción definitiva de Dios en un juicio final. Esta tesis tropieza con numerosas dificultades al momento de ser expuesta o defendida. Le otorga al alma el atributo de la supervivencia después de la muerte, pero niega su preexistencia antes del nacimiento, y eso es incoherente, porque si se pretende que la vida tenga un principio con el nacimiento, hay que darle un fin con la muerte, y eso desemboca inevitablemente en el concepto materialista. Si la vida no termina con la muerte y el alma sobrevive a ella, debe necesariamente preexistir al nacimiento. Por otra parte, ¿cómo puede cada una de las almas volver a emplear su antiguo cuerpo, si éste en su composición molecular, ha experimentado infinitas transformaciones y se ha integrado a otros cuerpos?

Reencarnación no es tampoco metempsicosis, antigua creencia oriental que acepta la posibilidad de que un alma humana pueda renacer en cuerpos de especies animales, como un castigo a sus culpas. Es una idea absurda que deforma y contradice la visión de progreso incesante que implica la tesis de las vidas múltiples. Reencarnación es sinónimo de evolución, tanto en el campo biológico como en el plano espiritual.

Las que siguen, son expresiones equivalentes a la de reencarnación y pueden emplearse con igual sentido, puesto que traducen la misma idea del progreso eterno del espíritu animando en cada vida un organismo corporal distinto: palingenesia, renacimiento, pluralidad de existencias, vidas sucesivas o vidas múltiples.

La reencarnación es uno de los postulados centrales de la doctrina espiritista, como lo es también de otras escuelas espiritualistas. Si bien es cierto que no es un descubrimiento del Espiritismo, también lo es que, con los estudios espíritas y las confirmaciones obtenidas por vía mediúmnica, la tesis reencarnacionista ha sido colocada dentro de un contexto racionalista y científico, liberada de toda noción dogmática y de ideas míticas, mágicas o supersticiosas, provenientes de doctrinas religiosas o esotéricas.

La pluralidad de existencias es la tesis sobre la cual se fundamenta la visión antropológica del Espiritismo: el alma encarna, desencarna y reencarna, para realizar su historia individual y realizarse en la historia general. Va forjándose así, una nueva conciencia en la humanidad, un nuevo entendimiento del espíritu y de la historia, donde se vinculan el pasado, el presente y el futuro, enlazados por un Ser eterno, que nace, muere y renace sin cesar.

Los argumentos que comprueban la realidad de la reencarnación y dan pie para enunciarla como una ley fundamental de la vida y de la evolución, se pueden ubicar dentro de estas tres categorías:

De carácter científico. Las evidencias favorables que se han venido acumulando como resultado de las investigaciones en todo el mundo, otorgan una base muy sólida a la doctrina reencarnacionista, la cual está en plena armonía con las leyes de la naturaleza y no está en contradicción con ningún principio científico establecido.

De carácter filosófico. La tesis reencarnacionista permite responder con gran solvencia a las numerosas interrogantes que se ha planteado el ser humano en torno de sí mismo y del mundo que le rodea: ¿qué somos?, ¿por qué y para qué estamos aquí?, ¿de dónde venimos?, ¿hacia dónde vamos?, ¿cómo se concilian la libertad y la responsabilidad?, ¿somos libres o estamos determinados? Cuestiones del más alto interés, que esta doctrina dilucida con claridad, sencillez y objetividad.

De carácter moral. La infelicidad, el dolor, el sufrimiento, las injusticias, las desigualdades y todos los males que aquejan al género humano, encuentran en la moral palingenésica, una interpretación que permite comprender las razones que los originan, y que exhorta a una actitud dinámica para superarlos. Al tomar conciencia de las implicaciones y consecuencias de la ley de causa y efecto, los seres humanos pondrán un alto empeño en su reforma íntima, personal, sobre la cual impulsará la transformación social que requiere la humanidad para alcanzar una vida más plena, justa y digna para todos.

En estos términos resumió GELEY su convicción en la certeza de esta ley Universal:

> "Soy reencarnacionista. Y lo soy por tres razones:
>
> Porque la doctrina palingenésica me parece:
>
> 1) desde el punto de vista moral, plenamente satisfactoria;
>
> 2) desde el punto de vista filosófico, absolutamente racional, y
>
> 3) desde el punto de vista científico, verosímil y, mejor aún, probablemente verdadera".[98]

Se puede afirmar con toda propiedad, que la creencia en la reencarnación ha ocupado un lugar sobresaliente en todas las épocas y entre todas las culturas, a lo largo del proceso civilizador. Es la concepción de la vida y del destino humano más antigua y extendida en todo el planeta. Con diferentes nombres, entendida de diversas maneras y trasmitida en forma directa o alegórica, aparece esta idea noble en las diversas etapas del desarrollo histórico de la humanidad hasta nuestros días cuando la encontramos, golpeando con insistencia las puertas de las academias, exigiendo su reconocimiento definitivo.

[98] GUSTAVE GELEY. *Estudios sobre la Reencarnación y la Mediumnidad.* Ediciones CIMA. Caracas 1994. p. 17.

En las sociedades más primitivas se hallaba extendida la creencia en la reencarnación ejerciendo una profunda influencia en la vida y en las instituciones de sus pobladores y así lo han confirmado científicos sociales contemporáneos. MIRCEA ELIADE, escritor, filósofo y antropólogo rumano (1907-1986), autor de numerosos estudios acerca de las tradiciones religiosas y costumbres de los pueblos antiguos, dice que la mayor parte de esos pueblos la aceptaban de la manera más natural. Refiriéndose, por ejemplo, a los churingas, objetos sagrados de los arandas y otras tribus australianas que sobreviven en un nivel cultural propio del paleolítico, señala:

> "Sabido es que estos objetos rituales, hechos de piedra la mayor parte de las veces y ornamentados con diversos temas geométricos, representan el cuerpo místico de los antepasados. Se guardan ocultos en cavernas o enterrados en ciertos lugares sagrados y sólo se muestran a los más jóvenes después de su iniciación. Entre los arandas, el padre habla a su hijo en estos términos: 'Este es tu propio cuerpo, del que saliste por un nuevo nacimiento'. O bien: 'Este es tu propio cuerpo, el antepasado que eras tú cuando, durante tu existencia anterior peregrinabas. Luego descendiste a la caverna sagrada para reposar allí'".[99]

La doctrina de los renacimientos sucesivos aparece, en forma alegórica o explícita, en las obras básicas que sirven de sustentación a las religiones fundamentales de la humanidad: *El Libro de los Muertos*, de la antigua civilización egipcia; el *Bardo Thodol* o *Libro Tibetano de los Muertos*; los *Vedas*; los *Upanishads*; el *Zend Avesta* de los persas, el *Corán*, el *Talmud*, el *Zohar*, la *Biblia*, etc.

La mayor parte de los pueblos de Asia vive con esta creencia, y si en Occidente, la reencarnación no ha tenido igual aceptación se debe a las presiones ejercidas por las religiones oficiales y por el escepticismo de una extendida cultura materialista. Eso, a pesar de que en la civilización grecolatina tenía una amplia difusión y gozaba de gran simpatía entre los cristianos de los primeros tiempos, hasta que fue anatematizada por la Iglesia Católica en varios Concilios celebrados entre los siglos IV y V, cuando se levantó, en lugar de esta concepción sencilla y clara del destino, comprensible hasta para las más humildes inteligencias y que armoniza la justicia divina con la desigualdad de las condiciones y del dolor humano, todo un monumento de dogmas y miste-

[99] MIRCEA ELIADE. *Historia de las Ideas y de las Creencias Religiosas*. Editorial Cristiandad, Madrid, 1978. Vol. I, p. 47.

rios, como las penas eternas, la resurrección o el juicio final. Felizmente, y a pesar de los Concilios y de todas las sutilezas teológicas, las Iglesias no han podido tergiversar esta profunda verdad reencarnacionista expuesta por JESÚS ante NICODEMUS: “Es necesario nacer de nuevo”.

Cualquier repaso histórico que se haga, muestra que la creencia en las vidas sucesivas ha sido aceptada por notables figuras del pensamiento universal, formando una verdadera galería de honor, de la cual presentamos ahora, sólo algunos nombres con la intención de mostrar su enorme influencia en la historia humana. Ella se encuentra en las enseñanzas de BUDDHA, CONFUCIO, LAO TSE, HERMES, HERÁCLITO, PITÁGORAS, SÓCRATES, PLATÓN, PLUTARCO, ORÍGENES, PLOTINO, PARACELSO, GIORDANO BRUNO, THOMAS MORE, BENJAMIN FRANKLIN, DAVID HUME, EMMANUEL KANT, ARTHUR SCHOPENHAUER, FRIEDRICH HEGEL, FRIEDRICH NIETZSCHE, MOHANDAS GANDHI, para citar algunos de los reformadores morales y filósofos de mayor relevancia en la antigüedad y en la era moderna.

Ha sido refrendada por la autoridad de escritores e intelectuales de reconocido prestigio: VICTOR HUGO, HONORÉ DE BALZAC, ALEXANDRE DUMAS, THEOPHILE GAUTIER, GUSTAVE FLAUBERT, CHARLES FOURIER, JEAN REYNAUD, MAURICE MAETERLINCK, AMADO NERVO, RAINER MARIA RILKE, JOHANN WOLFGANG GOETHE, LEON TOLSTOI, WILLIAM BLAKE, RALPH WALDO EMERSON, HENRY LONGFELLOW, EDGAR ALLAN POE, WALT WHITMAN, ALFRED TENNYSON, HENRY DAVID THOREAU, SAMUEL TAYLOR COLERIDGE, FEDOR DOSTOIEVSKY, HERMAN HESSE, JACK LONDON.

Los más destacados investigadores y estudiosos de las ciencias psíquicas, la han considerado como una ley fundamental de la vida, que garantiza la continuidad biológica y espiritual dentro del proceso evolutivo: ALLAN KARDEC, CAMILLE FLAMMARION, GABRIEL DELANNE, GUSTAVE GELEY, ANDRE PEZZANI, JOSÉ MARIA FERNÁNDEZ COLAVIDA, ALBERT DE ROCHAS, CARL DU PREL, ARTHUR CONAN DOYLE, OLIVER LODGE, ERNESTO BOZZANO, HELENA BLAVATSKY, ANNIE BESANT, CHARLES WEBSTER LEADBEATER, GERARD ENCAUSSE, RUDOLF STEINER, MAX HEINDEL, ALEXANDRA DAVID-NEEL, WILLIAM JAMES, KARL GUSTAV JUNG, PIETRO UBALDI, ERNESTO MOOG, KARL MULLER, JOSÉ S. FERNÁNDEZ, HATMENDRA NAT BANERJEE, IAN STEVENSON, EDITH FIORE, GINA CERMINARA, MORRIS NETHERTON, HELEN WAMBACH, JOEL WHITTON,

THORWALD DETHLEFSEN, DENIS KELSEY, PATRICK DROUOT, JOHN BJÖRKHEM, ALEXANDER CANNON, HANS TEN DAM, BRIAN WEISS, ROGER WOLGER, HERNANI GUIMARÃES ANDRADE, HERMINIO MIRANDA, MARIA JULIA PRIETO PERES.

Esta relación es bastante significativa y constituye una categórica demostración a favor de la universalidad y aceptación de que goza la doctrina reencarnacionista, y que por lo mismo, no puede ser ignorada o subestimada. Podríamos engrosar esta lista con muchos más nombres de ilustres personalidades, pero consideramos que es suficiente. De todos modos, remitimos a los lectores que requieren mayor información sobre el tema, a una obra de rango enciclopédico, que presenta una amplia recopilación de textos breves relacionados con la creencia en las vidas múltiples, en todas las épocas y culturas. Nos referimos a *La reencarnación en el pensamiento universal,* redactada por JOSEPH HEAD y S.L. CRANSTON.[100]

PROGRESOS EN LAS INVESTIGACIONES SOBRE LA REENCARNACIÓN

Por muchos siglos la reencarnación fue admitida como una creencia religiosa, como una "verdad revelada". Para los centenares de millones de budistas, brahmanistas, jainistas y seguidores de otras religiones orientales, la certeza en el renacimiento del espíritu constituye un dogma indiscutible, que no requiere de comprobaciones puesto que es materia de fe.

En cambio, para los griegos antiguos, esta idea seductora que había llegado desde la India y Egipto, podía y debía ser examinada a la luz de una perspectiva racionalista. La escuela itálica, liderizada por PITÁGORAS había colocado como un postulado central dentro de su concepción del hombre y de la vida, al lado de otros conceptos científicos, muy avanzados para aquel momento, como la esfericidad de la Tierra, el sistema heliocéntrico, los teoremas geométricos o la proporcionalidad matemática de los acordes musicales. PITÁGORAS recordaba espontáneamente algunas de sus vidas anteriores. Según refiere DIÓGENES LAERCIO, decía que en otros tiempos había sido ETALIDES, que luego había renacido sucesivamente como EUPHORBIUS, PIRRO hasta que llegó a ser PITÁGORAS.[101]

[100] Editorial Diana, México. 1976.

[101] DIÓGENES LAERCIO. *Vidas de los más ilustres filósofos griegos.* Volumen II. libro octavo.

En su escuela filosófica de Crotona enseñaba a sus discípulos más aventajados ciertos procedimientos para que accedieran a la información de sus vidas pasadas, guardada en las profundidades de su alma, como él mismo lo hacía.

Le cabe a SÓCRATES y a PLATÓN el mérito de haber intentado probar la pluralidad de existencias mediante una demostración teórica y racional. En *Fedón*, *Menón*, *Gorgias*, *Fedro*, *República*, y en otras obras, hallamos sus célebres mitos escatológicos dirigidos a estimular la imaginación y la reflexión de cada persona, abriendo caminos propios que faciliten el autoconocimiento y se pueda "aprender mediante el recuerdo de lo que se ha vivido antes" haciendo aflorar a la conciencia las "reminiscencias de esas vidas previas".

PITÁGORAS

PLATÓN

Por muchos siglos la idea de la reencarnación fue condenada por los representantes de los credos religiosos dominantes. Obispos católicos y pastores protestantes ejercieron toda su influencia para impedir que se difundiera y no escatimaron esfuerzos para perseguir a sus seguidores. A esa hostilidad se unió el dogmatismo académico que fue cubriendo el mundo del conocimiento científico y filosófico con la sombra de un rancio materialismo.

A mediados del siglo XIX, ALLAN KARDEC dio un fuerte impulso a los estudios en torno de la reen-

ALBERT DE ROCHAS

carnación, cuando recibió del mundo espiritual informaciones que la confirmaban, y fue incluida como uno de los postulados centrales de la naciente doctrina espiritista. Sus libros contienen argumentos sólidos y comprobaciones acerca de la vida después de la muerte, y explican las condiciones en que se encuentra el espíritu en el intervalo que media entre una y otra vida o sea en el plano extrafísico como entidad desencarnada, y desde el cual se dispone para comenzar una nueva existencia. Es gracias a la metodología kardeciana, que el intercambio mediúmnico fue incorporado como una herramienta práctica en la investigación experimental de la reencarnación. GABRIEL DELANNE, destacado representante de la ciencia espírita, publicó en 1924 el libro *Documentos para el Estudio de la Reencarnación*, con cincuenta casos relacionados con recuerdos reencarnatorios, que fue, en su tiempo, la obra de mayor relevancia en el tema.

Precisamente, un discípulo de KARDEC, el espiritista español JOSÉ MARÍA FERNÁNDEZ COLAVIDA (1819-1888), fue el pionero en la aplicación de un procedimiento de carácter experimental para la comprobación de la reencarnación, mediante el empleo de técnicas hipnóticas dirigidas a la regresión de la memoria hasta una o más vidas anteriores. COLAVIDA realizó su trabajo con excelente criterio científico, adoptando las precauciones que se podrían considerar esenciales: hipnotizó a varios sujetos diferentes en cuanto a sexo, edad, nivel cultural y creencias; modificó las condiciones experimentales para contrastar resultados; un mismo sujeto fue inducido por varios hipnólogos que no se conocían entre sí, para evitar la interferencia de factores condicionantes de carácter sugestivo e imaginativo; y se ocupó de verificar las informaciones que surgían en las regresiones con respecto a nombres, fechas, lugares y otras referencias objetivas.

Poco tiempo después, el francés ALBERT DE ROCHAS (1837-1914), Director de la Escuela Politécnica de París, empleó procedimientos hipnóticos similares a los de COLAVIDA llevando a muchos de los sujetos a revivir experiencias de vidas pasadas. En su libro *Las vidas sucesivas*, considerado un clásico en esta materia, describe minuciosamente sus trabajos experimentales, que incluían también, investigaciones en otras áreas que tenían el propósito de comprobar la existencia del cuerpo astral o periespíritu, o los fenómenos de exteriorización de la sensibilidad fuera de los límites corporales. Para superar las objeciones que los críticos hacían a sus trabajos, diciendo que los sujetos eran víctimas de un engaño inconsciente y que la sugestión les hacía creer en esas presuntas vidas anteriores, tanto COLAVIDA como DE ROCHAS recurrieron a una contraprueba que daba mucho crédito a su trabajo. Primero, el experimentador hipnotizaba al sujeto y le trasmitía sugerencias para dejar grabada en su inconsciente la idea de que no existe la reencarnación y que cualquier personalidad diferente que pudiese emerger en una regresión era solamente producto de su imaginación. En otra sesión, con otro hipnólogo diferente del anterior, se realizaba la regresión. Ellos comprobaron, que, independientemente de las creencias del individuo, y aún más, con sugestiones hipnóticas en contra, aparecen esas vidas anteriores, como hechos objetivos que no dependen de su imaginación o de su voluntad.

A todo lo largo del siglo veinte, se han conocido numerosos trabajos en el campo de la hipnosis regresiva que han recibido un alto reconocimiento por su calidad científica y por la competencia profesional de sus autores, entre quienes pueden destacarse los siguientes: JOHN BJÖRKHEM (1910-1963) médico sueco; ARNALL BLOXHAM (f. 1972), DENIS KELSEY, JOE KITTON, ARTHUR GUIRDHAM, médicos británicos; THORWALD DETHLEFSEN, psicólogo alemán; JOEL WHITTON (n. 1946) psiquiatra canadiense; y en Estados Unidos, EDITH FIORE, psicóloga; HELEN WAMBACH, BRIAN WEISS, psiquiatras.

En 1956, el hipnólogo norteamericano MOREY BERNSTEIN, impactó a la opinión pública con su libro *La búsqueda de Bridey Murphy*, provocando intensos debates en los medios periodísticos y científicos. La historia es el resultado de una serie de sesiones de regresión hipnótica realizadas entre noviembre de 1952 y agosto de 1953, practicadas con la señora VIRGINIA BURNS TIGHE (n. 1923) en la ciudad de Pueblo, estado de Colorado, y quien aparece en el libro con el seudónimo de RUTH SIMMONS. Según la descripción proporcionada por la señora TIGHE bajo hipnosis, y que fue recogida en

IAN STEVENSON

seis cintas magnetofónicas, ella habría nacido en su vida anterior en Cork, Irlanda, en 1798, habría llevado el nombre de BRIDEY MURPHY y su fallecimiento habría ocurrido en 1864. Los recuerdos fueron minuciosos con respecto a los detalles de su vida y de su familia, y sorprende la precisión de las informaciones sobre los lugares, las costumbres de las personas y las referencias históricas, las cuales fueron investigadas por el periodista WILLIAM J. BARKER, articulista de *Empire*, la revista dominical del *Post*, de Denver, quien estuvo tres semanas en Irlanda, y publicó un libro donde certificó su veracidad. El caso Bridey Murphy fue llevado al cine y a la música popular, y sirvió para reactivar el interés popular y científico en la reencarnación.

Son bien conocidos en todo el mundo los estudios del Dr. IAN STEVENSON (1918-2007), médico psiquiatra nacido en Montreal, Canadá, Jefe de neurología y psiquiatría de la Escuela de Medicina en la Universidad de Virginia, quien se ha dedicado pacientemente a la investigación de casos relacionados con recuerdos de vidas pasadas que son manifestados espontáneamente por niños en los más diversos lugares del planeta. Los libros que STEVENSON ha publicado, gozan de un merecido prestigio, por la objetividad y rigor científico con que se ha examinado cada caso, y por la discusión que se hace de todas las posibles hipótesis explicativas. Son más de 2.000 casos que han sido estudiados, ocurridos en países tan diferentes como la India, Ceilán, Thailandia, Birmania, Líbano, Turquía, Brasil y Estados Unidos, lo cual demuestra que la experiencia de haber vivido antes es un fenómeno humano universal. El equipo de la Universidad de Virginia ha entrevistado tanto a los protagonistas como a los testigos y las informaciones han sido procesadas cuidadosamente, computarizadas y se ha procedido a la verificación de todos los datos. Desde el año 1960, STEVENSON ha publicado más de veinte libros y artículos en revistas de medicina y de parapsicología. Entre ellos, el más conocido y discutido es

Veinte casos sugestivos de reencarnación, editado en 1966, y corresponde al Volumen XXVI de las Actas (*Proceedings*) de la Sociedad Americana de Investigaciones Psíquicas.

HATMENDRA NAT BENERJEE

En la misma línea de STEVENSON, investigando casos de niños que recordaban libremente una o varias de sus vidas anteriores, trabajó el parapsicólogo indio, Dr. HATMENDRA NAT BANERJEE (1931-1985), profesor de la Universidad de Rajasthán, en la ciudad de Jaipur, quien fue uno de los precursores en el estudio científico de la reencarnación que él denominaba "memoria extracerebral". BANERJEE dirigió el Departamento de Parapsicología de aquella universidad, y vivió sus últimos años en California, Estados Unidos. En más de treinta años de paciente búsqueda reunió más de mil casos que hacen pensar en la reencarnación como la explicación más lógica y científica, los cuales dio a conocer en revistas especializadas y en los siete libros que escribió.

La Dra. GINA CERMINARA, psiquiatra de Nueva York, ha presentado en dos excelentes libros los resultados de sus trabajos clínicos con pacientes afectados por diversos trastornos psicosomáticos, concluyendo que solamente se puede elaborar un adecuado diagnóstico cuando se toman en cuenta los nexos que existen entre la vida actual y las precedentes. Ella se interesó en el tema cuando conoció la vida y la obra de EDGAR CAYCE (1877-1945) el muy conocido sensitivo norteamericano que se hizo muy famoso por los acertados diagnósticos que obtenía en estados especiales de trance paranormal. Haciendo una "lectura de las vidas anteriores" lograba conocer las razones de la enfermedad que aquejaba a un paciente, estableciendo una relación causa-efecto entre los síntomas actuales y los comportamientos del pasado. Al momento de su fallecimiento, había escrito cerca de 25.000 protocolos con sus observaciones psíquicas y sorprende la precisión y exactitud de sus recomendaciones.

Ma. JULIA PRIETO PERES

Un libro altamente recomendable, editado en 1970, titulado *La Reencarnación basada en hechos*, fue escrito por el ingeniero KARL E. MULLER (1893-1968), gran conocedor de la parapsicología y del Espiritismo, nacido en Nueva Orleans, aunque de padres suizos. Fundador de varias sociedades espiritas ocupó la presidencia de la Federación Espírita Internacional. Esta obra recoge en 8 capítulos y 58 temas, los antecedentes históricos de la idea reencarnacionista, las evidencias espontáneas y de carácter experimental que la respaldan, las hipótesis y teorías explicativas, ilustrando cada situación con casos típicos, históricamente verificables, que suman 76 a lo largo del libro. De suma importancia son los análisis que hace el autor acerca de las prácticas que se derivan de la tesis reencarnacionista, y la réplica que hace a las objeciones que se han levantado contra ella.[102]

Desde 1966 se vienen conociendo las actividades de la "Asociación para la Investigación y Terapia de Vidas Pasadas" en Los Angeles, USA, dirigida por el Dr. MORRIS NETHERTON. La Terapia de Vidas Pasadas es un método psicoterapéutico que utiliza la regresión de la memoria a etapas anteriores de la vida actual o etapas correspondientes a vidas previas, partiendo de la base de que ciertos problemas de carácter orgánico tienen su raíz en conflictos que se iniciaron en existencias anteriores. En la actualidad, numerosos médicos, psicólogos y terapeutas de todo el mundo, están empleando este novedoso recurso en su práctica clínica, que se ha venido perfeccionando con los aportes de numerosos profesionales que han obtenido nuevas experiencias. En 1987, fue fundado en São Paulo, Brasil, el Instituto Nacional de Terapia de Vivencias

[102] Además de la edición original inglesa, el libro puede conseguirse en otras lenguas. Hay una limpia y correctísima traducción al portugués, publicada por la Editora Difusora Cultural, de São Paulo, en 1978.

Pasadas, bajo la competente dirección de la Dra. MARIA JULIA PRIETO PERES, quien, acompañada de un valioso equipo de médicos y psicólogos ha obtenido resultados terapéuticos de gran significación. La Dra. PRIETO PERES, muy respetada como dirigente espírita, ha realizado un encomiable trabajo a favor de la divulgación científica de este sistema curativo, y por su empleo exclusivo en el ámbito clínico apegado a los más estrictos parámetros éticos.

Mención especial ha de otorgarse al esfuerzo cumplido por el ingeniero HERNANI GUIMARÃES ANDRADE, presidente y fundador del Instituto Brasileiro de Pesquisas Psicobiofísicas, y quien puede ser considerado como la personalidad más relevante de la ciencia espírita en la actualidad. Con gran paciencia y método ha reunido un buen número de casos bien identificados que encuentran en la reencarnación su mejor explicación. Su libro *Reencarnación en Brasil*, así como varias monografías, son referencias bibliográficas fundamentales para el estudio del tema, por la minuciosidad de la investigación y por la rigurosa metodología empleada que le lleva a considerar todas las hipótesis alternativas, como la del fraude, la criptomnesia, la memoria genética o la percepción extrasensorial, hasta el reconocimento de la reencarnación como la explicación más completa y ajustada a los hechos.

Las últimas décadas del siglo veinte, muestran que hay en todo el mundo una tendencia creciente hacia la aceptación de la reencarnación. En las naciones occidentales donde la cultura religiosa dominante es contraria a esa idea, sin embargo, un alto porcentaje de la población se declara partidario de ella. Y desde el propio mundo de la ciencia, están emergiendo tendencias modernas que la consideran viable y perfectamente ajustada a la nueva visión del hombre y del Universo, como se desprende de los revolucionarios conceptos de la física cuántica, de la psiconeuroinmunología o de la psicología transpersonal. La parapsicología ha incorporado dentro de sus investigaciones a los denominados fenómenos *Theta*, recurriendo a la octava letra del alfabeto griego, que es la inicial de *Thanatos*: muerte, para colocar dentro de esa categoría a todas las manifestaciones paranormales que parecen ser provocadas por seres ya fallecidos, es decir, por espíritus. Antes, se había trabajado solamente con los fenómenos *Psi-Gamma* (percepción extrasensorial) y *Psi-Kappa* (psicocinesia), en tanto que procesos psíquicos que se verifican en los seres encarnados. Dentro del fenómeno *Theta*, se incluye el estudio de la reencarnación, con los nombres de Memoria Extracerebral (MEC) o Memoria Remota.

PRINCIPALES EVIDENCIAS A FAVOR DE LA REENCARNACIÓN

Evidencias directas

Recuerdos espontáneos de vidas anteriores

Son más frecuentes en niños que en adultos. En los niños, los recuerdos se presentan muy vivos entre los dos y siete años de edad, y luego van paulatinamente apagándose. Es posible que eso guarde relación, por una parte, con el complejo proceso de integración del espíritu y su estructura periespiritual con el incipiente organismo biológico que se inicia, y también con las influencias familiares y culturales que va recibiendo el niño durante esa primera y fundamental fase de socialización. Curiosamente, cuando los recuerdos afloran en la etapa adulta permanecen con la persona de por vida y difícilmente se borran.

Hay casos en que los recuerdos son fragmentarios e imprecisos y no suficientes para que se puedan confirmar. En aquellas situaciones donde los recuerdos son bastante completos es conveniente que los familiares o amigos procuren registrar las informaciones sin contaminarlas, es decir, sin presionar al niño ni exagerar o modificar su contenido, y solicitar la asistencia de un especialista en el área.

La metodología seguida por el Dr. IAN STEVENSON es muy objetiva y rigurosa, e invita a proceder cautelosamente, sin afirmar o negar nada a priori. Exige que estén presentes, por lo menos, seis detalles evidentes, que permitan excluir el azar, las coincidencias, y otras alternativas, como el fraude, o la posibilidad de que los recuerdos hayan sido captados extrasensorialmente. Algunos de esos detalles, además, claro está, del propio recuerdo de la vida anterior con citas concretas y precisas de nombre, lugares y fechas, se relacionan con el carácter, los gestos, peculiaridad de la voz, gustos, opiniones, caligrafía parecida o idéntica, y otros datos que permitan elaborar perfiles comparativos de personalidad y comportamiento.

Frecuentemente se presentan algunos obstáculos que llevan a los niños a no informar sobre sus recuerdos o a guardarlos para sí mismos cuando han sido reprendidos, y eso, reduce considerablemente el número de casos por estudiar. Son dificultades que se originan en los prejuicios religiosos o familiares que gravitan en muchas sociedades en contra de la idea reencarnacionista; en el antagonismo de la cultura oficial que se sustenta en un modelo conceptual de base materialista: en la actitud de indiferencia de los padres del niño que no conceden valor a sus recuerdos o los desestiman como si se tratase de fantasías propias de su edad. También, algunos niños no informan lo que están percibiendo porque se sienten confundidos con la idea de tener "otros padres diferentes" y temen perder su identidad personal y familiar.

Entre las experiencias espontáneas de reencarnación que han recibido mayor divulgación en el mundo, debido a la objetividad de los recuerdos, a su precisión, a que fueron plenamente confirmados y a que fueron ampliamente examinados con rigor científico, está la que involucró a la niña SHANTI DEVI, quien había nacido en octubre de 1926 en Nueva Delhi, capital de la India. A partir de los tres años de edad comenzó a hablar sobre su vida anterior, diciendo que su nombre había sido LUGDI DEVI, y que había nacido en enero de 1902, en Mathura, en el estado de Uttar Pradesh. Recordaba plenamente el nombre de sus anteriores padres, y que había sido la segunda esposa de KEDAR NAT CHOUBEY, próspero comerciante, con quien tuvo un hijo llamado NABANITA LAL, y que había fallecido una semana después del parto, el 4 de octubre de 1925. Un año después, renació en Nueva Delhi, como hija de RANG BAHADUR y PREM PYARI. Recordaba perfectamente las costumbres de sus anteriores familiares, los alimentos que consumía, y los nombres de personas que eran sus vecinos.

Sus padres intentaron desanimarla de aquellos recuerdos, pero ella insistía en que la llevasen a Mathura, ubicada a 150 kilómetros de Nueva Delhi. Fue en septiembre de 1935 cuando comenzó la verificación de todas aquellas informaciones. Un pariente, director jubilado de un colegio, atendió los insistentes ruegos de SHANTI y escribió a la dirección indicada por ella. El Sr. CHOUBEY respondió confirmando la exactitud de los detalles y envió a un familiar para que conociese a la niña, el cual fue inmediatamente reconocido por ella. Viajó entonces, el Sr. CHOUBEY a Nueva Delhi para encontrarla, en compañía de su hijo NABANITA, ¡y todas las informaciones quedaron corroboradas!

Informaciones obtenidas por vía mediúmnica

Innumerables comunicaciones de origen mediúmnico, obtenidas en diversas épocas y países, contienen mensajes trasmitidos por entidades espirituales, donde cuentan situaciones que han experimentado en diversas vidas, y explican las relaciones, gratas o ingratas, que hay entre unas existencias y otras. En otras ocasiones, los espíritus le anuncian a ciertas personas que tendrán un hijo y ofrecen información acerca de la trayectoria espiritual de ese ser que está por reencarnar. Muchos casos se conocen también, de espíritus que predicen su próxima encarnación y dan algunos detalles que pueden permitir su reconocimiento.

Desde una perspectiva rigurosamente científica, y con la finalidad de que se pueda proceder a realizar una investigación, los mensajes mediúmnicos deben contener informaciones precisas como estas:

- Identificación completa del personaje aludido por el espíritu, incluyendo nombre, lugar y fecha de nacimiento, nexos familiares, profesión, causa de fallecimiento.

- Muestras significativas de conocimientos relacionados con aspectos geográficos, culturales, idiomáticos, vinculados al contexto de esa vida anterior.

- Otros detalles evidentes que permitan descartar las hipótesis alternativas que aluden al fraude, a la memoria pantomnésica, a la herencia o la percepción extrasensorial.

La historia de la mediumnidad registra numerosos casos que se ajustan plenamente a estos requerimientos y dan pie para ser considerados como evidencias directas que comprueban la realidad de las vidas sucesivas. GABRIEL DELANNE presentó varias experiencias de este tipo que pueden leerse en sus libros *Documentos que pueden servir para el estudio de la reencarnación*, *Las vidas sucesivas*, *La reencarnación*. Entre ellas menciona las que se relacionaron con su amigo personal, el respetado escritor espírita LEÓN DENIS, quien aseguraba haber recibido informaciones detalladas sobre sus vidas anteriores a través de diferentes médiums y todas coincidentes en cuanto a la identificación y características psicológicas.

Las obsesiones

En el contexto espírita, se define la obsesión como la influencia perniciosa que ejerce un espíritu sobre otro, por diversos motivos. Según la gravedad y las consecuencias psicopatológicas, puede clasificarse en: obsesión simple (influencias espirituales leves), fascinación (cuando el espíritu ilusiona el pensamiento de su víctima, engañándola y paralizando su capacidad de razonar sobre su propia situación) y subyugación (cuando el obsesor controla totalmente a su víctima, llegando a provocarle severos trastornos que alteran su salud física y mental).

Un porcentaje elevado de los procesos obsesivos está íntimamente vinculado a la reencarnación, puesto que el origen del conflicto entre obsesor y víctima se remonta a una o varias vidas anteriores.

Por medio de un adecuado diagnóstico que vaya más allá de la sintomatología y de los componentes sociales y profundice en el factor espiritual, se puede determinar con precisión ese origen, se identifican las raíces del problema y una vez comprendida la dinámica reencarnatoria que lo envuelve, se procede a solucionarlo mediante las técnicas educacionales y moralizadoras que recomienda la doctrina espirita las cuales permiten disolver los nexos enfermizos que mantienen imantados a esos seres, como consecuencia del odio, de la envidia, o del afán de venganza, que les corroe el alma.

El fracaso de las terapias psiquiátricas tradicionales en situaciones de esta naturaleza, se debe en buena medida, al desconocimiento, involuntario o deliberado, del factor reencarnatorio. Y, al contrario, la gran cantidad de curaciones exitosas obtenidas en instituciones asistenciales espíritas, abonan pruebas a favor de la palingenesia y demuestran sus extraordinarias posibilidades y alcances en el ámbito médico, psicológico y científico en general.

Evidencias indirectas

Marcas de nacimiento (birthmarks)

Se trata de cicatrices, manchas cutáneas, deformaciones óseas o defectos físicos que nacen con la criatura y que se corresponden exactamente con lesiones o heridas que le provocaron la muerte en su vida anterior, y que coinciden además con las informaciones provenientes de los recuerdos espontáneos que tiene el niño de esa vida precedente o que son obtenidas mediante técnicas experimentales.

Informa el Dr. STEVENSON que posee en su amplio archivo en la Universidad de Virginia, más de un centenar de situaciones de este tipo y que las marcas de nacimiento se presentan en una cifra próxima al 5% de los casos que sugieren la reencarnación. La presencia de estas marcas congénitas induce a pensar que el periespíritu actúa como un Modelo Organizador Biológico con la facultad de plasmar en el nuevo organismo carnal las características dominantes que trae consigo, imprimiéndolas en las estructuras del código genético.

En su documentada obra *Reencarnación en Brasil*, HERNANI GUIMARÃES ANDRADE relata ocho casos, seleccionados entre setenta que han sido estudiados exhaustivamente por el Instituto Brasileiro de Pesquisas Psicobiofísicas, y que sólo consiguen explicación objetiva y completa, en la tesis reencarnacionista. Uno de ellos presenta, adicionalmente a todas las evidencias favorables, el hecho de que la persona investigada nació con ciertas marcas en su cuerpo y que se corresponden perfectamente con los recuerdos de su vida anterior y con la causa de su fallecimiento en esa etapa. Es el caso de Patricia-Alexandra.

Patricia (se adopta un nombre ficticio para resguardar su intimidad y la de su familia) es una señora nacida en la ciudad de Araraquara estado de São Paulo, Brasil, el 14 de noviembre de 1939. Formada en Derecho, ejerce un alto cargo en una empresa estatal. Sus padres son brasileños, descendientes de italianos.

Comenzó a expresar sus recuerdos a sus padres y familiares casi desde el momento en que aprendió a hablar, cuando tenía dos años y medio. Recordaba muchos aspectos de su vida previa en Francia, que había nacido en Vichy y había vivido en el puerto de Le Havre, y muchos otros detalles relacionados con sus anteriores padres, y con aspectos geográficos, sociales e históricos de aquella época. Y recordaba que había fallecido cuando tenía quince años por un disparo que le hizo un soldado y que le destrozó el corazón. Examinada por el equipo del IBPP, se encontraron dos marcas en su cuerpo, una de ellas en la parte delantera, debajo del seno izquierdo, y la otra, en el costado, a nivel del riñón izquierdo. Dice el Ing. ANDRADE:

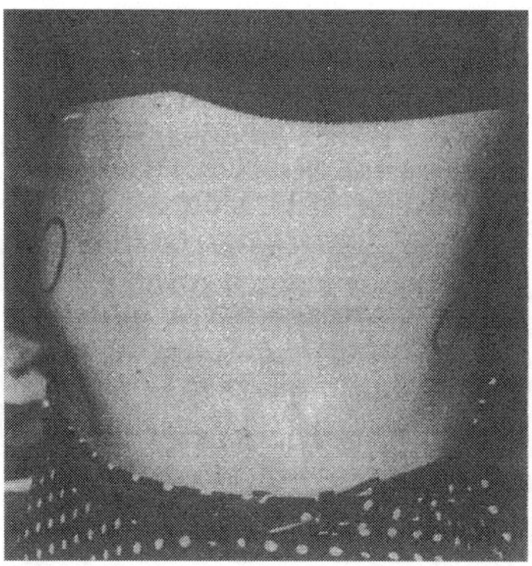

Cicatrices de Patricia, señaladas con círculos, que muestran los orificios de entrada y de salida del proyectil que le habría matado en su vida anterior.

"La primera señal tenía el aspecto de una cicatriz oriunda de una herida causada por una perforación. La segunda era mayor, un tanto más visible, y hace pensar en la cicatriz causada por algo que sale de adentro hacia fuera, lacerando los tejidos de la piel. Las dos marcas daban la impresión de ser cicatrices producidas por un proyectil que hubiese atravesado transversalmente el cuerpo de Patricia. El perfil de las marcas, vistas lateralmente, forma un ángulo de 15º, aproximadamente, con la horizontal, mostrando que el supuesto proyectil fue disparado por una persona más alta que la paciente. Este detalle agrega más evidencia a la suposición de que se trata de las marcas de la bala que habría matado a Alexandra.

La madre de Patricia quedó sorprendida, en el momento, pues siempre notó esas marcas de nacimiento, pero nunca las relacionó con los recuerdos manifestados por su hija, desde los dos años de edad.

La tendencia de tales marcas es a desaparecer con el tiempo. A pesar de que Patricia contaba con 35 años en el momento de la entrevista, las cicatrices estaban suficientemente nítidas como para ser fotografiadas.[103]

En efecto, aparecen en el libro cuatro fotografías, mostrando las cicatrices en el cuerpo de Patricia, y la correspondencia que hay entre ellas y la trayectoria del proyectil con los orificios de entrada y de salida.

Habilidades y conocimientos sorprendentes. La precocidad

Son bien conocidos los casos de niños muy pequeños que muestran increíbles aptitudes intelectuales, notables conocimientos, habilidades artísticas y científicas, que no se pueden explicar acudiendo a la genética o a la influencia sociocultural.

ANDRÉ-MARIE AMPÈRE, uno de los más grandes físicos franceses, a la edad de cuatro años y no conociendo ni las letras ni las cifras, realizaba impresionantes operaciones de cálculo mental. Otro físico francés, FRANÇOIS ARAGO, fue un niño prodigio en cálculo, al igual que KARL FRIEDIICH GAUSS, cuyo talento se revelaba desde los tres años. LOPE DE VEGA escribía versos a los cinco años. El GIOTTO era un pastor a quien CIMABUE encontró dibujando con tal perfección que se lo llevó consigo a su taller e hizo de él uno de los grandes artistas italianos. MIGUEL ANGEL

[103] HERNANI GUIMARÃES ANDRADE. *Reencarnação no Brasil.* Casa Editora O Clarim, Matão, 1986, pp. 237-286.

asombraba a Italia a los trece años, al punto que su maestro DOMENICO GHIRLANDAIO le dijo: "no tenemos nada que enseñarte". GOETHE, a esa misma edad, escribía en varios idiomas. PASCAL, desde su más tierna infancia se distinguía como un genio, poseyendo a fondo la geometría de EUCLIDES, publicando a los dieciséis una obra de investigaciones matemáticas sobre las secciones cónicas y provocando en torno suyo tal admiración que DESCARTES se resistía a creerle tan joven. JOHN STUART MILL, célebre filósofo y economista inglés, a la edad de tres años leía y hablaba griego y a los seis discutía sobre filosofía antigua con varios profesores. JOSÉ RAÚL CAPABLANCA, natural de Cuba, desde los cuatro años jugaba ajedrez con los expertos de su tiempo y llegó a ser campeón mundial. Lo que realizan los niños prodigio demuestra que sus dones no son hereditarios ni producto de enseñanzas, pues han aparecido "espontáneamente", sin estímulos exteriores. Forman parte del patrimonio exclusivo del espíritu, como consecuencia del grado de progreso alcanzado en sus vidas anteriores, con prescindencia del nuevo organismo físico. ¿Comprenderíamos a un MOZART escribiendo cuatro minuetos, un concierto para piano, una sonata y una sinfonía antes de haber cumplido cuatro años, sin haber estudiado antes la armonía? ¿Y qué decir de TASSO versificando a los siete años? ¿Y de HAENDEL que había compuesto ya tres óperas a la edad de once años? La lista es demasiado extensa e incluye niños de todas las épocas, en todos los continentes, y en las más diversas ocupaciones artísticas, literarias y científicas. Y tan sólo conocemos los casos que son del dominio público, por lo que es de suponer cuán numerosos serán los que se producen sin salir del ámbito familiar y no son conocidos más que por sus parientes cercanos. La inteligencia es del espíritu y no del cuerpo físico, que es apenas su instrumento y cuanto más elevadas sean sus dotes intelectuales, más complejo y perfeccionado será su cerebro. El genio no es la consecuencia de

WOLFGANG A. MOZART

una determinada configuración del sistema nervioso, ni mucho menos una tara física o una aberración psíquica, sino la demostración de la presencia y actuación de un espíritu evolucionado, estudioso, que ha adquirido durante siglos un respetable bagaje intelectual.

Tendencias innatas que se reflejan en la personalidad y en el comportamiento

La reencarnación salta a la vista como la explicación más apropiada para entender con facilidad las tendencias que yacen adormecidas en nuestro recóndito mundo interior. Tendencias que pueden ser creadoras y constructivas como así mismo, desagradables o patológicas.

La genialidad, como la vocación, puede permanecer latente en el inconsciente, es decir, en la memoria remota del espíritu donde se conserva la información de todo el proceso palingenésico, y puede emerger ante un estímulo poderoso para estallar en realizaciones positivas.

La repentina conciencia que un alma, hasta entonces ignorante de sí misma, adquiere de su vocación, a veces suele acompañarse de un estremecimiento hondo y recio en las raíces de la vida moral, en lo más íntimo del Ser, donde lo espiritual y lo físico se funden. Cuando MALEBRANCHE sintió anunciársele su genialidad metafísica leyendo las *Meditaciones Metafísicas* de DESCARTES, que puso ante sus ojos la imagen de una aptitud semejante a la que él llevaba dentro de sí mismo sin saberlo, las palpitaciones de su corazón le sofocaban al punto que le forzaban a interrumpir la lectura. WAGNER nada sabía de su vocación musical antes de oír, primera vez, en un concierto en Dresden, una sinfonía de BEETHOVEN. Trastornado por la intensidad de la emoción, llega muy enfermo a su casa, y al pasar los días y volver a su estado normal, tiene ya plena conciencia de su vocación y se dispone a seguirla.

En todo ser humano afloran inclinaciones o aversiones extrañas, cuya razón y origen frecuentemente no se comprenden. Miedos que pueden tornarse fobias; manías y compulsiones diversas, simpatías o antipatías hacia personas, situaciones o lugares, sin poder entender por qué. Muchas personas reconocen que alguna vez en su vida o en varias oportunidades han experimentado una sensación de atracción por alguien, de tal forma que al instante de conocerle les parece que la hubiesen tratado durante toda la vida. Y también ocurre al contrario, sintiendo un rápido e inexplicable rechazo por determinada persona, desde el primer momento. Las explicaciones psicológicas oficiales de esas atracciones o rechazos súbitos, alegan la concurrencia de complicados mecanismos psicológicos, donde intervienen variables orgánicas y sociales, relacionadas con los patrones preestablecidos por los valores familiares, educacionales o culturales. Pero, no alcanzan a explicar la significación de esas experiencias insólitas que llevan al rechazo o a la atracción profunda hacia personas que apenas se está conociendo. El fondo de nuestro inconsciente está repleto de tales impulsos que condicionan nuestros estados psicológicos y orgánicos. ¿Por qué están allí? ¿Cuándo y cómo empezaron? ¿De dónde vienen? Son preguntas sin respuesta en la psicología oficial, que tienen claras y sencillas, lógicas y racionales explicaciones en la reencarnación.

Déjà vu

Tomada del francés, esta expresión significa "ya visto" o "ya vivido" y se aplica en aquellas situaciones en que algunas personas, al encontrarse por primera vez en un lugar, tienen la sensación de haber estado allí antes. Personas que han llegado a reconocer avenidas y hasta pequeños rincones de una ciudad en donde no han estado antes en esta vida, como si lo estuviesen recordando.

También ocurre ante la presencia de otras personas u objetos, mediante una extraña sensación de reconocimiento, que libera recuerdos ocultos. A veces desfilan por nuestra mente, tanto en sueños como en vigilia, imágenes que no logramos descifrar en esos instantes, y que posteriormente se reconocen ante la ocurrencia de ciertos acontecimientos, e incluso formando parte de ellos. Llegamos a sentir que habitamos en otro tiempo, o que reconocemos un paraje, una ciudad, una edificación, que, sin embargo, estamos viendo por primera vez en nuestra vida actual. Revelando sus reminiscencias palingenésicas, dice LAMARTINE en su *Voyage en Orient*:

> "Cuando visité la Judea, apenas encontré un lugar o cosa que no fuera para mí un recuerdo. ¿Hemos vivido dos veces o mil?".

Hay muchas explicaciones, pero ante circunstancias como estas, la reencarnación se torna la hipótesis más completa, al explicar de manera racional y congruente que se trata de remembranzas de vidas anteriores.

Evidencias experimentales

Regresión hipnótica

Aplicando las técnicas habituales del hipnotismo, hallando un buen sujeto y reuniendo las condiciones apropiadas, se puede hacer retroceder la memoria de una persona, recorriendo las diversas fases de su vida, llegando hasta el período de la niñez, lactancia y gestación, observándose que adopta gestos, mímicas y reacciones psicofisiológicas correspondientes a esas etapas, lo cual puede ser verificado con ciertas evaluaciones clínicas. Y se puede traspasar los límites de la memoria actual del sujeto, más allá del estado fetal, llegando a una fase anterior al nacimiento y alcanzar el umbral de la memoria inconsciente o espiritual, hasta remontar el curso de una o varias de sus vidas pretéritas.

A veces se consigue obtener informaciones que se refieren exclusivamente a la vida inmediatamente anterior, pero en otros casos se llegan a conocer situaciones relacionadas con otras vidas previas. Las posibilidades de este sistema y sus resultados dependen de varios factores, relacionados con la habilidad del hipnólogo, la receptividad del sujeto, y su disposición a cooperar sin frenos o inhibiciones. Un hipnólogo bien capacitado sabe diferenciar una auténtica regresión de lo que podría apenas considerarse como un mayor esfuerzo mnemónico, o distinguir una reviviscencia auténticamente reencarnatoria de una hipermnesia es decir, una agudización hiperestésica de la memoria.

Las experiencias realizadas por COLAVIDA y DE ROCHAS, así como las que han sido efectuadas en tiempos más recientes por profesionales de la medicina y de la psicología, como GINA CERMINARA, EDITH FIORE, HELEN WAMBACH, JOHN BJÖRKHEM, ARNALL BLOXHAM, ARTHUR GUIRDHAM, ALEXANDER CANNON, DENIS KELSEY o BRIAN WEISS, son suficientes para constatar que la regresión hipnótica, empleada con las precauciones del caso, y dentro de un enfoque clínico y científico, es un método válido que concurre a la demostración experimental de la reencarnación. Ninguno de estos investigadores y terapeutas entró en el tema por motivos filosóficos y acabaron convencidos de la pluralidad de existencias cuando no consiguieron localizar en la vida presente de sus pacientes el foco del conflicto que les afecta y cuyo origen encontraron en una o varias vidas anteriores, por medio de la hipnosis regresiva.

La denominada Terapia de Vidas Pasadas que ha sido desarrollada y enriquecida con nuevos criterios por ilustres profesionales de la medicina como MORRIS NETHERTON en los Estados Unidos, HANS TEN DAM en

Holanda, THORWALD DETHLEFSEN en Alemania, PATRICK DROUOT en Francia, o MARIA JULIA PRIETO PERES en Brasil, comprende un conjunto de procedimientos que realizan la regresión de la memoria hasta etapas anteriores de la vida actual y también de vidas precedentes, sin emplear el recurso hipnótico. Aun cuando su propósito es eminentemente clínico, también acumulan nuevas evidencias a favor de la tesis reencarnacionista.

En general, este sistema terapéutico enfrenta exitosamente diversos problemas existenciales que repercuten en áreas psíquicas y somáticas, haciendo aflorar desde el inconsciente, datos que proporcionan la clave para interpretar problemas que se están expresando en la actualidad, y se reconstituyen, para su curación, traumas o sufrimientos que tienen su origen en el pasado reencarnatorio. El procedimiento incluye dos momentos cruciales: el de la acción concientizadora, cuando el paciente revive emocionalmente las situaciones conflictivas del pasado que ahora van aflorando al campo de la conciencia, y el momento de la acción transformadora cuando el paciente procede a modificar sus esquemas mentales y se dispone a establecer cambios positivos en su vida que le dotan de herramientas para superar el conflicto y restablecer su equilibrio.

Modificación de estados de conciencia

Algunas personas dotadas de particulares condiciones espirituales (místicos, sensitivos) pueden alcanzar el conocimiento de sus existencias anteriores desarrollando experiencias íntimas que les llevan a ingresar en diversos estados de trance. En la actualidad, proliferan los grupos que enseñan técnicas que incluyen ejercicios de concentración, relajación física y mental y meditación, por medio de los cuales las personas se entrenan para acceder a informaciones vinculadas a su pasado reencarnatorio. Son experiencias que pudieran ofrecer resultados positivos para la reflexión y el autoconocimiento pero que carecen de objetividad y dan pocas posibilidades a la investigación científica.

Algunos experimentadores han intentado provocar la regresión a vidas anteriores o la eclosión de recuerdos relacionados con ellas mediante la administración de fármacos o de ciertas drogas. ALFONSE CAHAGNET, estudioso francés en las áreas del magnetismo, el sonambulismo, la mediumnidad y los fenómenos psíquicos, informó haber obtenido revelaciones sobre las vidas anteriores de algunos sujetos a quienes les había suministrado narcóticos. Experiencias similares se realizaron en Alemania, en 1936, con inyecciones de mezcalina, alcaloide contenido en el peyote, un cactus de origen mexicano. Algunos médicos la consumieron con la intención de verificar sus efectos para la obtención de confesiones de los prisioneros en las cárceles, pero se encontraron con que se trasladaban en el tiempo y en el espacio a otros escenarios que se referían a otras vidas.

Se sabe que varios investigadores contemporáneos han efectuado experimentos utilizando drogas alucinógenas para desencadenar estados alterados de la conciencia. En algunos casos, pareciese que uno de los efectos de estas drogas consiste en la momentánea apertura de la memoria espiritual y la emergencia de recuerdos de vidas anteriores. El Dr. STANISLAV GROF, psiquiatra de origen checo, llevó adelante eexperiencias en el Instituto Psiquiátrico de Praga, en 1955, administrando LSD o ácido lisérgico, un poderoso alucinógeno que actúa modificando las sensaciones visuales y auditivas. Se pudo observar que algunos sujetos ingresaban en estados de trance con regresión de la personalidad hasta la infancia intrauterina e incluso a existencias anteriores. Los investigadores de Praga, así como de otros centros de estudio que replicaron esas pruebas, comenzaron a enfrentarse con la posibilidad de la reencarnación. Digamos, sin embargo, que se trata de una metodología riesgosa para la salud y el equilibrio de los pacientes, y cuyos resultados son bastante inciertos.

ASPECTOS CORRELACIONADOS CON LA REENCARNACIÓN

El intervalo o período entre vidas

Se llama intervalo a la etapa comprendida entre la muerte y el momento de un nuevo nacimiento. Es, entonces, el período que vive el espíritu cuando está desencarnado, desenvolviéndose en el plano espiritual.

Se ha podido establecer que la duración del intervalo es muy variable, pues se extiende desde pocos minutos hasta muchos años. En los estudios realizados por KARL MULLER el promedio de la duración del intervalo es de setenta años. No hay una norma rígida al respecto, y todo parece indicar que las condiciones anímicas del espíritu, así como el grado que ha alcanzado en su evolución moral, determinan la necesidad de volver a encarnar, con mayor o menor prontitud.

La situación de inferioridad moral de los seres desencarnados los arrastra más rápidamente al mundo material, expresándose así, una vez más la infinita sabiduría divina que les otorga más oportunidades para su rehabilitación. Cuando los desencarnados se hallan en una situación moral más elevada, si ya tenían en la vida terrena la noción clara de su inmortalidad y actuaban en consecuencia con rectitud y altruismo, consiguen una fácil readaptación, recuerdan sus existencias pasadas, reflexionan sobre los progresos realizados y trazan su plano de vida para los futuros perfeccionamientos. Para ellos, la reencarnación puede ser a veces una conveniencia y se amplía el intervalo entre unas y otras vidas, lo cual no sucede así con los espíritus más atrasados, que reencarnan por una imperiosa necesidad, sin mayor planificación, sometidos a determinismos psicobiológicos.

El conocimiento de las condiciones del espíritu en ese plano es de alta importancia para la comprensión de todo el proceso evolutivo que involucra a cada ser humano. Ya en *El cielo y el infierno*, KARDEC adelantó muchos conocimientos sobre las situaciones de felicidad, sufrimiento, sabiduría o ignorancia, en que se encuentran los espíritus, expresadas por ellos mismos en las comunicaciones que dictaban a los médiums. En varias obras psicografiadas por FRANCISCO CÁNDIDO XAVIER, dictadas por el espíritu ANDRÉ LUIZ, aparecen valiosas informaciones relacionadas con la vida en el plano espiritual. Cerramos este punto transcribiendo las palabras finales del libro *La vida entre las vidas*, que lleva como subtítulo "Exploraciones científicas sobre el intervalo que separa a una reencarnación de la siguiente", y que recomendamos ampliamente para quienes desean profundizar en el tema:

> "Si bien se ha logrado mucho, la vida entre las vidas es un recurso humano apenas utilizado, que permanece en la etapa preliminar de su comprensión. Sólo la investigación en escala masiva podrá revelar los secretos más profundos de ese otro mundo y de su potencial para el desarrollo humano. Este libro es un registro de algunas exploraciones iniciales. A medida que los científicos penetren y avancen más en la vida intermedia, seguramente surgirá una mayor comprensión de nuestra herencia incorpórea. El estudio de la metaconciencia, con su capacidad para pasar las barreras del nacimiento y de la muerte, podrá aplicarse, con toda su importancia, al mejoramiento de la condición humana. Nos impulsa a entender por qué estamos aquí y qué debemos hacer".[104]

[104] JOEL L. WHITTON y JOE FISHER. *La vida entre las vidas*. Editorial Planeta Venezolana, Caracas, 1991, p. 181.

Cambio de sexo

Es un hecho establecido que cada espíritu ha vivido numerosas veces, bien como mujer o bien como hombre. El cambio de sexo, en el proceso de la evolución palingenésica, está definitivamente confirmado, por lo que puede asegurarse que el espíritu no tiene sexo, en el sentido de que no hay espíritus femeninos o masculinos, aun cuando, en cada existencia corporal o en cada ciclo reencarnatorio que incluye varias existencias, muestra una tendencia predominante, es decir, se polariza hacia uno u otro sexo.

En *El Libro de los Espíritus*, en la pregunta 200, se lee:

> ¿Tienen sexo los espíritus?, seguida de esta respuesta: "No como lo entendéis vosotros, porque los sexos dependen del organismo. Existe entre ellos amor y simpatía, pero basados en la semejanza de sentimientos".

No hay un sexo definido o definitivo, el cual se va a expresar en el cuerpo físico una vez que el espíritu ha encarnado, pero, en el espíritu hay tendencias sexuales, puesto que la energía sexual es inherente al ser espiritual, y en su esencia dinámica, la sede real del sexo no se encuentra en el vehículo físico sino en el espíritu.

En ciertos casos, la condición sexual femenina o masculina cambia inmediatamente en la siguiente encarnación, y vuelve a cambiar de seguidas, mientras que en otras ocasiones, un espíritu encarna repetidas veces en un mismo sexo y luego cambia al sexo alterno. El cambio en la polaridad sexual guarda relación con las experiencias vividas por el espíritu en el ejercicio de su sexualidad. Ciertas tendencias en el comportamiento sexual que se relacionan con manifestaciones de masculinidad en las mujeres, de feminidad en los hombres, o que se muestran en conductas de homosexualismo, pueden ser comprendidas como desajustes en el proceso reencarnatorio. Esto no pasó inadvertido a KARDEC, cuando se ocupó del tema en la *Revue Spirite* (enero de 1866):

> "Cambiando de sexo, podrá entonces, bajo esa impresión y en su nueva encarnación, conservar los gustos, las inclinaciones y el carácter inherente al sexo que acaba de dejar. Así se explican ciertas anomalías aparentes, observadas en el carácter de ciertos hombres y de ciertas mujeres".

Un dato curioso que se deriva de los estudios realizados por KARL MULLER y que alude a la influencia que ciertos factores culturales o psicológicos ejercen sobre los recuerdos de las vidas pasadas en el sentido de inhibir o de estimular las informaciones, proviene del hecho de que las mujeres, en sus regresiones, espontáneas o inducidas, recuerdan en un 24% de sus experiencias, haber vivido como hombres, en tanto que, a la inversa, solamente un 4% de hombres recuerdan haber sido mujeres. Es otra razón más que obliga a todo experimentador a ser muy cuidadoso en el área de las regresiones a vidas pasadas, evaluando las informaciones con mucha objetividad y a tomar en cuenta las complejas reacciones humanas que se producen en forma consciente e inconsciente.

El olvido de las vidas anteriores

Una de las objeciones que se levantan con mayor frecuencia contra la reencarnación, es el olvido generalizado de las existencias previas. Sobre eso es mucho lo que se puede argumentar. El hecho de que no recordemos nuestras vidas anteriores, no atenta contra la verdad de la reencarnación, de igual modo que no podemos circunscribir las dimensiones de nuestra vida actual a lo que tenemos en la memoria, y en última instancia, nuestra existencia objetiva y real no depende de que tengamos o no, memoria de ella.

Hay razones morales muy poderosas que justifican esa ley del olvido, de ese "bendito olvido" del que hablaba AMALIA DOMINGO SOLER en sus *Hechos que prueban*, simbolizado por los griegos en las aguas del mítico Leteo. Olvido creador que estimula el progreso del alma a través de las experiencias de una vida nueva, con energías renovadas, libre de los fracasos producidos en el pasado por las mismas o parecidas situaciones. Al bloquearse en la memoria física tales informaciones se facilita una aproximación totalmente nueva al mismo tipo de problemas, que de algún modo frenaban el avance moral del alma en el pasado y que aún siguen sin resolverse. Fácilmente se puede comprender que entre dos personas pudieran haber ocurrido fuertes desavenencias que llevadas al extremo pueden haber causado graves perjuicios a una de ellas o a las dos, e incluso, la muerte misma. Mirando más adelante, encontramos que la solución definitiva de este conflicto, que podría haberse prolongado durante varias existencias, estaría en la vinculación de estas almas por medio de lazos carnales, consanguíneos, donde la fuerza del amor establecería bases para una relación constructiva y para el crecimiento particular de cada ser. Sin el olvido la tarea sería mucho más larga y complicada.

Desde una perspectiva cibernética, el espíritu y el cuerpo físico constituyen un sistema, que necesita encontrar su homeostasis o nivel de equilibrio, para poder actuar con eficiencia, y precisamente, el olvido concreto de sus experiencias carnales anteriores, es un mecanismo de equilibrio que impide que las tensiones provocadas por los recuerdos, sobre todo de naturaleza conflictiva, violenten psicológicamente a la persona y sus relaciones familiares o sociales. Ese olvido permite que el espíritu continúe avanzando en su trayecto evolutivo, sin los remordimientos o problemas de conciencia que le atormentarían o le harían reincidir en los mismos errores, envolviéndolo en un círculo vicioso. La conciencia de las vidas anteriores se adormece en lo profundo del alma que encarna un nuevo cuerpo, y este recuerdo lejos de ser útil en la nueva vida, podría causar enormes dificultades. Solamente en circunstancias especiales puede aparecer la memoria espiritual, permitiendo un contacto con nuestro pasado. El olvido del pasado reencarnatorio es la ley, los recuerdos constituyen excepciones y deben tener su razón y explicación. Muchos casos se conocen que involucran a personalidades de cierta relevancia histórica que afirmaban poseer recuerdos fragmentarios o completos de sus vidas precedentes. El filósofo indio KAPILA recordaba haber participado en la escritura de los *Vedas* varios siglos antes. PITÁGORAS se acordaba de haber estado en el sitio de Troya como EUPHORBIUS. EMPÉDOCLES de haber sido mujer en una época anterior. PONSON DU TERRAIL recordaba haber vivido en tiempos de ENRIQUE IV cuatro siglos antes. TEOPHILE GAUTIER, ALEXANDRE DUMAS y WALTER SCOTT, sustentaban sus creencias en las vidas pasadas en recuerdos personales muy íntimos y así lo dijeron en crónicas autobiográficas.

Debe tenerse en cuenta que las informaciones procesadas por el espíritu en otras vidas cuando disponía de otros cerebros, no pueden ser alcanzadas por el cerebro actual, ya que están alojadas y sintetizadas en el inconsciente o memoria espiritual. Efectivamente, nuestro organismo no posee la complejidad ni el desarrollo neurocerebral que permita registrar conscientemente experiencias que no han sido registradas sensorialmente por los instrumentos físicos de la vida actual. Funcionamos con dos estructuras procesadoras de información, una memoria cerebral, íntimamente asociada al sistema nervioso central, relacionada con las actividades psíquicas del nivel consciente, y una memoria extracerebral, que es el archivo del espíritu, y se relaciona, por tanto, con el mundo inconsciente. Al pedirle al cerebro de la vida actual que en forma consciente recuerde las existencias anteriores estamos exigiendo una información que simplemente no posee. Por eso, en las regresiones y en otras experiencias, cuando se accede al inconsciente y se abren sus canales de información, aparecen los recuerdos.

No hay injusticia moral en el hecho de que todos estamos afectados por las consecuencias de situaciones originadas en vidas que no recordamos, puesto que, como bien lo establece un principio jurídico universal, el desconocimiento de la ley no justifica su inobservancia, ni excluye sus efectos directos. Además, aunque la conciencia de las personalidades anteriores quede obliterada por el acoplamiento del espíritu a un nuevo cuerpo, siempre se expresarán, bien sea en forma sintetizada, las aptitudes y vocaciones, las tendencias y hábitos, o las adquisiciones morales e intelectuales conquistadas a lo largo del recorrido evolutivo. Hay olvido temporal de esos recuerdos pero eso no implica que se hayan extinguido, como se comprueba con las técnicas regresivas, ya mencionadas, que bucean en ese inconsciente espiritual y registran lo que allí está grabado.

Los personajes célebres

No siempre una idea tan racional y hermosa, como la reencarnación, es debidamente comprendida y asimilada por todos los que en ella creen. Bien sabemos que en algunas sectas religiosas de la India, el sentido evolutivo y ascendente que ella involucra ha sido distorsionado con la suposición de que el alma puede regresar y encarnar en formas animales, sufriendo un castigo por sus malos comportamientos. Y allí mismo también, algunos sectores contradicen el carácter progresista e igualitario de las vidas sucesivas, manteniendo un atrasado y arbitrario sistema de división social en castas superiores e inferiores.

Otra de las falsas ideas que que contradice la coherencia y del sentido lógico de la tesis palingenésica, es la afirmación que hacen algunas personas atribuyéndose haber sido en sus vidas anteriores, personajes famosos del pasado. Se imaginan haber sido MOISÉS, ARISTÓTELES, CLEOPATRA, JUANA DE ARCO, SIMÓN BOLÍVAR o ALLAN KARDEC, y se envuelven en un auténtico delirio paranoico, que en el mejor de los casos sería una demostración de orgullo y vanidad. Conocemos personalmente a ciertas personas que, en diferentes países y al mismo tiempo se autoproclaman como la reencarnación de JESÚS DE NAZARETH. Para hacer la situación más absurda todavía, son personas que ni remotamente muestran en sus conocimientos, tendencias o comportamientos, los rasgos morales o intelectuales que distinguieron a esos famosos protagonistas de la historia, de quienes dicen que son su encarnación actual.

Y no es cierto que, en las experiencias regresivas, bien sea mediante la hipnosis o cualquier otro procedimiento, los sujetos recuerden haber sido notables hombres o mujeres del pasado. En la casi totalidad de los trabajos serios que se han efectuado con fines clínicos o experimentales, los personajes que aparecen son seres humanos comunes y corrientes, que llevan a cuestas sus virtudes y sus defectos y se encuentran, como todos, luchando por avanzar y superarse dentro de las vicisitudes de la vida.

La reencarnación, como toda idea verdadera, no es responsable de las mitologías que puedan haberse edificado indebidamente en su nombre.

ESPIRITISMO, REENCARNACIÓN Y LEY DE CAUSA Y EFECTO

La ley de causalidad espiritual es un principio superior de justicia que involucra a todos los seres humanos en su proceso evolutivo. Hace comprender que cada comportamiento lleva implícitamente sus consecuencias, puesto que cada uno cosecha siempre lo que ha sembrado. Esta ley se identifica con el oriental concepto de "karma", término sánscrito que significa acción y reacción. Karma no significa, necesariamente algo negativo sino que está referido a una función equilibradora y compensatoria, para recoger las consecuencias, gratas o ingratas, de nuestras propias acciones. El concepto de karma se ha propagado ampliamente en nuestra cultura occidental, aunque muchas veces mal empleado porque se le separa de su íntima vinculación con el proceso de las vidas sucesivas. No es apropiado referirse al karma si no se alude a la reencarnación, ya que ambos conceptos se correlacionan directamente.

La noción de responsabilidad personal que se deriva de todas nuestras actuaciones es una de las más trascendentales enseñanzas de la doctrina espírita, y es continuamente recordada por los seres del espacio en sus aleccionadores mensajes. El hombre, de acuerdo con lo que hace, forja su libertad o remacha las cadenas de su esclavitud moral y social. Cada acontecimiento está ligado a causas anteriores y a efectos subsiguientes, haciendo que el presente sea fruto del pasado y germen del porvenir. Ontológicamente, vale decir, lo que somos intrínsecamente, nos encontramos en el estado que nosotros mismos nos hemos creado, de acuerdo con los pensamientos y comportamientos que hemos cultivado en numerosas vidas anteriores; y en el porvenir estaremos en la situación que corresponde al grado evolutivo que logremos alcanzar.

Al desencarnar no hallamos paraísos ni infiernos, ni fuegos eternos o demonios, cada cual se topará con otros seres humanos antes fallecidos y afrontará los efectos de sus propias obras, recolectando lo que sembró. Aquel que en la Tierra fue generoso y cumplió el mandamiento del amor al semejante, lo mismo habrá de recibir y disfrutará un ambiente fraterno y solidario; quien olvidó al prójimo en su egoísmo, quien detentó la hipocresía o sucumbió ante la avaricia o la concupiscencia, encontrará los mismos frutos amargos. Los pensamientos, sentimientos y actuaciones de cada espíritu se proyectan en cargas energéticas igual que un imán al generar un campo magnético, cuyas líneas de fuerza son curvas y a él retornan después de haber sido emitidas, de modo tal que las buenas o malas acciones regresan, con efectos positivos o negativos, hacia su propio autor.

En la ley de causalidad espiritual reside la solución del antiguo y complejo dilema filosófico entre el determinismo y el libre albedrío, como opciones que se contraponen para explicar el sentido de la existencia y del destino humanos. La solución es clara y contundente: hay libertad para obrar y determinismo para recoger las consecuencias. El libre albedrío como facultad primordial que caracteriza a toda individualidad consciente para disponer libremente de sus pensamientos, deseos y actos, es el regulador constante del progreso del espíritu, nada coarta su acción como nada tampoco elude la responsabilidad que habrá de derivarse de ella. El enfoque espírita no pretende explicar todos los actos por medio de la libertad absoluta del individuo, ya que incorporando los factores que impulsan a la adquisición de superiores estados de conciencia, enseña que el libre albedrío no consiste sólo en la libertad de hacer todo lo que queremos sino, dentro de una categoría más elevada, en la libertad de querer todo lo que hacemos. Tampoco el Espiritismo participa de una visión fatalista, que marca un destino rígido de antemano, sino que presenta la reencarnación en una perspectiva natural y dinámica, como un proceso útil y necesario para posibilitar el progreso de los seres.

Allí, donde la constatación del mal universal expresado en horribles desigualdades e injusticias, causa a las religiones una dificultad inextricable, poniendo en conflicto el drama de la existencia con la idea providencial, y acorrala al materialismo, doctrina que al reducir toda la vida a una sola vida condena el destino de cada criatura humana a los caprichos del azar, colmando gratuitamente a unos de salud, riqueza y preciados dones, mientras que a otros arbitrariamente los hunde en miseria, enfermedades y crueles angustias; allí, el Espiritismo con su mensaje evolucionista y reencarnacionista, reconcilia al hombre mediante una convicción racional acerca de la infinita presencia de Dios en el vasto plan del Universo, le ofrece la perfecta comprensión de lo que ocurre en sus experiencias cotidianas y abre inmensas posibilidades para encontrar el camino de su liberación. En la filosofía kardecista no cabe hacer una división binaria, absoluta o estática, entre el bien y el mal, puesto que ni el mal es un castigo ni el bien una recompensa, sino las consecuencias del grado evolutivo alcanzado. El mal es la medida de nuestra ignorancia, el bien es la medida de nuestra riqueza espiritual y por esa misma evolución, el mal deviene en bien, conforme a la dialéctica palingenésica.

El Espiritismo promueve la transformación simultánea del hombre y la sociedad encarando en forma dinámica la ley de causa y efecto, y en ello se distancia considerablemente de otras interpretaciones espiritualistas con sus nociones orientalistas o esotéricas del karma. Siguiendo a GELEY diremos que hay dos enfoques: el de los partidarios de un reencarnacionismo primitivo o simplista, y el de los reencarnacionistas elevados o dialécticos. Para los primeros, la ley de causalidad se torna mecánica y fatalista como si ella sirviese de instrumento a un castigo divino por las faltas cometidas, ante el cual sólo cabría la resignación. En atención a ese criterio, dividen a los hombres en "buenos" o "malos" como si se tratase de categorías éticas absolutas. En contraste, la visión palingenésica de carácter dialéctico considera que la ley de causalidad ha de ser asimilada dentro de la relatividad que imponen las continuas variaciones morales dentro del proceso ascensional que experimenta cada ser humano. No se trata de castigos o recompensas divinas que deban aceptarse pasivamente, sino de las consecuencias de nuestros propios actos, las cuales deben ser comprendidas y asumidas para así ser superadas por una voluntad moral que impulsa irremediablemente hacia el cambio, el progreso y la evolución. La finalidad esencial de la ley de causa y efecto no es castigar, sino educar y auxiliarnos para que vivamos en armonía con la naturaleza.

Hay quienes se han acostumbrado a presentar la ley de causalidad espiritual en términos de "pago de deudas" o de "terribles expiaciones" dentro de un criterio simplista y heredado de las tradicionales culturas religiosas. Creen que si una persona sufre es porque automáticamente hizo sufrir a otro y en la misma proporción, encerrando el ritmo reencarnatorio dentro de un círculo vicioso e ignorando los múltiples factores que condicionan al ser encarnado, en tanto que ser biológico y ser social. ¿Cuál sería así, la finalidad de ese sufrimiento?, ¿en qué se beneficia alguien con más sufrimiento? Es mucho más útil, noble y rectificador, que se dirijan nuestras energías para aliviar dolores de otros, y solidarizarnos con los que sufren. Hay que decir bien claro y bien alto, que no reencarnamos porque hayamos pecado, sino que, simplemente reencarnamos porque vivimos, y que no reencarnamos para repetir el pasado sino ¡para superarlo!

Es, dentro de esta concepción dinámica y progresista, sensible a los problemas del hombre y de la sociedad, y coincidente en un todo con lo que enseñaron KARDEC, DENIS, DELANNE, GELEY, PORTEIRO y otros estudiosos, que la reencarnación puede ser comprendida en toda su potencialidad redentora y en la plenitud de su belleza moral, y que no podrá ser esgrimida para justificar las miserias morales ni para calmar las conciencias de quienes se cruzan de brazos ante los desequilibrios sociales. La reencarnación y la ley de causa y efecto que representa su natural correlato, son, de este modo, una poderosa fuerza que habrá de impulsar y acelerar el esfuerzo en procura del preciado ideal de la fraternidad universal, el cual habrá de sustentarse en la ley de las leyes: el amor.

En uno de sus magníficos libros, el psicólogo y escritor espiritista brasileño JACI REGIS, (1932-2010) concluye un capítulo que con especial acierto denominó "Aprendiendo a ser espíritu", con estas inspiradas palabras, que empleamos también para cerrar nuestro tema:

> "¿No quiere Dios la sonrisa, la felicidad, lo mejor?
>
> La doctrina kardecista abrió las puertas de la esperanza. Nadie quedará fuera del reino, porque Dios ama a todos, aunque no tengamos condiciones para entender los mecanismos de su sabiduría. La reencarnación consolida la solicitud y la sabiduría divinas. En ella se refleja la grandeza del Creador y de su Ley Natural.
>
> ¿Y cómo puedo tener certeza de eso?
>
> En principio, porque la historia y la vida, desmienten a cada hora las profecías terroríficas, los pronósticos pesimistas.
>
> El bien vence. El hombre saldrá victorioso. Tiene vida y necesita aprender a vivir. Tiene el tiempo y necesita aprovechar cada segmento reencarnatorio para crecer y superar sus propios obstáculos.
>
> El placer es la meta natural, en la vida. El sufrimiento es transitorio, eventual.
>
> Tenemos que construir una conciencia feliz: que ame, que busque el placer de vivir, de construir, de gozar, de usar la sexualidad para crecer y autorealizarse en el respeto recíproco.

¿Qué modelo tenemos?

Ved a JESÚS. JESÚS DE NAZARETH, nacido en Nazareth, hijo de María y de José, y no Jesús Cristo, nacido de la Constelación de la Virgen, en Belén, la ciudad de David, como dijo J. HERCULANO PIRES en *Revisión del cristianismo*. De ese JESÚS, del cual ALLAN KARDEC apenas y exclusivamente buscó su moral, por encima de las sectas y de las interpretaciones".[105]

[105] JACI REGIS, *Introducción a la doctrina kardecista*. Ediciones CIMA, Caracas, 1998, p. 47.

VII

LA OBSESIÓN

"Todos aquellos que conocen razonablemente bien la Doctrina Espírita entienden los terribles dramas de la obsesión que atormentan a verdaderas multitudes de espíritus encarnados y desencarnados.

No es con drogas, ni con choques eléctricos, ni con terapéutica psicoanalítica, que se resuelven esas dolencias espirituales. La utilización consciente de los métodos espíritas podría liberar parte considerable de la inmensa y creciente población de los hospitales psiquiátricos, así como multitudes de seres atormentados que vagan por las calles en variados estados obsesivos".

HERMINIO C. MIRANDA

EVOLUCIÓN DE LA PSIQUIATRÍA EN LA COMPRENSIÓN Y ATENCIÓN DE LAS ENFERMEDADES MENTALES

La forma en que el ser humano ha encarado la enfermedad mental ha estado condicionada por los criterios culturales, morales, religiosos o científicos dominantes en cada momento histórico. Desde la antigüedad, hasta épocas relativamente cercanas, los pacientes mentales sufrieron la ignorancia, la indolencia o la agresividad, de una sociedad que los consideraba como salvajes o endemoniados a quienes había que enfrentar con la reclusión carcelaria, el aislamiento social, crueles privaciones o torturas y la muerte misma. Entre algunos pueblos se llegó, incluso a emplear procedimientos como la trepanación cerebral, para que, a través del orificio practicado, pudieran escapar los demonios.

Los griegos, con una actitud más benévola y comprensiva, construyeron templos donde el enfermo era atendido afectuosamente, recibía alimentación adecuada, se le sometía a baños y masajes mientras escuchaba una música armoniosa. Entre los principales médicos de la civilización grecorromana ya se esbozaron algunas teorías para conseguir una explicación racional de los padecimientos mentales. HIPÓCRATES (460-377 a.n.e.), considerado como el padre de la medicina científica, ordenó y clasificó esos trastornos llegando

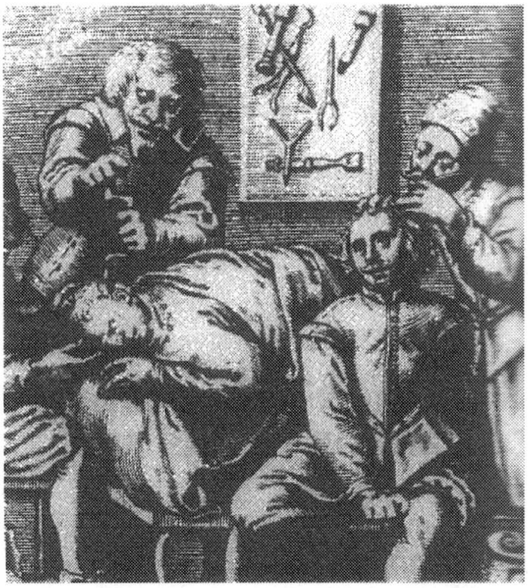

Antiguamente se creía que trepanando el cráneo del enfermo mental éste sanaría cuando el "demonio" escapara por el orificio.

a crear una incipiente nosología psiquiátrica, empleando denominaciones como locura puerperal, frenitis, manía, melancolía, epilepsia, etc., relacionándolos con desequilibrios en los humores corporales. GALENO (129-201), sistematizador de todo el conocimiento médico acumulado por sus predecesores consideraba que tenían su origen en lesiones o alteraciones cerebrales.

Prevaleció durante la Edad Media un género de pensamiento prelógico, irracional por su contagio mágico y por su contenido supersticioso girando en torno del demonio.

Las propias enfermedades mentales por sus características y su dramaticidad avivaron la superstición general. La "psiquiatría" de la época practicaba "terapéuticas" brutales y punitivas con los pacientes.

El período renacentista tiene un significado extraordinario para la medicina, para la psicología, para las ciencias y las artes en general y también para la filosofía, puesto que el hombre pasa a ocupar el lugar central y a ser reconocido y estimado como persona, en quien la razón ocupa un lugar primordial. La concepción del enfermo como víctima de una posesión demoníaca se fue disipando gracias a las aportaciones de anatomistas como ANDREAS VESALIUS (1514-1565), de pioneros de la psicología como JUAN LUIS VIVES (1492-1540) y de médicos de gran sensibilidad y altruismo como PARACELSO, CORNELIUS AGRIPPA y su discípulo JOHANN WEYER (1515-1588), quienes denunciaron valientemente los horrores que se cometían en nombre del cristianismo para combatir los demonios, e impulsaron la reforma de las cárceles y de los hospitales, a fin de que se le brindase al enfermo mental un trato más digno.

Con ellos se inició lo que se conoce como la Primera Revolución Psiquiátrica la cual tiene como elemento central la superación de la visión demonológica. El enfermo dejó de ser competencia de los clérigos para colocarse bajo la atención de los médicos, los monasterios se constituyen en hospitales y casas de refugio. Esa tendencia científica y humanitaria encontraría, dos siglos después, un firme defensor en PHILLIPE PINEL (1745-1826) quien removió los grillos y las cadenas que sujetaban a los enfermos en el asilo parisino de Bicêtre, transformándolo en un auténtico hospital psiquiátrico. PINEL comenzó con el saneamiento físico del lugar para de inmediato pasar a la liberación de los alienados, consagrándose como el verdadero fundador de la psiquiatría asistencial moderna, orientada hacia el estudio, comprensión y tratamiento del enfermo mental. La revolución impulsada por PINEL fue seguida por eminentes médicos como ANTON MULLER (1755-1827) en Alemania, VINCENZO CHIARUGI (1759-1820) en Italia, JOSEPH DAQUIN (1733-1815) y JEAN ETIENNE DOMINIQUE ESQUIROL (1772-1840) en Francia, todos ellos médicos insignes, animados de un elevado espíritu de buena voluntad y entusiasmo, y que, indignados por la manera inicua como se trataba a los pacientes de la mente, trabajaron por la transformación de los criterios clínicos, asistenciales y terapéuticos.

El auge de la psiquiatría continuaría en el siglo XIX con el laborioso trabajo del alemán EMIL KRAEPELIN (1855-1926) quien desarrolló un sistema de clasificación descriptiva y sistematizada de los trastornos psíquicos. Otras influencias importantes vendrían de SIGMUND FREUD (1856-1939), KARL GUSTAV JUNG (1875-1961), ALFRED ADLER (1870-1937) y otros destacados representantes del psicoanálisis; de la concepción existencialista de KARL JASPERS (1883-1969) la cual ofrece una amplia perspectiva para la comprensión de la enfermedad mental como categoría nosológica y del paciente en su peculiaridad; y, más recientemente, de los progresos técnicos en farmacología y bioquímica.

Progresivamente se ha intensificado la prevención de los trastornos mentales en la psiquiatría, la psicología clínica y la medicina psicosomática, brindándole atención al paciente en forma integral, partiendo de un amplio estudio que incluye su infancia y adolescencia, así como su entorno familiar y el medio social en donde habita, ya que es de alta importancia la influencia de los factores ambientales en la configuración de su personalidad.

Admitiéndose que la psiquiatría ha recorrido un amplio y enriquecedor camino que le ha encaminado en la actualidad hacia una perspectiva de síntesis, que le lleva a integrar lo social con lo psicológico y lo biológico, es imperioso destacar que aún le falta engranar un aspecto esencial, relativo al reconocimiento de la naturaleza espiritual y trascendente del hombre.

CAUSAS PRINCIPALES DE LAS ENFERMEDADES MENTALES

Las patologías psíquicas constituyen un mundo muy complejo y variado, y en la determinación de sus causas han aparecido varias interpretaciones que parten de niveles y criterios distintos. En forma general, el panorama científico de la psiquiatría actual está dominado por cuatro tendencias, que podemos identificar así: organogénicas, conductistas, psicodinámicas y sociogénicas. Cada una de ellas posee una concepción particular acerca de las causas de los padecimientos y de los procedimientos terapéuticos que se deben seguir.

Las tendencias organogénicas, parten de una visión organicista, y establecen como causas fundamentales de los trastornos mentales, los factores hereditarios y las alteraciones en las actividades neuronales y en la bioquímica cerebral.

El enfoque conductista, que tiene como eje central, la observación y registro del comportamiento, sitúa estas enfermedades en el contexto de la interacción entre el individuo y su medio ambiente, y las coloca como patologías que se producen dentro de los procesos del aprendizaje.

En la perspectiva psicodinámica, el mundo del inconsciente juega un rol determinante, y se considera que los desajustes mentales provienen de los estados de ansiedad que se desencadenan como consecuencia del eterno conflicto entre el principio del placer y las represiones provocadas por la censura que obedece al principio de la realidad.

Las posiciones que provienen de las posturas sociogénicas colocan el acento en los factores familiares, sociales, culturales, políticos y ambientales como determinantes básicos del trastorno mental. Sus partidarios se han agrupado en lo que se ha llamado la antipsiquiatría, una corriente que reclama una atención integral para el paciente, menos sustentada en los recursos médicos y más en la comprensión de sus problemas como resultado de ciertas circunstancias sociales.

Aunque no siempre se pueden conocer o especificar las causas de los trastornos mentales, los cuales podrían además responder a una variada combinación de factores, se puede resumir en un cuadro general, y a la luz de la práctica clínica, las causas que provocan o desencadenan enfermedades mentales, de la siguiente manera:

Factores exógenos:

- *Traumatismos craneoencefálicos.* Golpes diversos en la cabeza pueden desatar desde estados de somnolencia hasta el coma, dejando una secuela de trastornos múltiples.

- *Radiaciones.* La exposición permanente y sin la debida protección a rayos X, láser, medicina nuclear, puede ocasionar amnesia, estados confusionales y desorientación espacio-temporal.

- *Drogas.* Las toxicomanías, incluyendo allí el alcohol etílico, los barbitúricos, los estimulantes, los alucinógenos, y otras sustancias, producen de inmediato severos trastornos psíquicos y somáticos, que paulatinamente desorganizan la personalidad de un modo irreversible.

- *Virosis e infecciones bacterianas.* Diversos procesos infecto-contagiosos que afectan al sistema nervioso central, originan estados alucinados, abulia, depresiones, y, dependiendo de su complejidad, estados confusionales y parálisis general progresiva.

Carencias:

- *De vitaminas.* Las vitaminas son sustancias orgánicas indispensables en pequeñas dosis para el crecimiento y buen funcionamiento de todo el organismo. Algunos tipos de avitaminosis en alto grado pueden provocar confusiones, alucinaciones y cuadros psicóticos.

- *De oxígeno.* Sobre todo en recién nacidos causa fuertes deterioros y retardo mental. Tanto la anoxia como la hipoxia pueden desencadenar trastornos de conciencia, como la despersonalización y la desrealización.

- *De hormonas.* Como en el caso del hipotiroidismo (mixedema o bocio endémico) donde se presentan cuadros depresivos, abulia y trastornos de memoria y en el hipertiroidismo (enfermedad de Basedow), aparecen estados agitativos, obnubilación y delirio. Un shock hipoglicémico puede traer como consecuencia la irritabilidad y ciertos trastornos delirantes. El aumento de la secreción de hormonas suprarrenales (síndrome de Cushing), igual que los trastornos hipofisiarios y paratiroideos, se acompaña frecuentemente de trastornos psíquicos, tanto de carácter depresivo como delirante.

- *De sueño.* Después de 72 horas sin dormir, comienzan a producirse en una persona los más diversos trastornos, acompañados de estados delirantes y confusionales.

- *De estímulos sensoriales.* Cuando alguien es sometido a períodos prolongados de privación sensorial, reacciona con temores que se van agudizando, ideas delirantes, amnesia y puede llegar a sufrir reacciones psicóticas severas.

Stress:

Es una situación de sobreexigencia a un organismo que provoca la ruptura de su equilibrio interno. Se expresa en una persona como una respuesta de ansiedad ante las demandas del medio social en que vive y de su propio medio biológico y psicológico, las cuales le resultan excesivas. El stress está asociado con una amplia gama de padecimientos orgánicos y psíquicos. Entre éstos, puede precipitar, en niveles de alta gravedad, estados neuróticos y psicóticos, hasta la demencia.

Agentes bioquímicos:

Hay evidencias muy claras que relacionan los trastornos psíquicos con las alteraciones de la bioquímica cerebral. Los llamados neurotrasmisores desempeñan un papel muy importante en todos los procesos psicológicos, ya que son mensajeros de los impulsos nerviosos. Estos neurotrasmisores se sintetizan en las neuronas y después se almacenan en ellas. Cuando la neurona es estimulada, se activa la liberación del neurotrasmisor, que a su vez, estimulará a la célula nerviosa inmediata. Las principales sustancias que actúan como neurotrasmisores son las catecolaminas, la serotonina y la acetilcolina. Se ha constatado que en los cuadros depresivos los neurotrasmisores están disminuidos, mientras que se hallan muy elevados en los estados maníacos.

A estas causas, hay que sumar, los **tumores** y **lesiones cerebrales**, los **procesos degenerativos** como la arterioesclerosis cerebral y la demencia senil, y, los **factores hereditarios**.

Debe estar en el interés científico y en las más hondas preocupaciones humanas ahondar en el conocimiento de las causas que intervienen en la provocación de las enfermedades mentales y por ello se requiere abandonar toda clase de prejuicios y abrirse al estudio de todas las alternativas. Es imperioso que se tienda a una visión de síntesis donde todos los elementos positivos y vigentes de las diferentes escuelas sean incorporados y reunidos. Dentro de esas posibilidades, el Espiritismo, contando ya con una amplia experiencia, proveniente del estudio, atención y solución satisfactoria de innumerables casos, incorpora, dentro de la etiología de estas enfermedades, a la obsesión espiritual, la cual no debe ser confundida, con ningún otro trastorno, por cuanto posee raíces y síntomas específicos y su tratamiento requiere un enfoque particular.

CLASIFICACIÓN DE LOS TRASTORNOS MENTALES

El esquema tradicional nos muestra dos categorías de trastornos mentales: neurosis y psicosis. Las neurosis son menos graves que las psicosis, puesto que el enfermo neurótico reconoce el carácter patológico de su padecimiento y no se disocia de la realidad objetiva que le rodea. En los psicóticos no hay autocrítica, ya que poseen la convicción de la realidad de sus percepciones y son irreductibles por la lógica.

Adoptando como referencia básica el libro que sirve de guía a psiquiatras y psicólogos clínicos, *Diagnostic and Statistical Manual of Mental Disorders* (DSM), elaborado por la Asociación Psiquiátrica Norteamericana, que ya se encuentra en su cuarta versión, se puede tener una visión panorámica muy completa de las enfermedades mentales, puesto que no se limita a etiquetarlas con nombres particulares o a dar sus definiciones, sino que organiza los síntomas en orden jerárquico y precisa el número mínimo de ellos que deben presentar y el tiempo mínimo de duración. Establece, además, el diagnóstico multiaxial, en base a 5 ejes que permiten conocer y relacionar varios niveles de información en torno del paciente mental: el síndrome clínico psiquiátrico (eje 1), trastornos de la personalidad (adultos) y trastornos específicos del desarrollo (niños y adolescentes) (eje 2), trastornos físicos relacionados con el síndrome psiquiátrico (eje 3), severidad de las tensiones psicosociales (eje 4), y el nivel de adaptación conseguido por el paciente en el último año (eje 5).

Los diversos tipos de **neurosis** pueden ser comprendidos dentro de las siguientes categorías:

Neurosis de angustia. La angustia forma parte del repertorio de respuestas de toda persona ante determinadas situaciones, como la soledad, la oscuridad o lo desconocido. Diferente de esa angustia "normal", es la angustia patógica, caracterizada por la presencia reiterada de reacciones ansiosas. Se suele presentar como una sensación flotante, difusa, en la cual el individuo se anticipa a "tragedias" que supone van ocurrir y en que en realidad nunca acontecen, y que le hace mantenerse dentro un estado de crisis periódicas o permanentes.

Neurosis fóbica. La fobia es un miedo irracional ante un objeto o situación que, de manera habitual no produce tal reacción. Ciertas reacciones fóbicas, (miedo al número 13, pasar por debajo de una escalera, abrir un paraguas dentro de la casa, etc.), son la base de las conductas supersticiosas, y se consideran de carácter neurótico cuando interfieren con el ritmo normal de vida de las personas. Entre los síntomas principales de la neurosis fóbica están el temor, la inquietud, taquicardia, sensación de ahogo, temblores, inhibición psicomotora y pérdida del conocimiento.

Neurosis histérica. La histeria es una enfermedad nerviosa caracterizada por una gran variedad y multiplicidad de síntomas. Se da con más frecuencia en personas muy sensibles que no se atreven a manifestar su interés en llamar la atención y su deseo de ser tenidas en cuenta, y reprimen en el inconsciente esos rasgos de su personalidad, que luego exteriorizan por medio de crisis somáticas o convulsivas. A veces se trata de una reacción ante situaciones estresantes muy pronunciadas. La neurosis histérica se manifiesta en dos formas: como una histeria de conversión, en la cual el paciente expresa simbólicamente su conflicto traduciéndolo en síntomas corporales, como pasa en una seudoceguera, seudosordera, seudoparálisis, seudoanestesia; y como una histeria disociativa, donde se produce una fuerte alteración de la conciencia, con amnesias de períodos cortos o largos, estados crepusculares con estrechamiento de la conciencia, sonambulismo, y puede llegar hasta el nivel de la seudodemencia.

Neurosis obseso-compulsiva. En este tipo de psiconeurosis, el paciente se obsesiona con una idea fija y, a pesar de resistirla, se siente obligado a ponerla en práctica, realizando determinadas conductas de modo insistente y repetitivo, como lavarse las manos innumerables veces porque siente el acoso de una idea que le hace pensar que están llenas de gérmenes. Estos impulsos son egodistónicos con el sujeto, puesto que siempre está luchando contra ellos aunque no pueda resistirse a su influjo.

Neurosis depresiva. Se manifiesta en personas predispuestas, que ante cualquier pérdida, por simple que sea, caen en estados de abatimiento. Los principales síntomas son: tristeza pronunciada, pesimismo, ideas de culpa, lentitud en el pensamiento y en el habla, inapetencia, insomnio, disminución drástica del interés sexual, ansiedad, agotamiento y en ciertos casos, tendencias suicidas. Es perfectamente normal que ante el fallecimiento de un ser querido o una ruptura afectiva, cualquier persona reaccione con un estado depresivo, pero lo que convierte a esa reacción normal en una situación patológica es la intensidad y duración desproporcionada de la respuesta.

Neurosis neurasténica. Es un trastorno caracterizado por la fatiga fácil sin que haya una razón física que la justifique. Viene acompañado de irritabilidad, agotamiento, quejas de dolores y trastornos somáticos, incapacidad para divertirse o trabajar, dificultad para concentrar la atención y memorizar.

Neurosis de despersonalización. Se presenta cuando el paciente sufre una predisposición a reaccionar con sentimientos de extrañeza con respecto a su propia personalidad y su estructura corporal. Siente que su yo se está disolviendo porque está "dejando de ser él mismo" y que cuando se mira en el espejo, aun sabiendo que es él mismo, le parece que es la cara de alguien desconocido. En su fase más acentuada, se producen situaciones de doble o múltiple personalidad.

Neurosis de desrealización. La persona que la padece se encuentra bajo una ansiedad intensa porque está sintiendo que el mundo exterior que le rodea, incluyendo las personas, le es totalmente extraño o irreal. Percibe que la forma y el tamaño de los objetos se modifica, bien sea agrandándose (macropsia) o empequeñeciéndose (micropsia). Tanto la despersonalización como la desrealización suelen estar acompañadas de síntomas de ansiedad, depresión y pensamientos obsesivos.

Neurosis hipocondríaca. El sujeto muestra una excesiva preocupación por cualquier signo o síntoma de su organismo, los cuales atribuye a enfermedades graves, que en realidad no existen. Ese miedo injustificado persiste a pesar de las explicaciones médicas. Imagina que padece enfermedades sobre las cuales lee o escucha y busca desesperadamente atención profesional o se automedica. Las preocupaciones de este enfermo imaginario lo conducen al deterioro personal, familiar, social, laboral y de otras áreas importantes de su vida.

Las **psicosis** son trastornos que desorganizan la personalidad y le impiden al paciente evaluar correctamente la realidad externa y su propia situación. Se pueden clasificar en orgánicas y funcionales.

Las psicosis orgánicas evidencian claras lesiones estructurales del tejido nervioso. Se llaman crónicas, cuando son irreversibles e incurables y en ellas el mayor deterioro se produce en el área intelectual. Se llaman agudas cuando se presentan como delirios y estados febriles intermitentes que pueden ser revertidos. Muestran como signo principal, diversos trastornos de la conciencia, principalmente, estados confusionales.

Los diferentes tipos de psicosis orgánicas se establecen a partir de los factores que las provocan: psicosis alcohólica, por drogas, sifilítica, por tumor cerebral, por infección intracraneal, por traumatismo craneal, por arterioesclerosis cerebral, epiléptica, senil, presenil, etc.

Se llaman psicosis funcionales, cuando hay trastornos muy severos de la personalidad, y no se encuentra relación con factores orgánicos deteriorados. Se dividen en dos grupos: psicosis maníaco-depresivas y esquizofrenias.

En las psicosis maníaco-depresivas se alternan fases marcadas por la depresión con fases eufóricas. Los síntomas principales de la fase depresiva son: insomnio, inapetencia, desinterés por la vida, tendencias suicidas, inhibición motriz, ideas de culpabilidad, delirios, bradipsiquia (lentitud en el pensamiento), bradilalia (lentitud al hablar), etc. En la fase maníaca se presentan estos síntomas y comportamientos: ideas delirantes de grandeza, agresividad cuando se le refuta, taquipsiquia (pensamiento acelerado), taquilalia (rapidez y locuacidad al hablar), sufre de insomnio pero en esa fase no se muestra cansado, puede pasar días sin comer, hiperactividad sexual que puede llegar hasta la comisión de delitos sexuales, atención dispersa, no culmina ninguna idea en forma coherente, viste de manera extravagante, provoca hilaridad y burlas.

La **esquizofrenia** reúne un conjunto de alteraciones sumamente graves que deterioran la relación del paciente con la realidad. Para EUGEN BLEULER (1857-1939), psiquiatra suizo que acuñó el término en sustitución de la "demencia precoz" propuesta por KRAEPELIN, la dislocación de la vida psíquica, tanto afectiva como intelectual, constituye el síntoma fundamental de esta afección. La esquizofrenia se caracteriza por: discordancia (falta de cohesión y de unidad de la conciencia), autismo (evasión la realidad, pérdida del interés por el medio externo y repliegue sobre sí mismo), delirio paranoico (desorden y confusión en las ideas), ambivalencia afectiva (reacciones contradictorias y cambiantes ante las personas o los objetos). En su progresivo deterioro, el paciente va presentando cuadros de disminución afectiva y motora hasta llegar a la inmovilidad, va perdiendo sus facultades intelectuales y la memoria, se opone a ser alimentado, vestido o trasladado, hasta que sobreviene el fallecimiento.

Entre los tipos principales de esquizofrenias se encuentran:

De tipo simple. El trastorno afecta principalmente la conducta social y la afectividad. El paciente muestra escasa respuesta emocional, se abandona, se torna apático, y se siente incapacitado para el trabajo y las relaciones interpersonales.

Hebefrénica. Se presenta a temprana edad, a los 15 o 18 años. Predomina la alteración del pensamiento y la debilidad volitiva. Produce una extrema regresión hacia comportamientos infantiles. El comportamiento del paciente se torna pueril, tonto, con manifestaciones de continua intranquilidad, risas inmotivadas, lenguaje incoherente y alucinaciones.

Catatónica. Lo que predomina en este trastorno es la inhibición o la exaltación psicomotriz y una alta desorganización de la conducta. El paciente puede oscilar entre estados estuporosos o agitados, con incapacidad para dar respuesta a las exigencias del medio, adoptando manerismos desordenados o estereotipos verbales.

Paranoide. El trastorno principal se muestra en los contenidos del pensamiento. El sujeto dice que escucha fonemas imperativos, insultantes, que le "roban" o "interceptan" el pensamiento. Expresa ideas delirantes, persecutorias, de daño contra sí mismo o de grandeza. Su conducta está marcada por estados alucinatorios. En ocasiones, adopta conductas absurdas como la de preocuparse en forma ligera y trivial por cuestiones filosóficas y científicas, y llega a considerarse un gran inventor o benefactor de la humanidad.

Aguda. Es un cambio brusco de la personalidad cuya duración es corta, a lo sumo, de dos a tres semanas. Es una esquizofrenia de tipo reactivo, puesto que siempre hay un evento que la provoca y se presenta en forma rápida e inesperada.

Residual. Se presenta en pacientes que ya han sufrido anteriormente episodios esquizofrénicos, y permanecen algunos síntomas como si se tratase de un residuo o efecto secundario. Su característica básica es la ambivalencia afectiva que perturba las relaciones sociales de esas personas.

Esquizoafectiva. Se presenta cuando el cuadro patológico reúne varios síntomas característicos de otros tipos de esquizofrenia, oscilando entre comportamientos depresivos y maníacos.

LA OBSESIÓN ESPIRITUAL

A todas las causas de trastornos mentales antes descritas y que están debidamente reconocidas y estudiadas, la doctrina espírita incorpora una, cuya comprensión y aceptación es indispensable para que se puedan atender en forma integral y con mayor eficacia las enfermedades mentales. Se trata de la OBSESIÓN DE ORIGEN ESPIRITUAL.

El término obsesión se emplea habitualmente en los dominios de la psicopatología para indicar una alteración mental caracterizada por pensamientos insistentes que dominan y atormentan a una persona, quien no puede librarse de ellos aun cuando sabe que carecen de fundamento lógico. En el léxico espírita, el término adquiere mayor profundidad, puesto que abarca toda la sintomatología, extiende la etiología hasta los agentes espirituales que la provocan, y ofrece una terapéutica más eficiente, por cuanto no actúa como un paliativo momentáneo sino que se interna en las raíces del problema, en esta y en otras vidas, y lo soluciona definitivamente.

Si bien es cierto que no se debe desconocer todo aquel elenco de causas, de índole somática, genética o ambiental, so pena de que se esté atendiendo el trastorno psíquico bajo la óptica de una perspectiva unilateral, también lo es que la psiquiatría oficial incurre en un grave error al no tomar en cuenta la posibilidad de una intervención de un agente espiritual en determinados casos, en los cuales no se descubran factores orgánicos como responsables de los trastornos.

El Espiritismo enseña que, además del contexto social donde desenvuelve su vida el hombre encarnado, y de las alteraciones que sufre el organismo corporal, hay que incluir entre los factores que desencadenan disturbios mentales, a las entidades espirituales desencarnadas que pululan a su alrededor con intenciones dañinas. Es por eso, que la mejor actitud, científica y ética, que se debe adoptar, consiste en comprender estas enfermedades como el resultado de una combinación de causas, materiales y espirituales, que se enlazan íntimamente. La ciencia espírita no se opone a la ciencia médica en ningún campo, siendo su propósito complementarla con sus descubrimientos y comprobaciones.

A la luz de las enseñanzas del Espiritismo, la obsesión se define como la influencia perniciosa que un espíritu ejerce sobre otro, por diversos motivos y mediante la utilización de diferentes procedimientos, provocando en la víctima numerosos desajustes físicos, psicológicos y morales, que afectan su salud y alteran su comportamiento. Así la definió KARDEC, con la precisión que le distinguía en todo cuanto exponía:

> "La obsesión es la acción persistente que un mal espíritu ejerce sobre un individuo. Presenta caracteres muy diferentes, desde la simple influencia moral, sin signos exteriores notables, hasta el desequilibrio completo del organismo y de las facultades mentales".[106]

Vivimos sumergidos en un océano de vibraciones, aunque sólo tenemos conciencia de una fracción infinitesimal de las realidades a que corresponden. Por encima y por debajo de las gamas sensorias humanas quedan fuera de nuestra apreciación numerosas dimensiones, a las cuales acceden los médiums y los sensitivos paranormales, con el concurso de sus facultades. Los espíritus, o sea, las almas desencarnadas nos rodean por doquier, influyéndonos en múltiples formas. Todos somos más o menos sensitivos, y en consecuencia, susceptibles en cierta medida de ser influenciados, para bien o para mal, según hayamos vivido o actuado bien o mal, por los seres invisibles que nos cercan. De eso se percató ALLAN KARDEC desde el momento en que estableció sus primeros contactos con los espíritus cuando éstos le confirmaron que esas influencias son frecuentes y así lo registró en la primera de sus monumentales obras:

> "¿Influyen los espíritus en nuestros pensamientos y acciones?
>
> A este respecto, su influencia es mayor de lo que creéis, porque a menudo son ellos quienes os dirigen".[107]

Como se puede colegir, las influencias espirituales pueden provenir de seres amorosos, que por su buena voluntad desean trasmitir un mensaje provechoso, o también para invitar a la reflexión o para inspirar una idea hermosa; pero, también, tales influencias pueden estar siendo provocadas por seres que vibran en la inferioridad moral, que están animados por impulsos rencorosos o

[106] *La Génesis*. Cap. XIV. Obsesión y posesión. Ob. cit. p. 243.

[107] ALLAN KARDEC. *El Libro de los Espíritus*. Cap. IX: Intervención de los espíritus en el mundo corporal. Nº 459. Ob. cit. p. 189.

vengativos y que se proponen perjudicar a quienes adversan o envidian. Cuando las influencias espirituales están envenenadas por su carácter pernicioso, es cuando, con toda propiedad, se está hablando, de obsesión.

Las influencias psíquicas circulan en todas las direcciones. Así como los seres desencarnados influyen sobre los encarnados, también éstos ejercen influencias sobre aquéllos, en forma recíproca, al compás de ciertos procesos de afinidad y de sintonía que vinculan a los participantes. En una simpática obra que destaca por su función orientadora al mismo tiempo que por su amenidad, esclarece WILSON GARCÍA, conocido escritor brasileño:

> "De una cosa podemos estar seguros: los espíritus influencian nuestro pensamiento, de la misma manera que nosotros también influimos sobre el pensamiento de ellos, o sea, que la reciprocidad es verdadera. Así como nosotros actuamos sobre los fluidos y les damos calidad, los espíritus lo hacen también. Si nosotros tenemos el poder de influenciar a otras personas, de dirigirles nuestro pensamiento y junto con éste los fluidos de igual calidad, sería justo admitir que los espíritus también tendrían el mismo poder. Pues bien, sólo falta dejar clara una cosa: más allá de dar calidad a los fluidos, nuestro pensamiento define el tipo de espíritus que debe convivir con nosotros.
>
> Hay un dictado popular que afirma lo siguiente: Dime con quién andas y te diré quién eres. A la luz del Espiritismo podemos decir: Dime quién eres y yo te diré con quién andas. Esto es así, porque de acuerdo con nuestro comportamiento y forma de pensar, podemos definir la clase de espíritus que se relaciona con nosotros. Una persona acostumbrada a hablar mal de la vida ajena, tendrá, con certeza, la compañía de espíritus que conocemos por su ligereza. Un individuo que se propone cometer un robo atraerá hacia sí la influencia de espíritus malvados, capaces de estimularlo todavía más para que haga aquello que desea y hasta de ayudarlo a realizar el delito.
>
> Funciona ahí la llamada ley de afinidad. Espíritus afines, que tienen el mismo tipo de pensamiento y las mismas inclinaciones acaban atrayéndose y conviviendo entre sí. Ese fenómeno no es desconocido, pues sabemos que, entre nosotros, en nuestra sociedad, eso también acontece: las personas se atraen de acuerdo con factores comunes: por la profesión, por los gustos y por los intereses, sean éstos cuales fueren".[108]

[108] WILSON GARCÍA. *Você e os espíritos*. EME Editora, Capivari. SP, Brasil, 1993, p. 28.

Ni en el campo de la obsesión ni en su visión doctrinaria, el Espiritismo admite la existencia del demonio, o de los demonios, a los cuales, algunas religiones les atribuyen la responsabilidad de muchas perturbaciones mentales, principalmente, cuando se trata de obsesiones. Lo que hay, son espíritus de escasa evolución moral, que actúan perversamente, o haciendo el papel de entidades burlonas, con la intención de engañar y de manipular a sus víctimas. La obsesión es un hecho natural y no sobrenatural, relacionado con ciertas patologías físicas y espirituales, cuyas raíces se hallan en el bajo nivel moral de la mayoría de los seres que forman nuestra humanidad. Bien lo estableció KARDEC con tanta simplicidad cuanto verdad: "Si no existiesen hombres malos en la Tierra no habría espíritus malos alrededor de la Tierra".

CAUSAS DE LAS OBSESIONES

La obsesión es una relación bilateral: de una parte, alguien que debe, y de la otra, alguien que se cree con el derecho de cobrar. Es una relación donde existe, aun cuando hay diferentes niveles de responsabilidad, un vínculo recíproco que divide la culpa entre agresores y agredidos. En buena medida, la víctima facilita psicológica y fluídicamente la penetración del obsesor en su campo mental, bien sea con sus pensamientos, o bien con sus acciones.

La imperfección moral es el sustrato esencial en el que se desarrollan los procesos obsesivos.

Y esto queda reafirmado cuando se procede al análisis de los factores involucrados en todo proceso obsesivo. Es cierto que hay entidades obsesoras que proceden sin una razón determinada, sólo por el placer morboso de molestar o dañar, pero, en la mayoría determinante de las veces en que se presentan estas patologías de origen espiritual, hay causas concretas y específicas que vinculan a los actores de ese drama enfermizo. Estas son las principales causas de la obsesión espiritual:

Venganzas. El afán de venganza hunde a cualquier ser humano en un torbellino de vibraciones negativas y dañinas, que se muestran claramente, con toda su carga destructiva, en los procesos obsesivos. El origen del conflicto puede situarse en la vida actual como en las precedentes, y su *leit motiv* está relacionado con la intención de cobrar un mal perpetrado por la víctima de hoy contra el obsesor de ahora, quien a su vez fue la víctima en el ayer. Mostrando sus graves carencias morales, el espíritu perseguidor intenta encontrar alivio para su sufrimiento haciendo sufrir a aquel que lo hirió, envolviéndose ambos en una situación de infelicidad y desconsuelo.

Son numerosos los episodios de obsesiones que tienen por causa la venganza cuyo foco de conflicto inicial se sitúa en las prácticas abortivas. Son reacciones violentas provocadas por la frustración que domina a los espíritus a quienes se les ha arrebatado una nueva oportunidad de vida, acrecentada por el hecho de que su propia madre participa de ese acto cruel y criminal.

Conductas desordenadas. El orgullo, la vanidad, el egoísmo, la envidia, el despotismo, el maltrato y la manipulación a otras personas, las adicciones (alcoholismo, tabaquismo, drogadicción), el descontrol sexual (desviaciones, perversiones, uso inmoderado o envilecido, pornografía), así como el desequilibrio y mal uso de las facultades mediúmnicas (comercio y lucro con la mediumnidad, trabajos de hechicería para perjudicar a terceras personas, fraudes, etc.) son comportamientos que atraen a entidades inferiores, que vibran con las pasiones más bajas e innobles y que desean colocar bajo su influjo y dominio a personas moralmente débiles, y precisamente, encuentran en esas actuaciones, las brechas psíquicas por donde penetrar e imantarse a sus víctimas.

Los habitantes del mundo espiritual son ciertamente los mismos seres humanos, que ahora se encuentran desencarnados. Siguen con los mismos rasgos de personalidad, con iguales hábitos y tendencias positivas o negativas. Algunos desencarnados, que continúan vibrando con las inclinaciones negativas que manifestaron en su anterior etapa encarnada, se aproximan a ciertas personas para influirles y dominarles, sobre todo si ellas lo permiten o facilitan con sus conductas inferiores. Se convierten en personalidades intrusas que parasitan en su esfera mental, interceptan sus pensamientos debilitan su voluntad y se hacen dueños de sus actos, ocasionándoles grandes sufrimientos y dando origen a una vasta gama de perturbaciones mentales.

Es necesario recalcar que todo lo contrario acontece, cuando espíritus de alta evolución, o nuestros protectores y amigos, nos irradian con sus amorosos pensamientos, nos trasmiten mensajes de esperanza, de entusiasmo por la vida y nos estimulan a transitar por el camino recto. Esas emanaciones psíquicas elevadas, nos confortan anímicamente y contribuyen con nuestra salud física y espiritual.

Pensamientos morbosos o malvados. El pensamiento es una vibración que tiene profundas repercusiones, pudiendo afectar a personas, animales o plantas, así como producir alteraciones en los cuerpos físicos. El pensamiento es una forma de energía electromagnética que puede llegar a objetivarse, como acontece en los fenómenos de ideoplastía, o sea, plasmación de las imágenes mentales en formas concretas, que son observadas por los videntes y hasta pueden llegar a impresionar placas fotográficas.

Cada pensamiento es una onda psíquica que se sintoniza con quien se encuentra en la misma frecuencia vibratorial. De este modo, una idea, en la cual se reflejan determinados pensamientos y sentimientos, y que ha sido emitida por un ser, encarnado o desencarnado, termina fijándose en la mente de otro ser, que igualmente puede estar encarnado o desencarnado, siempre que exista afinidad entre ellos, dado que se atrae o se rechaza, de acuerdo con la categoría de los pensamientos que se irradian, estableciéndose un circuito de sintonía mental.

Nuestra mente actúa como una estación que emite y recibe ideas, que provienen de otras mentes. Si hay afinidad se establece la sintonía, y entre ambas ocurre un proceso de retroalimentación o alimentación recíproca. Desde el momento en que nuestros pensamientos y sentimientos, y su traducción en palabras y conductas, están dominados por la inferioridad moral, contaminados por el odio, la envidia, el orgullo o las más bajas pasiones, atraemos entidades que se identifican con nuestras vibraciones y se convierten en huéspedes incómodos de nuestra casa mental. Se va formando una simbiosis enfermiza en la cual terminamos colocados bajo el imperio de sus dictados, desarrollándose así un proceso obsesivo. La ley de afinidad se cumple inexorablemente: por nuestros buenos pensamientos y sentimientos nos ligamos con espíritus amigos y protectores, con ideas malsanas y destructivas, atraemos a espíritus ligeros y obsesores. *Similia similibus*: lo igual atrae a lo que es igual!

Otras causas

Además de las señaladas, que son las más corrientes, puede también producirse la obsesión por otros motivos, que muchas veces salen a flote en las reuniones mediúmnicas: son los casos de espíritus desencarnados que se mantienen aferrados a las personas con quienes sostuvieron relaciones amorosas o sexuales y que no se adaptan al plano de vida extrafísico y no aceptan que esas personas inicien nuevas relaciones afectivas; las evocaciones indiscriminadas de espíritus, bien sea en grupos íntimos mediante el "juego" de la *ouija*, o en ambientes dominados por el sincretismo religioso y mediúmnico, donde se funden y se confunden rituales de procedencia africanista, indigenista y católica, con prácticas de brujería y de hechicería, en las cuales pululan entidades inferiores ansiosas por demostrar sus poderes psíquicos y mantener bajo sus dictados caprichosos al mayor número de víctimas; las conductas supersticiosas o de credulidad y fanatismo religioso, que llevan a los individuos a depender psicológicamente de amuletos y talismanes, o de rezos y milagros, en lugar de confiar serena y racionalmente en Dios, y en cultivar los valores de la educación, del trabajo y del amor, que constituyen el paradigma que ha de guiar al ser humano hacia la conquista de un destino superior, como criatura libre y consciente, en permanente proceso de evolución.

A veces se presentan situaciones atípicas, en las que sería más apropiado hablar de influencias espirituales inadecuadas o negativas, antes que de obsesión, como sucede cuando un espíritu se acerca a una persona encarnada sin la intención de perjudicarla, porque siente afinidad con ella, porque disfruta estando a su lado o porque encuentra un refugio con su compañía, pero, le transfiere, sin saberlo y sin proponérselo, los signos o síntomas de la enfermedad que lo llevó a la muerte, o de los trastornos psíquicos que le afectaban, y que aún tienen su huella y su secuela en el periespíritu, que actúa como una matriz bioenergética donde se reflejan todas las consecuencias de los estados físicos y mentales. El psiquiatra norteamericano KARL WICKLAND (1861-1945) comprobó hechos de esta categoría en numerosos pacientes que atendió en su clínica de Chicago (The Psychopatic Institute) donde empleó novedosas técnicas con la intención de librarlos de sus padecimientos obsesivos, aplicación de choques eléctricos en pequeñas dosis y contando también con el concurso de las facultades mediúmnicas de su esposa. Relató sus experiencias clínicas aplicadas a la desobsesión, en un libro que llamó poderosamente la atención de los psiquiatras y de los estudiosos del tema en todo el mundo: *Treinta años entre los muertos*. También, el Dr. INÁCIO FERREIRA (1904-1988), pionero de la psiquiatría de orientación espírita. Director durante cincuenta años del Sanatorio Espírita de Uberaba, ciudad del estado brasileño de Minas Gerais, observó y atendió numerosas

INÁCIO FERREIRA

situaciones relacionadas con las consecuencias dañinas que ocasionan, aun sin proponérselo, espíritus enfermos que se vinculan o se aferran al campo mental de personas con quienes se sienten amparadas a su gusto.

Si son graves las consecuencias patológicas que pueden afectar a cualquier persona envuelta en las tramas de un proceso obsesivo, pensemos en lo que puede ocurrir a los médiums, habida cuenta que su hipersensibilidad los coloca en una relación más directa y frecuente con los espíritus. Es por eso, que la doctrina espírita se preocupa con tanta insistencia en la educación y moralización de los médiums, por cuanto ellos pueden ser presa fácil de entidades obsesoras, si sus pensamientos y sus comportamientos se deslizan por la pendiente de la frivolidad, del fraude o del mercantilismo con sus facultades.

VARIEDADES DE LA ACCIÓN OBSESIVA

La obsesión espiritual es un proceso muy complejo, con múltiples causas y en el cual intervienen diversos protagonistas. La acción obsesora puede tomar las siguientes vías:

Dirigida por un espíritu desencarnado hacia un ser encarnado. Es la forma de obsesión más frecuente, por cuanto la misma condición desencarnada del agente obsesor, que le hace invisible y le permite aproximarse a su víctima sin ser identificado, le facilita la proyección de sus pensamientos mórbidos, de sus imágenes, órdenes y sugerencias mentales.

Puede ocurrir por diferentes motivos, entre los cuales prevalece la sed de venganza en que vibra el obsesor, propia de su nivel de atraso moral. También, por la predisposición del encarnado a elaborar y emitir pensamientos enfermizos o decadentes, los cuales, por atracción y afinidad, encuentran resonancia entre aquellos habitantes del plano espiritual que están vibrando de manera semejante.

Ejercida por un espíritu desencarnado contra otro desencarnado. Los mismos impulsos que llevan a un espíritu a intentar dominar o perjudicar a una persona, son los que desencadenan las obsesiones entre los espíritus que se encuentran en la dimensión extrafísica. En ese espacio espiritual se desarrollan conflictos, igual que en la Tierra, como la secuencia de un mismo drama que transcurre en varios actos.

Las ansias de vengarse, de ajustar cuentas, de reclamar promesas no cumplidas, impulsan la acción obsesiva de un espíritu contra otro, y muchas veces, se trata de la continuación de un vínculo patológico que se había iniciado en etapas anteriores, cuando uno de ellos o ambos se encontraban encarnados.

De un ser encarnado hacia un desencarnado. Se trata de las fijaciones mentales que ocurren cuando las personas se aferran desesperadamente a los recuerdos e imágenes de los seres queridos que les han precedido en la desencarnación, y que les llevan a frustrarse, traumatizarse, negándose a aceptar la realidad y hundiéndose en cuadros depresivos. En medio de amarguras y de llantos inconsolables, emiten vibraciones mentales que hacen sufrir al ser desencarnado y lo mantienen imantado a ellas, dentro de una situación de turbación y desequilibrio emocional.

Las manifestaciones estridentes, desgarradoras, casi de reclamo al espíritu por haber desencarnado, y que en buena medida reflejan los errores de una falsa concepción religiosa o materialista sobre la muerte, se tornan, aunque sea involuntariamente, en una fuerte obsesión que lastima a la persona fallecida, quien, por el contrario, lo que está necesitando, son vibraciones armoniosas, serenas, consoladoras, orientadoras, que le ayuden a salir del estado de turbación y a encontrar su camino, para proseguir su evolución en ese nuevo plano existencial en que se encuentra.

Es necesario aclarar, que este tipo de obsesión, puede tener una faz mucho más perversa cuando las mentalizaciones están saturadas de rencor, resentimiento, inconformidad o maldad.

De un encarnado hacia otro encarnado. Se presenta con cierta frecuencia en la vida familiar y social de las personas, como consecuencia directa del egoísmo que les domina y que les hace actuar de modo que los demás giren en torno de ellas y de sus conveniencias. El egoísmo fue colocado por KARDEC en el centro de todas las debilidades humanas, señalado como raíz de todos los vicios morales:

> "Hijo del orgullo, es fuente de cuantas miserias existen en la Tierra. Constituye la negación de la caridad y, en consecuencia, es el mayor obstáculo a la dicha de los hombres".[109]

[109] *El Evangelio según el Espiritismo.* Cap. XI, N° 11. Ob. cit. p. 151.

Se presenta la obsesión entre encarnados, cuando un padre déspota tiraniza a sus hijos, les explota económicamente, o interfiere en su desarrollo evolutivo al frenar arbitrariamente sus iniciativas o imponerles arbitrariamente decisiones que están relacionadas con sus estudios o sus vocaciones. A la inversa, se presenta con las actitudes desconsideradas de aquellos hijos que abusan del amor de sus padres y los someten a los vaivenes de sus caprichos. En las relaciones entre mujeres y hombres, que se alejan de los valores centrales que deben unir a la pareja, como el amor, el respeto o la solidaridad, para hundirse en las tormentas provocadas por los celos incontrolados o el amor posesivo y dominante, y que pueden alcanzar niveles patológicos muy profundos, y provocar suicidios o asesinatos. El componente sexual, cuando no se canaliza dentro del sentimiento amoroso y el respeto a la dignidad de cada uno, se deforma hasta convertirse en un instrumento que desencadena toda suerte de pasiones degradantes. En los más diversos escenarios de la vida social, pueden producirse auténticas obsesiones que encadenan a los encarnados, cuando predomina el orgullo, la envidia, la maldad, la calumnia, o las ansias de dinero y de poder, en las relaciones que establecen.

Auto-obsesión. Una persona puede ser víctima de sí misma, de sus propios desajustes psicológicos y espirituales. La auto-obsesión se corresponde, entonces, con ese cuadro complejo de trastornos mentales, cuyo signo patológico central viene dado por un agudo monoideísmo que le hace mantenerse fijo en una sola idea, palabra o tema, y que le impulsa a ejecutar conductas extrañas e incoherentes.

Esta compleja y agobiante situación puede sobrevenir como consecuencia de alteraciones orgánicas o sociales originadas en la vida actual, o podría deberse a causas más antiguas, que se remontan a una o varias vidas anteriores, cuando se iniciaron conflictos, traumas, angustias, que la desencarnación y la vida en el mundo espiritual no resolvió.

NIVELES DE COMPLEJIDAD DE LA OBSESIÓN

Algunas señales o síntomas pueden indicar que estamos ante un caso de obsesión, y ante ellas se debe estar atento: mal humor constante y sin motivo justificado; aversión o antipatía hacia otras personas que no han dado razones para esa actitud; risas estridentes, inmotivadas y sin control; agresiones físicas o verbales que hacen parte de un repertorio habitual de conducta; mentiras que se dicen repetidas veces, encadenadas unas a otras, para engañar o aparentar riquezas, posiciones sociales o niveles académicos que realmente no se poseen; creencias en que son la reencarnación de grandes personajes de la historia; manías, temores infundados que se exageran, fobias diversas, gesticulaciones descontroladas, alucinaciones auditivas o visuales, descuido personal, abandono del trabajo o de la familia, aislamiento social, etc. Esos pensamientos y comportamientos se asocian con frecuencia a las obsesiones revelando el nexo que existe entre estas y las enfermedades mentales, puesto que la sintomatología es común a ambas, aun cuando la diferencia hay que ubicarla en la etiología.

La obsesión de origen espiritual presenta múltiples y muy diferentes características, relacionadas con el grado de agresividad o intensidad con que se presenta y de las consecuencias que desencadena. Siguiendo la nomenclatura kardeciana, encontramos tres niveles de complejidad en las obsesiones:

Obsesión simple. Es la que ejerce un espíritu cuando se inmiscuye en la esfera mental de una persona y le causa molestias psicológicas o físicas. La entidad obsesora interfiere en los pensamientos de su víctima y se impone a su voluntad. Generalmente, la persona afectada se da cuenta de que está bajo los efectos de esa influencia negativa, que le incomoda, aunque no llega a causarle perturbaciones severas.

Todos estamos expuestos a sufrir de obsesión en este nivel inicial, si incurrimos en situaciones como las que ya fueron señaladas, relacionadas con nuestro modo de ser, de pensar y de actuar. Naturalmente, podemos salir de ella y recuperar la normalidad si mostramos con humildad, la necesaria disposición para la rectificación.

Fascinación. El obsesor ilusiona los sentidos de su víctima, le engaña, busca insistentemente su cooperación hasta que la consigue, anula su capacidad de autocrítica con elogios desmedidos, le aparta de quienes pueden hacerle ver sus errores y le hace actuar del modo que aquel desea. El engaño es de tal magnitud que la víctima pasa a creer de manera fanática las absurdas ideas que expresa y se disgusta con quienes intentan hacerle entrar en razón.

Cuando se trata de un médium fascinado la situación es todavía más grave y peligrosa, porque sus facultades se distorsionan y solamente sintonizan al espíritu o a los espíritus perturbadores o burlones, y se bloquean para los espíritus buenos que quisieran ayudarle. El obsesor engaña al médium de muchas maneras, incluso, mediante recursos ideoplásticos, se le presenta con distintas apariencias para hacerle creer que son entidades espirituales diferentes, y una vez que el dominio es completo, suele exponer al médium a situaciones en que hace el ridículo. Muchas comunicaciones mediúmnicas, provenientes de sujetos fascinados, contienen los más extravagantes conceptos, y, al ser aceptadas y divulgadas por incautos o fanáticos, le han causado graves daños al prestigio de la mediumnidad y del Espiritismo, cuyo nombre proclaman indebidamente.

Subyugación. Es el tercer nivel de la obsesión y el más complicado. A veces se le llama "posesión", pero este no es el término más apropiado. El obsesor controla por completo a su víctima, tanto en el orden moral como físico, hasta el grado de provocarle severas perturbaciones patológicas y conducirle a la demencia.

El enfermo subyugado, adopta las más absurdas e incoherentes decisiones, y se comporta de manera agresiva, extravagante o ridícula. Su mundo mental sucumbe a toda clase de delirios paranoicos y paulatinamente va perdiendo contacto con la realidad. No se trata de que la entidad obsesora "entre" en el cuerpo de su víctima, sino que ejerce un control mental absoluto sobre ella y domina su voluntad, de un modo análogo a lo que ocurre en una relación hipnótica profunda.

En su libro *La evolución anímica*, GABRIEL DELANNE, dedicó varios capítulos al estudio de la obsesión y su relación con la locura y otros trastornos mentales, subrayando la necesidad de que los espíritas conozcan los criterios psiquiátricos y los médicos se aboquen al conocimiento de los factores espirituales. Dice el insigne maestro francés:

> "El Espiritismo ofrece una explicación lógica a ciertos estados del espíritu que se han calificado de locuras, pero que no lo son. Hay en ellos, sí, falsas percepciones y turbulencias cerebrales debidas a una acción cierta pero análoga a la que produce entre encarnados la sugestión, cuya causa debe buscarse en el mundo espiritual. Lo que dificulta muchísimo poder distinguir la obsesión de la locura, es que los sentidos están expuestos a ser alucinados sin ninguna intervención externa, después de ciertos desórdenes del sistema nervioso. Precisan, por lo mismo, una gran práctica y un discernimiento muy desenvuelto para poder distinguir si la enfermedad es debida a una u otra causa, y sería de desear que los especialistas que tienen el hábito de tratar a los alucinados, se dignaran mirar la cuestión bajo el punto de vista que acabamos de exponer: nosotros tenemos la persuasión de que resultaría de ello un progreso inmenso para esta hijuela de la medicina".[110]

[110] GABRIEL DELANNE *La evolución anímica*, Editorial Victor Hugo. Buenos Aires, 1948, p. 204.

Conociendo ampliamente los aspectos teóricos y prácticos del Espiritismo y de las ciencias psíquicas en general, DELANNE adelanta una tesis de gran importancia para la comprensión de los mecanismos mentales y espirituales que intervienen en las obsesiones, considerando que son similares a los procedimientos hipnóticos:

> "Muchos obsesados son tratados como locos, porque se atribuye a simples alucinaciones hechos que reconocen por causa sugestiones espirituales irresistibles. Cuando se ve a un sujeto hipnótico reír, llorar, experimentar placer o dolor, asombrarse o sobrecogerse de espanto, ejecutar pasivamente los actos más extraños, más ridículos o más peligrosos, según la naturaleza de los cuadros alucinatorios que voluntariamente se le sugieren; se comprende la obsesión, y se ve que la acción del espíritu sobre el obsesado es de la misma naturaleza que la del hipnotizador sobre su sujeto, con la sola diferencia de que en la obsesión pueden ser uno o muchos desencarnados los que sugestionen, y de que, a los tales, por ser invisibles, no les alcanzan los procedimientos ordinarios de que dispone la medicina".[111]

TRATAMIENTO ESPÍRITA DE LA OBSESIÓN

En general, la obsesión no es de fácil curación, e incluso, algunos casos con raíces muy profundas, son incurables en la existencia actual. Felizmente, la mayor parte de las veces, un tratamiento orientado en la concepción espírita del problema y de sus orígenes, alcanza una solución eficiente y perdurable.

En su enfoque terapéutico de las obsesiones, la doctrina espírita no admite la práctica del exorcismo, que es un ritual autorizado y practicado por diversos movimientos dentro de las religiones cristianas. En primer término, porque el Espiritismo no adopta ni promueve rituales de ninguna especie, ni emplea objetos materiales o sustancias con presuntas virtudes milagrosas. En segundo lugar, porque los exorcismos se sustentan en la creencia de que es el demonio quien está provocando los problemas, y en el Espiritismo no se acepta la existencia de tal personaje, y se atribuye a espíritus moralmente inferiores, humanos y no sobrehumanos, la responsabilidad de los procesos obsesivos. Y, en fin, en tercer lugar, porque el exorcismo se fundamenta en acciones que procuran la expulsión violenta de la entidad perturbadora, mientras que en el procedimiento espírita se busca entender las causas que originan la situación,

[111] Ob. cit. p. 199.

y se procede a la moralización e instrucción de todos los involucrados en esas complejas tramas obsesivas, hasta lograr por medio de la persuasión, del arrepentimiento y del perdón, la ansiada solución del conflicto.

Los grupos espíritas que, en una demostración hermosa de haber asimilado los valores éticos de esta doctrina, se disponen al trabajo de la desobsesión, encontrarán en las siguientes pautas, una guía útil para la obtención de los mejores resultados:

- Es conveniente que la persona que ha acudido al Centro Espírita en procura de auxilio, ante una presunta situación obsesiva, sea instruida para que, previamente acuda a las instituciones hospitalarias correspondientes para que le sean practicados exámenes médicos, psicológicos y psiquiátricos para determinar si hay o no factores orgánicos o psicosociales que estén provocando el trastorno. Los espíritas no atribuyen indiscriminadamente causas espirituales o mediúmnicas a todo disturbio que altere las facultades mentales de una persona. Por eso, es prudente que el paciente, antes de ser atendido en el Centro Espírita, haya sido debidamente examinado, para evitar de este modo, una interpretación errónea de los síntomas que presenta y se le atribuya un origen espiritual cuando en realidad sería un problema de competencia médica.

- Se entrevista a fondo al paciente y se elabora un expediente completo. Un trastorno tan complejo como la obsesión impone la realización de una anamnesis minuciosa a través de la investigación biográfica. Hay que descubrir al paciente que está detrás del cuadro morboso, la significación subjetiva del mismo, las circunstancias de su instalación, los factores inmediatos y remotos que han contribuido a su aparición y todos los elementos que puedan influenciar su evolución. Sin un enfoque biográfico, personal, íntimo, del sufrimiento del paciente, no podrá analizarse cabalmente la interrelación de los aspectos somáticos, sociales, psicológicos y espirituales, y la cuota de participación de cada uno de ellos en la etiología y en la patogenia de la afección.

- Se invita al paciente a que efectúe un autoanálisis para que evalúe su comportamiento y su vida en general. Se le exhorta a la moralización y a la reforma íntima a favor de su crecimiento espiritual; a solicitar con humildad ser perdonado por sus errores o agravios; y a elevar su pensamiento hacia Dios y la espiritualidad superior.

En esencia, la curación de la obsesión es un proceso de autocuración, por cuanto, le corresponde a la propia víctima liberarse de la influencia perniciosa que le atormenta, cerrándole las puertas de su mente y de su alma, mediante su transformación moral profunda. Se debe tomar conciencia de que cada ser humano es su propio dueño, que posee absoluta jurisdicción sobre sí mismo, que nadie puede invadir su campo psíquico y físico si no lo permite, y que, siendo la obsesión un estado de sintonía de su mente con otras mentes desequilibradas, es tarea de cada uno cortar ese vínculo, imprimiéndole una dirección constructiva a sus procesos mentales, elaborando y emitiendo pensamientos sanos, buenos, optimistas, y tomando la decisión de fortalecer su voluntad. La familia desempeña un papel importante dentro del proceso de reeducación y recuperación del paciente, en el marco de un hogar sanamente estructurado desde el cual emanan vibraciones que habrán de ampararle y resguardarle de influencias nocivas.

Vemos, entonces, que la concientización y la moralización son los recursos antiobsesivos más eficaces.

- Se realizan las reuniones mediúmnicas necesarias para detectar la causa de la obsesión, su origen y los que en su trama están involucrados en forma directa o indirecta. Con la participación de aquellos médiums debidamente preparados para este tipo de actividad, se procede a dialogar con la entidad obsesora a fin de reeducarla y llevarla a un estado psicológico favorable para romper las cadenas que le atan a su víctima. Hay que tener presente siempre que el olvido y el perdón de las ofensas constituyen la meta terapéutica de toda tarea desobsesiva.

Las reuniones mediúmnicas destinadas a la desobsesión deben efectuarse con la mayor discreción. Son sesiones privadas, donde solamente participan los integrantes del equipo que está convocado para ese trabajo. Los orientadores espíritas están conscientes del inmenso valor que implica el auxilio de los espíritus elevados, por la información que brindan y por su apoyo efectivo, y por eso, siempre solicitan con amor y humildad, su ayuda y participación solidaria. Cuanto más elevada sea la condición evolutiva del orientador, más eficaz será el resultado que se obtenga, habida cuenta que la autoridad moral es la única que se puede ejercer sobre los espíritus atrasados y la única ante la cual se doblegan.

VIII

MAGNETISMO

"Imponed las manos sobre los enfermos, y ellos sanarán".

Jesús de Nazareth

DEFINICIONES Y RESEÑA HISTÓRICA

Es necesario precisar, de entrada, que la palabra magnetismo posee varias acepciones que le otorgan significados diferentes. Se emplea corrientemente para destacar el atractivo que ejerce una persona sobre otra a partir de ciertos atributos físicos o psicológicos que le distinguen. En el campo científico, se refiere a una parte de la física que estudia las propiedades de los campos originados por la acción de los imanes o las cargas eléctricas en movimiento. En nuestro estudio, habremos de referirnos a este término con un sentido espiritualista, y específicamente espírita, para designar un fluido o fuerza psíquica inherente a los seres humanos y que se puede exteriorizar mediante la voluntad.

El conocimiento acerca de la existencia de esta fuerza especial data de tiempos inmemoriales. Sus aplicaciones prácticas eran bastante comunes en los antiguos pobladores del planeta. Los egipcios, caldeos y chinos, entre otros pueblos, practicaban artes curativas por medio de imposiciones de las manos como parte de ceremonias sagradas. JESÚS DE NAZARETH recomendaba fervientemente a sus discípulos que impusieran las manos a los enfermos con la intención de sanarles o de liberarles de la acción obsesiva de espíritus inferiores.

Pionero en el estudio metódico del magnetismo fue el médico suizo PARACELSO, quien se destacó como hermetista, alquimista y filósofo. Atribuía al cuerpo humano propiedades magnéticas que actuaban con dos propósitos: por una parte, atrayendo la radiación astral para nutrir el alma y por la otra, exteriorizando fluidos en beneficio de otras personas. Esta idea inspiraría a muchos estudiosos de los siglos siguientes.

Al médico JEAN BAPTISTE VAN HELMONT, de nacionalidad belga, fiel discípulo y continuador de PARACELSO, se le reconocen valiosas contribuciones a la física, química, medicina y psicología de su tiempo. Buen conocedor de las características y posibilidades del magnetismo decía en su obra *De magnetica vulnerum curatione*:

> "El magnetismo obra por todas partes y nada hay en él de nuevo más que el nombre. Hay en el hombre una energía tal que por su sola voluntad e imaginación puede obrar fuera de sí e imprimir una influencia duradera sobre un objeto lejano".

Con el propósito de diferenciar el magnetismo como un agente objetivo, de la sugestión, aplicaba su fuerza magnética en recién nacidos y en niños de tierna edad, a quienes curaba de diversas afecciones, demostrando que la imaginación no era el factor que allí estaba interviniendo.

El jesuita alemán ATHANASIUS KIRCHER (1601-1680) efectuó importantes demostraciones experimentales con sus aplicaciones magnéticas en seres humanos y en animales, provocando estados letárgicos y catalépticos.

Pero, es con FRANZ ANTON MESMER que el magnetismo adquiere popularidad y reconocimiento. En 1766 presentó su tesis doctoral ante la facultad de medicina de Viena. El tema de su investigación trataba de la influencia de los planetas sobre el cuerpo humano, y allí exponía sus reflexiones acerca de las acciones recíprocas que se producen entre los cuerpos celestes, la Tierra y los seres vivos, estableciendo que un fluido omnipresente de extraordinaria sutileza sirve de vehículo a tales influencias.

FRANZ ANTON MESMER

Ese fluido sutil, agente general de todas las transformaciones, se parece, por sus propiedades, a un imán, y por eso lo llamó magnetismo animal. Con su trabajo, MESMER renovaba y actualizaba viejas tradiciones que se remontan a la civilización egipcia y las enseñanzas de PARACELSO y VAN HELMONT que habían expuesto principios similares.

Trece años después daba a conocer en París su célebre memoria titulada *Memoria sobre el descubrimiento del magnetismo animal*, en la cual reiteraba su convicción de que todos los seres humanos emitimos el fluido magnético, suerte de elemento invisible e imponderable que se insinúa en la sustancia de los nervios y se manifiesta con propiedades análogas a las del imán, y que, aplicado mediante pases o la imposición de las manos, logra curaciones efectivas en todo tipo de enfermedades físicas y mentales. Inicialmente, MESMER aplicaba un imán en los órganos enfermos del paciente, pero después se convenció de que el imán no era necesario, ya que el operador humano actúa como acumulador y propagador del fluido y puede dirigirlo mediante rítmicos movimientos de las manos:

> "Colocado el operador frente al sujeto, de manera tal que se oponen los polos magnéticos, se comienza por poner las manos sobre los hombros, siguiendo a lo largo de los brazos hasta la punta de los dedos; el operador ha de tener en su mano, un rato, el pulgar del sujeto. Hágase dos o tres veces, al cabo de las cuales establece el operador corrientes desde la cabeza hasta los pies, y así se busca la causa y el sitio de la enfermedad y del dolor. Provisto de tales indicaciones, el operador toca constantemente la causa de la enfermedad y mantiene los dolores sintomáticos hasta hacerlos críticos. Hay que tocar, en la postura ya indicada, con el pulgar y el índice, o con la palma de la mano, o con un dedo reforzado por otro dedo, y siguiendo en lo posible la dirección de los nervios, o finalmente con los cinco dedos abiertos y encorvados. El tacto a corta distancia de la parte es más poderoso por existir una corriente entre la mano o el conductor que se esté utilizando y el enfermo".

A estas explicaciones que presenta MESMER en su *Memoria*, hay que añadir lo que él entiende por un conductor que puede sustituir la mano. Se refería a una varilla de vidrio, de oro o de plata, a través de la cual el fluido emanado del magnetizador se propaga hasta llegar a los puntos del cuerpo con los cuales esa varilla se pone en contacto.

Habiéndose instalado en un hotel parisino, su fama creció tan vertiginosamente que en pocos meses aquel lugar se había convertido en un sanatorio, atestado de enfermos de toda clase y de todos los estratos sociales. Al no poder atender a la numerosa clientela que le procuraba, adoptó el procedimiento de magnetizar objetos o agua, hasta que se popularizó la *baquet* o cubeta mesmérica colectiva, un recipiente por él magnetizado, del cual salían numerosas varillas de hierro en cuyos extremos puntiagudos se ubicaban los pacientes acercando a esas puntas sus partes enfermas. Se desataban entonces, las más variadas reacciones nerviosas o histéricas en masa, con efectos curativos en muchos casos. Podría decirse que el exceso de trabajo llevó a MESMER a introducir la terapia de grupo.

El mesmerismo causó furor en Europa, al punto que era tema central de todas las conversaciones, provocando reacciones contradictorias, con partidarios muy entusiastas y también con enemigos acérrimos. Dos comisiones científicas fueron nombradas en Francia, en 1784, por el rey LOUIS XVI para investigar la situación. Entrevistaron a varios enfermos atendidos por el sistema mesmérico y reconocieron los hechos pero los atribuyeron a la imaginación. Sin embargo, la opinión de las comisiones no era unánime, pues siempre hubo desacuerdos y algunos de sus integrantes se pronunciaron a favor de las ideas de MESMER. A partir de ahí se formaron dos tendencias: los partidarios de los buenos resultados que se pueden obtener con las aplicaciones del magnetismo animal (hipótesis fluidista) frente a quienes están convencidos de que todo es producto de la sugestión (hipótesis animista). Esta disparidad de criterios se mantiene hasta nuestros días.

Entre los continuadores del trabajo de MESMER sobresalió el Marqués ARMAND DE PUYSEGUR (1751-1825) a quien se le reconoce como el descubridor del sonambulismo artificial y un pionero de la investigación parapsicológica, por haber vislumbrado las relaciones entre el magnetismo y los fenómenos de percepción extrasensorial. En la misma época, el químico alemán KARL VON REICHENBACH (1788-1869), después de haber realizado numerosas y muy ingeniosas experiencias, admitió la existencia de una fuerza psíquica equivalente a la del magnetismo, a la cual denominó *Od.* Basado en sus trabajos afirmaba que esa fuerza ódica se manifestaba en forma de radiaciones coloreadas alrededor de las personas, formando su aura.[112]

Otros estudiosos que dieron realce a los estudios del magnetismo, fueron JOSEPH PHILLIPPE FRANÇOIS DELEUZE (1753-1828), bibliotecario del Museo de Historia Natural de París, autor de uno de los libros más importantes sobre el tema: *Historia crítica del magnetismo animal*; JEAN DE SENNE-

[112] El término "od", tal como fue acuñado por REICHENBACH, tiene el siguiente origen: "Va" en sánscrito significa soplo; el "vado" latino y el "vada" del antiguo nórdico significan "viajar rápidamente" o "fluir". "Wodan" procede del antiguo germánico y significa el "Todo penetrante". En los diferentes idiomas se modifica tomando el significado de "poder que todo lo penetra", adoptando las formas "wuoden", "odan", "oden", "odin". REICHENBACH señala que la palabra "od" es el símbolo fonético para designar todo lo que en la naturaleza tiene un poder incesante, una fuerza penetrante que fluye a través de todo lo existente.

VOY, más conocido como el Barón DU POTET, quien atendió durante muchos años con aplicaciones magnéticas a los pacientes del Hospital General de París, destacando las grandes posibilidades que se derivan de la anestesia obtenida por procedimientos magnéticos; JOHN ELLIOTSON (1791-1868), médico inglés que fundó y dirigió el primer hospital mesmérico de Londres; JAMES ESDAILE (1808-1859), quien ejerció su profesión de médico en Calcuta y allí fundó otro hospital especializado en las técnicas mesméricas. En diferentes informes que envió a las sociedades médicas de la India y de Inglaterra, relató haber practicado más de dos mil operaciones, incluyendo trescientas de cirugía mayor, bajo efecto anestésico obtenido mediante aplicaciones magnéticas; HECTOR DURVILLE (1848-1923), secretario general de la Société Magnétique de Francia, notable experimentador y entusiasta divulgador del magnetismo y sus ventajas terapéuticas.

La historia del magnetismo se bifurca en dos corrientes desde la publicación del libro *Neurohipnología*, el sueño nervioso considerado en relación con el magnetismo animal, cuyo autor, el médico escocés JAMES BRAID (1795– 1860) había llegado a la conclusión de que se podían obtener los mismos resultados que se lograban con los pases magnéticos, prescindiendo de ellos, haciendo que el paciente fijase su mirada en un objeto brillante o mediante las sugestiones verbales.

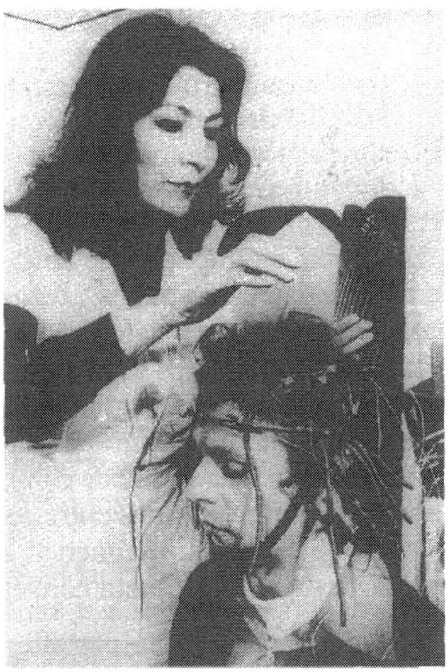

DZHUNA DAVITASHVILI

Nacía así el hipnotismo, cuya historia transcurrirá por caminos diferentes a los del magnetismo. Obviamente, hay puntos de contacto y de concordancia entre ambos, pero, tanto en lo que se refiere a las definiciones básicas que precisan el campo de acción de cada uno, los procedimientos que se usan para inducir los cambios en los estados psíquicos y fisiológicos, tanto como las nomenclaturas que se emplean comúnmente, permiten afirmar que se trata de fenómenos diferentes e independientes.

A lo largo del siglo veinte se han dado a conocer en diferentes países del mundo, espectaculares curaciones logradas por medio de la imposición de las manos y de otras aplicaciones magnéticas. SERGE LÉON ALALOUF (1905-1982) fue uno de esos sanadores que alcanzó un extraordinario prestigio. Cuando fue procesado por un tribunal francés por "ejercer ilegalmente la medicina" los jueces se vieron obligados a absolverlo, cuando pudo demostrar que había realizado 327.000 curaciones efectivas de las cuales poseía testimonios escritos, además de un millar de cartas firmadas por médicos que conocieron los casos. AMBROSE WORRAL (1910-1972) en los Estados Unidos, curó efectivamente miles de enfermedades mediante la imposición de sus manos sobre las partes afectadas, y hay casos plenamente certificados de que se logró la reducción y desaparición de tumores malignos. DZHUNA DAVITASHVILI se hizo muy famosa en la antigua Unión Soviética, durante la década de los años 80 por haber tratado con éxito al presidente LEONID BREZHNEV con aplicaciones de magnetismo que allí denominan "bioenergía". Sobre sus facultades, hace este comentario el periodista español ENRIQUE DE VICENTE, en uno de sus documentados libros:

> "DZHUNA asegura limitarse a "escuchar" a sus manos, que perciben las zonas del cuerpo que están desequilibradas y se dirigen por sí mismas hacia aquéllas. Uno de los académicos que la estudian ha confirmado que la energía emitida por sus manos acelera inexplicablemente el lento proceso de "secado" de una úlcera cutánea; hasta el extremo de que, veinte minutos después de comenzar el experimento, se observa que las células de la piel comienzan a regenerarse. En sucesivas experiencias, DZHUNA ha conseguido alterar psíquicamente la presión sanguínea de ranas y seres humanos. Otro estudio parece indicar que es capaz de influir beneficiosamente sobre el sistema nervioso de los enfermos".[113]

La fuerza magnética que se desprende de los seres vivos y particularmente de los seres humanos, presenta interesantes analogías con las fuerzas comprendidas dentro del magnetismo físico. Del mismo modo que, a la luz de la física, imantar es saturar de líneas de fuerza magnéticas un trozo de acero o una aleación apropiada, y que se producen efectos de atracción o de repulsión solamente cuando se encuentran en presencia de otro cuerpo imantado; también se puede establecer por analogía, que magnetizar, en el plano de las interacciones entre seres humanos, consiste en que una persona transfiera su

[113] ENRIQUE DE VICENTE. *Los poderes ocultos de la mente*. Editorial América Ibérica S.A., Madrid, 1995, p. 180.

energía magnética a otra, sobre todo su organismo o hacia una parte específica, hasta conseguir que obre sus particulares efectos.

Nada de extraño tiene que el cuerpo humano produzca, además de calor, que de todos es conocido, electricidad y magnetismo. Nuestro cuerpo, generador de diversas y complejas radiaciones, emite ondas electromagnéticas y produce corrientes eléctricas, las cuales, en su circulación, crean campos eléctricos y magnéticos con sus respectivas cargas positivas y negativas. En términos de magnetismo humano, cada ser forma a su alrededor un campo cuya extensión e intensidad guarda proporción con todos los procesos psíquicos mentales y emocionales. La energía magnética se propaga siguiendo la trayectoria de sus líneas de fuerza, se concentra en las manos, que asumen la función de polos, y se exterioriza por las puntas de los dedos, las cuales actúan como terminales hipersensibles.

Se facilita la comprensión acerca de los efectos curativos del magnetismo, cuando se concibe al ser humano dentro de un enfoque holístico, sistémico, en el cual todos sus componentes interactúan recíprocamente. En esa óptica, la enfermedad es una manifestación de que se ha roto el equilibrio y la armonía entre las partes, y la acción de la energía magnética consiste básicamente en recuperar la estabilidad perdida, ejerciendo su influencia sobre la anatomía sutil del espíritu, o sea, su periespíritu, para que de allí se irradien los efectos que van a curar al cuerpo físico, contando, naturalmente, con la cooperación del paciente quien debe trabajar a favor de su propia recuperación, mediante la armonización de sus pensamientos y de sus sentimientos, y la canalización de toda esa energía positiva para su bienestar integral.

MAGNETISMO Y ESPIRITISMO

El magnetismo de un imán no es perceptible por nuestros sentidos físicos, pero eso no impide que ejerza su acción en dominios precisos, y, de hecho, fáciles de verificar. Las limitadas percepciones sensoriales que nos caracterizan son las que nos permiten entender el mundo de cierta manera, pero no alcanzan las infinitas posibilidades de otras dimensiones de extraordinaria riqueza. Sería preciso esperar al desenvolvimiento científico del siglo veinte para saber que nuestros cinco sentidos físicos sólo son sensibles a frecuencias vibratorias muy definidas. Nuestro sentido del oído, por ejemplo, no puede percibir los infrasonidos o los ultrasonidos, y eso no es una razón valedera para negar la existencia de gamas sonoras que se sitúan en franjas inalcanzables para nuestras posibilidades físicas. Existe un amplio espectro de informaciones, energías, ondas y vibraciones que desconocemos, y que todavía los instrumentos científicos no registran, y que sin embargo, algunas personas, con facultades psíquicas desarrolladas pueden captar. Tal cual, allí se sitúa el magnetismo humano, como una realidad no perceptible en cuanto a su naturaleza, pero verificable por los efectos producidos sobre el organismo o sobre el psiquismo.

Los conceptos avanzados por MESMER en el siglo XVIII y el desarrollo que alcanzaron las prácticas magnéticas durante ese siglo y el siguiente, abrieron caminos para el reconocimiento social y científico de la existencia de fuerzas psíquicas de naturaleza especial, y de ese modo, los estudios sobre el magnetismo y el sonambulismo facilitaron el advenimiento del Espiritismo.

HYPPOLYTE LÉON DENIZARD RIVAIL, antes de consagrarse a la fundación y sistematización de la doctrina espiritista, se ocupaba del estudio y de las aplicaciones prácticas del mesmerismo. Y eran magnetizadores los amigos que le invitaron a presenciar sesiones en las cuales se manifestaban los espíritus, estableciéndose así, un puente histórico e ideológico entre el magnetismo y el Espiritismo. Tiempo después, ya escribiendo como ALLAN KARDEC, haría este significativo reconocimiento:

> "El magnetismo preparó el camino del Espiritismo, y los rápidos progresos de esta última doctrina se deben indiscutiblemente a la vulgarización de las ideas sobre la primera. De los fenómenos magnéticos, del sonambulismo y del éxtasis a las manifestaciones espiritas hay apenas un paso; su conexión es tal, que, por así decirlo, es imposible hablar de uno sin hablar del otro. Si tuviésemos que quedar fuera de la Ciencia del magnetismo, nuestro cuadro quedará incompleto y podremos ser comparados a un profesor de física que se abstuviese de hablar de la luz".[114]

En ese artículo de la Revista Espírita, él presenta una recomendación en materia de términos y propone que se haga una diferencia entre el magnetizador, aquel que practica el magnetismo, y el magnetista, aquel que acepta los principios teóricos o filosóficos del magnetismo, y aclara que se puede ser magnetista sin ser magnetizador, mas no lo contrario.

Desde *El Libro de los Espíritus* en adelante, KARDEC se ocupó en todas sus obras del magnetismo, tejiendo sabias consideraciones sobre su naturaleza

[114] *Revue Spirite*. Magnetismo y Espiritismo. Marzo de 1858.

y sus propiedades, otorgando un alto valor a las pruebas que se derivan de las experiencias magnéticas a favor del reconocimiento de la existencia del espíritu y enmarcando sus aplicaciones curativas dentro de los principios éticos de la doctrina espiritista. Atendamos a la importancia de esta respuesta de los espíritus:

> "Por medio de cuidados prestados a tiempo, ¿se pueden reanudar los lazos que están a punto de romperse, y devolver la vida a un ser que moriría definitivamente por falta de auxilios?
>
> Sin duda que sí. Con frecuencia el magnetismo es en este caso un poderoso medio, porque restituye al cuerpo el fluido vital que le falta, y que no era suficiente para mantener en funcionamiento los órganos".[115]

Examinando la fuente de la cual procede el magnetismo, KARDEC llegó a la conclusión de que es una modificación del fluido cósmico universal y que puede provenir tanto de los espíritus desencarnados como de los encarnados, o que puede resultar de la combinación fluídica de ambos, durante el acto mediúmnico:

> "La acción magnética puede verificarse de diferentes maneras:
>
> 1) Por el fluido del mismo magnetizador; es el llamado magnetismo humano, cuya acción está subordinada a la potencia, y, sobre todo, a la calidad del fluido;
>
> 2) Por el fluido de los espíritus que actúan directamente y sin intermediario sobre un encarnado, ya sea para curar o para calmar un sufrimiento, para provocar el sueño sonambúlico espontáneo o ejercer una influencia física o moral. Es el magnetismo espiritual, y su potencia depende de las cualidades del espíritu; y
>
> 3) Por el fluido que los espíritus proyectan sobre el magnetizador, a quienes éste sirve de conductor. Es el llamado magnetismo mixto, semiespiritual o humano-espiritual. El fluido espiritual, combinado con el fluido humano, otorga a este último las cualidades que le faltan. El concurso de los espíritus, en circunstancias parecidas, es a veces, espontáneo, pero generalmente se produce por la evocación del magnetizador".[116]

[115] ALLAN KARDEC. *El Libro de los Espíritus*. Libro segundo. Cap. VIII: Emancipación del alma N° 424. Ob. cit. p. 177.

[116] *La Génesis*. Cap. XIV. Los fluidos. Ob. cit. p. 236.

Este criterio es de suma utilidad para establecer con precisión los diferentes procedimientos que permiten la aplicación del magnetismo y su relación con los fines terapéuticos que se persiguen y reafirma que se trata de un área, que en sus aspectos teóricos y prácticos, está incluida con toda legitimidad dentro de los estudios espíritas. Ciertamente, el magnetismo es un capítulo del Espiritismo.

EL AURA

Todo ser encarnado o desencarnado se encuentra rodeado por un halo luminoso, que varía constantemente en sus colores, en su brillo y en amplitud y extensión, al que se conoce con el nombre genérico de aura. El aura es como un manto de fuerzas electromagnéticas a través del cual circulan las corrientes mentales de cada uno. Es un espejo fluídico que refleja nuestro campo psíquico y espiritual, por cuanto allí se proyecta toda la gama de pensamientos, emociones y sentimientos. Se ha podido establecer que sus constantes variaciones guardan relación directa con los estados psicológicos que dominan en la mente de cada ser humano.

En dibujos y pinturas muy antiguos se representa a los maestros y guías espirituales rodeados de auras luminosas, del mismo modo que, en la hagiografía cristiana, se observa que los artistas han colocado una aureola brillante sobre la cabeza de los santos, como un reconocimiento a su espiritualidad. En las tradiciones orientales, la aureola de luz no tiene un sentido simbólico ni está reservada a personalidades relevantes, sino que representa la envoltura energética que rodea a cada persona.

Numerosos investigadores han procurado por diversos experimentos demostrar la existencia del aura, del magnetismo y de otras energías psíquicas. El médico francés HIPPOLYTE BARADUC (1850-1909), presentó en 1895, a la Academia de Medicina, una Memoria acerca de sus investigaciones en el campo de la fotografía psíquica, en la cual sostiene que podía registrar objetivamente el aura de los individuos y podía medir la intensidad de los efluvios magnéticos por medio de un aparato de su invención que llamó Biómetro. En 1911, el doctor WALTER JOHN KILNER (1847-1920), miembro del Real Colegio de Medicina de Londres, publicó su obra *The human atmosphere*, dando cuenta de haber comprobado experimentalmente la visibilidad del aura por parte de cualquier persona, sea un sensitivo o no, mirando a través de una solución alcohólica combinada con dicianina. De acuerdo con sus observaciones el aura presenta varias zonas o franjas que difieren entre sí por la densidad, el color y la extensión. Las experiencias realizadas por VALENTINA KIRLIAN (f. 1971) y SEMYON KIRLIAN (1898–1978), en el laboratorio de Alma Ata, brindaron una base experimental de enorme importancia para la confirmación de la existencia del aura, al diseñar un procedimiento fotográfico que permite registrar en generadores eléctricos de alta frecuencia el espectro formado por los efluvios luminosos que emanan de los seres vivos, diferentes del efecto corona que se produce alrededor de los objetos físicos.

SEMYON Y VALENTINA KIRLIAN

La observación del aura de su paciente y de sus características y variaciones es de gran ayuda para el magnetizador, por cuanto le proporciona informaciones valiosas sobre todo aquello que le está afectando y sobre el proceso de curación. Muchos sensitivos afirman que pueden ver el aura y la describen como un campo de fuerzas que se encuentra en constante movimiento y que por su ultrasensibilidad reacciona ante la más pequeña influencia ambiental o ante los pensamientos, emociones, placeres o sufrimientos, variando continuamente su color, intensidad, forma y magnitud. Sostienen que al colocar las manos sobre un enfermo o moverlas a su alrededor, se va produciendo una integración entre ambos, a tal punto que, durante el proceso de aplicación del magnetismo, pareciera que las auras de ambos se funden en una sola. Mediante fotografías kirlian se han observado los cambios que se producen en el halo luminoso de un individuo que ha sido atendido con aplicaciones magnéticas, y se ha podido constatar que su aura se ha fortalecido, haciéndose más ancha y brillante y más regular y continua en toda su extensión, como si hubiese sido recargada energéticamente.

En relación con los colores del aura y sus diversas tonalidades, la mayoría de los estudiosos coinciden en la idea de que eso responde a particulares estados anímicos y físicos que dominan a una persona en cada momento de su vida.

De una de las mejores obras, que fueron psicografiadas en conjunto por los médiums brasileños FRANCISCO CÁNDIDO XAVIER y WALDO VIEIRA (1932-2015), seleccionamos algunos conceptos expresados por el espíritu ANDRÉ LUIZ, los cuales ofrecen interesantes informaciones acerca de la naturaleza y las propiedades del aura:

> "Todos los seres vivos, desde los más rudimentarios hasta los más complejos, se revisten de un halo energético que les corresponde por naturaleza".
>
> "Fotosfera psíquica, entretejida en elementos dinámicos, atiende a la más variada cromática, según la onda mental que emitimos, retratando todos nuestros pensamientos en colores e imágenes, que responden a los objetivos que hemos escogido, ennoblecedores o deprimentes".
>
> "El aura es, por lo tanto, nuestra plataforma omnipresente en toda comunicación con las rutas ajenas; antecámara del espíritu, en todas nuestras actividades de intercambio con la vida que nos rodea, a través de la cual somos vistos y examinados por las Inteligencias Superiores, sentidos y reconocidos por nuestros afines, temidos y hostilizados o amados y auxiliados por los hermanos que caminan en posición inferior a la nuestra.
>
> Esto, porque exteriorizamos, de manera invariable, el reflejo de nosotros mismos, en los contactos de pensamiento a pensamiento, sin necesidad de las palabras para las simpatías o repulsiones fundamentales.
>
> Es por esa coraza vibratoria, especie de caparazón fluídico, en el cual cada conciencia construye su nido ideal, que se empezaron todos los servicios de la mediumnidad en la Tierra, considerándose la mediumnidad como atributo del hombre encarnado para corresponderse con los hombres liberados del cuerpo físico".[117]

CENTROS DE FUERZA DEL PERIESPÍRITU

Situados en diversas zonas periespirituales, se encuentra un conjunto de vórtices energéticos que funcionan como concentradores y distribuidores de energías provenientes del espíritu y que son canalizadas a través del organismo físico.

Estos centros o discos se conocen desde épocas muy antiguas, y han recibido el nombre de *chakras*, término de origen sánscrito que significa rueda.

[117] FRANCISCO CÁNDIDO XAVIER y WALDO VIEIRA. *Evolución en dos mundos*. Cap. XVII. Mediumnidad y cuerpo espiritual.

Y en verdad, son como ruedas o discos de dimensiones variables en cada persona, y que se encuentran en permanente movimiento circular. Varían de tamaño, espesor, brillo, colorido y localización, así como en las funciones que cumplen. Son siete los principales y se corresponden en cuanto a su posición e interacción con los plexos del organismo que regulan:

Centros de fuerza psíquicos o espirituales: Coronario (situado en la parte superior de la cabeza) y Frontal (en la frente, cerca del entrecejo).

Centros de fuerza emocionales: Laríngeo (situado en la garganta) y Cardíaco (en el corazón).

Centros de fuerza vegetativos: Esplénico (situado a nivel del bazo), Gástrico (situado a la altura del estómago) y Genésico (en la raíz de la médula espinal).

La activación y armonización de los centros de fuerza puede alcanzarse por medio de ejercicios psíquicos y magnéticos. El centro coronario está relacionado directamente con el sistema nervioso central, impulsa las funciones intelectuales y sirve como centro de conexión con el espíritu. Coordina y controla el funcionamiento de los demás centros vitales. El centro frontal guarda relación con la videncia y la clarividencia y por eso, algunos autores, hablan, en forma simbólica, de un "tercer ojo" que tendría allí su localización. El centro laríngeo ejerce control sobre la respiración y la fonación, y se vincula con los mecanismos de la mediumnidad auditiva y parlante. El centro cardíaco influye en los procesos circulatorios y dirige la emotividad. De allí la antigua creencia que relaciona al corazón con los sentimientos y las emociones. El centro esplénico se relaciona con todas las funciones hemáticas. El centro gástrico participa en las actividades de absorción y digestión de los alimentos. El centro genésico estimula y regula las actividades sexuales y reproductivas.

Estos conocimientos son importantes en las aplicaciones del magnetismo, porque ayudan a mentalizar el objetivo terapéutico y a dirigir las emisiones fluídicas con una dirección más concreta y precisa.

PROCEDIMIENTOS PARA LA APLICACIÓN DEL MAGNETISMO

En la administración de la terapia magnética, lo esencial es que se haga con amor, concentración, enfocando la mente en lo que se está haciendo y vibrando mentalmente con un sincero deseo de ayudar al paciente a recuperar su bienestar físico y espiritual. Las diferentes alternativas que se conocen en cuanto a los procedimientos, no han de constituir el factor central de nuestras preocupaciones. Cualquier opción es provechosa, siempre y cuando predominen en su ejecución los valores del espíritu, porque, en definitiva, magnetizar es un acto de amor, que nos lleva a donar parte de nuestros recursos psíquicos en beneficio de alguien que los necesita.

Se puede aplicar el magnetismo, empleando los siguientes procedimientos:

Imposición de las manos

La práctica de colocar una o ambas manos sobre un paciente viene de la más remota antigüedad. Fue ejercida por los sacerdotes de numerosos pueblos y pasó después a ser considerada como un privilegio de emperadores y reyes en lo que se conoció como el "toque real" para sanar a los enfermos. JESÚS la empleó con frecuencia y la recomendó a sus discípulos.

La imposición puede ser simple o doble, según que se estén utilizando una o las dos manos. Se recomienda colocar las manos a poca distancia de la parte superior de la cabeza del paciente, y dirigir la energía magnética hacia el centro coronario. Para ello, el magnetizador se coloca de pie frente al paciente, quien debe estar cómodamente sentado; extiende sus brazos e impone sus manos, las cuales deben estar abiertas y con los dedos ligeramente separados.

El tiempo que se dedica a la imposición de las manos sobre un paciente es variable según las circunstancias y cada magnetizador toma su propia decisión. Por regla general, es suficiente con dedicarle tres o cuatro minutos a la experiencia.

Los pases

Pase es un término derivado del latín, y significa precisamente, pasar, llevar de un lugar a otro. Es el procedimiento que más se utiliza, en el ambiente espírita y también el más extendido entre los magnetizadores de diversas escuelas, y tiene como finalidad esencial cooperar en el restablecimiento del equilibrio psicofísico del paciente. El pase, puede ser definido como una transfusión de energía psíquica de un donador a un receptor, constituyendo, por lo tanto, un acto de amor, donde alguien cede de sus propios recursos en beneficio de otro que requiere de ellos.

Existen varios criterios para clasificar los pases. Uno de ellos toma en cuenta la fuente de donde procede la energía, y es el que sirvió como referencia a KARDEC para indicar las diferentes maneras en que puede verificarse la acción magnética, como se desprende del estudio sobre los fluidos publicado en su libro *La Génesis*. Siguiendo esa línea de pensamiento, los pases pueden ser clasificados así:

Pases magnéticos. Pueden ser aplicados por cualquier persona que se disponga voluntariamente a exteriorizar recursos magnéticos propios a favor de otro ser humano.

Pases mediúmnicos. Son los que aplica un médium que se encuentra en sintonía con un espíritu o en estado de trance, que puede ser consciente, semiconsciente o inconsciente. La energía magnética proviene del médium y corresponde al espíritu la dirección del proceso.

Pases espirituales. Los espíritus proyectan directamente sus energías sobre los encarnados sin necesidad de intermediarios físicos. Pueden actuar sobre una persona o sobre un grupo.

Atendiendo a un criterio técnico, también se pueden clasificar los pases, de acuerdo con la dirección que se le imprime a los movimientos de las manos y de los brazos:

Pase transversal. Se pasan las manos y los brazos en forma cruzada. Las palmas de las manos se muestran hacia el receptor y los dedos tienen una ligera inclinación hacia arriba. Colocados los brazos frente al paciente, de modo que estén cruzados por el antebrazo, se descruzan enérgicamente para volver rápidamente a cruzarlos y así se procede durante el tiempo que se considere conveniente, el cual oscila habitualmente entre cuatro a cinco minutos.

Es un pase de dispersión que produce alteraciones en el campo magnético del receptor y cumple funciones de limpieza psíquica.

Pase longitudinal. Se pasan las manos a lo largo del cuerpo de la persona que recibe su acción. Es un pase de carga, de fortificación magnética, que se aplica de arriba hacia abajo, teniendo al sujeto de frente. Estos pases se ejecutan imponiendo las manos sobre la cabeza, con los dedos ligeramente separados unos de los otros. Se descienden las manos a lo largo del cuerpo del receptor, una por el lado derecho y la otra por el izquierdo, llegando hasta el epigastrio o hasta la rodilla si la persona está sentada o hasta más abajo si está de pie o tendida en una cama o en un diván.

Los movimientos de las manos y los brazos deben ser lentos pero continuos y sin tensión muscular. En cada aplicación el pasista ocupa entre veinte y treinta segundos. Las manos estarán situadas a unos diez centímetros del cuerpo del paciente.

Los pases longitudinales calman, tranquilizan, adormecen, y reconfortan anímicamente.

Pase circular. Se mueve una mano en forma rotatoria, siguiendo el movimiento de las agujas del reloj, sobre una zona determinada del cuerpo del paciente De este modo se concentra la energía en una región específica del cuerpo, relacionada con su correspondiente centro de fuerza a nivel del periespíritu.

La mayoría de los magnetizadores se sirven de estos movimientos circulares para aliviar dolores localizados en alguna región específica del cuerpo o incluso, para suprimir inflamaciones o tumores.

Fluidificación de agua

El agua es un excelente acumulador y conductor de energías. De todos los elementos de la naturaleza es el más sensible a las radiaciones psíquicas y magnéticas. Después de haber sido fluidificada, actúa como un eficiente conductor del magnetismo por todas las vías internas del organismo coadyuvando al restablecimiento de la salud física y psíquica de la persona que la ingiere.

El método es simple: se colocan las manos rodeando un recipiente con agua potable y se mueven lentamente a su alrededor, dejando que fluya el magnetismo en la dirección que le indica la voluntad, en una operación que puede consumir dos o tres minutos. En algunas ocasiones, los mismos espíritus informan que ellos procederán a fluidificar el agua en forma directa, sin la participación de los encarnados.

Otros procedimientos

En la aplicación del magnetismo hay muchas variantes, que son empleadas de acuerdo con la experiencia o las preferencias de cada uno. Se cuentan, entre otras, el **pase a distancia**, el **soplo caliente** o **frío** y el **auto-pase**. Pueden ser de utilidad, siempre que sean aplicadas de un modo racional y ético, al margen de gesticulaciones extravagantes o ritualistas.

CONDICIONES INDISPENSABLES PARA LA CORRECTA APLICACIÓN DEL MAGNETISMO

El pase es una transfusión psicobioenergética; un acto fraterno y solidario por medio del cual hay un desplazamiento del magnetismo personal del donador, siguiendo los impulsos de su voluntad, en dirección al paciente o receptor, con la finalidad de ayudarle a recuperar su equilibrio psicofísico. La fuerza magnética no es un recurso que poseen algunos seres excepcionales o que están dotados de poderes mágicos. Cualquier persona puede exteriorizar su magnetismo y de hecho, todos lo hacemos cotidianamente aun sin darnos cuenta de ello, en las diversas actividades de nuestra vida. Naturalmente, el estudio del magnetismo permite conocerlo en sus fundamentos teóricos y prácticos así como en sus finalidades terapéuticas, y sienta las bases para que se pueda aplicarlo con toda propiedad y eficacia.

Ya hemos dicho que el magnetismo es un capítulo del Espiritismo, y que su conocimiento y ejercitación son muy apreciados en toda institución espírita, pero eso no significa que todos los magnetizadores sean espíritas o se orienten por las pautas técnicas o morales que enseña esta doctrina.

También es cierto que algunas personas identificadas como espíritas se entregan a la práctica del pase y de otros procedimientos, careciendo de la debida formación y preparación, y eso les conduce a inventar teorías absurdas, a establecer ceremonias o rituales, y a complicar el ejercicio del magnetismo, que es un acto sencillo y amoroso, con extrañas y supersticiosas creencias.

Por tal razón, es conveniente precisar cuáles son las orientaciones fundamentales que se derivan del conocimiento espiritista y traducirlas en las condiciones mínimas que deben ser cumplidas por quienes participen en las sesiones espíritas dedicadas a la terapia magnética, sea en calidad de operador o sea en calidad de receptor.

Condiciones que debe reunir el pasista o magnetizador

Equilibrio espiritual. Salud física, emocional y moral. El pasista o magnetizador debe estar disfrutando de buena salud para cumplir estas actividades, y si se encuentra enfermo debe abstenerse de ellas hasta tanto recupere plenamente la salud. Igual que un donante enfermo puede trasmitir su dolencia en una transfusión sanguínea, así ocurre con un magnetizador enfermo. Nadie puede dar lo que lo no tiene, y si no posee salud, no está en condiciones de trasmitirla.

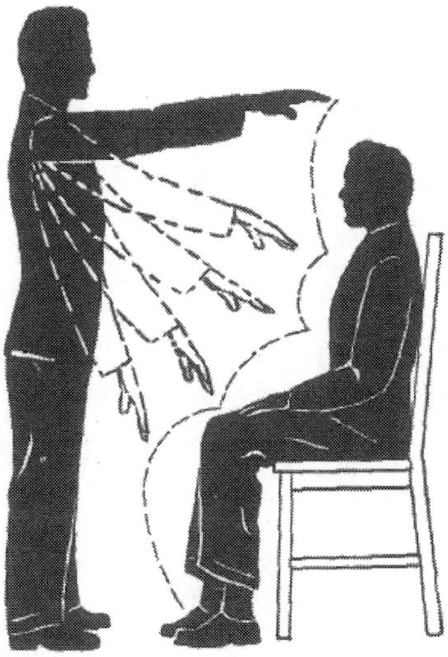

El pase es un acto de amor

En el desempeño de su tarea, y para alcanzar óptimos resultados, el magnetizador no debe haber ingerido bebidas alcohólicas ni drogas, ni alimentos en exceso. En su situación emocional, ha de encontrarse en condiciones de estabilidad, paz interior y libre de stress, depresiones, angustias o aflicciones morales. En su moralidad, debe transitar el camino recto en la vida, practicar el bien, emitir pensamientos constructivos, comportarse con humildad, superar el orgullo y el egoísmo. Debe tender a un constante enriquecimiento personal, mediante el estudio y aprovechamiento de las obras espíritas y de todas aquellas que estimulan el progreso moral e intelectual de la humanidad.

Conocimientos y competencia. El estudio, en cualquier disciplina en la que se pretenda lograr buenos resultados, es una exigencia permanente. El pasista debe instruirse en todos los aspectos científicos y técnicos que se relacionan con el magnetismo, su origen, naturaleza y finalidades. Es importante que adquiera conocimientos sobre la anatomía y la fisiología humanas, sobre el periespíritu y sus funciones, sobre los diferentes procedimientos que permiten exteriorizar la energía magnética.

Moderación y prudencia. El pase es un recurso natural, que debe practicarse con sencillez, al margen de cualquier teatralidad. No se deben confundir los movimientos de las manos con gesticulaciones arbitrarias. El pasista no debe dar la impresión de que está revestido de poderes especiales como si se tratara de un acto mágico. La simplicidad es la mejor garantía de seriedad, rigor científico y eficacia.

El tiempo de cada aplicación no debe extenderse demasiado. La experiencia aconseja una duración que puede oscilar entre cinco y treinta minutos, dependiendo de las particularidades de cada caso. En ese lapso es conveniente que el pasista se mantenga en silencio.

La capacidad física y psíquica de cada persona para donar sus energías magnéticas tiene, como todo, sus límites, los cuales deben ser observados y respetados para no comprometer su salud. El pase no debe darse todos los días y a toda hora. Una o dos veces por semana, con un intervalo de descanso de tres o cuatro días, se considera razonable.

La fluidoterapia no dispensa el concurso de la atención médica, y el paciente que la está recibiendo debe continuar su tratamiento hasta que el facultativo lo indique. En nada se contradicen los servicios médicos oficiales con el auxilio que brinda el magnetismo, ya que, muchas veces se complementan. El magnetizador espírita no entra en competencia con el médico ni pretende sustituirlo.

Convicción. El operador debe estar firme y serenamente persuadido de la existencia de la energía magnética y de los resultados positivos que se obtienen de su exteriorización. Tal convicción, actúa como un motor que impulsa el magnetismo y lo conduce hacia las áreas físicas y espirituales que se quiere alcanzar. Si duda de su fuerza magnética, si le invade el escepticismo, si no cree firmemente en lo que hace y en los resultados que puede conseguir, él mismo está bloqueando la proyección de su magnetismo e impidiendo de ese modo que surta sus efectos. Quien se encuentre anímicamente en esa actitud mental, no debe aplicar magnetismo, ya que difícilmente obtendrá resultados exitosos y achacará la culpa a todo menos a su propia incredulidad, que es la verdadera causa.

La voluntad, es la fuerza que moviliza, moldea y orienta el fluido magnético, el cual es neutro en su naturaleza y se convierte en un agente activo por el impulso de una firme disposición, sustentada en una profunda y honesta convicción.

Concentración. Durante varios minutos, previos a la aplicación magnética, el operador debe concentrarse, hasta lograr un estado de quietud y serenidad mental, que le aparte de ideas extrañas o de preocupaciones relacionadas con la vida cotidiana. Su pensamiento ha de estar centrado únicamente en lo que va a efectuar y en el firme e intenso deseo de ofrecer amor y ayuda al paciente. Ha de mentalizar al receptor, afinizarse con él, envolverse ambos en una misma corriente psíquica, hasta conseguir la mayor identidad entre ambos. No se debe comenzar con los pases o con otros procedimientos hasta tanto no tenga la sensación íntima de que se ha alcanzado tal estado interior. Conseguido este nivel en su concentración, la fuerza magnética fluirá con facilidad y convergerá sobre el paciente y se obtendrán espléndidos resultados.

Ambiente y horario apropiados. El lugar ideal para la aplicación del magnetismo es el centro espírita, pues allí se encuentra la más adecuada atmósfera psíquica y espiritual. Sobre todo, si se trata de la atención a problemas graves como las obsesiones, ya que hay, por razones de afinidad vibratoria, mayores posibilidades para la participación cooperativa de entidades espirituales amigas que coadyuvan en el proceso, uniendo su propio magnetismo al del pasista e inspirándole acerca de cómo proceder en cada caso.

En aquellos centros espíritas que poseen amplias y adecuadas instalaciones, se puede adaptar una sala exclusiva para las tareas del magnetismo, donde puedan reunirse las mejores condiciones físicas y psíquicas.

Si bien es cierto que el pase puede ser administrado en cualquier horario, diurno o nocturno, por razones de orden y de método, es conveniente que se regularicen los días y horas de su aplicación, para beneficio tanto del paciente como del pasista, puesto que todos deben cumplir con sus compromisos familiares, laborales, sociales y personales.

Solicitud de asistencia espiritual. No es cierto que todo magnetizador o pasista sea un médium. El propio KARDEC se ocupó del tema y aclaró perfectamente las diferencias y aclaró bien que existe el pase magnético, donde el fluido proviene de un encarnado, como el pase mediúmnico donde los espíritus se sirven de un intermediario encarnado, como el pase espiritual en que proyectan la acción magnética en forma directa sobre los encarnados:

> "Quien dice médium dice intermediario. La diferencia entre el magnetizador, propiamente dicho, y el médium curador, es que el primero magnetiza con su fluido personal y el segundo con el fluido de los espíritus, al cual sirve de conductor. El magnetismo producido por el fluido del hombre es el magnetismo humano; lo que proviene del fluido de los espíritus es el magnetismo espiritual".[118]

Ahora bien, el hecho de que se esté aplicando el pase magnético, en el cual los fluidos provienen de la persona encarnada, no impide que también participen entidades desencarnadas que son afines con ella y desean coope-

[118] *Revue Spirite*. Acerca de la mediumnidad curadora. Septiembre de 1865.

rar. Tomando en cuenta esa posibilidad es conveniente que el magnetizador, en sus concentraciones mentales solicite al mundo espiritual su colaboración y su protección. Siguiendo a KARDEC, en el mismo trabajo antes citado, al establecerse esa sintonía, los efectos del magnetismo se multiplican:

> "Todo magnetizador puede convertirse en un médium curador si se hace asistir por buenos espíritus. En este caso, los espíritus vienen en su ayuda, derramando sobre él su propio fluido, el cual puede decuplicar o centuplicar la acción del fluido puramente humano".

Es muy importante que el magnetizador se mantenga en sintonía intuitiva con sus guías y amigos espirituales quienes le sugerirán siempre ideas positivas sobre la actividad que se va a cumplir y sumarán sus propios recursos fluídicos. Hay mucho que ganar y nada que perder cuando se asume y se lleva a la práctica este concepto, el cual marca la diferencia entre el magnetizador espírita y el magnetizador tradicional de orientación mesmeriana.

Gratuidad. Conforme a las enseñanzas kardecistas, el servicio del pase y de toda aplicación de magnetismo es un acto de amor, que debe cumplirse con absoluto desinterés pecuniario guiado por el noble y sincero deseo de ayudar al prójimo, y siguiendo las enseñanzas de JESÚS: "Dad de gracia lo que de gracia recibisteis".

El aprovechamiento económico de las aplicaciones magnéticas, disminuye su eficacia y aleja a los espíritus buenos que podrían cooperar. El magnetizador espírita entrega con amor sus propios recursos psíquicos en beneficio de sus semejantes, actuando como una bujía generadora de salud y armonía, sin esperar retribución alguna. Simplemente está decidido a hacer el bien, por la inmensa satisfacción del bien mismo.

Condiciones que debe reunir la persona que va a ser auxiliada con el magnetismo

Necesidad del magnetismo. No tiene sentido solicitar o recibir el magnetismo si no hay necesidad. El pase no es una distracción o un pasatiempo, sino un recurso terapéutico que se aplica a quien se encuentra afectado por un desequilibrio anímico o por una molestia para la cual resulta conveniente su empleo. No se trata de recibir "fuerza" o "vitalidad" del magnetizador para engrosar la nuestra. El hábito vicioso de tomar el pase sin justificación, lo que constituye una verdadera "pasemanía", es comparable con la actitud del hipocondríaco que solicita atención médica sin estar realmente enfermo. Aquellas personas que piden pases, simplemente porque se han habituado a recibirlos, lo que realmente necesitan es que se les brinde orientación moral y doctrinaria.

Los médiums se benefician mucho con los pases. Al inicio del trance mediúmnico, si se presentan dificultades para que se produzca el acoplamiento entre el espíritu y el intermediario, la aplicación de pases es de gran ayuda en todo el proceso. Concluido el trance, también es conveniente dar pases al médium para que recupere plenamente su conciencia y el control sobre su organismo. Las aplicaciones magnéticas son también de gran utilidad en los trabajos de desobsesión y con frecuencia son los propios orientadores espirituales quienes bañan con su magnetismo al médium y a los participantes en la sesión.

Receptividad. El paciente debe adoptar una actitud mental positiva, aceptando con agrado el magnetismo que se le ofrece, y desechando cualquier idea escéptica, negativa o desafiante, la cual tiene como consecuencia el bloqueo de su acción terapéutica. Por eso debe estar persuadido de la eficacia del magnetismo y del provecho que obtendrá en favor de su salud física y espiritual.

Para lograr el adecuado *rapport* con su paciente, el magnetizador debe ofrecerle un trato cordial, cálido, respetuoso, estimulado por la conversación amena y constructiva, a fin de superar cualquier barrera y entretejer lazos de simpatía y de confianza recíproca.

Relajación. Aun cuando el paciente puede recibir los pases estando de pie, sentado o acostado, lo deseable es que sea ubicado en un sillón cómodo, o en algunos casos, en un diván. Con respecto al vestido que lleva puesto, la única recomendación es que sea holgado y no provoque incomodidad al cuerpo.

El paciente debe ser invitado por el magnetizador a relajarse física y mentalmente y que disfrute de una sensación placentera. La respiración debe mantenerse dentro de un ritmo tranquilo, sin gemidos ni bruscas alteraciones, y todos sus ritmos fisiológicos deben funcionar con normalidad.

El contacto físico es innecesario. No hay que confundir el pase con un masaje. El pasista debe ejecutar los movimientos sin tocar al paciente, manteniendo sus manos a una distancia prudente del paciente, que puede ser de cinco a diez centímetros. A esa distancia se produce sin dificultades una interacción psíquica entre ambos, se conectan sus campos magnéticos, y los fluidos penetran en la estructura periespiritual del paciente y desde allí ejercen su acción sobre el cuerpo físico. Esta separación física tiene además la virtud de que preserva la relación entre el magnetizador y el paciente de malos entendidos o de cualquier presunción sobre transgresiones éticas, sobre todo cuando se establece entre personas del sexo opuesto.

Resumiendo, diremos, que el magnetismo, "medicina de los humildes" como lo denominó LEÒN DENIS, es una auténtica medicación de un alma a otra, con la entrega amorosa de recursos físicos y espirituales. Su conocimiento y aplicación es de gran importancia, pero no debe tomarse como un fin en sí mismo, sino como un instrumento que sirve para la comprensión de las grandes facultades del espíritu humano y, a partir de ese conocimiento, para la expansión de la conciencia y la conquista de nuevos estadios evolutivos.

Reiteramos: el magnetismo es un capítulo, el Espiritismo es el libro.

IX

ESPIRITISMO Y PARAPSICOLOGÍA

"La antigua creencia de que no podemos saber nada que no pase antes por las puertas de los conocidos órganos sensoriales, ha de seguir el mismo camino que la mecánica de NEWTON frente a la teoría de la relatividad".

JOSEPH BANKS RHINE

CONSIDERACIONES GENERALES E HISTÓRICAS

El término *parapsicología* fue propuesto en 1889 por MAX DESSOIR, psicólogo alemán de ascendencia francesa. El prefijo griego *para* significa "al lado de" y, en consecuencia, a la luz de su etimología, la parapsicología se sitúa como una disciplina que establece una particular relación con la psicología. En verdad está "al lado" y no "dentro", debido a que la psicología académica y de rango oficial, no termina de integrar dentro de sus programas, el estudio o la investigación del amplio mundo de la paranormalidad.

El término *metapsíquica*, que le precedió y que fue acuñado por CHARLES RICHET, encontró mayores dificultades todavía, para ser admitido entre los científicos de las primeras décadas del siglo veinte, por cuanto el prefijo *meta* daba a entender que se trataba de un conocimiento que está "más allá" de lo que abarca la psicología, además de evocar la idea de la existencia de un "más allá" espiritual, la cual desata numerosos reflejos negativos en los medios científicos.

Las reticencias dentro del ámbito científico, y en particular en disciplinas como la psicología, ante los hechos parapsicológicos, se derivan del clima cultural y científico que pasó a imperar en la sociedad occidental del siglo diecinueve, a raíz de numerosos descubrimientos y avances tecnológicos que le imprimieron un sello organicista, fisicalista y materialista.

La psicología, que es por su propia denominación, la Ciencia del Alma, se fue transformando paulatinamente, en su afán de librarse de la tutela filosófica y metafísica que le acompañaba, en una ciencia sin alma, o peor aún, en una ciencia contraria a la idea del alma, para finalmente convertirse en una biología de la conducta con derivaciones ecológicas que promueven

CHARLES RICHET

el estudio de las relaciones establecidas por los individuos con su medio ambiente. A partir de los trabajos de los experimentalistas alemanes, como ERNST HEINRICH WEBER (1795-1878) y GUSTAV THEODOR FECHNER (1801-1887) tendientes a justificar el paralelismo psicofisiológico, mediante la formulación de leyes que relacionan numéricamente variables físicas (estímulos) y variables psicológicas (sensaciones), y de WILHELM WUNDT (1832-1920), creador del primer laboratorio de psicofisiología en la Universidad de Leipzig, la psicología adquirió una orientación decididamente naturalista, cargada con una posición antifilosófica y antiespiritualista.

De los esfuerzos por establecer claramente las estrechas relaciones entre la mente y el cuerpo, nació la *psicofísica*, de la cual derivaron, aunque adoptando vías diferentes, las escuelas *gestaltista* y *psicoanalítica*. En relación con esta última, es justo reconocer que ella se aproxima al sentido original de la psicología con el reconocimiento de ciertos principios mentales que no son totalmente dependientes de la fisiología cerebral.

Recuérdese que, a pesar de sus reservas, FREUD fue nombrado miembro honorario de la *American Society for Psychical Research* (1915) y de la *Society for Psychical Research* (1938), y es improbable que hubiese aceptado tales distinciones si fuese absoluto su rechazo a la existencia de los fenómenos de orden paranormal que constituyen la razón de ser de esas centenarias instituciones.

En 1921, en un trabajo titulado *Sueño y Telepatía*, escribió FREUD:

> "No parece posible dejar de lado por más tiempo el estudio de los llamados fenómenos ocultos",

agregando luego:

> "No sería ésta la primera vez que el psicoanálisis se hiciera el campeón de intuiciones oscuras pero indestructibles, que hunden sus raíces en el sentido común, contra los pretendidos conocimientos intelectuales".

En una carta dirigida a su colaborador MAX ETTINGTON, fechada el 4 de febrero de 1921, agradeciéndole por el envío de algunos libros relacionados con temas parapsicológicos, escribió:

> "El pensamiento de esa manzana ácida me hace estremecer, pero no hay modo de eludir el tener que morderla".

Como es sabido, CARL GUSTAV JUNG, sucesor aunque disidente, de FREUD, penetró tan profundamente en el conocimiento y reconocimiento de los fenómenos del ocultismo, que estableció un sólido puente de comunicación entre el psicoanálisis y la parapsicología.

Infelizmente, las corrientes conductistas que han dominado la psicología del siglo veinte, liderizadas en sus principales líneas por JOHN BROADUS WATSON (1878-1958), IVAN PETROVICH PAVLOV (1849-1936), BURRHUS FREDERICH SKINNER (1904-1990) reducen el estudio psicológico al comportamiento observable de los individuos en interacción con el medio que les rodea. Consideran los procesos psíquicos como epifenómenos derivados de la fisiología nerviosa, y encuadran al ser humano y sus procesos de aprendizaje y adaptación dentro de una ecuación estímulo– respuesta, bien sea dentro del esquema pavloviano que hace énfasis en la actividad refleja, o dando mayor significado a la respuesta elicitada espontáneamente, la cual aumenta o disminuye su tasa de frecuencia si es reforzada o castigada, conforme al modelo del condicionamiento operante. Para las escuelas de base comportamental, es inadmisible cualquier tipo de actividad mental que no tenga su asiento en el cerebro, y por ello la parapsicología encuentra tantas dificultades cuando afirma la existencia de funciones psíquicas de naturaleza extrafísica.

En contraposición a ellas, ha venido tomando impulso un enfoque novedoso con el nombre de psicología transpersonal, que se presenta como una "cuarta fuerza" que emerge dentro del campo de la psicología para estudiar al ser humano y su comportamiento dentro de una perspectiva holística y espiritualista, diferente de las teorías positivistas o conductistas ("primera fuerza"), de la teoría psicoanalítica clásica ("segunda fuerza"), y de la psicología humanista ("tercera fuerza"). El movimiento transpersonal es colectivo, no tiene un líder particular, y reúne los aportes de estudiosos como CHARLES TART, STANISLAV GROF, ROBERTO ASSAGIOLI, KEN WILBER, DANIEL GOLEMAN, ROGER WOOLGER. Esta visión le otorga considerable importancia a la trascendencia del yo, y reconoce legitimidad científica al estudio de aspectos de la personalidad y del comportamiento, que habían sido relegados a un segundo plano o totalmente rechazados por las otras escuelas, como la conciencia unitiva, las experiencias místicas, los estados modificados de conciencia, los sueños trascendentes, la mediumnidad, la reencarnación y otras manifestaciones relacionadas con la supervivencia espiritual, así como la amplia gama de fenómenos paranormales. De este modo, la corriente transpersonal se coloca como el eslabón que hacía falta para conectar la psicología con la parapsicología y facilitar la tan ansiada integración de ésa en aquélla.

En su acepción más general, la parapsicología es la disciplina que se propone el estudio científico de los fenómenos paranormales, llamados también extrasensoriales o supranormales. Es necesario precisar que paranormal no significa sobrenatural, concepto que se halla al margen del criterio científico y que sólo encuentra sustento en el ámbito religioso.

Paranormal tampoco es anormal, por cuanto no se trata de eventos con implicaciones patológicas. Sería una definición apropiada de la parapsicología, decir que consiste en el estudio científico de todos aquellos fenómenos de interacción del hombre con sus medios biológicos, psicológicos y sociales, en los cuales no intervienen los registros sensoriales conocidos, ni se moviliza algún tipo de energía física conocida. Veamos cómo otras definiciones proporcionadas por expertos en la materia giran en torno de la misma idea central, antes expresada:

> "La parapsicología es la división de la psicología que trata de aquellos hechos personales o de conducta que son demostradamente no físicos, esto es, que no caen dentro de los límites de los principios físicos". JOSEPH BANKS RHINE y JOSEPH GAITHER PRATT[119]
>
> "En sentido estricto, la parapsicología es la puesta en evidencia y el estudio experimental de las funciones psíquicas que aún no están incorporadas al sistema de la psicología científica, con la finalidad de incorporarlas a dicho sistema, entonces ampliado y completado". ROBERT AMADOU[120]

[119] *Parapsicología*. Editorial Troquel. Buenos Aires, 1967, p. 220.
[120] *La parapsicología*. Editorial Paidós. Buenos Aires. 1971, p. 60.

"Es la ciencia que tiene por objeto los fenómenos físicos o psicológicos producidos por fuerzas que parecen inteligentes o por facultades desconocidas de la mente". RENÉ SUDRE[121]

"La parapsicología es la rama de la psicología que se ocupa de los hechos psíquicos que parecen escapar del dominio de las que, hasta el presente, se reconocen como leyes normales". JOSÉ RICARDO MUSSO[122]

"La parapsicología tiene por objeto la constatación y el estudio de las funciones psíquicas de naturaleza paranormal, designadas comúnmente por: telepatía, clarividencia, pre y post-cognición y psicocinesia. Bajo ese ángulo, ella aspira a ligarse a la psicología, siendo prácticamente su continuación". HERNANI GUIMARÃES ANDRADE[123]

La parapsicología es una nueva tentativa científica para comprender ciertas manifestaciones insólitas del psiquismo humano, y viene a sustituir a la precedente "investigación psíquica" inglesa, y a la "metapsíquica" francesa; si bien es justo reconocer que desde tiempos anteriores ya se habían adelantado estudios para intentar comprender y explicar esos fenómenos.

El médico francés CHARLES RICHET, premio Nobel de fisiología en 1913, presentó en su célebre *Tratado de Metapsíquica* un esquema, con el cual se propuso abarcar la evolución del conocimiento parapsicológico en cuatro grandes etapas:

Período mítico: se extiende desde la antigüedad hasta el siglo XVIII, y en él prevalecen los relatos históricos, las observaciones empíricas y las explicaciones de fondo mágico o mitológico acerca de acontecimientos que insinúan su carácter paranormal.

Período magnético: Desde el siglo XVIII hasta mediados del siglo siguiente. Debe su nombre al interés despertado por las teorías sobre el magnetismo animal enunciado por MESMER y sus aplicaciones terapéuticas.

Período espirítico: Se inicia con los fenómenos mediúmnicos de Hydesville, protagonizados por las hermanas FOX y adquiere su mayor dimensión con la obra de ALLAN KARDEC y el desarrollo del movimiento espiritista en América y en Europa.

[121] *Tratado de parapsicología.* Ediciones Siglo Veinte. Buenos Aires, 1970, p. 49.
[122] *En los límites de la psicología.* Editorial Paidós. Buenos Aires, 1965. p. 41.
[123] *Parapsicologia experimental*, Edição Calvario. São Paulo, 1967, p. 24.

Período científico: Se desarrolla a partir del año 1870, con los trabajos experimentales efectuados por WILLIAM CROOKES, el movimiento inglés conocido con el nombre de *Psychical Research* (investigación psíquica) y todos los avances subsiguientes al nacimiento de la metapsíquica.

CLASIFICACIÓN DE LOS FENÓMENOS PARANORMALES

Después de la propuesta inicial de RHINE, clasificando los fenómenos paranormales dentro de dos vertientes básicas, de la percepción extrasensorial y la psicocinesia, el campo de estudio de la parapsicología se ha venido ensanchando notablemente en las últimas décadas, por lo que se hace necesario adoptar criterios que sean uniformes y coherentes para que sean clasificados atendiendo a las relaciones y semejanzas entre ellos. Hemos preparado el esquema que sigue a continuación con el propósito de proporcionar una visión panorámica del amplio espectro de los fenómenos paranormales con la advertencia de que no se trata de una clasificación definitiva ni tampoco rígida, puesto que muchos de esos fenómenos podrían ser ubicados en varios grupos a la vez, conforme a su naturaleza y origen. Consideramos entonces, cuatro grupos:

Fenómenos parapsíquicos. Son también denominados de *Percepción Extrasensorial* (ESP), *Psi-Gamma* o *Subjetivos*. Se refieren a los hechos paranormales vinculados con los procesos cognitivos.

WILLIAM CROOKES

Fenómenos parafísicos. Se les denomina también de *Psicocinesia*, *Psi-Kappa* u *Objetivos*. Se refieren a la función PSI en su aspecto motor e incluyen todas las influencias normales que ejercen efectos tangibles sobre la realidad física.

Fenómenos parabiológicos. Comprenden las manifestaciones normales *mixtas* (psíquicas y físicas) ejercidas sobre seres vivientes, independientemente de su nivel evolutivo dentro de la escala filogenética, y que provocan modificaciones en su constitución o en su funcionamiento.

Fenómenos paratanáticos. También llamados de *Psi-Theta*. A ellos pertenecen ciertos hechos insólitos presuntamente provocados por seres ya fallecidos, es decir, espíritus desencarnados o agentes *Theta*, y en genera cualquier episodio que involucre alguna forma de sobrevivencia después de la muerte, bien sea de carácter subjetivo (*Theta-psigamma*) u objetivo (*Theta-psikappa*).

FENÓMENOS PARAPSÍQUICOS

Telepatía. Comunicación mental. Transmisión del pensamiento a distancia. Captación extrasensorial del contenido mental de otra persona.

Clarividencia. Visión a distancia. Captación extrasensorial de cosas materiales o de acontecimientos objetivos distantes. Se han empleado como sinónimos, los términos *lucidez* y *metagnomia*. Presenta las siguientes variedades:

Clariaudiencia. Audición paranormal. Captación extrasensorial de sonidos distantes, inaudibles de acuerdo con los recursos fisiológicos habituales.

Hialoscopia. Captación extrasensorial de imágenes que se reflejan en cristales o en superficies reflectoras, líquidas o sólidas. Se denomina también cristalomancia.

Psicometría. Captación extrasensorial de imágenes que están asociadas a un objeto que el sensitivo está tocando o palpando y el cual funciona como un inductor psíquico. También se le conoce como *metagnomia táctil* o *criptestesia pragmática*.

Autoscopia. Autodiagnóstico paranormal. El sensitivo ve su propia imagen como si fuese un observador extraño. Se llama *autoscopia interna* a la visión del interior de su propio cuerpo y se habla de *heteroscopia* cuando el sujeto visualiza el interior de los cuerpos de otras personas.

Psicodiagnosis. Conocimiento paranormal sobre el estado de salud de una persona. El sensitivo suele hacer diagnósticos o pronósticos en torno de una o varias enfermedades, sin efectuar análisis físicos del paciente.

Primeras pruebas de psicocinesia en la Universidad de Duke

Radiestesia. Captación de radiaciones emitidas por personas u objetos por medio de instrumentos como el péndulo o la varilla. Se emplea con frecuencia para la localización de yacimientos, manantiales, objetos enterrados, personas desaparecidas, cadáveres, etc.

Precognición. Captación paranormal de un evento futuro que no pueda inferirse racionalmente de datos conocidos actuales. Presenta como variedad, la retrocognición, que consiste en el conocimiento de eventos ya ocurridos, en un pasado reciente o lejano, y que son desconocidos del sujeto sensible.

Desdoblamiento. Fenómeno paranormal que acontece espontáneamente o que puede inducirse a voluntad. Consiste en la proyección psíquica o espiritual fuera de los límites corporales. Puede dar origen a una experiencia de bilocación, en la cual se registra la presencia simultánea de una persona en dos lugares diferentes. Se le conoce también con el nombre *OBE* de procedencia inglesa (*Out of the Body Experiences*).

FENÓMENOS PARAFÍSICOS

Psicocinesia. Influencia que ejerce una persona sobre un sistema físico sin la intervención de instrumentos o energías físicas conocidas. Cuando la acción se realiza a distancia se denomina *telecinesia*.

Levitación. Suspensión en el aire de objetos o de seres vivos, venciendo aparentemente la fuerza de gravedad, sin utilizar ninguna energía física conocida.

Aporte. Penetración de objetos en un lugar cerrado, sin que estén actuando fuerzas físicas visibles. Aparición paranormal de un objeto en un lugar cerrado. También se le llama *hiloclastia.*

Poltergeist. Manifestación psicocinética caracterizada por ruidos o desplazamientos de objetos, regularmente asociada a la energía liberada por una persona que actúa como epicentro del fenómeno. Los hechos parecen estar dirigidos de un modo inteligente y tienen la intención de llamar la atención, de perturbar o causar daños. Cuando las manifestaciones se hallan vinculadas a un lugar antes que a cualquiera de sus habitantes, se habla de *haunting* o *casas encantadas* o *infestadas.* Si se lanzan piedras, el fenómeno se denomina *paralitogenia,* si se producen movimientos o temblores, se llama *parasismogenia,* y si aparecen fuegos, se habla de *parapirogenia.* Al conjunto de fenómenos de *poltergeist* se le denomina también con la expresión inglesa *Recurrent Spontaneus Psychokinesis* (RSPK).

Voces electrónicas paranormales. Son grabaciones de voces humanas, música y sonidos diversos, de origen paranormal, que se producen sobre cintas vírgenes de grabadoras o mediante otros equipos electrónicos. Algunos autores las llaman impropiamente psicofonías, que sería un término más conveniente para designar la mediumnidad parlante.

Psicofotografía. Fotografía paranormal que registra imágenes mentales provocadas por una acción psicocinética sobre películas vírgenes. Se llama también *escotografía.* Tiene como variedad la experiencia de carácter mediúmnico mediante la cual se fotografían espíritus desencarnados.

Kirliangrafía. Fenómeno de naturaleza bioenergética que registra las variaciones en la estructura, intensidad, amplitud y coloración de los efluvios luminosos que se observan en los seres vivos, cuando se exponen ante cámaras especiales de alta frecuencia y elevado voltaje. Mediante la *kirliangrafía* se puede registrar el aura de las personas y ensayar interpretaciones acerca de los estados físicos y anímicos en que se encuentran.

FENÓMENOS PARABIOLÓGICOS

Hiperestesias. Estados de exacerbación de la sensibilidad en circunstancias especiales, que permiten a un sujeto captar estímulos físicos que son habitualmente imperceptibles para el común de las personas. Se incluye, dentro de las hiperestesias, una variada gama de alteraciones sensoriales:

Hiperacusia (hipersensibilidad auditiva), **hiperosmia** (olfativa), **hipergeusia** (gustativa), **hiperafia** (táctil), **hiperóptica** (visual), **hipermnesia** (de memoria), **hiperalgesia** (hipersensibilidad al dolor).

Visión dermo-óptica. Visión de figuras, textos escritos o colores, con los ojos vendados, mediante un contacto epidérmico con el objeto a descifrar, empleando casi siempre la punta de los dedos. En algunos textos se denomina *visión extra-retiniana.*

Cenestesia. Sensaciones extrañas que experimenta un individuo con respecto a su propio organismo, como si se produjeran movimientos o alteraciones en sus órganos internos. Mediante la inducción hipnótica se pueden provocar efectos cenestésicos en un sujeto.

Biopausia. Dominio y neutralización de las funciones orgánicas. Los efectos producidos por los fakires, cuando no son ilusorios o fraudulentos entran en este grupo. Se habla de *paralgesia* cuando se controlan los centros que rigen los patrones del dolor hasta suprimirlo. Con el nombre de *inedia* se conoce la capacidad de mantenerse largo tiempo sin que haya ingestión de alimentos.

Dermografía. Son grafismos, signos, dibujos, grabados en la piel de un sensitivo como consecuencia de una acción paranormal. Los *estigmas* aparecen en forma de llagas o de úlceras. Se llaman *hematogramas* cuando las marcas muestran efusión sanguínea.

Pirobasia. Incombustibilidad paranormal. Es la acción de caminar sobre el fuego sin quemarse ni sufrir dolor alguno. También se le denomina *absefalesia* y *apiropatía.*

Transfiguración. Modificaciones espontáneas de los rasgos faciales o las dimensiones corporales, que llegan a mostrarse muy diferentes de los que son habituales. Generalmente, este fenómeno se presenta asociado con trances mediúmnicos en los cuales cambia la apariencia externa del médium y se asemeja a la del espíritu que se está manifestando por él.

Prosopopesis. Cambios bruscos, espontáneos o provocados, que se producen en la estructura psicológica de un sujeto, dentro de un estado de trance, dando origen a la emergencia de dos o más personalidades. Pueden ocurrir por sugestión, por una causa psicopatológica o en algunas experiencias de mediumnidad.

Paraterapias. Abarcan el amplio espectro de las curaciones paranormales conseguidas por diversos medios, como las aplicaciones magnéticas, la sanación por la acción del pensamiento y las diversas formas de curaciones psíquicas o mediúmnicas.

An-psi o parapsicología animal. Fenómenos paranormales de diversos órdenes que ocurren entre los animales, tanto a nivel individual como de grupo. Incluye también las interrelaciones de orden paranormal que pueden ocurrir entre animales y humanos.

Fito-psi o parapsicología vegetal. Fenómenos paranormales que se producen dentro del reino vegetal, y de interacción entre seres humanos y plantas. Se llama *fitometarquía* a la provocación de efectos que se traducen en el crecimiento o mejoramiento en la calidad de los vegetales como consecuencia de una acción psíquica paranormal, y *fitotanatosis* a la misma actividad pero dirigida a causar daños o la muerte misma de las plantas.

FENÓMENOS PARATANÁTICOS

Memoria extracerebral. Recuerdos espontáneos o inducidos experimentalmente que parecen provenir de una o de varias vidas anteriores. Se relaciona con todas las investigaciones sobre la *reencarnación*.

Vida después de la muerte. Manifestaciones diversas que ofrecen evidencias acerca de la supervivencia del alma o de la personalidad, después de la muerte. Los estudios más importantes en este campo son las experiencias próximas a la muerte, también conocidas como *muerte clínica reversible*.

Mediumnidad. Comunicación de los espíritus desencarnados a través los médiums. Incluye todas las formas de interacción entre seres vivos fallecidos.

ESPIRITISMO Y PARAPSICOLOGÍA

Entre el Espiritismo y la Parapsicología existen relaciones, analogías y diferencias. En su más amplia definición, el Espiritismo es una doctrina, al tanto que la Parapsicología aspira a ser reconocida como una ciencia. Al Espiritismo le interesa en alto grado la investigación y la experimentación en torno del amplio mundo de los fenómenos psíquicos, pero, se ocupa y se preocupa también por el diseño y la fundamentación de una teoría filosófica que contribuya decisivamente a la expansión de la conciencia de los seres humanos y a su vez impulse su transformación moral. La Parapsicología concentra su interés en demostrar la existencia de facultades especiales del psiquismo humano que se manifiestan al margen de los recursos fisiológicos y desafían los límites que imponen las categorías físicas del tiempo y del espacio. En el ámbito parapsicológico, los temas filosóficos llaman poco la atención y menos aún las cuestiones morales.

El Espiritismo parte de una interpretación espiritualista de los fenómenos psíquicos, y los considera como manifestaciones del espíritu, es decir, de un Ser que es capaz de superar las limitaciones sensoriales de su organismo físico y de trascenderlo después de la muerte, conservando su capacidad para seguir generando, desde esa dimensión ultraterrena, otros fenómenos psíquicos. Tomando en cuenta el origen de esas manifestaciones, el Espiritismo reconoce que ellas se polarizan en dos categorías: unas que se originan dentro de los procesos mentales de los seres encarnados (*animismo*) y las que son producidas por los seres desencarnados (*mediumnismo*).

La Parapsicología se ocupa de reunir evidencias que demuestren la realidad objetiva de la paranormalidad, y no se pronuncia por ninguna interpretación acerca de su naturaleza, ya sea de tipo materialista o espiritualista.

Cuando se han presentado interpretaciones que abonan a favor de cualquiera de esas tesis, se debe tener presente que se hace en nombre personal y que no se compromete como un todo a esa disciplina. El Espiritismo respeta la neutralidad de la Parapsicología, y la considera una actitud prudente y razonable, ya que, en definitiva, el objetivo de la ciencia no es el de certificar si el materialismo o el espiritualismo poseen la razón, sino el de buscar la verdad con la misión suprema de ampliar el saber humano acerca de sí mismo, de la vida y del Universo.

Es importante resaltar que no hay ninguna demostración de la Parapsicología que contradiga o coloque en entredicho cualquiera de los postulados básicos sustentados por el Espiritismo, y que, al contrario, las tesis que esencialmente son aceptadas por la mayoría de los parapsicólogos en el mundo, fueron proclamadas por ALLAN KARDEC y sus continuadores hace más de un siglo. Recuérdese que el fundador del Espiritismo presentó sólidos argumentos dirigidos a probar la existencia de funciones psíquicas, de naturaleza extrafisiológica y extrafísica, en todos los seres humanos, las cuales dividió en dos categorías, una de *efectos inteligentes* y otra de *efectos físicos*. Este esquema fue mantenido por RICHET cuando separó los fenómenos metapsíquicos en *subjetivos* y *objetivos*, y por RHINE cuando estableció que los fenómenos paranormales se expresan siguiendo dos líneas: los de *percepción extrasensorial* y los de *psicocinesia*.

Todo cuanto la Parapsicología ha venido estudiando y comprobando en el campo de lo otrora mal denominado sobrenatural; todo poder de la mente que va demostrando; todo "imposible" de los viejos tiempos que viene siendo presentado como realidad con el respaldo de una suma considerable de evidencias empíricas; todo está, día a día, consolidando los cimientos en que se apoya la doctrina espírita, y ratificando que la extensa fenomenología psíquica que se manifiesta en el hombre, es más clara y racionalmente explicada por las enseñanzas de la escuela espírita que por ninguna otra doctrina

En *El Libro de los Médiums*, KARDEC presentó una minuciosa descripción de los fenómenos mediúmnicos y también de los que luego se llamarían paranormales, y allí mismo reconoció que el conocimiento de los hechos psíquicos que se originan en la mente del propio sujeto, sin la participación de espíritus desencarnados, es de alta importancia para la comprensión de los que son de carácter mediúmnico. Llegó a establecer una metodología rigurosamente científica para determinar el origen de cada fenómeno, sugiriendo que la interpretación espiritista fuese la última hipótesis y no la primera, a fin de examinar previamente todas las posibles explicaciones que prescindieran de la intervención de los espíritus:

> "Los estudios nos enseñan a separar lo verdadero de lo falso o exagerado en los fenómenos que no nos explicamos. Si un efecto insólito se produce, ya sea ruido, movimiento o aparición, inclusive, lo primero que debemos pensar es que se debe a una causa completamente natural porque es la más probable.
>
> Hay que buscar entonces con todo cuidado esa causa y sólo admitir la intervención de los espíritus cuando exista pleno conocimiento de ello. Esta es la única manera de no engañarse".[124]

[124] Segunda parte. Cap. V: Manifestaciones físicas espontáneas. Nº 91. Ob. cit. p. 95.

Tal postura facilita el acoplamiento, dentro de un mismo programa experimental, de parapsicólogos y espiritistas, que se propongan con honestidad y sin preconceptos, descubrir la naturaleza auténtica de los fenómenos psíquicos, llegando hasta el esclarecimiento de su origen y de las leyes que los gobiernan.

RENÉ SUDRE escribió con mucha razón, hacia 1920, que "la psicología contemporánea está en un impasse de donde no saldrá sino con el apoyo de la metapsíquica". Parafraseando al ilustre estudioso francés, diremos que será mediante su identificación con el Espiritismo que la Parapsicología resolverá su impasse.

La diferencia que tradicionalmente ha separado a espiritistas y parapsicólogos radica en la cuestión del espíritu y su continuación más allá de la muerte. Mientras que, para los primeros se trata de un punto doctrinario irrenunciable, los otros sólo han llegado a considerarla como una hipótesis sujeta a verificación. Afortunadamente, la evolución de los estudios parapsicológicos apuntan en una dirección tan clara hacia el reconocimiento de la existencia de un factor espiritual que permite pensar en una pronta y definitiva superación de aquella divergencia. La apertura de un capítulo nuevo dentro de los estudios parapsicológicos denominados *paratanáticos* o *Psi-Theta*, propuesta por el respetado investigador y autor norteamericano JOSEPH GAITHER PRATT (1910-1979) significó un gran paso de avance en el camino que conduce a la obtención de las pruebas que certifiquen la supervivencia espiritual y estableció un puente directo con la ciencia espírita que ya la comprobó desde el siglo pasado. No hay que olvidar que el primer objetivo que se propuso RHINE en la Universidad de Duke, fue la búsqueda de tales pruebas y que hacia el final de sus vidas, él y su esposa se inclinaban a reconocerla.

JOSEPH BANKS RHINE

Los progresos alcanzados en la ciencia contemporánea, particularmente en la física, están empujándola en una dirección espiritualista. Investigadores notables como EINSTEIN, PLANCK, EDDINGTON, JEAN CHARON y otros físicos del siglo veinte, han aportado teorías y demostraciones que liquidan la creencia falaz en la independencia absoluta entre espacio y tiempo, entre materia y energía, fundiendo estas nociones en un solo concepto que desborda lo tridimensional y que se expresa a través de símbolos matemáticos o de intuiciones que no están ligadas a formas concretas del pensamiento lógico-racionalista. Partículas y antipartículas nunca vistas, campos gravitatorios, *continuum* espacio-temporal, antimateria, *quantas*, universos paralelos, son términos que forman parte de un lenguaje novedoso, bien alejado del mecanicismo materialista. Con sobrada razón ironizaba EINSTEIN "el materialismo murió de asfixia... por falta de materia".

Nadie puede negar la extraordinaria contribución que han brindado destacados estudiosos del Espiritismo a la formación y desarrollo de las disciplinas que se ocupan del estudio de la paranormalidad. Ya sea que se hable de la investigación psíquica, de la metapsíquica, de la parapsicología de la psicotrónica o de la psicobiofísica, allí están presentes nombres fundamentales de la escuela espírita. Con toda justicia el fundador de la Metapsíquica hacía este honesto reconocimiento a la obra de KARDEC:

> "Es siempre en la experimentación que se apoya, de manera que su obra no es apenas una teoría grandiosa y homogénea, sino también un imponente depósito de hechos".[125]

Si bien nos parece útil el esquema presentado por RICHET, para mostrar cómo se ha desenvuelto la evolución de los estudios psíquicos, no luce muy acertado separar la etapa espiritista de la científica, puesto que la obra de KARDEC representa el verdadero inicio de la era científica dentro de la historia de lo paranormal y de lo espiritual. Se puede asegurar y demostrar que un porcentaje bastante alto de los investigadores que ha incursionado en este campo, finalmente optó por aceptar el Espiritismo. Recuérdese a WILLIAM CROOKES y sus experiencias mediúmnicas realizadas siguiendo los más rigurosos procedimientos de laboratorio. Casos como el de LOMBROSO, rendido ante la evidencia producida por las manifestaciones de espíritus materializados, o del propio RICHET confesándole a BOZZANO la conclusión a la que finalmente había arribado respecto a que "la muerte es la puerta de la otra vida" se han repetido innumerables veces. Tal es la historia del Espiritismo: la incredulidad vencida y derrotada por la soberanía de los hechos. Bastaría

[125] CHARLES RICHET. *Traité de Métapsychique*. Librairie Félix Alcan. París, 1923, p. 33.

OLIVER LODGE

citar a científicos de tendencia espiritista como WILLIAM FLETCHER BARRETT, ALFRED RUSSEL WALLACE, OLIVER LODGE, FREDERICK MYERS, W. J. CRAWFORD, GUSTAVE GELEY, PAUL GIBIER, CAMILLE FLAMMARION, JOHANN F.K. ZÖLLNER, WILLIAM JAMES, ALEXANDER AKSAKOF, KARL DU PREL, RICHARD HODGSON, JAMES HYSLOP, para reconocer que ellos, con sus estudios metódicos y sus experiencias en torno de las fuerzas psíquicas, colocaron las bases de la Metapsíquica y de la actual Parapsicología.

Sentar las bases para el establecimiento de una adecuada relación entre espiritistas y parapsicólogos ha sido motivo de preocupación para numerosos pensadores espiritistas de América y de Europa. En uno de sus inspirados trabajos, el destacado escritor argentino HUMBERTO MARIOTTI (1905-1982), lo explicó con entera propiedad:

HUMBERTO MARIOTTI

"El Espiritismo como ciencia integral se mantiene firme frente a la Parapsicología, puesto que ella, tanto directa como indirectamente, no hace otra cosa que reafirmar sus postulados doctrinarios. El Espiritismo, como se sabe, es la realidad espiritual más avanzada que se le presenta al materialismo en todas sus fases y concepciones; por consiguiente, la Parapsicología, aun cuando persista en su postura antiespírita, resultará siempre una ciencia con tendencias espíritas, ya que sus resultados nunca podrán ser favorables a la interpretación materialista del hombre y de la vida.

> El Espiritismo frente a la Parapsicología representa una avanzada científica, ya que su cuerpo de doctrina no sólo encara el campo supranormal de lo psicológico, sino que va más allá de ello, penetrando en el mundo vivo y real de los espíritus. De modo que su vigencia ideológica permanecerá indemne y constante dando a tímidos y remisos las luminosas verdades del porvenir".[126]

En síntesis, el Espiritismo respalda y promueve el desenvolvimiento de la Parapsicología y aguarda confiado sus avances y comprobaciones, con la certeza de que esa ciencia aceptará finalmente que no se está ante una "mente" o un "cerebro" cuando enfrenta un fenómeno paranormal, puesto que en realidad se trata de una entidad espiritual, preexistente y sobreviviente, y por lo tanto, reencarnante, la cual es el agente responsable de todas las manifestaciones. Será entonces, cuando la Parapsicología devuelva a la Psicología su "objeto perdido", abriéndose finalmente al reconocimiento del espíritu inmortal.

[126] *La Parapsicología a la luz de la Filosofía Espírita.* Editorial Constancia. Buenos Aires, 1975.

X

EL PARADIGMA ESPÍRITA

> *"El Espiritismo, haciéndonos conocer el mundo invisible que nos rodea y en medio del cual vivimos, las leyes que lo gobiernan, sus relaciones con el mundo visible, la naturaleza y el estado de los seres que lo habitan y, en consecuencia, el destino del hombre después de la muerte, es una auténtica revelación en el sentido científico de la palabra".*
>
> **ALLAN KARDEC**

El mayor obstáculo para aceptar la realidad del espíritu no proviene de la carencia de pruebas, sino más bien de la creencia de que es imposible su existencia. Numerosos y eminentes investigadores psíquicos han llamado la atención sobre este fenómeno de orden psicológico y, con gran desconcierto por su parte, se han percatado de que ellos mismos lo reproducen.

El caso del profesor CHARLES RICHET, que como ya sabemos, fue un reputado fisiólogo galardonado con el premio Nobel, y que se distinguió como un agudo, escéptico y persistente investigador de los hechos supranormales y mediúmnicos, ilustra el clásico ejemplo de un comportamiento prejuiciado y altamente condicionado por las opiniones de sus colegas. Después de haber realizado una serie de meticulosas sesiones con la médium EUSAPIA PALADINO, escribió lo siguiente:

> "Pero en este punto se hizo notar un curioso fenómeno psicológico. Noten que nos las habemos ahora con hechos observados pero que a pesar de todo, son absurdos, que están en contradicción con hechos de observación cotidiana y que son negados no sólo por la ciencia, sino también por toda la humanidad; hechos que son rápidos y fugaces que tienen lugar en la semioscuridad, y casi por sorpresa, sin más pruebas que el testimonio de nuestros sentidos, y sabemos que éstos a menudo son falibles. Después de haber presenciado tales hechos, todo coadyuva a que dudemos de ellos. Ahora bien, cuando estos hechos tienen lugar nos parecen ciertos y estamos dispuestos a proclamarlos pero cuando recapacitamos cuando todos nuestros amigos se ríen de nuestra credulidad, nos sentimos casi desarmados y empezamos a dudar.

¿No pudo haber sido todo una ilusión? ¿No habré sido embaucado? Y entonces, cuando el momento del experimento se hace más remoto, ese experimento que antes parecía tan concluyente se hace cada vez más incierto, y acabamos por dejarnos persuadir de haber sido víctimas de un truco".[127]

La creencia en la imposibilidad de los fenómenos psíquicos de orden supranormal se forjó sobre todo como consecuencia de los éxitos obtenidos en el siglo XIX en las ciencias físicoquímicas tomando como base las leyes del movimiento establecidas por ISAAC NEWTON (1642-1727). Uno de los más destacados logros científicos del siglo fue la predicción de la existencia del planeta Neptuno en base a sus efectos gravitatorios antes de que fuera descubierto con los telescopios. La ciencia llegó a comprender una amplia variedad de fenómenos naturales al integrar en una teoría, aparentemente universal del mundo físico un gran número de campos hasta entonces separados, tales como el calor, la luz, la electricidad y el magnetismo. Las atractivas ecuaciones expuestas por JAMES CLERK MAXWELL (1831-1879) proporcionaron la explicación acerca de la propagación del campo electromagnético que conduciría posteriormente a la invención de la radio. En sus aplicaciones tecnológicas, el creciente uso que hacía el hombre de sus conocimientos en la construcción de puentes, buques, fábricas ferrocarriles, demostró también la firme base de su dominio sobre la naturaleza. Ya para finales del siglo XIX, algunos científicos llegaron a decir que su único temor era que parecía haber pocas, por no decir ninguna, lagunas de ignorancia todavía por explorar...

En este clima de opinión, las personas más informadas creían que espacio, tiempo, masa, átomo, energía y otras nociones eran ya diáfanas y estaban ya bajo el pleno control de la ciencia. En último extremo, todo cuerpo estaba formado por unos átomos duros, similares a bolas de billar.

Correspondía describir sus coordenadas espaciales y, al introducir el tiempo newtoniano, su velocidad podía expresarse con toda exactitud. La materia era indestructible: su forma podía cambiar de sólido a líquido o a gas, pero nunca podía desaparecer. También la energía era indestructible, aunque también ella podía cambiar de forma.

Parecía también como si las funciones vitales de las plantas y de los animales pudieran reducirse en último término a procesos físicos y químicos. Y también el hombre empezaba a ser comprendido dentro de esos parámetros

[127] Traité de Métapsychique. Ob. cit. p. 651.

reduccionistas. Los fisiólogos y los neurólogos afirmaban la relación directa entre la mente y el cerebro. Las deficiencias en la personalidad o en las funciones mentales causadas por lesiones cerebrales de diversas clases llevaron a creer incluso que el concepto de "mente" era superfluo. Cada vez más los investigadores se adherían al "epifenomenalismo", es decir, a la tesis según la cual los procesos mentales constituían apenas un efecto secundario de la actividad del cerebro, de modo que bastaba con entender la fisiología cerebral para comprender las funciones psíquicas o mentales.

Y por lo que se refiere al espíritu, se rechazaba ese concepto tildándolo de anacrónico o anticientífico. Formalmente, se continuaba acatando la tradición religiosa en cuanto a la existencia del alma, pero la muerte era considerada como la extinción definitiva de la vida.

No es de extrañarse, entonces, que en un ambiente de euforia materialista, los supuestos fenómenos estudiados por los espiritistas e investigadores psíquicos no encontraran lugar ni atención. Telepatía, clarividencia, precognición, psicocinesia, y otras manifestaciones de la paranormalidad resultaban inexplicables de acuerdo con el modelo del mundo vigente durante el siglo XIX. ¿Y qué decir de espíritus, comunicaciones a través de los médiums o reencarnación? Todas esas cosas eran imposibles según el saber oficial, y en su gran mayoría los científicos las ignoraban o las desdeñaban con generalizaciones en las que alegaban informes erróneos o fraudes, o bien las atribuían a la credulidad humana.

Esa atmósfera escéptica y condenatoria va a mantenerse durante varias décadas y comienza a experimentar cambios significativos siguiendo un proceso acumulativo y sin solución de continuidad a lo largo del siglo veinte, que fue conduciendo a la ciencia a liberarse de la tutela mecanicista. Como bien ha comentado FRITJOF CAPRA, investigador de la Universidad de Berkeley, California, en *El Punto de Mutación*:

> "Una de las principales lecciones que los físicos tuvieron que aprender en este siglo fue el hecho de que todos los conceptos y teorías que usamos para describir la naturaleza son limitados".

El nuevo clima de opinión se debe, en buena parte, a la convicción de que la imagen del Universo que reinaba en el siglo XIX y parte de la centuria siguiente ya no es válida. Y es, precisamente, desde el ámbito de la física de donde provienen las transformaciones más radicales. En 1900, el físico alemán

MAX PLANCK

MAX PLANCK (1858-1947) formuló la hipótesis sobre la discontinuidad de la energía, creando la teoría cuántica y fundando así la física moderna. Un *quantum* es la unidad fundamental e indivisible de energía. Poco tiempo después, ALBERT EINSTEIN (1879-1955) enunció la teoría de la relatividad que modifica las leyes de la mecánica newtoniana e introduce la equivalencia entre masa y energía. Así, las entidades del universo subatómico eluden los conceptos cotidianos y se hallan relacionadas entre sí por una red de probabilidades matemáticas, cuyas reglas se adecúan a los principios de la relatividad y la cuántica. Los físicos del siglo XX han demolido la antigua estructura y en su lugar han concebido un modelo que ya no es tridimensional y que está dotado de propiedades tan increíbles, que a su lado el campo de lo paranormal se reconoce como algo habitual.

El principio de complementariedad se impuso a los físicos teóricos como una consecuencia directa de la naturaleza dual de las partículas subatómicas: a veces se comportan como partículas, a veces como ondas, y de este principio se derivan importantes secuelas en el campo de lo paranormal. El principio de incertidumbre presentado en 1927 por el físico WERNER HEISENBERG (1901-1976), señala que en el nivel de las partículas elementales no es posible medir simultánea y exactamente la posición y la velocidad de una partícula o sea, cuando las magnitudes con que se trabaja son del orden de los *quanta*, se pierde el determinismo clásico. El principio de la no localización informa que se producen nexos entre partículas o acontecimientos separados por grandes distancias, de un modo instantáneo sin que esté actuando un sistema intermediario. Está claro que los más diversos fenómenos psíquicos encuentran ubicación en la física relativista y cuántica.

Se han desarrollado diversas escuelas de pensamiento para describir e interpretar las reacciones cuánticas. Una de ellas, la "escuela de Copenhague" organizada en torno del eminente físico danés NIELS BOHR (1885-1962), sugiere que el factor que provoca la detención de un sistema cuántico indeterminado en un solo estado es el *acto de observación* que realiza un observador consciente. Si las medidas fuesen tomadas por algún tipo de máquina no consciente, aún así estaría presente cada uno de los estados posibles hasta que un ser humano consciente hiciese la observación del sistema. De esta manera, la interpretación de Copenhague introduce la conciencia humana en el corazón de la física, al adjudicar al observador el papel de dar forma definida al caos de un estado cuántico indeterminado. De considerar al observador capaz de forzar al sistema cuántico hacia una forma definida, a preguntarle al observador si podría o no decidir el estado en particular en que debiera estar el sistema cuando lo observara hay sólo un paso, dejando en evidencia una vasta gama de conexiones del tipo que suele presentarse en los episodios de telepatía, clarividencia, precognición o psicocinesia.

ALBERT EINSTEIN

Y es sorprendentemente hermoso que las declaraciones de los físicos acerca de la naturaleza de la realidad y del mundo sensorial se parecen cada vez más a las enseñanzas de las más diversas tradiciones esotéricas y espiritualistas. Unas pocas citas serían suficientes para confirmar esto:

ARTHUR EDDINGTON (1882-1944), astrónomo inglés, expresó: "La materia del Universo es materia mental".

LOUIS DE BROGLIE (1892-1987), físico francés, creador de la mecánica ondulatoria, premio Nobel de física en 1929, dijo: "En el espacio-tiempo todo lo que para uno de nosotros constituye el pasado, el presente y el futuro, aparece en un bloque".

JEAN CHARON, físico moderno, señala en el prefacio de su brillante obra *El espíritu, este desconocido*: "Para percibir de un modo completo y satisfactorio la estructura y las propiedades de ciertas

CARL GUSTAV JUNG

partículas elementales, es necesario hacer intervenir un espacio-tiempo particular, presentando todas las características de un espacio-tiempo del Espíritu acompañando el de la materia bruta".

En estrecha relación con los físicos cuánticos, los nuevos psicólogos nos están invitando a un cambio de actitud para que abramos nuestras mentes a otras realidades. Probablemente, CARL GUSTAV JUNG representa para el mundo de la psicología la misma experiencia revolucionaria que significaron PLANCK y EINSTEIN en la física, cuando colocó las bases para una interpretación espiritualista del hombre que privilegiase su naturaleza trascendente. Le seguirán ABRAHAM MASLOW con su propuesta humanista; ROBERTO ASSAGIOLI fundando la psicosíntesis; STANISLAV GROF desarrollando las técnicas de la respiración holotrópica; CHARLES TART, KEN WILBER, DANIEL GOLEMAN, ROBERT ORNSTEIN, pioneros de la psicología transpersonal; RAYMOND MOODY, MORRIS NETHERTON, EDITH FIORE, HELEN WAMBACH, abriendo paso con sus experiencias cercanas a la muerte y las regresiones a otras vidas.

En esta nueva visión de la realidad, que muestra una nueva imagen del Universo y del hombre, ya no parece imposible que el mundo del espíritu pueda reconciliarse con la ciencia.

Observando atentamente la evolución de los conocimientos en la historia, es evidente que la civilización se encuentra hoy ante la presencia de nuevos paradigmas científicos que señalan al hombre perspectivas y horizontes diferentes.

Paradigma es un término acuñado por el historiador y filósofo de la ciencia norteamericano THOMAS KUHN (1922-1996) en su célebre libro *La estructura de las revoluciones científicas*, que alude a los sistemas conceptuales que dominan el pensamiento de las comunidades científicas durante períodos determinados de la evolución de la ciencia. Así, se podrían mencionar como ejemplos de paradigmas antiguos y modernos, la lógica aristotélica, la teoría heliocéntrica, el dualismo cartesiano, el evolucionismo darwiniano, la mecánica newtoniana, la relatividad einsteniana, etc. KUHN propuso la división de la ciencia en *normal*, elaborada por la comunidad científica y fundada en un paradigma que sirve de base a los avances posteriores, y *anormal*, que se produce como consecuencia del derrumbe del paradigma vigente, debido a la aparición de anomalías que no son satisfactoriamente explicadas. Esa situación de crisis finalmente se resuelve con la sustitución de un paradigma por otro nuevo.

Los nuevos conceptos que se derivan de la física, la psicología o la parapsicología modernas, constituyen sin duda un nuevo paradigma que transforma sustancialmente la visión del hombre y del mundo, pero aun así, falta todavía allí un elemento central que explícitamente sea colocado en el centro del paradigma: el ESPÍRITU HUMANO, factor dinámico de la vida, preexistente al nacimiento y superviviente a la muerte, que progresa indefinidamente, en múltiples existencias, siguiendo la infinita trayectoria de su evolución cósmica.

Y es el Espiritismo la escuela de pensamiento que aborda de un modo más completo el estudio del espíritu y facilita el entendimiento de los principios y leyes que lo dirigen. Habiendo tenido su fundador y codificador en ALLAN KARDEC, hombre de ciencia y pensador profundo, que asumió plenamente su misión histórica y espiritual, se puede afirmar con toda naturalidad que el Espiritismo es un auténtico paradigma científico. La cultura y la pedagogía de KARDEC se muestran de cuerpo completo en toda su obra, para hacer del paradigma espírita un modelo admirablemente coherente y compatible con los desarrollos de la ciencia, ante los cuales, el Espiritismo se coloca en una actitud abierta para incorporar sus nuevos descubrimientos.

Conforme con la visión kuhniana, el Espiritismo ha identificado problemas científicos legítimos, relacionados con "el estudio del origen, la naturaleza y el destino del espíritu y de sus relaciones con el mundo corporal"; presenta una metodología que permite llevar a cabo los experimentos científicos, apoyada en el intercambio mediúmnico con los espíritus y en una vasta fenomenología psíquica; y expone los más adecuados criterios para evaluar los datos obtenidos, guiándose por el análisis lógico y racional.

Las aproximaciones hacia el conocimiento de la realidad espiritual que se consiguen desde la física cuántica, la psicología transpersonal, la parapsicología y las escuelas esotéricas, son valiosas e importantes, pero seguirán incompletas hasta que se sumen al paradigma kardeciano, que es la base natural y legítima de la Ciencia del Espíritu.

Con el definitivo reconocimiento de los principios espíritas, culminará el proceso de sustitución del antiguo paradigma mecanicista-materialista y dogmático-religioso que dominó durante dos milenios de nuestra historia, y el mundo se abrirá al nuevo paradigma científico-espiritualista, que otea en el horizonte del tercer milenio. Un paradigma que reúne ciencia y conciencia; que brilla por su disposición ecológica hacia el respeto y la preservación de la vida y de la naturaleza; por su visión holística, en la cual se concibe al hombre como una entidad dinámica e integrada de corte psico-socio-espiritual, y por el impulso que brinda al comportamiento altruista, solidario y fraterno, dirigido a la edificación de un mundo hermoso, libre, justo, igualitario y amoroso, como el que han pensado y han soñado los seres que con su luz, con su ejemplo y con su esfuerzo han promovido la transformación de nuestra humanidad.

Cuando esto acontezca, se habrá cumplido la misión del Espiritismo.

ANEXOS

BIBLIOTECA ESPÍRITA

"El Espiritismo es un libro inmenso abierto en las alturas".

SALVADOR SELLÉS

La doctrina espírita, haciendo honor a su condición esencial de filosofía librepensadora, inculca en sus partidarios el amor al saber, el estudio permanente y por ende, invita a la lectura y análisis de todas las obras, espíritas o no, que puedan enriquecer su acervo cultural. En el Espiritismo no hay libros ni autores prohibidos; un espiritista puede y debe conocer las distintas corrientes del pensamiento universal, y formarse ideas propias evaluando sus lecturas, aprovechando sus contribuciones positivas y apartando aquellos conceptos que no encuadren dentro de su lógica y raciocinio crítico. La doctrina espírita, sin embargo, recomienda que tales lecturas se hagan metódicamente, una vez que se haya establecido y consolidado una base conceptual firme, la cual se adquiere por el conocimiento y asimilación a fondo de las obras que forman la Codificación Kardeciana.

Quien desee iniciarse correctamente en el estudio del Espiritismo debe **comenzar por el comienzo**, y sin duda alguna, ese punto de partida está en KARDEC, y más específicamente aún, en *El Libro de los Espíritus*, piedra angular de todo el edificio doctrinario del Espiritismo. Quien comienza por KARDEC, adquiere una brújula que habrá de guiarle correctamente, no sólo en sus estudios, sino en su vida, hacia un puerto seguro y un destino superior. Nadie se extravía cuando se conduce por la propuesta racional y moral de KARDEC. Lograda esa base, hay que seguir profundizando en el estudio espírita mediante la lectura regular y ordenada de tantos y magníficos autores que han surgido en la escuela kardecista y, a partir de allí, aprovechar los aspectos positivos y las contribuciones intelectuales de muchos otros pensadores espíritas, espiritualistas y de cualquier otra tendencia, entre tantas que han surgido en el amplio mundo de las ideas. Médicos, psicólogos, jurisconsultos, físicos, astrónomos, hombres de ciencia y de letras, de todos los continentes, forzados por la evidencia de los hechos, han abdicado de sus antiguas creencias, para abrazar resueltamente las doctrinas del Espiritismo, tornándose en fervorosos propagandistas, publicando libros preciosos que forman una bibliografía impresionante. Es de lamentar que la cultura oficial continúe marcada por preconceptos de índole teológica o materialista, y todavía se incurra en el grave e injusto error de ocultar o disimular las ideas espíritas de grandes figuras del pensamiento universal, como se puede fácilmente verificar cuando se consultan las prestigiosas enciclopedias de nuestro tiempo. Se mencionan y comentan poetas y escritores de la estirpe de VICTOR HUGO o AMADO NERVO; hombres de ciencia como CAMILLE FLAMMARION, WILLIAM CROOKES o CESARE LOMBROSO; a líderes sociales como GIUSEPPE GARIBALDI, JOSÉ MARTÍ, EMILIO CASTELAR, ROSENDO MATIENZO CINTRÓN, FRANCISCO INDALECIO MADERO o AUGUSTO CÉSAR SANDINO, y se omiten sus creencias espíritas.

Ofrecemos ahora, a modo de recomendación bibliográfica, una relación de numerosas obras espíritas, que han sido distribuidas por temas, para orientar mejor su consulta. Es de advertirse que muchas de estas obras, visto su amplio contenido, pudieran ubicarse en varias secciones a la vez, por lo que se ha adoptado un criterio convencional de clasificación, en el cual se ha privilegiado un tema determinado, sin que eso implique que se estén subestimando las demás cuestiones abordadas.

El autor ha estudiado detenidamente los libros que a continuación se citan, los cuales constituyen sólo una parte de su biblioteca espírita, distinguida honrosamente con el nombre de "MANUEL S. PORTEIRO" en homenaje al insigne escritor argentino. En sus estantes se hallan ordenados casi cinco mil títulos correspondientes a obras espíritas editadas durante más de un siglo en los más diversos idiomas.

La mención de tantos libros y autores, que corresponden a épocas, nacionalidades y orientaciones diversas, no involucra compromiso alguno en cuanto a la aceptación de todos los conceptos allí emitidos. El propósito es, además de ofrecer orientaciones al lector, poner en evidencia el extraordinario vigor intelectual del Espiritismo y su valioso aporte a la cultura universal. El autor reitera su invitación a que se asuma como punto de partida el estudio y análisis de todas las obras que integran la Codificación Kardeciana.

OBRAS DE ALLAN KARDEC

Qué es el Espiritismo
El Libro de los Espíritus
El Libro de los Médiums
El Espiritismo en su más simple expresión
El Evangelio según el Espiritismo
El Cielo y el Infierno
Instrucción práctica sobre las manifestaciones espíritas
La Génesis
Obras Póstumas
Revista Espírita
Viaje espírita en 1862

DOCTRINA ESPÍRITA

Abreu Fliho, Julio
Errores doctrinarios
Abreu Filho, Julio – Pires, Herculano
El verbo y la carne
Álvarez y Gasca, Pedro
Por qué somos kardecianos
Manual espírita

PEDRO ALVAREZ Y GASCA

Amigo y Pellicer, José
Roma y el Evangelio
Amorim, Deolindo
El Espiritismo a la luz de la crítica
Ponderaciones doctrinarias
Síntesis doctrinaria del Espiritismo

DEOLINDO AMORIM

Andrade, Jayme
El Espiritismo y las iglesias reformadas
Apolonius
Fraternidad y Espiritismo
Barboza de La Torre, Pedro
Comentarios a la doctrina espírita
Bernal Parodi, Manuel
La doctrina espiritista a través de los tiempos
Blanco Coris, J.
Por qué soy espiritista
Bogo, César
Doctrina espiritista
La educación y el Espiritismo
Borges de Souza, Juvanir
Tiempo de renovación
Tiempo de transición

Brito, Chrysanto de
Allan Kardec y el Espiritismo
Brólio, Roberto
Enfermedades del alma
Carvalho, Helena M.C.
Espiritismo: miedo o preconcepto
Carvalho Dias, Krishnamurti de
El lazo y el culto
Carvalho Prestes, Erasto de
Allan Kardec. ¿Buen sentido o contrasentido?
Kardec versus Roustaing
Ceccarini, Natalio
Proposiciones del Espiritismo
Chateigner, Karine
El nuevo Libro de los Espíritus
Ciamponi, Durval
Alternativas de la humanidad
Colón, William A.
Fulguraciones del pensamiento espiri- tista
Costa, Luciano
Kardec y no Roustaing
Delanne, Gabriel
El alma es inmortal
El fenómeno espírita
Denis, Léon
Después de la muerte
El Espiritismo en el arte
El Espiritismo y el clero católico
El porqué de la vida
Dibo, Dulcidio
Filosofía, religión y doctrina espírita
Metodología y doctrina espírita
Domingo Soler, Amalia
El Espiritismo refutando los errores del catolicismo romano
Sus más hermosos escritos
Espírito Santo, Ildefonso do
Repensando el movimiento espírita
Federação Espírita do Estado de São Paulo
Curso básico de Espiritismo
Figueiredo, Paulo Henrique de
Revolución espírita. La teoría olvidada de Allan Kardec
Fonseca, Antonio Cezar Lima da
Encontrando a Allan Kardec
Franco Barboza, Pedro
Espiritismo básico
García, Wilson
El cuerpo f luídico
Kardec es razón
García Gonzalo, Eugenio
Doctrina espiritista
Geley, Gustavo
Ensayo de revista general y de interpretación sintética del Espiritismo
Granja, Pedro
Al final, ¿quiénes somos?
Grossvater, David
Espiritismo laico
Por los fueros del espíritu
Psicología del espíritu

DAV ID GROSSVATER

Hecker, Paulo
El Espiritismo
Incontri, Dora
Para entender a Allan Kardec
Jacintho, Roque
Adoctrinamiento

Lacerda da Silva, Gelio
Concientización espírita
Lachatre, Maurice
Filosofía nueva del Espiritismo
Leboucher, Henri
El Divinitismo: religión universal basada en el Espiritismo
Lex, Ary
Pureza doctrinaria
López Gómez, Quintín
Doctrina espiritista, filosofía
Madero, Francisco Indalecio
Manual espírita
Magalhães, Lybio
A la luz del Espiritismo
Mariño, Cosme
El Espiritismo al alcance de todos
Martins Velho, Alfonso A.
El Espiritismo contemporáneo
Massaro, Néstor
El Espiritismo
Molina, Salvador
Nociones de Espiritismo
Morães Barros, Homero
El Espiritismo en lenguaje fácil
Enseñanzas de los espíritus
Musso, Próspero
Estudio del alma
Nale, Hugo Lino
El Espiritismo como propulsor de una nueva civilización
La autoeducación del pensamiento al servicio del Espiritismo
Náufel, José
Del ABC al infinito
Navarro Murillo, Manuel
Temas espiritistas
Oliveira, Domerio de
El grito de Damasco
Pereira Franco, D. – Carvalho, Vianna de
A la luz del Espiritismo
Pereira Franco, D. – Angelis, Joanna de
Estudios espíritas
Perón, Alverico
El infinito. Estudio espiritista
Pires, J. Herculano
Curso dinámico de Espiritismo
El Libro de los Espíritus frente a la cultura de nuestro tiempo
Postiglioni, Luis Di Cristóforo
Raíz y destino de Kardec
Regis, Jaci
Del hombre y del mundo
Introducción a la doctrina kardecista
Un nuevo pensar sobre Dios, el hombre y el mundo
Regnault, Henri
La muerte no existe
Ribas Carneiro, Víctor
ABC del Espiritismo
El Espiritismo en páginas simples
Simonetti, Richard
Temas de hoy, problemas de siempre
Starke, D.
El Espiritismo
Toledo Rizzini, Carlos
Evolución para el tercer milenio
orres Solanot, Vizconde de
Sucinta idea del Espiritismo
Trincado, Joaquín
Conócete a ti mismo
Turk, H.J. de
Catecismo espiritista
Valdés Reyna, J.
Manual espírita

CIENCIA ESPÍRITA

Álvarez y Gasca, Pedro
Caracteres de la ciencia del espíritu
Andrade, Geziel
Enfermedades, curación y salud
Andrea, Jorge
Correlaciones espíritu-materia
Energética del psiquismo
Fuerzas sexuales del alma
Las bases del inconsciente

JORGE A NDR EA

Armenteros y Estrada, Francisco
Los límites de la fuerza y las fronteras del espíritu
Azevedo Silva, F.
Fundamentos científicos del Espiritismo
Psicología espírita
Bozzano, Ernesto
Cerebro y pensamiento Pensamiento y voluntad
Ceccarini, Natalio
La ciencia en Kardec y en la Codificación
Cerviño, Jorge
Más allá del inconsciente
Cornilier, Pierre
La supervivencia del alma y su evolución después de la muerte
Costa de Araújo Lima, Moacir
Cuántica, espiritualidad y salud
Champlin Russell, Norman
Usted vive después de la muerte
Delanne, Gabriel
El Espiritismo ante la ciencia
Escobar Arambuja, Mario
Una nueva ciencia
Faría Junior, Ademar
Mecanismo de los sueños
Ferreira, Inácio
Espiritismo y medicina
Nuevos rumbos de la medicina
Freire, Antonio J.
Ciencia y Espiritismo
Gibier, Paul
Análisis de las cosas
Guimarães Andrade, Hernani
La teoría corpuscular del espíritu
La transcomunicación a través de los tiempos
Nuevos rumbos en la experimentación espírita
Psi-quántico
Imbassahy, Carlos
Freud y las manifestaciones del alma
Imbassahy, Carlos de Brito
La bioenergía en el campo del espíritu
Kühl, Eurípedes
Animales: nuestros hermanos Genética y Espiritismo
Lacerda de Azevedo, José
Espíritu-materia
Loeff ler, Carlos Friedrich
Fundamentación de la ciencia espírita

López Gómez, Quintín
Hipnotismo fenomenal y filosófico
Machado, Leopoldo
Cientismo y Espiritismo
Mariño, Cosme
Pruebas concluyentes de la existencia del alma
Marques Mesquita, José
La dinámica de la mente en la visión espírita
Matos Romero, Manuel
Psiquiatría y psicología en relación con las ciencias psíquicas
Mello, Levindo
Medicina y Espiritismo
Miranda, Herminio C. de
La memoria y el tiempo
Motta Argollo, Djalma
Posibilidades evolutivas
Montandon, Raoul
La fotografía trascendental
Novich Hernández, Hebe
Ciencia del espíritu y praxis médica
Salud, enfermedad y muerte
Nunes, Clovis
Transcomunicación
Pires, J. Herculano
Ciencia espírita y sus implicaciones terapéuticas
Postiglioni, Luis di Cristóforo
La ciencia y el alma
Rocha, Alberto de Souza
Espiritismo y psiquismo
Rodrigues, Henrique
La ciencia del espíritu
Sáez, José Luis
El Espiritismo y la medicina integral
Sanz, Benito Manuel
Ciencia espírita
La psiquis
Sargent, Epes
Bases científicas del Espiritismo
Schutel, Cairbar
Histeria y fenómenos psíquicos
Senillosa, Felipe
Concordancia del Espiritismo con la ciencia
Teixeira, Cícero Marcos
Anatomía del desencarnado
Espiritismo: educación anímico-cons- ciencial
¿Los espíritus tienen sexo?
Thiago, Lauro S.
Homeopatía y Espiritismo
Toledo Rizzini, Carlos
Fronteras del Espiritismo con la ciencia
Psicología y Espiritismo
Vaz de Toledo, Jethro
El Espiritismo frente a la ciencia de nuestros días
Villarraga, Carlos Orlando
La conservación del medio ambiente físico y psíquico
Wallace, Alfred Russel
Defensa del Espiritismo moderno
Watson, Robert A.
El Espiritismo y la astronomía
Wauthy, León
Ciencia y Espiritismo
Zöllner, Johann K.F.
Física trascendental

FILOSOFÍA ESPÍRITA

Álvarez y Gasca, Pedro
Orígenes de la idea de Dios

Amorim, Deolindo
El pensamiento filosófico de Léon Denis
Anjos, Luciano dos
Dios y lo absurdo
Barboza de La Torre, Pedro
De la sombra del dogma a la luz de la razón
Bezerra de Menezes, Adolfo
Estudios filosóficos
Ceccarini, Natalio
De la idea de Dios
Cel, Valeriano
El Espiritismo en la historia de la filo- sofía
Chevreuil, Léon
El Espiritismo en la Iglesia
Corbella, Juan E.
Materialismo y Espiritismo confrontados por la dialéctica
Da Mota Junior, Eliseu F.
¿Qué es Dios?
Denis, Léon
Cristianismo y Espiritismo
El genio céltico y el mundo invisible
El gran enigma
El problema del ser y del destino
D'Olivo, Natalino
Del Génesis al Apocalipsis
Espiritismo: ¿Moral o religión?
Flammarion, Camille
Dios en la naturaleza
Fraga da Silva, Dinorá y otros
Conocimiento y familia: un abordaje espírita
Geley, Gustave
Del inconsciente al consciente
Gimeno Eyto, Miguel
Agraz espiritista
Goes, José Pinto
Ensayo de crítica religiosa
González Soriano, Manuel
El Espiritismo es la filosofía
Espiritismo y materialismo
Guita, Pedro
Schopenhauer y Kardec
Huelbes Temprado, Joaquín
Luz y vida
Imbassahy, Carlos
Al margen del Espiritismo
Imbassahy, C. – Granja, Pedro
¿Materia o espíritu?
López Gómez, Quintín
El catolicismo romano y el Espiritismo
Filosofía del determinismo
Metafísica trascendente
Visión analítica del espiritismo karde- ciano a través de medio siglo
Mariotti, Humberto
Dialéctica y metapsíquica
Herculano Pires, filósofo y poeta
Parapsicología y materialismo histórico
Victor Hugo, el poeta del más allá
Marques Mesquita, José
La dialéctica espiritualista
Nazareno Tourinho
Cómo el espírita debe pensar en Dios
Kardec, Jesús y la filosofía
Niño, Eduardo
Nosce te ipsum
Pires, J. Herculano
Adán y Eva
Agonía de las religiones
Concepción existencial de Dios
Educación para la muerte
El espíritu y el tiempo
El misterio del ser ante el dolor y la muerte

J. HERCULA NO PIR ES
Introducción a la filosofía espírita
Revisión del cristianismo
Visión espírita de la Biblia
Porteiro, Manuel S.
Espiritismo dialéctico
Rouxel
Problemas de filosofía espírita
Ruth Sinue, Mariano
Elementos de una nueva ciencia
São Marcos, Manoel
Filosofía espírita y sus temas
Santanna, Hernani T. – Aureo
Universo y vida
Tournier, Valentín
El Espiritismo delante de la razón
Torres, Juan José
Filosofía espírita
Trincado, Joaquín
Filosofía austera racional

MORAL ESPÍRITA

Aguarod, Angel
Grandes y pequeños problemas considerados a la luz de la revelación espírita
Bogo, César
Democracia del espíritu
Bossero, Santiago
Espiritismo y medicina de la persona
Calligaris, Rodolfo
La vida en familia Las leyes morales
Camargo, Pedro de
El maestro en la educación
Da Mota Junior, Eliseu F.
Aborto a la luz del Espiritismo
Denis, Léon
El camino recto
Duarte de Castro, João
Jesús, el hombre de Nazareth
García, Wilson
Usted y la reforma íntima
Godoy Paiva, B.
¡Cuando el Evangelio dice no!
Gimeno Eyto, Miguel
El Espiritismo es la moral
Isona, Faustino
La verdad frente a frente del error
Michielin, Lauro
Meditaciones
Palasi, Fabian
Compendio de moral universal o humana
Pastor Escribano, Pepita
Perlas doctrinales
Pereira Franco, D. – Angelis, Juana de
Mies de amor
Pereira Franco, D. – espíritus diversos
Terapéutica de emergencia
Pires, J. Herculano
Estudio sobre el amor

Porteiro, Manuel S.
Origen de las ideas morales

M A NUEL S. PORTEIRO

Prieto Peres, Ney
Manual práctico del espírita
Regis, Jaci
Comportamiento espírita
Amor, matrimonio y familia
Rodrigues da Cruz, Maury
Amor, el lenguaje silencioso de la vida
La espiritualidad ilumina la vida del hombre
Rodrigues Fragoso, Servulo
Doctrina espírita y afabilidad profesional
Simonetti, Richard
La voz del monte
Toledo Rizzini, Carlos
El hombre y su felicidad
Usted y la renovación espiritual
Tourinho, Nazareno
Críticas y ref lexiones en torno de la moral espírita
Ética espírita sin misticismos
Tramonte, Alfredo
Ética espírita
Trincado, Joaquín
Los cinco amores
Vieira, Waldo – Luiz, André
Conducta espírita
Vives, Miguel
Guía práctica del espiritista

SOCIOLOGÍA ESPÍRITA

Aizpúrua, Jon
El pensamiento vivo de Porteiro
Amorim, Deolindo
El Espiritismo y los problemas humanos
Andrade, Geizel
Capital y trabajo a la luz del Espiritismo
Beraldi Colombo, Cleusa
Ideas sociales espíritas
Bogo, César
Sociología incompleta
Bouvery, J.
El Espiritismo y la anarquía
Bossero, Santiago
El moderno espiritualismo y la juventud
Escritos para una nueva edad del hombre
Castello Branco, Marissol
Igualdad de derechos y diferencia de funciones
Coimbra Paiva, Aylton Guido
Espiritismo y política
Denis, Léon
El mundo invisible y la guerra
Socialismo y Espiritismo
Holzmann Netto, Jakob
Espiritismo y marxismo
Lavigne, Eusinio
Los espíritas y las cuestiones sociales

Mariño, Cosme
Concepto espírita del socialismo

COSME M A R IÑO

Marques Mesquita, José
La dinámica social en la visión espirita
Navarro Murillo, Manuel
El Espiritismo y la paz
Oliveira Lima, Armando
El Espiritismo como síntesis
Paz Basulto, Antonio
Las tareas del movimiento espírita en esta hora
Militancia espírita
Pires, J. Herculano
El reino
Espiritismo dialéctico
Porteiro, Manuel S.
Concepto espírita de la sociología
Regis, Jaci – Rossi S., Marlene – Puhlmann Di Girolamo, Nancy
La mujer en la dimensión espírita
Tramonte, Alfredo
Sociología espírita

ESPIRITISMO Y ESPIRITUALISMO

Amaral, José
Pietro Ubaldi y el tercer milenio
Amorim, Deolindo
Africanismo y espiritualismo
El espiritismo y las doctrinas espiritua- listas
Argüelles, Anibal – Hodge, Ileana
Los llamados cultos sincréticos y el Espiritismo
Barbanell, Mauricio
Cuando hay voluntad
D'Alcántara, Alfredo
Umbanda en juicio
Ferreira, Cándido P.
Kardecismo y umbanda
González Blanco, Edmundo
El Universo invisible
Maes, Hercilio – Ramatis
La misión del Espiritismo
Mc. Gregor, Pedro
El Espiritismo brasileiro
Moses, Stainton
Enseñanzas espiritualistas
Thompson, A.
En busca de la verdad
Trespoli, Gino
Realidad del misterio
Ultrafania
Ubaldi, Pietro
La grande síntesis

HISTORIA DEL ESPIRITISMO

Abascal, José R.
Espiritistas andaluces del siglo XIX

Amorim, Deolindo
Allan Kardec
Ideas y reminiscencias espíritas
Abreu, Canuto
El Evangelio por fuera
El Libro de los Espíritus y su tradición histórica y legendaria
Bezerra de Menezes
Acquarone, F.
Bezerra de Menezes, el médico de los pobres
Alves Godoy, Paulo
Grandes valores del Espiritismo
Andino, Telésforo
El Espiritismo en Puerto Rico y la Reforma
Autores diversos
Deolindo Amorim, su vida, su obra
Autores diversos
Historia del Espiritismo en Colombia. Principales antecedentes y proyecciones
Barbosa, Elías
En el mundo de Chico Xavier
Barrera, Florentino
Bibliografía espiritista del siglo XIX
El auto de fe de Barcelona
El proceso de los espiritistas
Vida Infinita: ochenta años en el Espiritismo
Baumard, Claire
Léon Denis íntimo
Bernal Parodi, Manuel
El doctor Torralba y la Inquisición
Bodier, Paul – Regnault, Henri
Gabriel Delanne, vida y obra
Bogo, César
El líder Cosme Mariño, su vida, su obra
La cronista de los pobres, Amalia
Una larga trayectoria institucional. Historia de la Confederación Espiritista Argentina
Bonnemère, Eugène
El alma y sus manifestaciones a través de la historia
Brito Soares, Sylvio
Grandes valores de la humanidad y el Espiritisrno
Vida y obra de Bezerra de Menezes
Carvalho Monteiro, Eduardo
La extraordinaria vida de Jesús Gonçalves
Léon Denis y la masonería
Carvalho Monteiro, Eduardo – García, Wilson
Cairbar Schutel, el abanderado del Espiritismo
Carvalho Monteiro, Eduardo – D'Olivo, Natalino
U.S.E., 50 años de unificación
Castilho, José Antonio
La literatura espírita
Ceccarini, Natalio
Algunas encarnaciones de Allan Kardec Dr. Inacio Ferreira, psiquiatra y espírita
Los fenómenos de Hydesville y la formación del espiritualismo americano
Colburn, Nettie
Sesiones espíritas en la Casa Blanca
Crouzet, J.P.L.
Repertorio del Espiritismo
Chiesa, Carlos Luis
Origen del Espiritismo y su doctrina
Confederación Espiritista Argentina
La C.E.A. en su primer medio siglo de vida
Primer Congreso Interno Espiritista Argentino

Dalmor, E.R.
Quién fue y quién es en ocultismo
Díaz Soler, Luis M.
Rosendo Matienzo Cintrón, orientador y guardián de una cultura
Domingo Soler, Amalia
Memorias
Doyle, Arthur Conan
El Espiritismo, su historia, su doctrina, sus hechos
Nuestro invierno africano
Duarte Santos, Isidoro
El Espiritismo en Brasil
Edmonds, I.G.
D.D. Home, el hombre que hablaba con los espíritus
Federación Espiritista Española
Libro del Primer Congreso Espiritista Internacional (1888)
Libro del Quinto Congreso Espiritista Internacional (1934)
Ferrer, Guillermo
Semblanza del Dr. Manuel Matos Romero
Figueiredo, Paulo Henrique de
Autonomía. La historia jamás contada del Espiritismo
Flammarion, Camille
Memorias de un astrónomo
Fonfrías, Ernesto Juan
Rosendo Matienzo Cintrón
Freire, Antonio J.
De la evolución del Espiritismo
Froppo, Berthe
Mucha luz
Gama, Ramiro
Chico Xavier en la intimidad Sembradores de la primera hora
García, Wilson
Señal de vida en la prensa espírita
Barroso: 90 años
Punto final: el reencuentro del Espiritismo con Allan Kardec
Una ventana para Kardec
García Rodríguez, Oscar
Bibliografía espiritista española (1857-1936)
Historia del Espiritismo en las Islas Canarias
Garrett, Eileen
Muchas voces: la autobiografía de una médium
Ghilbert, Ethi
Amalia Domingo Soler en el periodismo y las letras españolas
Guerra Iñíguez, Daniel
Allan Kardec, la dimensión moral de un hombre
Simón Bolívar: una interpretación es- pírita
Hardinge, Emma
Espiritualismo moderno americano
Horta, Gerard
Cuerpo y revolución: el Espiritismo catalán o las paradojas de la modernidad
De la mística a las barricadas: el Espi- ritismo catalán del siglo XIX
Home, Daniel Dunglas
Incidentes en mi vida
Imbassahy, Carlos
La misión de Allan Kardec
Ladous, Régis
El Espiritismo
Langlade, Vincent de
Esoterismo, médiums, figuras espíritas de Père Lachaise
Lantier, Jacques
El Espiritismo
Leymarie, Marina
Proceso a los espíritas

Leyva, José Mariano
El ocaso de los espíritus: el Espiritismo en México en el siglo XIX
Lobo, Ney
Lins de Vasconcellos
Luce, Gaston
Léon Denis, el apóstol del Espiritismo
Lucena, Antonio de Souza – Alves Godoy, Pablo
Personajes del Espiritismo
Machado, Leopoldo
Una gran vida. Biografía de Cairbar Schutel
Machado, Ubiratán
Los intelectuales y el Espiritismo
Malgras, J.
Los pioneros del Espiritismo en Francia
Marín, Dolors
Espiritistas y librepensadores
Mariño, Cosme
El Espiritismo en la Argentina
Mariotti, Humberto
Vida y pe n samie nto de Man uel S . Porteiro
Matos Romero, Manuel
Historia del Espiritismo en Venezuela
Miguel, Alfredo
Las heroínas de Hydesville
Miranda, Herminio C. de
Cristianismo, el mensaje olvidado
Fernando de Lacerda
Guerrilleros de la intolerancia Swedenborg. Un análisis crítico
Moreil, André
Vida y obra de Allan Kardec
Napoleão, Luciano
Nuestro amigo Chico Xavier
Neech, W.F.
La muerte es la vida
Nicholas, Margaret
Grandes médiums y místicos del mundo
Novelino, Corina
Eurípedes, el hombre y la misión
Palhano Junior, L.
Eusapia, la hechicera
Mirabelli, un médium extraordinario
Pecatte, Jacques
Al encuentro con los espíritus
Privato, Simoni
El legado de Allan Kardec
Pires, Heloísa
Herculano Pires, el hombre en el mundo
Osborne Leonard, Gladys
Mi vida en dos mundos
Otero Acevedo, Manuel
Lombroso y el Espiritismo
Prieur, Jean
Allan Kardec y su época
Ramos, Clovis
La prensa espírita en Brasil
Ravaldini, Silvio
Ernesto Bozzano y la investigación psíquica
Renault, Frank
Médiums, espíritas y videntes
Rizzini, Jorge
Kardec, hermanas Fox y otros
Escritores y fantasmas
Euripedes Barsanulfo, apóstol de la caridad
Vida de Monteiro Lobato
Rodrigues, Wallace Leal V.
Katie King
Rodrigues Fragoso, Servulo
Minibiografías de algunos obreros de la doctrina espírita
Rodríguez Escudero, Néstor
Historia del Espiritismo en Puerto Rico
Rosales, José Natividad
Madero y el Espiritismo
Rossetti, Norma H.
Iniciación espiritual

NÉSTOR RODRÍGUEZ ESCUDERO

Rossi Severino, Paulo
Aprendiendo con Chico Xavier
Sáez Martínez, Begoña
Amalia Domingo. Escritora espiritista
Santana Teles, Ariston
El médium Don Bosco
Sausse, Henri
Biografía de Allan Kardec
Schneider, María do Carmo
Víctor Hugo, la faz desconocida de un genio
Siri Eros, Nicola
El gran Home
Sociedade Portuense de Investigações Psíquicas
Libro del Tercer Congreso Espiritista Internacional (1929)
Souto Maior, Marcel
Kardec, la biografía
Stoll, Sandra Jacqueline
Entre dos mundos: el Espiritismo de Francia y en Brasil
Thiessen, Francisco – Wantuil, Zeus
Allan Kardec
Tourinho, Nazareno
Carlos Imbassahy: el hombre y la obra
Varios autores
Josefa Tolrá: médium y artista
Vesme, César de
Historia del espiritualismo experimental
Vicuña, Manuel
Historia del Espiritismo en Chile
Wantuil, Zeus
Grandes espíritas del Brasil
Las mesas giratorias y el Espiritismo
Wilson, Colin *Lo oculto* **Yañez, Teresa**
El Espiritismo en Puerto Rico

DICCIONARIOS DE ESPIRITISMO Y TEMAS AFINES

Autores varios
El Espiritismo de la A a la Z
Bletzer, June G.
Enciclopedia psíquica
Bonin, Werner
Diccionario de parapsicología
Bret, Thomas
Compendio de metapsíquica
Caversan, Ariovaldo – Andrade, Geizel
Manual y diccionario básico de Espiritismo
Dalmor, E.R.
Quién fue y quién es en ocultismo
Depascale, Alfonso – Rinaldini, Manio
Diccionario de metapsiquismo y Espi- ritismo
Drury, Nevill
Diccionario de misticismo y de lo oculto
Fodor, Nandor
Enciclopedia de ciencias psíquicas
Guiley, Rosemary Ellen
Enciclopedia de la experiencia mística y paranormal

Kharisnanda, Yogi
Enciclopedia de ciencias ocultas
Koning, Frederick
Diccionario de ocultismo
Leonard, George
Realidades alternativas
López Gómez, Quintín
Diccionario de metapsíquica y Espiri- tismo
Diccionario de palabras nuevas o poco comunes
Morel, Héctor – Dalí Moral, José
Diccionario de parapsicología
Morelli, Aderbal
Diccionario de fenómenos paranormales y mediúmnicos
Palhano Junior, L.
Diccionario de filosofía espírita
Riffard, Pierre
Diccionario de esoterismo
Roca Muntañola, J.
Diccionario de parapsicología
Spence, Lewis
Enciclopedia de ocultismo
Teixeira de Paula, João
Enciclopedia de parapsicología, metapsíquica y Espiritismo
Watson, Donald
Diccionario de la mente y del espíritu
Zaniah
Diccionario esotérico

ESPIRITISMO Y PARAPSICOLOGÍA

Aizpúrua, Jon
Historia de la parapsicología
Andrea, Jorge
Dinámica PSI
Bander, Peter
Los espíritus se comunican por grabadores
Bozzano, Ernesto
El Espiritismo y las manifestaciones psíquicas
Metapsíquica humana
Pueblos primitivos y manifestaciones supranormales
Bra, Gerardo
Ciencia e infinito
Carvalho, Helena M.C.
Casos de clarividencia
Castellán, Yvonne
La metapsíquica
Corbella, Juan E.
El hombre como dimensión biológica, psicológica y parapsicológica
Corgnol, Christian de
Los sanadores filipinos
Drubich, Raúl
Curaciones energéticas: investigaciones en el límite de lo posible
Dumas, André
La ciencia del alma
Durville, Hector
El fantasma de los vivos
Edsall, F.S.
El mundo de los fenómenos psíquicos
Erny, Alfred
El psiquismo experimental
Fernández, José S.
Más allá de la cuarta dimensión
Parapsicología y realidad del alma
Ferreira, Mario
Espiritismo y parapsicología

Fialho, Francisco
La eterna búsqueda de Dios
Flammarion, Camille
Lo desconocido y los problemas psíquicos
Geley, Gustave
El ser subconsciente
Guimarães Andrade, Hernani
La materia PSI
El poltergeist de Suzano
Parapsicología experimental
Giovetti, Paola
Médium vidente y curador
Guzmán, Emilio
Origen y destino del hombre
Imbassahy, Carlos
Ciencia metapsíquica
El psicoanálisis ante la Parapsicología
Hipótesis en parapsicología
La farsa oscura de la muerte
Imbassahy, Carlos de Brito
Cuando los fantasmas se divierten
Parafísica

CARLOS IMBASSAHY

Ivniski, Dora – Gimeno, Juan
Naum Kreiman, la parapsicología y la ciencia
Kreiman, Naum
Curso de parapsicología
Lobo Vilela, Antonio
Hipótesis metapsíquicas
López Gómez, Quintín
Los fenómenos psicométricos

QUINTÍN LÓPEZ GÓMEZ (sentado) en compañía de Salvador Molina

Loureiro, Carlos Bernardo
De los raps a la comunicación instrumental
Maeterlinck, Mauricio
El huésped desconocido
Manning, Mathew
Un fenómeno paranormal
Mariotti, Humberto
La parapsicología a la luz de la filosofía espírita
Melcior y Farre, Victor
Los estados subconscientes y las aberraciones de la personalidad
Moog, Ernesto
Nueva visión del universo, nueva visión del hombre

Müllberger, Annette
Los límites de la ciencia. Espiritismo, hipnotismo y el estudio de los fenómenos paranormales
Osty, Eugenio
El conocimiento supranormal
Las utilizaciones prácticas de las personas dotadas de conocimiento supranormal
Una facultad de conocimiento supranormal
Osty, Eugenio – Osty, Marcel
Los poderes desconocidos del espíritu sobre la materia
Perri de Carvalho, Antonio César
Los sabios y la Sra. Piper
Pires, J. Herculano
Parapsicología ayer; hoy y mañana
Portela, Fernando
Más allá de lo normal
Richet, Charles
Debe estudiarse el Espiritismo
El porvenir y la premonición
La grande esperanza
Nuestro sexto sentido
Tratado de metapsíquica
Rochas, Albert de
Exteriorización de la motilidad
Exteriorización de la sensibilidad
La levitación
Rodrigues, Henrique – Tamassia, M.B.
En busca de la materia PSI
Rodríguez Lomelli, Pedro
Mi experiencia sobre Espiritismo y pa- rapsicología
Santa Cara, Marqués de
Un tanteo en el misterio
Schrenck-Notzing, Albert
Problemas básicos de la parapsicología
Tinoco, Carlos Alberto
El modelo organizador biológico
Fenómenos de psicocinesia espontánea
Tocquet, Robert
Médiums y fantasmas Revelación del ocultismo
Tourinho, Nazareno – Imbassahy, Carlos
El poder fantástico de la mente
Valerio, Cicero
Fenómenos parapsicológicos y espíritas
Valle, Sergio
Silva Mello y sus misterios
Vieira, Waldo
Proyecciología
Proyecciones de la conciencia
¿Qué es la concienciología?

ESPIRITISMO Y CIENCIAS JURÍDICAS

Amorim, Deolindo
Criminología y Espiritismo
Da Mota Junior, Eliseu F.
El aborto a la luz del Espiritismo
Derecho autoral en la obra psicogra- fiada
Pena de muerte y crímenes hediondos
Freitas Nobre, José
El crimen, la psicografía y los trasplantes
La persecución policial contra Eurípides Barsanulfo
Los trasplantes, la ley y el Espiritismo
Imbassahy, Carlos
La mediumnidad y la ley
Matos Romero Manuel
Criminología y Espiritismo
Medrán Moreira, Milton
Derecho y justicia: una mirada espírita
Ortiz, Fernando
La filosofía penal de los espiritistas

Paranhos, Adalberto
El espírita ante la ley
Perandréa, Carlos Augusto
La psicografía a la luz de la grafoscopia
Timponi, Miguel
La psicografía ante los tribunales

NOVELAS ESPÍRITAS Y MEDIÚMNICAS

Andrea, Jorge
Los insondables caminos de la vida
Aquino
El infierno o la barquera del Júcar
Bacelar, Dolores
A la sombra del olmo
La mansión Renoir
La rosa inmortal
Balbiani, C.B.
Sursum corda
Barclay, Florence
Volvió, pero olvidó
Barreto, Carmen
Vínculos del pasado

M A NUEL M ATOS ROMERO

Belem, Olympia S.
Jerusa
Benavides, Rodolfo
En la noche de los tiempos
Levantando la cortina
Bourdin, Antoinette
Entre dos mundos
Memorias de la locura
Carvalho, Helena M.C.
El retorno de Martıne
Cerutti, Valentín
El amor de adolescente
El triunfo de un poeta
Corchado y Juarbe, Manuel
Historias de ultratumba

M A NU EL CORCH A DO Y J UA R BE

Croffi, Berta María
Cielo y lágrimas
Davies, John H.
Las reencarnaciones de Marya
Del Chiaro Filho, Amilcar
Piso de estrellas
Dick, R.A.
Voces en la casa

Domingo Soler, Amalia
Consejos de ultratumba
Cuentos espiritistas
Memorias del padre Germán
Te perdono

AMALIA DOMINGO SOLER

Doyle, Arthur Conan
El país de la bruma
Historias del crepúsculo y de lo desco- nocido
Duarte Santos, Isidoro
Almas errantes
Dufaux, Ermance
Juana de Arco por ella misma
Fernandes, Paulo César
Un blues en medio del camino
Flammarion Camille
El fin del mundo Estela
Urania
Frungilo Junior, Wilson
Del otro lado
Gasparetto, Zibia M.
Entre el amor y la guerra
Gautier, Théophile
Espírita
Gentile, Salvador
Esclavitud
Gómez, María
Francia en mis recuerdos
Jesús no fue mi amante
Katia mediúmnica
Goudge, Elisabeth
La ventana del medio
Graux, Lucien
Reencarnado
Hache, José
De la vida eterna y continuada
Imbassahy, Carlos de Brito
Leyendas de Osiris
Nftath, la reina reencarnada
James, Henry
Los inocentes
Krijanowskaia, Wera – Rochester, Conde de
El elixir de larga vida
En la frontera
Herculanum
La noche de San Bartolomé
Narrativas ocultas
Kühl, Eurípedes
Siempre hay una esperanza
León Barreto, Luis
Las espiritistas de Telde
Macardle, Dorothy
Los que no son convidados
Marinzeck, Vera Lucia
Aconteció
Violetas en la ventana
Mariño, Cosme
Las primeras golondrinas
Martínez, Ramón
La gratitud de un espíritu

Morales, Juan M.
Camino del ideal
Palissy, Codro
Las víctimas del preconcepto
Paschoal, Silvia
La vida de Alexandre Enovitch
Pereira Yvonne – Charles
Amor y odio
El caballero de Numiers
El drama de Bretaña
Pereira Yvonne – Castelo Branco, Camilo
Memorias de un suicida
Pereira Franco, Divaldo – Philomeno de Miranda, Manuel
Cadenas rotas
Pereira Franco, Divaldo – Hugo, Victor
Parias en redención
Pires, J. Herculano
El túnel de las almas
Los sueños nacen en la arena
Magdalena
Metro para el otro mundo
Prim, David Estany
Memorias de un caído
Puhlmann, María Augusta
Estamos todos reencarnados
Las cuatro diosas de Babilonia
Régis, Jaci
Caminos de libertad Murallas del pasado
Rodrigues, Wallace Leal V.
La esquina de piedra
Remotos cánticos de Belem
Rull, José Martín
La vida en ultratumba
Sardou, Victorien
Espiritismo
Suárez Artazu, Daniel
Marietta
Tamassa, M.B.
La casa de Camilo
Xavier, F.C. – Emmanuel
Hace 2.000 años Pablo y Esteban Renuncia
Xavier, F.C. – Luiz, André
La vida en el mundo espiritual
Los mensajes espirituales
Misioneros de la luz

EDUCACIÓN ESPÍRITA

Culzoni, Paula – Drubich, Cristina
Educar al espíritu. Formar pensadores libres
Incontri, Dora
La educación según el Espiritismo
Pestalozzi, educación y ética
Pestalozzi, Kardec y Herculano
Lobo, Ney
La filosofía espírita de la educación
Pires, J. Herculano
Pedagogía espírita
Portasio, Manuel
Fuera de la educación no hay salvación

ESPIRITISMO PARA LA INFANCIA

Aguarod, Angel
La verdad a los niños
A. Bonnefont
Lecciones de Espiritismo para los niños
Confederación Espírita Panamericana
El Espiritismo al alcance de los niños
Programa para la enseñanza espírita a la niñez

Lorenz, Alfredo
Doctrina espírita para niños y adultos
Martínez, Rosa Virginia
Espiritismo para niños
Ranieri, R.A.
Juan Rojo en el mundo de los espíritus
Rigonatti, Eliseu
52 lecciones de doctrina espírita a la niñez
Schutel, Cairbar
Espiritismo para los niños
Senillosa, Felipe
Textos de enseñanza dominical para las escuelas espiritistas
Tamassia, M.B.
Toirzinho
Tavares, Clovis
La vida de Allan Kardec para los niños
Xavier, F.C. – Meimei
Cartilla del bien
Xavier, F.C. – Cunha, Casimiro
Timbolao

ESPIRITISMO Y POESÍA

Aizpúrua, Jon
El Espiritismo y la creación poética
Aparicio, Juan E.
Un poema y una niña
Aracil Rodríguez, María Luisa
De la armonía espiritual
Autores diversos
Poesías espíritas de tres generaciones
Barboza Pereira, Alina
Los poetas del Espiritismo
Bremer, Eduardo
Versos espíritas
Domingo Soler, Amalia
Ramos de violetas
Faé, Walter José
Muertos-vivos y vivos-muertos
Poesía y estilo de Augusto dos Anjos
Franco Barbosa, Pedro
Espíritu y materia
Incontri, Dora
Inmortales de la poesía
Junqueira, Iron
Vereda de luz
Lossada, Jesús Enrique
El reloj de los girasoles Madréporas

JESÚS ENRIQUE LOSSADA

Marín, José
Poesías espiritistas
Mariotti, Humberto
Los asombros terrestres
Canciones que vienen del alma
Martins, Celso – Fernandes, André
Lira de dos corazones
Martínez, Rosa Virginia
Signo
Montoya Carnevali, José
Espiritismo y poesía

Mora Marrero, Pedro
Hojas contra el viento
Morato, Agnelo
Gestos del infinito
Mottet, Casimir
Las verdades eternas
Nebreda, Daniel
Antología de poetas espíritas
Negrón Flores, Ramón
Siemprevivas
Pereira, Lauro
200 trovas mediúmnicas
Perez Cardoso, Gilberto – Boechat, Newton
Del átomo al arcángel
Pérez Sarti, Valeska
¿Vamos a psicografiar?
Rizzini, Jorge
Antología del más allá Sexo y verdad
Rosal Rodas, José Florentín
En busca de la verdad
Sellés, Salvador
Poesías

SA LVA DOR SELLÉS

Simões, Eduardo
Sin hipocresías
Walker, E.D.
La reencarnación en la poesía
Xavier, F.C. – espíritus diversos
Antología de los inmortales
Parnaso del más allá
Poetas redivivos

CRÓNICAS ESPÍRITAS

Alves Netto, Aureliano
El Espiritismo explica
Anjos, Luciano dos – Miranda, Herminio C. de
De Kennedy al hombre artificial
Barreto, Carmen
Las mejores respuestas de Imbassahy
Barreto, Carmen – Imbassahy, Carlos de Brito
Casos y cosas
Bertocco, Bruno
Crónicas sobre la vida y la filosofía espiritual
La panacea de la humanidad
Bossero, Santiago
Analectas
Cástol, Elodia
Cumbres y abismos
Del Chiaro Filho, Amílcar
Cuando el amor habla más alto
Duarte Santos, Isidoro
Un paso en lo desconocido
Fernandes Rodrigues, Antonio
Estamos unidos
Ferreira de Souza, Elzio
Perlas en el hilo

Figner, Fred
Crónicas espíritas
Foelker, Rita
Autoayuda
Maestro de mí mismo
Pensamientos que resuelven
Formiga, Luis Carlos
Dolores, valores, tabúes y preconceptos
Gonsalez, Wilson
A los enfermos de este mundo
Sinfonía de los inmortales
Imbassahy, Carlos de Brito
Memorias pintorescas de mi padre
Jaramillo, Carmen
Por los senderos de la mediumnidad
Kühl, Eurípedes
Fragmentos de historia por la óptica espírita
Lorenzetti, Valentim
Caminos de liberación
Loureiro, Carlos Bernardo
El túnel y la luz
Fenómenos espíritas en el mundo animal
Machuca, Julio
Mirémonos por dentro Ref lexiones
Marques Pessoa, Cristovam
El más allá y el más acá
Martins, Celso
En la ruta del año 2000
Camino de luz
Por un mundo mejor
Sexo, amor y educación
Martins, Celso – Amorim, Deolindo
Punto de encuentro
Medrán Moreira, Milton
El espíritu de nuestro tiempo
Si todos fuesen iguales
Miranda, Herminio C. de
Historias que los espíritus contaron
La reinvención de la muerte
Las dos caras de la vida
Nuestros hijos son espíritus
Miranda Ramos, Antonio
Espiritismo en debates
Pérez Cardoso, Gilberto – Boechat, Newton
En la madurez de los tiempos
Más acá y más allá de la frontera de las cenizas
Perri de Carvalho, César – Magro Filho, Osvaldo
Entre la materia y el espíritu
Pires, J. Herculano
El hombre nuevo
El misterio del bien y del mal
En la hora del testimonio
Lo infinito y lo finito
Rigonatti, Eliseu
El Evangelio de las recordaciones
El Espiritismo aplicado
Ríos González, Tomás
Páginas psíquicas
Rodrigues, Henrique
Cuentos que la vida cuenta
Futuro, presente, pasado
Vidas en retazos
Rodríguez Escudero, Néstor
El angustioso enigma de la muerte
Los caminos de Dios
Santana, Ernestina
Por mi camino, un libro para ti
Simonetti, Richard
La fuerza de las ideas
Tamassia, Mario B.
El profesor de Zürich
Los muertos despiertan a los vivos

Tourinho, Nazareno
Las tonterías de la obra de Roustaing

ESPIRITISMO Y EVOLUCIONISMO

Americano do Brasil, Vilma
Evangelio y ciencia
Andrea, Jorge
Dinámica espiritual de la evolución
Impulsos creativos de la evolución
Bernardes, Lannes
Espiritualismo evolucionista
Chiesa, Carlos Luis
Antropología trascendente
Instinto, inteligencia y alma en los animales
Curtí, Rino
Espiritismo y evolución
Delanne, Gabriel
La evolución anímica
Di Bernardi, Ricardo
Reencarnación y evolución de las es- pecies
Du Prel, Karl
La doctrina monística del alma
Imbassahy, Carlos
La evolución
Landahl, Jonal H.
Nacimiento y evolución del espíritu humano
Lodge, Oliver
La evolución biológica y espiritual del hombre
Martins, Celso
Espiritismo y vidas sucesivas
La delicada cuestión de la vida dentro y fuera de la tierra

Schutel, Cairbar
Génesis del alma

CAIRBAR SCHUTEL

Xavier, F, C. – Luiz, André
Evolución en dos mundos

MEDIUMNIDAD

Abreu Arredondo, Carlos
La coraza vibrante
Aksakof, Alexander
Animismo y Espiritismo
Un caso de desmaterialización
Alfredo, Miguel
Fenómenos espíritas y anímicos
Alves Netto, Aureliano
Extraordinarias curas espirituales
Extraordinarios fenómenos espíritas
Armond, Edgar
Mediumnidad
Mediumnidad práctica
Balduino, Leopoldo
Psiquiatría y Espiritismo
Banal, Spartaco
Las sesiones prácticas de Espiritismo

Barboza de La Torre, Pedro A.
Repertorio experimental de la mediumnidad
Barros, Newton G. de
Manual de educación del médium Kardequización en plano actual
Bastos, Demetrio Pavel
Médium, quién es y quién no es
Bisson, Juliette Alexandre
El mediumnismo en La Sorbonne
Bodier, Paul
Cómo desarrollar la mediumnidad
Bogo, César
Dirección de la sesión mediúmnica

CÉSAR BOGO

Bozzano, Ernesto
Animismo o Espiritismo
Casos de identificación espírita
Comunicaciones mediúmnicas entre los vivos
Enigmas de la psicometría
Fenómenos de bilocación
Literatura de ultratumba
Xenoglosia, mediumnidad políglota
Bradley, Dennis
La sabiduría de los dioses
Más allá de las estrellas
Brown, Rosemary
Sinfonías inconclusas
Centro Espírita Luz Eterna
Curso de orientación y educación mediúmnica
Chapman, George
Encuentros extraordinarios
Chinelatto, Thais
El espíritu de la paraliteratura
Chioro dos Réis, Ademar Arthur
Mecanismos de la mediumnidad.
El proceso de la comunicación mediúmnica
Comenale, Reynaldo
Zé Arigó, la octava maravilla
Costa, Vitor Reynaldo
Mediumnidad y medicina
Coste, Albert
Fenómenos psíquicos ocultos
Crawford, W.J.
La realidad de los fenómenos psíquicos
Crookes, William
Hechos espíritas La fuerza psíquica
Culzoni S., Hermas
Normas orientativas para sesiones mediúmnicas
Dale Owen, Robert
Región en litigio entre este mundo y el otro
Danville, Gastón
El misterio psíquico
Delanne, Gabriel
Investigaciones sobre la mediumnidad
Denis, Léon
En lo invisible
Juana de Arco, médium
Elizabeth D'Esperance
Al país de las sombras
Drayton, Thomas
Los fenómenos mentales en el Espiritismo

Drubich, Raúl – Ristorto, Alicia
Espíritus que han partido
Dubugras, Elsie
¿Es usted Renoir?
Fardwell, William
Espiritismo
Faría, Nogueira de
El trabajo de los muertos
Federação Espírita do Estado de São Paulo
Educación mediúmnica
Feilding, Everard
Sesiones con Eusapia Paladino
Ferretti, Armando – Ferretti, Rodolfo *Extraordinarios y recientes fenómenos metapsíquicos en la Argentina*
Flammarion, Camille
Las casas de duendes
Flournoy, Theodore
Espíritus y médiums
Foroni, Onelia
Susurro del más allá
Freire, Antonio
Del fraude en el Espiritismo experimental
Frondoni Lacombe, Madeleine
Maravillosos fenómenos del más allá
Fuller, John G.
Arigó, el cirujano del cuchillo oxidado
García, Wilson
Médicos médiums Usted y los espíritus
Geley, Gustave
Ectoplasmia y clarividencia
Gibier, Paul
El Espiritismo
Las materializaciones de fantasmas
Imbassahy, Carlos
El Espiritismo a la luz de los hechos
Imbassahy, Carlos de Brito
Las apariciones y los fantasmas
Jacintho, Roque
Desenvolvimiento mediúmnico
Jacolliot, Louis
El Espiritismo en la India
Kerner, Justinus
La vidente de Prevorst
Klimo, Jon
Canalización
Kulcheski, Edvaldo
Materialización: como ocurren las apariciones de los espíritus
Lacerda Fernando de
Del país de la luz
Eça de Queiroz, póstumo
Leaf, Horace
Qué es la mediumnidad
Lex, Ary
Del sistema nervioso a la mediumnidad
L'Homme, José
El fenómeno de las mesas parlantes
Lía, Sebastián
Yo, médium
Limosín, Febo de
Cómo hablar con los espíritus
Lombroso, Cesare
Hipnotismo y mediumnidad
López Gómez, Quintín
La mediumnidad y sus misterios
Maes, Hercilio – Ramatis
Esclarecimientos del más allá
Mediumnidad de cura
Mediumnismo
Maeterlinck, Mauricio
El gran misterio humano
Manouchian, Igor
Los espíritus y los hombres

Manso Vieira, E. – Godoy Paiva, B.
Manual del director de sesiones espíritas
Mardini Llamas, Wido
Manual de procedimiento mediúmnico
Martins, Celso
Qué es la mediumnidad
Mediumnidad a su alcance
Visión real del hecho mediúmnico
Matos Romero, Manuel
Bolívar médium y clarividente
Mayorca, Stefano
Médiums y mediumnidad
Melo, Oswaldo
Sobrevivencia y comunicación de los espíritus
Micheli, Angelo de
Guía del Espiritismo
Miranda, Herminio C. de
Diversidad de los carismas
Lo que es el fenómeno mediúmnico
Montandon, Raoul
La fotografía trascendental
Morales, Thos S.
No morimos
Nikto
En las fronteras del otro mundo
Nus, Eugenio
Cosas del otro mundo
Otero Acevedo, Manuel
Los fantasmas
Ovatsug, Zeugirdor
El Espiritismo y sus misterios
Páez Giménez, Emilio
Experiencias espíritas
Paiva, Godoy B.
Manual del director de sesiones espiri-tistas
Palhano Junior, L.
Experimentaciones mediúmnicas
Trance y mediumnidad
Peralva, Martins
Estudiando la mediumnidad
Mediumnidad y evolución
Pereira, Yvonne
Investigando lo invisible
Recordaciones de la mediumnidad
Pereira, Urbano
Operaciones espirituales
Piñeiro, Luiz Gonzaga
Mediumnidad: aclare sus dudas
Pires, J. Herculano
Arigó, vida, mediumnidad y martirio
Mediumnidad, vida y comunicación
Poch Noguer, José
Habló la esfinge
Prince, Walter Franklin
El caso de Patience Worth
Ranieri, R.A.
Chico Xavier y los grandes genios
Materializaciones luminosas
Regnault, Henri
Léon Denis y la experiencia espírita
Repolles, José
Los médiums
Ridail, Kathryn
Cómo entrar en contacto con sus guías espirituales a través de la canalización
Roberts, Jane
Aventuras en la conciencia
Habla Seth
Rodrigues da Cruz, Maury
Espiritismo y ejercicio mediúmnico
Rossi Severino, Paulo
La vida triunfa
Santoliquido, Roque
Un caso de mediumnidacl intelectual

Schrenck-Notzing, Albert
Fenómenos físicos de la mediumnidad
Science
Cómo hablar con los muertos
Serio, Miguel
Léon Denis y la mediumnidad
Silva Savelli, Clara
Mis contactos con el más allá
Stead, William T.
Cartas de Julia
Stecki, Enrique
El Espiritismo en la Biblia
Tamassia, M.B.
Usted y la mediumnidad
Tibon, Gutierre
Una ventana al mundo invisible
Tiret, Colette
El mundo invisible te habla
Torres Pastorino, Carlos
Técnica de la mediumnidad
Torres Solanot, Vizconde de
La médium de las f lores
Tourinho, Nazareno
Curiosidades de una experiencia espírita
Edson Queiroz, el nuevo Arigó de los espíritus
El trabajo de los muertos y la tontería de los vivos
Sorpresas de una pesquisa mediúmnica
Una nueva visión de la mediumnidad
Trincado, Joaquín
El Espiritismo estudiado
Ubaldi, Pietro
Las noures
Valente Aurelio
Sesiones prácticas y doctrinarias de Espiritismo
Vasallo, Luis Arnaldo
En el mundo de los invisibles
Vesme, César de
Visiones espíritas en la tierra y en el aire
Vilar de la Tejera, C.
Las maravillas del metapsiquismo
Wallace, Norman
Almas libres y encarceladas
Williamson, Linda
El trabajo de los médiums
Wilson, R.H.
Espiritismo, mediumnismo y desarrollo psíquico
Xavier, F.C. – Luiz, André
En torno de la mediumnidad
Mecanismos de la mediumnidad
Zea Uribe, Luis
Mirando el misterio

REENCARNACIÓN

Alfredo, Miguel
Comunicación y reencarnación
La tesis de las vidas múltiples
Amigo y Pellicer, José
Nicodemo o la inmortalidad y el renacimiento
Andrea, Jorge
Palingenesia
Arauco, Sebastián de
Tres enfoques sobre la reencarnación
Banerjee, Hatmendra Nat
Americanos que han reencarnado
Memoria extracerebral
Barros, Geraldo de Paula
Reencarnación: ¿realidad o fantasía? **Bernstein, Morey**
La búsqueda de Bridey Murphy
Bossero, Santiago
Las vidas sucesivas

Baeza, Tomás
La reencarnación
Brennan, J.H.
Reencarnación. Revelación de otras vidas
Ceccarini, Natalio
La reencarnación en preguntas y respuestas

NATA LIO CECCA R INI

Cerminara, Gina
Muchas moradas
Nuevos descubrimientos sobre la reencarnación
Christie – Murray, David
Reencarnación
Corbella, Juan E.
La reencarnación
Delanne, Gabriel
La reencarnación
Las vidas sucesivas
Dethlefsen, Thorwald
La reencarnación
Di Bernardi, Ricardo
Gestación, sublime intercambio
Domingo Soler, Amalia
Hechos que prueban
Drouot, Patrick
Todos somos inmortales
Drubich, Bernardo
Personalidad y reencarnación
Duarte Santos, Isidoro
Pierino Gamba
Esusy, Mario
La reencarnación
Fernández, José S. – Postiglioni, Luis Di Cristóforo
Fundamentos científico-filosóficos de la supervivencia con reencarnación
Ferreira, Inácio
La psiquiatría ante la reencarnación
Fiore, Edith
Usted ya estuvo aquí
Geley, Gustavo
La reencarnación
Gerosa, Silvia
Ciencia versus reencarnación
Guimarães Andrade, Hernani
Reencarnación en Brasil
Renació por amor
Head, Joseph – Cranston, S.L.
La reencarnación en el pensamiento universal
Ivanova, Barbara
El cáliz dorado
Iverson, Jeffrey
Más de una vida
Jacintho, Roque
Reencarnación
Kwitko, Mauro – Oliveira, Mara de
Psicoterapia reencarnacionista
Veinte casos de regresión
López Benedí, Juan Antonio
Regresiones

Martínez, Rosa Virginia
Reencarnación
Matos Romero, Manuel
La reencarnación en el pensamiento universal
McClain, Florence W.
Guía práctica de regresión a vidas pasadas
Miranda, Herminio C. de
La reencarnación en la Biblia
Reencarnación e inmortalidad
Muller, Karl E.
Reencarnación basada en hechos
Netherton, Morris
Terapia de vidas pasadas
Novaes, Adenáuer
Reencarnación: proceso educativo
Palasi, Fabian
Renacimientos
Perkins, James S.
Experiencias de la reencarnación
Pezzani, Andrés
La pluralidad de las existencias del alma
Postiglioni, Luis di Cristóforo
La reencarnación en Glasgow
Rocha, Alberto de Souza
Reencarnación en el foco
Rochas, Albert de
Las vidas sucesivas
Souza, José Antonio de
Introducción a la Terapia de Vidas Pa- sadas
Ten Dam, Hans
Explorando la reencarnación
Torres Pastorino, Carlos
La reencarnación en el Antiguo Testamento
Ubaldi, Pietro
Teoría y técnica de la reencarnación
Wambach, Helen
Recordando vidas pasadas
Weiss, Brian L.
Muchas vidas, muchos sabios
Werneck, Paulo de F.
La reencarnación aclara todos los misterios
Xavier, F.C. – Luiz, André
Acción y reacción

OBSESIÓN

Bezerra de Menezes, Adolfo
La locura bajo un nuevo prisma
Bogo, César
El Espiritismo ante la psiquiatría
Caldas S. Suely
Obsesión y desobsesión
Carvalho, Helena M.C.
Las puertas de la obsesión Obsesiones graves: señales
Colón, William A.
Las enfermedades mentales o del espíritu
Curti, Rino:
Espiritismo y obsesión
Drubich, Bernardo
La desobsesión
Federação Espírita do Rio Grande do Sul
Obsesión/desobsesión
Felipeli, Milton
Obsesión y desobsesión
Fiore, Edith
La posesión
García, Wilson
Usted y la obsesión
Gatto, Salvador
El Espiritismo ante el banquillo de la psiquiatría

Jacintho, Roque
Perturbación espiritual
Loureiro, Carlos Bernardo
La obsesión y sus misterios
Martins, Celso
La obsesión y su tratamiento espírita
Massena, Arthur
La desobsesión
Méndez, Eliécer
Personalidad intrusa
Miranda, Herminio C. de
Condominio espiritual
Diálogo con las sombras
Pereira Franco, Divaldo-Philomeno de Miranda, Manoel
En las fronteras de la locura
En los bastidores de la obsesión
Nobre, Marlene R.S.
La obsesión y sus máscaras
Pettiward, Cinthya
Dossier: posesión
Pires, J. Herculano
Vampirismo
Rodríguez, Luis J.
Dios bendiga al diablo
Universidad Espírita Argentina
Autodesobsesión
Wickland, Karl
Treinta años entre los muertos
Xavier, F.C. – Luiz, André
Desobsesión

PERIESPÍRITU

Carvalho, Helena M.C.
Periespíritu y principio vital
Guimarães Andrade, Hernani
Espíritu, periespíritu y alma
Jorge, José
Antología del periespíritu
Meira, Rubens P.
El periespíritu
Melcior y Farre, Victor
El periespíritu y las enfermedades

MAGNETISMO

Armond, Edgar
Curas espirituales Pases y radiaciones
Bersot, Ernest
Mesmer y el magnetismo animal
Chioro dos Reis, Ademar Arthur
Magnetismo, vitalismo y el pensamiento de Kardec
Curti, Rino
El pase
Federação Espírita do Rio Grande do Sul
Fluidoterapia
Felipeli, Milton
El pase espírita
Gurgel, Luiz Carlos
El pase espírita
Jacintho, Roque
Pase y pasista
L'Homme, José
El libro del médium curador
López Gómez, Quintín
El arte de curar por medio del magnetismo
Meira, Rubens P.
El pase. Terapéutica espírita
Melo, Jacob
El pase. Su estudio, sus técnicas, su práctica
Michaelus
Magnetismo espiritual

Ochorowicz, Julen
La sugestión mental
Petrone, Moacyr
Asistencia espiritual
Pires, J. Herculano
La obsesión, el pase, el adoctrinamiento
Rebaudi, Ovidio
Elementos de magnetología
El magnetismo curativo al alcance de todos
Tenorio de Lima, Eckstein
Kardec y el magnetismo
Toledo, Wenef ledo de
Pases y curas espirituales
Toledo Rizzini, Carlos
La curación por los f luidos según el Espiritismo
Trincado, Joaquín
El método supremo

SUPERVIVENCIA ESPIRITUAL

Alexander, Jacques
Los enigmas de la supervivencia
Alves Feitosa, Fenelon
Naná, los espíritus y sus fenómenos
Alvisi, Gabriela
Las voces de los vivientes de ayer
Bander, Peter
Los espíritus se comunican por grabadores
Barrett, William F.
En los umbrales del más allá Visiones en el momento de la muerte
Belline
El tercer oído
Blunck, Alex
El alma y sus manifestaciones
Borgia, Anthony
La vida en los mundos invisibles
Bozzano, Ernesto
Apariciones de difuntos
Fenómenos psíquicos en el momento de la muerte
La crisis de la muerte
La muerte y sus misterios
Los fenómenos de encantamiento
Brune, François
Los muertos nos hablan
Champlin, Russell Norman
Usted vive después de la muerte
Chevreuil, Léon
No morimos
Chrispino, Alvaro
Conversando sobre la muerte
Dale Owen, George
La vida más allá del velo
Región en litigio entre este mundo y el otro
Dariel, Dr.
El problema de la muerte
Delanne, Gabriel – Bourniquel, Gastón
La voz de los muertos
Delgado, Carlos L.
El cerebro invisible
Drubich, Raul – Ristorto, Alicia
Espíritus que han partido
Duarte de Castro, João
¿Vamos a matar la muerte?
Duarte Santos, Isidoro
Los muertos viven
Ducasse, C.J.
¿Es *posible la vida después de la muerte?*
Dumas, André
El alma y su destino
Du Prel, Karl
El otro lado de la vida

Ebon, Martin
Las pruebas de la vida después de la muerte
Fardwel, William
La supervivencia
Fernandes Rodrigues, Antonio
Cómo viven los espíritus
Figuier, Luis
Después de la muerte
Findlay, Arthur J.
En el umbral de lo etéreo
Flammarion, Camille
La muerte y sus misterios
Fodor, Nandor
Entre dos mundos
Ford, Arthur
La vida después de la muerte
Freire, Antonio
Del alma humana
Freslikenian, Franca
Los fantasmas existen
Giunchetti Rosin, Zilda
Muerte es vida
Pérdida de seres queridos
González, George
Lo que nos espera después de la muerte
Goswani, Amit
Ciencia y espiritualidad
Guimarães Andrade, Hernani
Muerte, renacimiento, evolución
Gurney, E. – Myers, F. – Podmore, F.
El fantasma de los vivos
Holzer, Hans
Supervivientes de la muerte
Imbassahy, Carlos
Lo que es la muerte
Kastenbaum, Robert
¿Habrá vida después de la muerte?
Lancelin, Charles
La vida póstuma
Lodge, Oliver
Por qué creo en la inmortalidad personal
Lodge, Oliver
Raymond, o la vida y la muerte
Long, Jeffrey
Evidencias del más allá
Loureiro, Carlos Bernardo
La visión espírita de la muerte
Mackintosh, Hunter
La esencia del espiritualismo
Maes, Hercilio – Ramatis
La vida más allá de la sepultura
Maeterlinck, Mauricio
La muerte
Martins de Castro, Almerindo
El martirio de los suicidas
Miranda, Herminio C. de
Sobrevivencia y comunicabilidad de los espíritus

HER MINIO C. MIRANDA

Montgomery, Ruth
Un mundo más allá
Moody, Raymond
Vida después de la vida

Myers, Frederick
La personalidad humana
Newton, Michael
La vida entre las vidas
Nielsson, Haraldur
Mis experiencias personales sobre espiritualismo experimental
Noeggerath, Rufina
La vida de ultratumba
Ohlaver, Hinrich
Los muertos viven
Osis, Karlis – Haraldsson, Erlendur
A la hora de la muerte
Phillips, S.
Información espiritual de Silver Birch
Pike, James
El otro lado
Playfair, Guy L.
La frontera indefinida
Poch Noguer, José
El enigma de la muerte
Prado, Hamilton
En el umbral del misterio de la sobrevivencia
Más sobre el umbral del misterio de la sobrevivencia
Sánchez Herrero, Abdón
Nuestra vida extra carnal
Schutel, Cairbar
La vida en el otro mundo
Soto, Alain – Oberto, Varinia
Más allá de la muerte
Whitton, Joel – Fisher, Joe
La vida entre las vidas
Wynn, Walter
Mi hijo vive en el más allá
Zevach, Adiel
Se nos fue un ser querido

ORGANIZACIÓN DE CENTROS ESPÍRITAS

Carvalho, Camilo
Organización de centros espíritas
Culzoni Soriano, Dante
El centro espírita **Culzoni S.,**
Hermas
Reuniones espíritas familiares
Federação Espírita Brasileira
Orientación al centro espírita
Federação Espírita do Rio Grande do Sul
Estudio sistematizado
Normas para los trabajos prácticos y doctrinarios
Federación Espírita Venezolana
Organización de una sociedad espírita
García, Wilson
El centro espírita
El centro espírita y sus historias
Nuestro centro
Martins, Celso
Manual del expositor y del dirigente espírita
Molina, Salvador
Lo que debe ser un Centro Espírita
Pires, J. Herculano
El centro espírita
Spinola, Mauro
Centro espírita: una revisión estructural
Tourinho, Nazareno
Mi dulce casa espírita
Relaciones humanas en los centros espíritas
Unión Espiritista Colombiana
Organización del centro espírita

ÍNDICE ALFABÉTICO DE MATERIAS

Índice onomástico

ÍNDICE

CAPÍTULO V

ANEXOS

DATOS SOBRE EL AUTOR

JON AIZPÚRUA nació en 1949 en Caracas, Venezuela.

Obtuvo su primer título universitario de Economista en 1973, en la Universidad Central de Venezuela (U.C.V.) y posteriormente egresó como Psicólogo Clínico de la misma Universidad en 1992. Desde 1980 se desempeña como profesor de la U.C.V. en diversas asignaturas relacionadas con las ciencias económicas y sociales y con la psicología clínica.

Miembro principal del Colegio de Psicólogos del Distrito Federal (1997-1999). Miembro de Parapsychological Association. Vicepresidente del Círculo de Escritores de Venezuela. Representante de los profesores de la Facultad de Humanidades y Educación de la U.C.V. (2000-2008). Miembro del Consejo Universitario de la U.C.V. desde el año 2010.

Fue designado por la Alcaldía de Caracas como Director Municipal de Ecología esta ciudad, habiendo ejercido el cargo entre 1986 y 1989.

Presidente internacional del Movimiento de Cultura Espírita CIMA desde 1974. Presidente de la Confederación Espírita Panamericana (C.E.P.A.) entre 1993 y 2000.

Autor de los siguientes libros: *Historia de la parapsicología*, *Los fundamentos del Espiritismo*, *El Espiritismo y la creación poética*, *El pensamiento vivo de Porteiro*, *Arquitectos de la libertad americana*, *Razón y pasión de la novela*, *Del socialismo utópico a la perestroika*, Dichos y hechos: anécdotas de la historia, *Frases célebres de la historia*, *Seudónimos en la historia*.

Ha dictado centenares de conferencias en instituciones académicas, culturales y espíritas de numerosos países de América y Europa. Articulista de la prensa nacional e internacional. Dirige y conduce los programas de radio Valores del Espíritu y Grandes Biografías que se trasmiten semanalmente por el Circuito Nacional de Unión Radio (www.unionradio.net y DIRECTV canal 980). Es asesor cultural del canal internacional de televisión History Channel.

Made in the USA
Middletown, DE
10 May 2024

53963857R00203